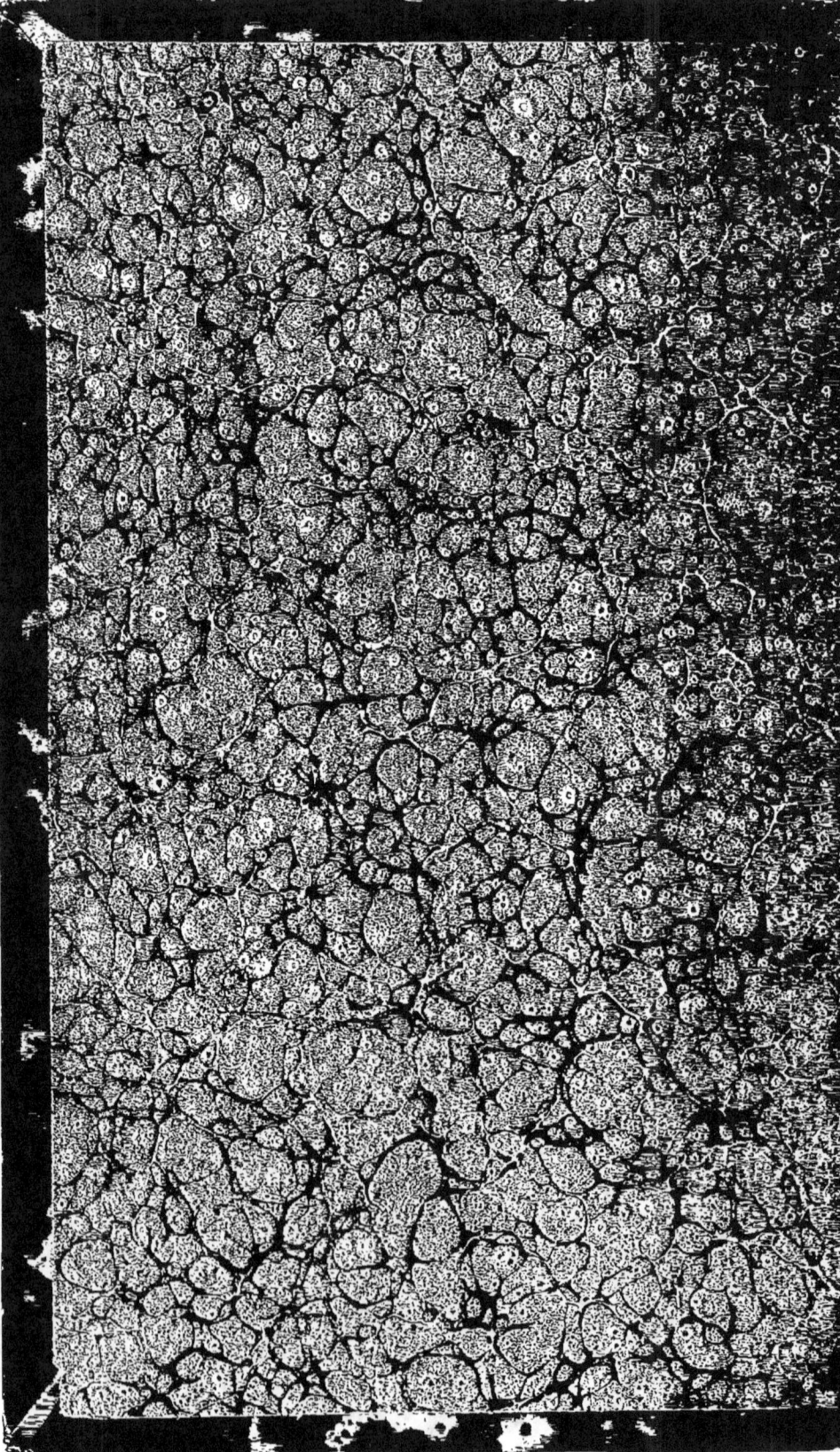

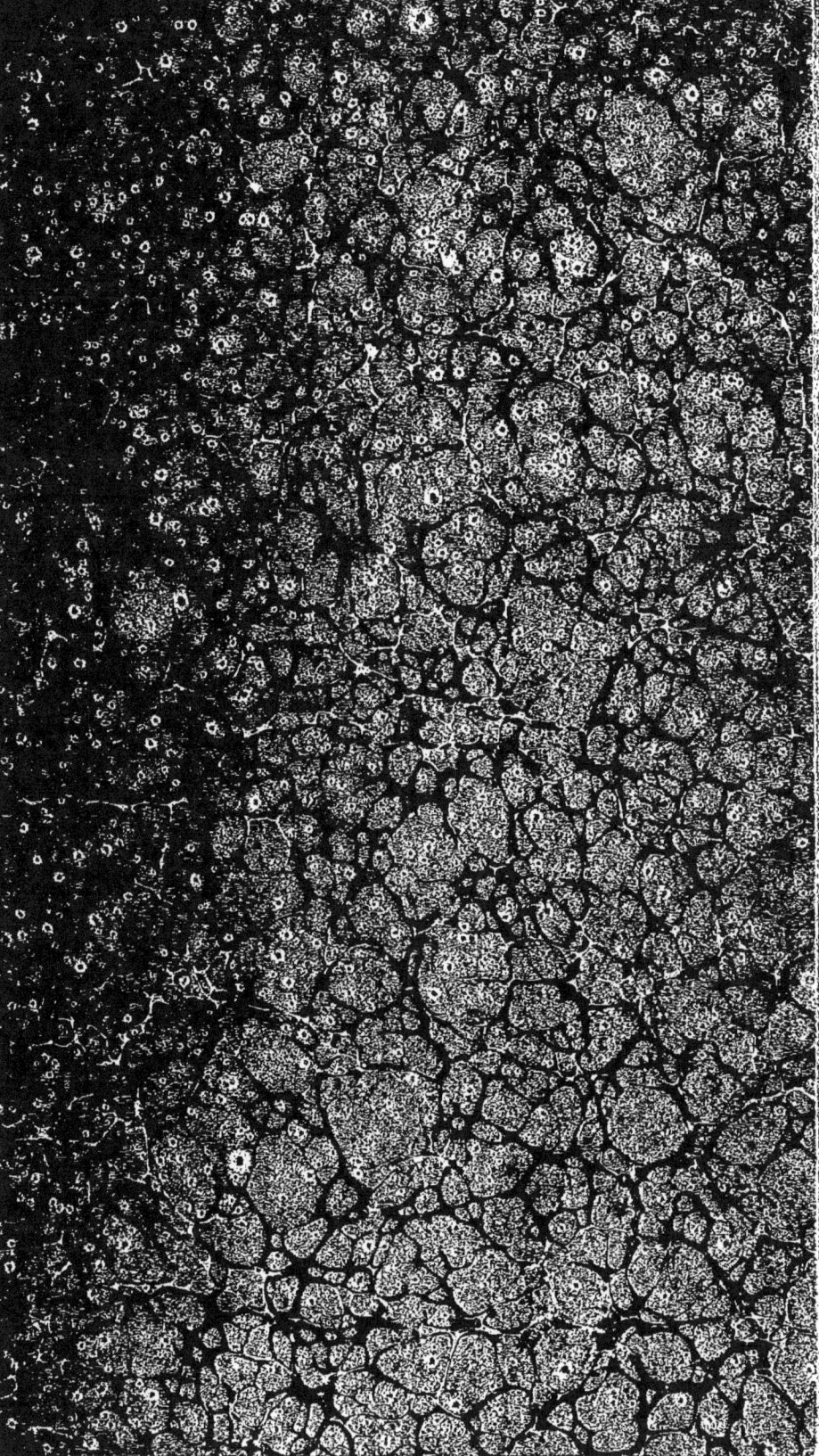

35995

NOTICES HISTORIQUES

SUR LES CHEFS-D'ŒUVRE

DE LA PEINTURE MODERNE.

ŒUVRES COMPLÈTES d'ÉMERIC DAVID.

Histoire de la Peinture au moyen age, 1 vol.
Histoire de la Sculpture antique, 1 vol.
Histoire de la Sculpture française, 1 vol.
Vies des Artistes anciens et modernes, 1 vol.
Notices historiques sur les chefs-d'œuvre de la Peinture moderne et sur les maîtres de toutes les écoles, 1 vol.

Sous presse :

Recherches sur l'Art statuaire, 1 vol.
Histoire de la Peinture française contemporaine, 1 vol.
Histoire des Troubadours, 1 vol.
Introduction a l'étude de la Mythologie, 1 vol.
Jupiter, Neptune et Vulcain, 1 vol.

TYPOGRAPHIE HENNUYER, RUE DU BOULEVARD, 7, BATIGNOLLES.
Boulevard extérieur de Paris.

NOTICES HISTORIQUES

SUR LES CHEFS-D'ŒUVRE

DE LA PEINTURE

MODERNE

ET SUR LES MAITRES DE TOUTES LES ÉCOLES

PAR T.-B. ÉMERIC DAVID

De l'Académie des inscriptions et belles-lettres

MISES EN ORDRE ET PUBLIÉES

PAR M. PAUL LACROIX (BIBLIOPHILE JACOB).

PARIS

CHARPENTIER, LIBRAIRE-ÉDITEUR

RUE DE L'UNIVERSITÉ, 39.

1854

PRÉFACE DE L'ÉDITEUR.

On peut considérer ce volume comme entièrement inédit, quoique les notices qui le composent aient déjà été imprimées dans le *Musée français,* publié par Robillard-Péronville et Pierre Laurent, de 1803 à 1811. Ce magnifique recueil de gravures, dans lequel Émeric David a continué le texte explicatif, commencé par S.-C. Croze-Magnan, est non-seulement d'un prix énorme et d'une grande rareté, mais encore l'ouvrage ayant paru par livraisons distribuées sans ordre aux souscripteurs, ces derniers, en faisant relier leurs exemplaires, ont dû confondre inévitablement le texte d'Émeric David avec celui de son prédécesseur, sans qu'il soit possible de distinguer entre elles les notices qui appartiennent à l'un et à l'autre. Ce n'est qu'à la lecture de ces notices, qu'on pourrait faire la part de chacun, dans les quatre volumes in-folio maximo qui forment l'ensemble de la collection.

Or, personne n'a lu et ne lira le texte d'Émeric David dans le recueil original, qui coûte plus de 3,000 francs quand il vient à passer dans les ventes, et qui est, d'ailleurs, exclusivement réservé aux grandes bibliothèques, où il se trouve trop souvent incomplet ; car, ici, la souscription a été abandonnée par le souscripteur ; là, le marchand d'estampes, qui avait souscrit dans un but de spéculation, a détruit lui-même son exemplaire, en vendant à part les principales gravures, et en retranchant les pages de texte qui les concernaient. Au Cabinet des estampes de la Bibliothèque impériale, par exemple, on a eu l'étrange idée de détacher tout le texte, et de le relier séparément.

On peut donc dire qu'on ne connaissait, du beau travail d'Émeric David, que le *Choix de notices sur les tableaux du Musée Napoléon*, extrait du *Moniteur* où ces notices avaient paru en forme d'articles, et publié, en 1812, au nombre de cent cinquante exemplaires, qui furent tous donnés par l'auteur. Cette brochure in-8°, de 66 pages, était bien faite pour faire désirer la réunion de tous les articles fournis par Émeric David au recueil de Laurent et Robillard ; cependant, quoiqu'il eût présenté cette brochure au Corps législatif, dont il faisait partie, il n'a pas donné suite à un projet de réimpression, qu'il avait jugée utile pour populariser l'histoire et l'appréciation des chefs-d'œuvre de la peinture.

Nous avons donc réalisé le projet de l'auteur, en rassemblant les notices qu'il a éparpillées dans le *Musée français*, et en les réimprimant d'après les *épreuves* chargées de ses corrections autographes. Le classement qu'il fallait adopter, pour que ces notices fissent corps d'ouvrage, nous était indiqué tout naturellement par la classification actuelle des tableaux du Musée impérial du Louvre, qui sont maintenant rangés, numérotés et catalogués en trois grandes divisions, comprenant : la première, les Ecoles italiennes et l'Ecole espagnole ; la seconde, les Ecoles allemande, flamande et hollandaise ; la troisième, l'Ecole française.

Cette nouvelle classification et les excellents catalogues qui la consacrent désormais dans les collections du Louvre, sont dus à l'infatigable et intelligente initiative de

M. Frédéric Villot, conservateur des peintures. Pour compléter les recherches d'Émeric David, sur la vie des peintres et sur l'origine des tableaux qu'il a décrits, nous n'aurions eu qu'à puiser, à pleines mains, dans les deux catalogues, déjà publiés par M. Frédéric Villot ; nous nous sommes contenté d'y renvoyer le lecteur, en désignant le numéro que chaque tableau occupe dans les galeries et dans ces catalogues. Nous regrettons seulement de n'avoir pu appliquer ce système de renvois à l'Ecole française, dont le catalogue est encore sous presse, et qui ne sera pas moins précieux que les précédents. Le mérite de ces catalogues est attesté par de nombreuses éditions qui ont permis de les rendre parfaits.

A l'époque où Émeric David rédigeait la description des tableaux du *Musée impérial*, le catalogue usuel de ces tableaux était une simple nomenclature, pleine d'erreurs et de fautes grossières. Cette négligence incroyable a existé dans les catalogues des peintures anciennes du Musée, jusqu'en 1848, où la Révolution, il faut l'avouer, a été très-favorable à nos collections nationales ; on a eu le courage d'exécuter alors, dans le Louvre, ce qui était réclamé depuis longtemps par tous les hommes compétents : on a fait à la fois, et de nouveaux classements, et de nouveaux catalogues. L'honneur en revient tout entier à M. Villot, qui a donné l'exemple à ses collègues. La direction du Louvre ne s'est pas arrêtée dans cette bonne voie, et M. le comte de Nieuwerkerke, intendant des Beaux-Arts, encourage de toutes ses forces la publication des catalogues. Celui que M. le comte de Laborde a mis au jour, et qui n'avait jamais été fait, pour la description des émaux, est certainement le plus éclatant témoignage en faveur de cette féconde innovation.

Les notices d'Émeric David, si remarquables par les jugements artistiques qu'elles renferment, et par les descriptions pittoresques qu'elles mettent sous les yeux du lecteur, ne feront pas double emploi avec les catalogues de M. Villot, car elles comprennent l'examen détaillé d'un grand nombre de tableaux qui ne se trouvent plus dans les galeries du Louvre, où la Grande-Armée de Napoléon Ier les avait amenés de toutes les capitales de l'Europe. Ces chefs-d'œuvre de la peinture moderne, que la Restauration a livrés à ses Alliés de 1815, comme des otages de reconnaissance, ont été rendus à leurs anciens maîtres; mais ils seront toujours inscrits, comme des batailles gagnées et des villes soumises, parmi les victoires et conquêtes de l'Empire.

PAUL LACROIX.

HISTOIRE
DE LA PEINTURE

~~~~~~~~~~

ÉCOLES D'ITALIE

LÉONARD DE VINCI. 1452-1519.
ÉCOLE FLORENTINE.

SAINTE ANNE, LA VIERGE ET L'ENFANT JÉSUS.
(N° 481. Voy. le *Catal. des Ecoles d'Italie et d'Espagne*, p. 275.)

Parmi les beaux sujets que l'histoire du Sauveur a présentés aux artistes modernes, il en est un qui renferme éminemment tout ce qui peut à la fois toucher et plaire : c'est la réunion de la *Sainte Famille*, prenant part aux jeux naïfs de Jésus enfant. Il est devenu, de jour en jour, plus difficile de peindre ce sujet d'une manière originale, à cause de la multiplicité des chefs-d'œuvre où il fut traité avec tant de succès ; mais cette difficulté même a excité parmi les grands maîtres une heureuse émulation : la *Sainte Famille*, peinte des milliers de fois, a offert aux hommes de génie une source inépuisable d'images poétiques, riantes, élevées, quelquefois sublimes, toujours différentes les unes des autres, toujours pleines de grâce, de goût et de sentiment.

Léonard de Vinci nous présente, dans le tableau placé sous

nos yeux, une pensée vraiment neuve, ingénieuse et singulière. Il a imaginé de peindre la Vierge, soutenant son fils, et assise elle-même sur les genoux de sainte Anne. Le sens renfermé dans cette composition se découvre facilement. Ecartant l'idée du lien conjugal, l'artiste a voulu faire sentir que la Vierge est devenue mère du Christ, sans perdre l'innocence et la naïveté de son enfance. Fille simple et timide, la jeune Marie semble n'avoir jamais quitté le sein de sa mère ; elle joue avec l'enfant Jésus, et elle est, en quelque sorte, un enfant elle-même. L'action de Jésus correspond à cette idée principale : l'enfant divin monte sur un agneau qui s'incline et se prête à ses doux efforts. Ainsi, soit que nous considérions sainte Anne, la Vierge, Jésus, ou l'être symbolique qui est son image, nous retrouvons, dans l'action, dans la pose de chaque figure, l'expression de la candeur et de l'innocence. L'Agneau, l'Enfant Jésus, la Vierge et sa Mère, nous offrent, avec une gradation et des nuances convenables, les mêmes sentiments et le même caractère.

Lorsque le dessin d'après lequel ce tableau peut avoir été exécuté fut exposé à Florence pour la première fois, il excita un enthousiasme général ; les amis des arts vinrent en foule, pendant plusieurs jours, à l'atelier de Léonard de Vinci, admirer l'ouvrage de cet artiste célèbre. On eût dit, suivant l'expression de Vasari, que tous les citoyens accouraient à une fête publique [1].

Accorderons-nous autant d'éloges à l'exécution du tableau qu'à la pensée? On voit sur le visage de la Vierge l'expression de l'amour et de la joie que son fils lui inspire ; la pose de cette figure est facile, élégante et noble ; la tête de sainte Anne offre un beau caractère, celle de Jésus est pleine de feu ; la poitrine et les bras de cet enfant surnaturel ont de la grâce et de l'énergie ; mais, en même temps, d'autres parties présentent des défauts très-remarquables. Applaudissons à des beautés réelles, ne craignons point de critiquer des traits défectueux. Nous reconnaissons ici l'esprit et l'âme de Léonard de Vinci ; l'élévation et la finesse, la

---

[1] « Ma finita ch' ella fu, nella stanz adurarono due giorni d'andare a « vederla gli uomini, e le donne, i giovani, e i vecchi, come si va alle « feste solenni, per veder le maraviglie di Lionardo » (Vasari, t. II, p. 9). Borghini raconte ce même fait (*Il Risp.*, p. 370, édit. 1584).

grâce et la naïveté des idées de ce grand artiste ; nous retrouverons dans d'autres ouvrages le fini précieux de son pinceau [1].

[1] Je dois l'avouer, en examinant avec attention ce tableau, fait certainement d'après une composition de Léonard de Vinci, je me suis demandé s'il a été réellement exécuté par le pinceau de ce grand homme. J'exposerai ce doute avec réserve, mais je ne le dissimulerai point. Est-il vraisemblable, en effet, que, dans la composition originale, en dessinant la figure de sainte Anne, Léonard de Vinci eût entièrement caché le bras droit ? Croirons-nous que, s'il était de sa main, l'agneau ne fût pas dessiné plus correctement ? Est-ce bien Léonard de Vinci qui a peint ces pieds sans grâce et sans relief ? Est-ce bien cet habile et scrupuleux imitateur de la nature, qui a répandu sur le visage de la Vierge une lumière égale, monotone, et qui a mis la masse entière des cheveux dans la demi-teinte ?
Les preuves historiques se joignent aux présomptions que donne l'inspection du tableau, pour autoriser le doute que j'énonce. Il paraît certain que Léonard de Vinci, qui avait composé plusieurs dessins représentant ce même sujet, n'en peignit aucun, tant qu'il demeura en Italie : les auteurs les plus anciens, parmi ceux qui ont parlé de ses ouvrages, Lomazzo, Borghini, Vasari, sont d'accord sur ce point : ils ne font tous mention que de *cartons* ou de dessins. Il est reconnu, d'autre part, que Léonard de Vinci, venu en France dans sa vieillesse, n'y toucha point le pinceau. François Ier ne posséda jamais qu'un de ces *cartons* de sainte Anne. Il pressa vainement Léonard de Vinci d'exécuter le tableau ; le vieux artiste, disent les historiens, promit souvent au roi de le faire, et ne le fit point. « Ando in Francia dove il Re desiderava che colorisse il cartone della S. Anna ; ma egli, secondo il sue costume, lo tenne gran tempo in parola » (Vasari, loc. cit., p. 13). « Il Re lo invitò in Francia ad eseguirlo in pittura ; v' ando Leonardo, ma non perciò lo dipinse mai » (Seb. Resta, *Nelle lett. pitt.*, t. III, p. 526). « Francesco I^o ne fece acquisto, e voleva che Lionardo lo metesse in opera, quando si porto in Francia, ma non ebbe effetto » (Mariette, *Nelle Lett. pitt.*, t. II, p. 174, not. 2). Sébastien Resta croit que Léonard de Vinci avait fait trois dessins, à peu près semblables (*Ibid.*). Il existe trois tableaux faits d'après ces différents dessins. On voit un de ces trois tableaux à Milan, dans la sacristie de l'église de Saint-Celse. On l'avait cru longtemps de la main de Léonard de Vinci ; les écrivains italiens reconnaissent aujourd'hui qu'il a été peint par André Salaï ou Salaino, l'un de ses élèves (Seb. Resta, *ibid.*; Lanzi, *Stor. pitt.*, t. I, part. II, p. 418). Il y a, dans ce tableau, une figure de saint Jean-Baptiste enfant, qui ne se trouve point dans le nôtre et qui était dans le carton mentionné par Vasari. Le second se voit dans la galerie de Florence ; l'auteur en est inconnu. Nous possédons le troisième. Il est difficile de croire, d'après toutes ces circonstances, que celui-ci soit de la main de Léonard de Vinci. Lomazzo dit que le dessin, apporté à Paris, avait ensuite été porté à Milan, et qu'il était demeuré longtemps dans l'atelier d'Aurelio Luini ou Luino, fils de Bernardino Luini, lequel, comme l'on sait, était élève de Léonard de Vinci, et a très-bien imité la manière de son maître (*Tratt. della pitt.*, lib. II, cap. xvii, p. 171). Ce fait pourrait faire présumer que ce tableau a été exécuté par quelqu'un de cette école. Il est peint sur bois. On le voyait, pendant la minorité de

FRA BARTOLOMMEO. 1469-1517.

ÉCOLE FLORENTINE.

LE SAUVEUR DU MONDE [1].

(Ce tableau ne fait plus partie du Musée impérial.)

Lorsque les écrivains florentins, et d'autres habiles connaisseurs, ont comparé les quatre plus grands peintres de l'école de Florence, Léonard de Vinci, Fra Bartolommeo della Porta, Michel-Ange, et André del Sarto, ils ont paru quelquefois hésiter sur la préférence qu'ils devaient accorder à l'un ou à l'autre. « Peu s'en « faut, dit l'abbé Lastri, que Fra Bartolommeo ne dispute à André « del Sarto la première place dans notre école toscane [2]. » L'enthousiasme d'Algarotti est allé plus loin : « Michel-Ange, dit cet « écrivain, aurait eu la palme parmi les peintres toscans, si Fra « Bartolommeo della Porta ne la lui eût pas enlevée [3]. » On a comparé Bartholommeo à Raphaël lui-même. Lanzi rapporte que Pietre de Cortone, ayant vu à Florence un tableau de ce maitre, le crut de Raphaël [4]. Richardson va jusqu'à dire : « Il sem« ble qu'en ce temps-là (avant que ces deux artistes eussent « vu Rome) Fra Bartolommeo surpassait Raphaël : sa manière « de peindre était plus vigoureuse, plus moelleuse et plus « délicate ; il lui ressemblait parfaitement pour le goût ; et l'on « ne sait jusqu'où ce grand génie aurait été, si la fortune ne « se fût déterminée en faveur de Raphaël, en l'employant à des

---

Louis XIV, au palais du cardinal Mazarin. Il n'avait, jusqu'à présent, été gravé qu'en bois et d'une manière très-imparfaite.

Si le respect dû à la mémoire de Léonard de Vinci nous oblige à manifester un doute qui paraît légitime, ce même sentiment doit faire accueillir avec un vif intérêt une composition célèbre, et dont l'authenticité ne saurait être contestée. Tous les ouvrages de Léonard de Vinci sont des trésors dont nous devons compte à la postérité.

[1] Haut. 8 p. 9 p.; 2^m,822. Larg. 6 p. 4 p.; 2^m,002.
[2] Lastri, l'*Etruria pittrice*, t. 1.
[3] *Essai sur la Peint.*, traduit par Pingeron, p. 214.
[4] Lanzi, *Stor. pitt.*, t. 1, p. 154.

« ouvrages plus relevés et d'un plus grand éclat [1]. » Malgré l'admiration de tant d'excellents juges pour les ouvrages de Bartolommeo, il nous semble que l'opinion générale ne place pas ce grand artiste au même rang que Léonard de Vinci, André del Sarto, Raphaël et Michel-Ange; mais la question même à laquelle des suffrages aussi recommandables peuvent donner lieu, doit paraître un bien bel éloge.

Bartolommeo della Porta naquit à Savignano, à dix lieues de Florence, l'an 1469. La nature l'avait doué principalement du sentiment qui fait les grands coloristes. Il eut d'abord pour maître Côme Roselli, peintre naïf et gracieux; il fit ensuite une étude approfondie des ouvrages de Léonard de Vinci. A l'âge de trente ans, s'étant persuadé que l'imitation du nu était une pratique contraire à la religion et aux bonnes mœurs, il jeta au feu la plus grande partie de ses dessins, et entra dans l'ordre des dominicains, où il passa quatre ans sans toucher le pinceau; Raphaël le rendit aux arts. Ce grand peintre étant venu à Florence, en l'an 1504, fut bientôt lié d'une étroite amitié avec Bartolommeo. L'union intime de ces deux artistes leur fut mutuellement utile. Raphaël donna des leçons à son ami sur la perspective; il en reçut de lui sur l'art d'employer les couleurs et de rendre les effets du clair-obscur [2]. Quelques années après, Bartolommeo, ayant fait un voyage à Rome, conçut, dit-on, une telle admiration pour les ouvrages de Raphaël et de Michel-Ange, qu'il en fut d'abord découragé [3]. Ce qui paraît certain, c'est que le style de ces deux maîtres éleva le sien, et qu'il leur dut une partie de la grandeur et de la grâce, par lesquelles il a pu quelquefois leur être comparé. Telle est du moins l'opinion de l'abbé Lanzi [4]; on ne doit pas craindre d'errer, en suivant ce guide également savant, judicieux et impartial.

Ce fut à son retour de Rome, que Bartolommeo composa le tableau représentant le *Sauveur du monde*. Un seul groupe, sagement conçu, en forme l'ensemble. La pensée est belle et impo-

---

[1] Richards., *Traité de la Peint.*, t. III, p. 127.
[2] Vasari, *Vita di Fra Bart.* — Lanzi, loc. cit.
[3] Vasari, loc. cit.
[4] Lanzi, loc. cit., p. 136.

sante. Le Sauveur du monde, prêt à remonter au ciel, au milieu de ses quatre évangélistes, leur donne la mission d'écrire le livre où doit être déposé le témoignage de la nouvelle alliance, et d'annoncer le mystère de la Rédemption. Les draperies du Sauveur, les poses et les draperies des Évangélistes, sont simples et grandes; les têtes des Évangélistes sont vivantes, nobles, pleines d'âme, d'énergie, dignes, en effet, de Raphaël. On pourrait peut-être remarquer quelques incorrections dans le dessin: la tête, la poitrine et le bras droit du Sauveur ne répondent pas entièrement à la beauté des autres parties de l'ouvrage; la disposition de l'architecture n'est pas heureuse; mais le coloris est vrai, nourri, vigoureux; la perspective aérienne est bien sentie; l'air circule dans toutes les parties du tableau [1].

Vasari place Bartolommeo parmi les bienfaiteurs de l'art, à cause de l'harmonie et de la vérité qu'il sut donner au coloris. Cet artiste a rendu à la peinture un service important; c'est lui qui a inventé le mannequin à ressorts [2].

Ajoutons un trait qui peut faire connaître et son caractère et celui de Raphaël. Désespérant d'atteindre à la sublimité de ce prince des peintres, le modeste Bartolommeo avait laissé à Rome un de ses ouvrages imparfait: Raphaël ne dédaigna pas de l'achever [3].

TITIEN. 1477-1576.

ÉCOLE VÉNITIENNE.

LE MARTYRE DE SAINT PIERRE DOMINICAIN [4].

(Ce tableau ne fait plus partie du Musée impérial du Louvre.)

Ce tableau, considéré généralement comme le plus bel ouvrage du Titien, est au nombre des chefs-d'œuvre dont la

---

[1] Ce tableau était peint sur bois; il vient d'être mis sur toile. On l'a vu, pendant longtemps, à Florence, dans le palais Pitti. Il en existe une copie faite par Domenico Pugliani.
[2] Vasari; Baldinucci; Lanzi, loc. cit.
[3] Vasari; Baldinucci; Lanzi, loc. cit.
[4] Haut. 15 p. 7 p. 7 l.; 5^m,076. Larg. 9 p. 4 p. 6 l.; 3^m,045.

réputation s'est accrue de jour en jour, et qui semblent désormais au-dessus de tout éloge. Il fut fait à Venise, vers l'an 1528, pour l'église de Saint-Jean et Saint-Paul, appartenant à l'ordre de saint Dominique [1]. Le Titien, né en 1480, avait alors environ quarante-huit ans [2].

Pour en reconnaître pleinement le mérite, il faut se rappeler les diverses circonstances du fait qu'il représente, et les traits principaux de la vie du personnage qui en est le sujet. Saint Pierre, que l'on désigne communément par le nom de saint Pierre martyr, naquit à Vérone, vers l'an 1205 ou 1206, de parents livrés à l'hérésie des Catares. Instruit par un maître catholique, il professa, malgré son père, la foi de l'Église romaine; à l'âge de quinze ans, il entra dans le nouvel institut de Saint-Dominique, et s'étant attaché au ministère de la parole, il devint bientôt, par son éloquence et par son zèle, l'apôtre de la Romagne, de la Toscane et du Milanais. En 1232, il fut nommé directeur de l'inquisition dans cette partie de l'Italie, par le pape Grégoire IX. Innocent IV le confirma, quelques années après, dans ce poste périlleux. L'ardeur du saint religieux s'accrut au milieu des dangers auxquels l'exposait sa place. Il ne nous appartient pas d'examiner si ce sentiment l'emporta trop loin; mais, suivant les termes employés par un de ses historiens, *semblable à un lion parmi des bêtes féroces, il ne laissa nul repos aux hérétiques* [3]. Ceux de Milan conspirèrent contre sa vie, et se souillèrent d'un assassinat. Après avoir prêché dans la ville de Côme, saint Pierre devait revenir à Milan, le samedi de Pâques, accompagné d'un frère de son ordre, appelé Dominique. Deux des conjurés, conduisant avec eux un assassin salarié, nommé Carino, se rendent à Côme pour diriger les coups. Le samedi de Pâques, au lever de l'aurore, les deux religieux se mettent en route; l'assassin les suit, et les atteint à l'extrémité d'un bois. Il frappe d'abord saint Pierre, qui tombe nageant dans son sang;

---

[1] Le Titien en fut chargé, à la suite d'un concours où il avait eu pour antagonistes Pordenone et le vieux Palme (Ridolfi, *Le Marav. dell' arte*, t. I, p. 150).
[2] Vasari, t. III, p. 381, édit. 1760.
[3] *Acta Sanct.*, April., t. III, p. 696.

ensuite il s'élance sur le frère Dominique, qui appelait à grands cris du secours, le renverse et le croit mort; revenu vers le saint apôtre, il le voit relevé sur ses genoux, récitant à haute voix le symbole de Nicée qu'il avait toujours prêché avec tant de courage : furieux, il le frappe de nouveau, et la victime expire [1].

Le Titien a exprimé tout ce que cette dernière scène offrait d'horrible et de sublime. Il a choisi le moment où, jeté par terre pour la seconde fois, saint Pierre va obtenir la palme du martyre. La pâleur de la mort se répand sur son visage qu'entourent des cheveux inondés de sang; ses yeux, animés par une juste espérance, se tournent, ainsi que l'une de ses mains, vers le ciel. Le malheureux frère Dominique s'est relevé malgré ses blessures; il fait retentir la forêt de ses cris lamentables. On voit au fond du bois deux personnages, dont l'un est à cheval, et qui s'enfuient avec précipitation. Leur présence, dans le tableau, n'est pas rigoureusement conforme à la vérité historique; mais ils rappellent les chefs des conjurés [2]. Tout est grand, énergique, expressif, dans cette belle peinture : la forêt est sombre et sinistre; l'azur du ciel, la couleur du feuillage, indiquent le moment qui précède le lever du soleil; le vent qui soulève les draperies accroît le trouble général; c'est du ciel entr'ouvert, où apparaissent deux anges, que descend la lumière principale; trois figures remplissent, en quelque sorte, un immense tableau; la grandeur de leurs formes, la hardiesse et la vérité des raccourcis, l'expression mâle des têtes, le noble développement des draperies, le beau caractère des arbres, la chaleur du coloris, où le Titien a mis en opposition les tons blancs et les tons noirs des robes ensanglantées des deux religieux avec la verdure des plantes, avec les teintes brunes du corps de l'assassin, et avec ses vêtements chamarrés de rouge, la transparence enfin de l'air qui

---

[1] *Acta Sanct.*, April., p. 681 et 698.
[2] D'après les circonstances que nous venons de rapporter, le frère Dominique devrait être renversé par terre. Le Titien l'a représenté debout, appelant du secours et cherchant à fuir, non-seulement pour mettre plus de contraste et de chaleur dans sa composition, mais pour faire voir que ce religieux n'est qu'un personnage de second ordre, éloigné de la perfection à laquelle le saint s'était élevé.

circule dans toutes les parties du paysage, sont également dignes d'admiration.

Ce tableau, célébré par la plupart des écrivains qui ont traité de la peinture, est un des trophées de nos victoires [1].

LE COURONNEMENT D'ÉPINES.

(N° 464. Voy. le *Catal. des Ecoles d'Italie et d'Espagne*, p. 265.)

Parmi les chefs-d'œuvre des plus grands coloristes, il en est peu que l'on puisse comparer à ce beau tableau du Titien. La composition doit obtenir des éloges à bien des égards; le style même présente, dans quelques parties, des beautés assez remarquables; mais tel est le mérite du coloris, que si on laissait à l'écart ce qui appartient à la composition et au style, ce bel ouvrage serait encore une des productions les plus étonnantes de l'art de peindre.

Le Christ a été livré à des soldats et à des bourreaux, qui, après l'avoir dépouillé de ses vêtements, et avoir jeté sur ses épaules un manteau de pourpre, frappent sa tête avec des bâtons pour y enfoncer une couronne d'épines, et le saluent roi des Juifs. Il est assis au-dessus de trois marches, qui paraissent conduire à une des salles du prétoire. Trois bourreaux sont debout, un à sa droite, un à sa gauche, un derrière lui; deux soldats s'inclinent à ses pieds, en lui présentant le roseau qui doit lui tenir lieu de sceptre : personnage principal, il brille seul au milieu de ce groupe circulaire, où cependant rien d'intéressant n'a été sacrifié. Sa tête mâle, sa large poitrine, ses membres

---

[1] Lorsqu'il fut apporté en France, il était sur bois, et le temps semblait en avoir détruit le coloris, ainsi que l'avait remarqué Zanetti (*Della pitt. Venez.*, édit. 1771, p. 118). Il a été lavé et transporté sur toile, en l'an VII (1799), par M. Hacquin. Cette opération a rendu aux couleurs presque toute leur vivacité. — Il a été gravé en taille-douce par Martin Rota ; sur bois, par J.-B. Jackson ; à l'eau-forte, par Valentin Lefebvre, et par M. V. Denon, directeur général des Musées. — J.-B. Fontana a gravé une composition du Titien, représentant le même sujet, autre que celle-ci et moins belle.

presque nus, la pourpre qui flotte sur ses épaules et autour de ses reins, éclairés par une vive lumière, appellent d'autant mieux les regards, que tous les objets dont il est environné, les chairs basanées des bourreaux et des soldats, leurs draperies, leurs armes et les murs du palais, n'offrent que des tons bruns, gris, azurés ou verdâtres. L'attitude de cette belle figure est noble et pleine de grâce : le corps se penche doucement en avant, les genoux se rapprochent, les pieds s'écartent l'un de l'autre par l'effet de la douleur ; les regards, qui se tournent vers le ciel, expriment à la fois les souffrances et la résignation de l'homme-Dieu. Si l'action des bourreaux qui appesantissent leurs bâtons sur la couronne d'épines semble, au premier aspect, trop violente, bientôt on est forcé de reconnaître que cette sorte d'exagération accroît l'intérêt ; on sent, dans les mouvements, comme sur la physionomie de ces vils personnages, qu'ils veulent non-seulement faire souffrir leur victime, mais l'insulter ; la pitié redouble ; et on applaudit au peintre qui a su, en variant sa composition, rendre la tranquillité du Sauveur plus remarquable, et sa patience plus touchante.

Nous n'examinerons pas si, dans toutes les parties nues du Christ, le style est également grand et également pur. Qu'il suffise de dire que les formes sont, en général, dignes du sujet ; que le dessin présente partout une vérité frappante ; que, dans tous les contours, dans tous les muscles, l'expression de la vie ne laisse rien à désirer.

L'art du coloris se montre ici dans la plus haute perfection où l'ait jamais porté l'école de Venise. La distribution des figures offre un exemple remarquable de cette *grappe de raisin*, à laquelle le Titien comparait ingénieusement un groupe bien ordonné. La lumière, qui éclate au centre, se dégrade progressivement sur les figures latérales. Tout concourt à l'effet général. Ne demandons pas pourquoi le soldat qu'on voit à genoux, et le plus avancé, tourne la tête en arrière, au lieu de diriger ses regards vers Jésus : on peut croire qu'il appelle des bourreaux restés hors de la scène ; mais les grands coloristes ont, d'ailleurs, leurs règles et leur magie. L'habile peintre qui a fait ressortir les membres nus du Christ et les tons de la pourpre, par l'opposition de l'armure grise et bleuâtre dont il a couvert cette figure à genoux, a voulu sans doute relever encore la figure du Christ par l'ombre ferme jetée dans les cheveux. Nous pourrions faire à peu près la même remarque, si nous recherchions les motifs qui ont déterminé le Titien sur le choix particulier de telle ou telle attitude, de telle ou telle teinte, dans diverses parties de sa composition. Mais il est un objet encore plus important à considérer, c'est l'art prodigieux que ce maître a développé dans la vérité des tons et dans le maniement du pinceau. Jamais, dans aucun tableau, même du Titien, la chair ne fut mieux ou aussi bien de la chair que dans la figure du Christ. Les couleurs sont rapprochées, mêlées, fondues aussi parfaitement que dans les ouvrages de la nature. Comment l'artiste a-t-il opéré? il est presque impossible de le reconnaître : l'ordre des procédés, la trace de l'instrument, se dérobent à l'œil du maître le plus habile. Cette figure n'est pas peinte : elle respire, elle souffre au milieu des bourreaux.

Le buste de Tibère indique l'époque où le Christ se livra à la mort.

Ajoutons que ce chef-d'œuvre fut fait pour le couvent de *Santa-Maria delle-Grazie* des dominicains de Milan, qu'il y avait toujours été conservé jusqu'aux conquêtes des Français, et que ce couvent est le même où l'on voit encore les restes admirables de la *Cène* de Léonard de Vinci.

PORTRAIT DE FRANÇOIS Ier.
(N° 469. Voy. le *Catal. des Ecoles d'Italie et d'Espagne*, p. 268.)

C'est sans doute un art, dans un peintre de portrait, que d'indiquer par des attitudes simples et naturelles, autant que par l'expression de la physionomie, le caractère moral des personnes dont il trace l'image ; par conséquent, nous devons savoir gré au Titien de n'avoir pas négligé ce genre de mérite, en peignant le portrait de François Ier. Dans le mouvement de la tête, tournée de profil vers l'épaule gauche ; dans la pose des bras, élevés et appuyés, l'un sur la ceinture, et l'autre sur la hanche; dans les contours gracieux et fins de chaque trait; dans l'esprit qui anime la figure, ne croit-on pas voir ce prince, tel qu'il était en effet, gai, franc, spirituel, fier, intrépide, avide de gloire, mais en même temps léger, imprudent, présomptueux et téméraire? Les peintres font rarement des portraits de profil : le Titien reconnut apparemment que les traits de François Ier offraient plus de noblesse et de vivacité vus de profil que de face. Peut-être les ombres du cou ne sont-elles pas assez bien ménagées. L'ensemble du coloris a, d'ailleurs, toute la chaleur et toute la vérité qui étaient propres au pinceau de ce grand maître.

GIORGION. 1477-1511.

ÉCOLE VÉNITIENNE.

UN CONCERT.

(Ce tableau ne fait plus partie du Musée impérial du Louvre.)

Ce tableau paraît renfermer trois portraits. Pendant longtemps, on crut reconnaître celui de Luther dans le musicien qui touche du clavecin; celui de Catherine de Bore, sa femme, dans la figure coiffée d'une toque noire et d'un panache blanc; et celui de Martin Bucer, ministre luthérien, d'autres disaient celui de Calvin, dans le chanoine ou le prélat qui d'une main frappe sur l'épaule du prétendu Luther, et de l'autre tient une *mandole*. Cette opinion chimérique a été démentie par les portraits authentiques de Luther et de Calvin, par les costumes, et notamment par l'époque de la mort du Giorgion, qui termina sa vie en 1511, à l'âge de trente-quatre ans, plusieurs années avant que Luther et Bucer fussent connus, et lorsque Calvin était à peine au monde. Elle est aujourd'hui totalement abandonnée. Le personnage représenté touchant du clavecin paraît d'abord un religieux; mais la fourrure placée au bas de ses manches ne permet pas de s'arrêter à cette idée. Cette figure nous offre vraisemblablement le portrait d'un compositeur de musique, d'un maître de chapelle célèbre : telle est la seule conjecture à laquelle il semble permis de se livrer.

Mais si ce tableau a cessé d'exciter la curiosité comme monument historique, il n'est pas moins remarquable en ce qui tient à l'art. Bien qu'il ne renferme que des portraits, il offre, dans la composition même, de l'intérêt et de la variété. La tête du personnage principal est un chef-d'œuvre pour l'expression, comme pour le dessin et pour le coloris. A l'action des mains, à l'air préoccupé avec lequel ce musicien se tourne, sans s'interrompre, vers le prélat qui l'a frappé, au feu qui anime ses regards, au sentiment répandu dans l'ensemble de sa physionomie, on croit voir qu'il joue d'inspiration. La tête, dont le coloris est parfaitement conservé, offre surtout un précieux exemple de l'habileté avec laquelle le Giorgion peignait les chairs. Les deux autres figures sont déjà beaucoup altérées par le temps ; l'expression en est, par conséquent, affaiblie. On voit cependant que le prélat suspend le mouvement de sa main, pour admirer les accords du musicien ; il ne remplit, dans la scène, qu'un rôle secondaire. Le personnage coiffé d'une toque et d'une plume paraît être un jeune homme : il écoute avec moins d'attention ; on dirait que la musique, en touchant son cœur, l'a entraîné dans une douce rêverie. C'est ainsi que le sujet le moins intéressant s'est animé, sans que l'action ait rien d'exagéré, sans que les attitudes aient cessé d'être naturelles, et par la seule différence du caractère et de l'expression des têtes. Si nous rappelons tant de portraits que les peintres crurent embellir, et qu'ils rendirent froids et ridicules, par des poses recherchées, par un rire affecté, nous saurons encore plus de gré au Giorgion d'avoir réuni dans son ouvrage le mérite de l'expression et celui de la simplicité.

Peut-être pourrions-nous dire que l'égalité des lumières met un peu de monotonie dans les tons noirs des vêtements du musicien ; que le bras du prélat est court, et que les formes n'en sont point assez prononcées. Mais nous venons de faire remarquer que le coloris est altéré dans quelques parties : il est vraisemblable que ces défauts, en ce qui est étranger au dessin, n'existaient pas lorsque les teintes avaient toute leur fraîcheur.

Ce tableau vient de Florence, où il a été conservé longtemps dans le palais Pitti.

RAPHAEL SANZIO. 1483-1520.
ÉCOLE ROMAINE.

LA VISION D'ÉZÉCHIEL [1].

(Ce tableau ne fait plus partie du Musée impérial du Louvre.)

Jamais Raphaël ne traita de sujet qui dut paraître moins convenable à la peinture que la vision d'Ezéchiel, et jamais ce prince des peintres ne mit dans aucune de ses compositions plus de grandeur et de simplicité.

« Tandis que j'étais, dit le prophète, au nombre des captifs, près du fleuve Chobar [2], j'eus une vision ; les cieux me furent ouverts. Du côté de l'aquilon, je vis une grosse nuée, une lumière qui éclatait tout autour, et dans le centre un feu semblable à un métal resplendissant. Au milieu du feu, je vis la ressemblance de quatre animaux qui se tenaient réunis. Leurs corps avaient l'éclat du saphir. Ils avaient tous quatre, par devant, une face d'homme ; tous quatre, à droite, une face de lion ; tous quatre, à gauche, une face de bœuf ; tous quatre, au-dessus, une face d'aigle. Ils avaient aussi quatre ailes. Leurs faces et deux de leurs ailes se tournaient en haut. Chacun d'eux marchait devant soi ; ils allaient où les entraînait l'Esprit, et jamais ils ne retournaient en arrière. Auprès de chacun de ces animaux, je vis une roue qui semblait toucher la terre. Chaque roue avait quatre faces ; des yeux ouverts y brillaient tout autour ; l'Esprit les animait. Au-dessus des animaux, je vis le firmament, étincelant comme du cristal, traversé de flammes et d'éclairs. Dans le firmament s'élevait un trône ; sur ce trône, je vis l'apparence d'un homme :

---

[1] Haut. 1 p. 3 p. 2 l.; 0m,411. Larg. 11 pouces 1 l.; 0m,300.
[2] L'Euphrate ou le Chaboras.

des feux environnaient sa tête et formaient sa ceinture. Epouvanté, je tombai le visage contre terre. J'entendis une voix qui me disait : « Fils de l'homme, lève-toi ! » Je me levai. L'Esprit me dit : « Fils de l'homme, va en mon nom auprès des enfants apostats d'Israël ; ils ont un cœur dur, indomptable ; dis-leur qu'ils écoutent enfin mes paroles et qu'ils cessent de m'irriter [1]. »

Voilà le thème sur lequel Raphaël devait composer son tableau. Il était vaste, compliqué, chargé de détails qui semblaient se refuser à former un bel ensemble. Toutes les difficultés se sont aplanies devant le génie de ce grand peintre. Quelle noblesse ! quelle grâce ! quelle vie dans toutes les parties du tableau ! quelle parfaite et admirable unité !

Les roues qui touchaient la terre, le trône élevé dans le firmament, machines gigantesques, qui auraient occupé un trop grand espace, ont disparu ; tous les autres objets décrits par Ezéchiel, fidèlement conservés, ont été embellis par des formes pittoresques. Au centre d'une nuée entr'ouverte, que remplit une éclatante lumière, paraissent en un seul groupe la figure majestueuse de l'Etre suprême et les animaux symboliques qui lui servent de soutien. Un jeune homme, d'une grande beauté, un lion, un bœuf, un aigle, qui ont chacun deux ailes ouvertes, représentent les quatre animaux qui avaient quatre têtes et quatre ailes. Ils sont placés dans l'ordre décrit par le prophète. Le jeune homme et le lion sont devant l'Eternel et à sa droite ; le bœuf est à sa gauche ; l'aigle est le plus élevé. Tous sont tournés vers le même côté ; chacun d'eux paraît ainsi marcher devant soi : ils ne retourneront point en arrière. Des têtes de chérubins, distribuées en cercle au centre de la nuée, indiquent le firmament. Dieu, ou l'Esprit qu'Ezéchiel voyait au plus haut des cieux, est représenté plus près de la terre ; les animaux forment eux-mêmes son trône. Par cette heureuse pensée, l'artiste a su non-seulement plier son sujet à la loi de l'unité, mais encore nous offrir une image plus grande de la puissance de l'Etre suprême, que toutes les créatures doivent servir et adorer. Les animaux, en le portant, élèvent avec ardeur vers lui leurs ailes et leurs regards ; leurs têtes sont

[1] Prophet. Ezechiel., cap. I et II.

pleines d'âme, nous pourrions dire d'enthousiasme. L'image de l'Eternel est d'une beauté accomplie. Raphaël lui-même, dans aucun de ses tableaux, ne représenta cet Être divin plus majestueux et plus terrible. L'ingénuité des deux anges qui soutiennent ses bras forme, avec le caractère imposant de cette grande figure, le contraste le plus poétique. Si l'on jette les yeux vers la terre, combien le vaste et riche paysage que l'on découvre paraît petit auprès du Créateur! La figure d'Ezéchiel, par une application du même principe, est à peine visible. Dieu est tout : telle fut sans doute la pensée du peintre ; seul, l'Etre divin remplit ce tableau, de même qu'il remplit seul l'immensité de l'univers [1].

SAINTE CÉCILE.

(Ce tableau ne fait plus partie du Musée impérial du Louvre.)

Raphaël peignit ce tableau à Rome, en 1513, dans sa trente-unième année, pour le cardinal Lorenzo Pucci, qui le fit placer à Bologne dans l'église des religieux de Saint-Jean-de-Latran, dite

---

[1] La richesse du coloris répond à la nature du sujet. Le ciel resplendit d'argent et d'or. Les tons noirs, roux et bleuâtres des animaux, ont, suivant l'expression d'Ezéchiel, l'éclat du saphir. La draperie rouge de l'Eternel rappelle les feux que le prophète voyait autour de ses reins et de ses épaules. Le pinceau est fin, hardi et moelleux. Peut-être les ombres des chairs sont-elles un peu violettes ; mais cette teinte n'empêche point que l'ensemble n'offre beaucoup de variété, de vigueur et de transparence.
Raphaël a traité ce sujet dans deux tableaux parfaitement semblables : l'un de ces deux originaux fut peint à Rome en 1510, pour le comte Ercolani, de Bologne, et payé à Raphaël huit ducats d'or (Vasari, *Vit. di Raff.*, t. II, p. 111, édit. 1759. — Malvas., *Fels. pitt.*, t. I, p. 44). M. de Chantelou l'acheta d'un des héritiers de cette maison, en l'an 1642 (Félib., t. IV, p. 50). Après la mort de cet amateur, il appartint successivement à M. de Launai et au duc d'Orléans. On le croit maintenant en Angleterre. Celui du Musée Napoléon fut fait, vraisemblablement à la même époque, pour un seigneur de la maison de Médicis. Il était connu à Florence de temps immémorial, et il ornait le palais Pitti, lorsqu'il a été cédé à la France (Bottari, *not. in Vasari*, loc. cit., not. 2). Il est peint sur bois. Il a été gravé par Cosimo Mogalli. On en conserve, aux Gobelins, une belle copie faite en Italie par l'ordre de Louis XIV, où les figures sont grandes comme nature.

San-Giovanni-in-Monte [1]. C'est dans cette église qu'il a été conservé jusqu'à l'époque où les Français en ont fait la conquête.

Parmi les plus belles productions de l'art, il en est peu qui aient joui d'autant de célébrité.

Vasari raconte que le vieux Francia, frappé d'admiration à la vue de ce chef-d'œuvre, et désespérant d'atteindre, dans ses derniers jours, à la sublimité où s'était déjà élevé le jeune Raphaël, en mourut de chagrin. Cette fable a été complétement réfutée par Malvasia [2]. On croit que c'est en le considérant, que le Corrège, moins âgé de onze ans que Raphaël, s'écria : *Ed' anch' io son pittore!* (*Et moi aussi je suis peintre!*) Ce fait n'est garanti que par une ancienne tradition [3]; mais comme il honore également deux grands hommes, et que la tradition qui nous l'a transmis paraît constante, nous pouvons nous livrer avec confiance au sentiment agréable qu'il doit faire éprouver.

Si nous adoptons une opinion à peu près générale, Raphaël n'a voulu représenter, dans sainte Cécile, que la patronne des musiciens. Tandis que cette jeune Romaine chantait, dit-on, les louanges du Seigneur, les cieux se sont ouverts au-dessus de sa tête; elle voit les anges qui exécutent un concert; elle entend leurs voix mélodieuses; dans son ravissement, elle interrompt ses propres accords, et laisse échapper l'instrument qui jusqu'alors l'avait charmée. Cette idée est belle, sans doute; elle est ingénieuse, elle est grande; mais, si l'on réduit ainsi le sujet à ce qu'il peut renfermer de relatif à la musique, il faut reconnaître avec regret que saint Paul et les autres saints personnages y sont complétement étrangers.

L'Albane nous a laissé, relativement à ce tableau, quelques mots qui n'ont point été assez remarqués. « Dans l'ouvrage de Ra-

---

[1] Vasari, *Vit. di Raff.*, t. II, p. 110; édit. Rom. 1759. — Malvasia, *Fels. pit.*, t. I, p. 44.

[2] Vasari, *Vit. di Fr. Francia*, t. I, p. 485. — Malvasia, loc. cit. — Le chevalier Ratti a découvert que le Francia est mort en 1533 (Lanzi, *Stor. pitt.*, t. II, part. II, p. 22). Cette découverte achève de détruire la fable racontée par Vasari.

[3] « Racconti son questi, che altro fondamento non hanno che in-« certe voci e popolari tradizioni » (Tiraboschi, *Notiz. del Pitt. di Modena*, p. 40).

phaël, dit-il, sainte Cécile repousse un hymen terrestre pour jouir des noces du Ciel¹. » Cette tradition nous semble répandre sur le tableau bien plus d'intérêt que la précédente. Elle rappelle le seul fait de la vie de sainte Cécile où il s'agisse de musique : elle n'exclut pas la vision dont la sainte paraît frappée ; elle la motive : elle ne change point le sujet ; elle l'embellit.

Le jour où la jeune Cécile devait être unie à Valérien, dans le moment où ses compagnes, encore idolâtres, entonnaient, au son de divers instruments, l'hymne de l'hyménée, cette vierge, saisie de crainte, richement parée, mais portant un cilice caché sous ses vêtements, chantait seule devant Dieu ; elle disait : *Seigneur, c'est à vous que mon cœur s'est donné ; conservez-moi ma chasteté, afin qu'à jamais je vous appartienne.* Elle conjurait en même temps les anges, les apôtres, tous les saints et toutes les saintes de descendre du ciel et de protéger sa virginité contre les transports de son amoureux époux ².

Voilà vraisemblablement le fait qui, enrichi par l'imagination de Raphaël, lui a offert l'idée de cette noble et touchante composition. Au moment où elle termine sa prière, enivrée de l'amour divin, Cécile, dans une douce extase, croit avoir déjà quitté la terre ; elle croit être transportée dans les cieux et entendre les anges qui chantent en chœur son chaste et glorieux hyménée.

Quelque opinion que l'on adopte, nous ne critiquerons point

---

¹ « La santa Cecilia (di mano da Raffaelle da Urbino) disprezza le « nozze terrene per conseguire le celestiali » (Fr. Albano, presso Malvas., loc. cit., t. II, p. 245).

² « Hæc ergo beata Cæcilia Valerianum quemdam habebat juvenem « sponsum : qui quidem juvenis, accensus amore virginis, diem sta« tuerat nuptiarum. Cæcilia autem induta erat cilicio, extrinsecus au« reis induta erat vestibus... Non multo post autem venit dies in quo « paratus est thalamus, et cùm esset symphonia instrumentorum, illa « in corde suo soli Deo psallebat, dicens : Fiat, Domine, cor meum et « corpus meum immaculatum, ut non confundar (*Psalm.* 118, v. 80)... « Se ipsam commendabat Domino, precibus angelos Domini invocabat, « lacrymis precabatur apostolos, et orabat omnes Christi ancillas, ut « eam confirmarent suis supplicationibus, castitatem suam commendans « Domino » (Surius, *De Probat. Sanct. Hist.; Vit. S. Cæcil.*, cap. II ; 22 novemb.; t. VI, p. 547). On croit que sainte Cécile vivait sous le règne de Septime-Sévère, ou pendant celui de ce prince et de ses fils (Surius, *ibid.,* cap. xxiv.— Ant. Bosius, *Hist. Pass. SS. Cæcil., Valerian.,* etc. p. 40).

la réunion de plusieurs saints enlevés au monde à des époques différentes. Faut-il juger sous ce rapport, avec une extrême rigueur, des tableaux dont le sujet est purement mystique? Ne sait-on pas que, dans tous les temps, parmi les chrétiens et chez les Grecs eux-mêmes, l'esprit d'adoration exigea des artistes des anachronismes de cette espèce [1]? Mais, si la tradition de l'Albane est fidèle, comme tout porte à le croire, il doit être permis d'ajouter que l'apparition des saints placés auprès de sainte Cécile est légitimée par la prière de cette jeune fille. On peut présumer que Raphaël n'a pas voulu seulement offrir, au cardinal qui lui avait demandé ce tableau, des objets d'une dévotion particulière; il a eu principalement l'intention d'environner la craintive Cécile des saints qu'elle croit accourus du ciel pour la protéger [2]. Ces divers personnages paraissent ne prendre aucune part au concert céleste; ils ne sont occupés que de Cécile; mais, par cela même, ils ne nuisent point à l'unité du sujet, qui est tout entier dans la prière de la sainte et dans la vision par laquelle le Ciel lui répond [3].

[1] Les Grecs étaient peu scrupuleux sur les anachronismes de ce genre. Plusieurs monuments nous en offrent des exemples. Il suffira de citer un des tableaux peints sur marbre, trouvés à Herculanum. Il représente Hilaire et Phœbé, filles de Leucippe, jouant aux osselets avec Latone, Niobé et Aglée, la plus jeune des Grâces. *Antic. Hercul.; Pitt.*, t. I, pl. 1).

[2] Vasari croit que cette figure représente saint Augustin (*Vit. di Raff.*, t. II, p. 111). Scanelli pense, au contraire, qu'elle offre l'image de saint Pétrone, évêque de Bologne, mort sous le règne de Théodose et de Valentinien (*Microcosmo della Pitt.*, lib. II, p. 150). Cette opinion est plus vraisemblable que celle de Vasari. Il y a lieu de croire que le choix de la figure de saint Pétrone est un hommage rendu à la ville de Bologne. Dans tous les cas, cette figure est la seule qui forme un véritable anachronisme. Il est bon de remarquer le choix des trois autres personnages. Saint Paul fut l'apôtre du célibat; saint Jean est, en quelque sorte, un emblème de la chasteté; sainte Madeleine renonça à toutes les voluptés terrestres pour se consacrer à Dieu.

[3] Raphaël, avant d'exécuter son tableau, exprima sa première pensée dans un dessin qui a servi de modèle à la gravure de Marc-Antoine. Si l'on compare cette gravure avec le tableau, on remarquera que, dans la seconde composition, l'attitude de toutes les figures, celle de sainte Cécile exceptée, a été entièrement changée. L'expression y est, aussi, bien plus vive, et le sujet bien mieux rendu. Il y a plus d'unité, et, par cela même, plus d'intérêt. Ce fait est un de ceux qui prouvent avec quel soin Raphaël revoyait et corrigeait ses ouvrages. — Le dessin gravé par

Que Raphaël est grand dans cet ouvrage ! Oh ! qui n'admirerait la noblesse, la vive ardeur des séraphins, qui chantent l'hymne sacré, au milieu des feux éclatants des cieux ! Qui n'admirerait l'ingénuité, la candeur, l'enthousiasme religieux, imprimés dans l'attitude, dans le regard de la vierge que ces accords ont charmée ! Sous la robe tissue d'or et de soie dont elle est vêtue, sous le cilice qu'on reconnaît à travers ses voiles élégants [1], ne croit-on pas voir un être immortel, un ange s'unissant au concert que forment ses frères, s'unissant à Dieu, qui seul peut remplir ses vœux ? Saint Paul, le bras droit sur son épée et la tête appuyée sur sa main, manifeste l'élévation de son génie par la fermeté de sa pose et par l'énergie de ses traits ; ses draperies, largement développées, sont, dans cette partie de l'art, un des chefs-d'œuvre de Raphaël. Saint Jean dirige vers la chaste Cécile des regards pleins d'admiration et d'attendrissement. Le saint évêque partage ces sentiments affectueux. Madeleine, encore parée de ses atours mondains, le visage tourné vers le spectateur, tient en mains le vase des parfums qu'elle répandit sur les pieds du Sauveur chez le pharisien, le jour où elle reconnut ses égarements. Il semble qu'en laissant apercevoir, dans l'attitude gracieuse et assurée de cette belle pénitente, quelques restes des habitudes qu'elle abjura, l'artiste ait voulu, par l'opposition, donner de nouveaux charmes à la naïveté de l'innocente Cécile.

Le caractère et la richesse des costumes conviennent à la dignité du sujet. Saint Jean est reconnaissable au livre des Evangiles et à l'aigle qu'on voit auprès de lui ; saint Paul, à son épée, au manuscrit de ses Epîtres, à son manteau rouge et à sa tunique verte, vêtements qui lui sont consacrés. Madeleine est vêtue d'une tunique rouge, d'un manteau changeant, lilas et bleu ; sa chevelure blonde, son voile blanc et transparent, brodé en diverses couleurs, relèvent les attraits de sa physionomie douce et noble. Suivant l'usage conservé pendant si longtemps parmi les filles grecques et parmi les jeunes Romaines, Cécile a noué ses

---

Marc-Antoine appartenait, au commencement du siècle dernier, à M. de Piles ; il a été gravé par Elisabeth-Sophie Chéron, petit in-folio.

[1] « Vestimenti di drappi d' oro e di seta, e sotto quelli un cilicio maraviglioso » (Vasari, loc. cit., p. 111).

cheveux noirs au-dessus de sa tête : ce genre de coiffure, en faisant connaître qu'elle n'est point mariée [1], contribue encore à indiquer le moment que l'artiste a voulu représenter.

Nous pouvons faire les mêmes remarques au sujet des instruments placés aux pieds de la sainte. Ils ne font pas seulement allusion à la dévotion des musiciens pour sainte Cécile ; ils nous rappellent encore qu'à l'instant où cette jeune fille priait seule devant le Seigneur, sa maison, dans la joie, retentissait des chants voluptueux de l'amour et de l'hymen [2].

On a dit enfin, et, dans des temps encore récents, on a souvent répété que le pinceau de Raphaël n'est pas assez moelleux dans ce bel ouvrage ; que le coloris des parties nues est brun et rougeâtre [3] : disons, à notre tour, en invoquant le témoignage de Vasari, que ce tableau, dans sa nouveauté, charma autant l'Italie *par la vie de chaque figure et par les tons animés des chairs*, que par la sublimité de la composition [4] ; disons qu'aujourd'hui même, malgré l'altération que les teintes ont éprouvée, il offre, principalement en ce qui appartient à l'harmonie, une des preuves les plus éclatantes du rare talent de Raphaël pour le coloris [5]. S'il est généralement inférieur sur ce point à la *Transfiguration*, à la *Vierge de Foligno* et à la grande *Sainte Famille*, il n'atteste pas moins que la nature avait comblé Raphaël de tous ses dons,

---

[1] Pausan., lib. VIII, cap. xx, p. 658 ; lib. X, cap. xxv, p. 862. — Tertull., *De veland. Virg.*, cap. xii, p. 180.

[2] Ces instruments et même l'orgue que sainte Cécile tient en mains, passent pour être l'ouvrage de Jean de Udine (Vasari, *Vit. di Gio. da Udine*, t. III, p. 44). Raphaël, en effet, peut en avoir confié les détails au pinceau de son élève. Mais ils entrèrent dans l'esprit de la composition, et furent peints dans le tableau, dès l'origine. La plupart se trouvent dans la gravure de Marc-Antoine ; on les voit tous dans celle que J. Bonasone a faite, d'après le tableau, en 1533. L'opinion de quelques personnes, qui croient qu'ils ont été ajoutés après coup, est évidemment fausse.

[3] Richardson, *Traité de la Peint.*, t. III, part. I, p. 44, etc.

[4] Vasari, loc. cit., p. 111.

[5] Ce tableau fut peint sur bois ; il était déjà écaillé d'une manière effrayante, lorsqu'il fut apporté en France en l'an VI (1798). Il a été mis sur toile par M. Hacquin en 1803. C'est, par conséquent, à la France que la conservation en est due. — Il en existe une copie de la main du Guide, que l'on a vue longtemps à Rome, dans l'église de Saint-Louis-des-Français.

et que le génie de cet homme vraiment divin embrassait toutes les parties de l'art.

L'ENFANT JÉSUS CARESSANT SAINT JEAN.
(N° 378. Voy. le *Catal. des Ecoles d'Italie et d'Espagne*, p. 217.)

Ce tableau, où l'on ne peut méconnaître l'esprit et la grâce de Raphaël, a cependant donné lieu à une discussion dans laquelle divers critiques en ont contesté l'originalité. Félibien, Mariette et Lépicié, qui en ont fait successivement l'histoire et la description, nous ont transmis, à ce sujet, des faits qu'il importe de recueillir.

Félibien nous apprend qu'il existait de son temps, à Paris, deux tableaux à peu près semblables, celui dont nous parlons, qui avait été acheté récemment par le roi, et un second qui avait appartenu au cardinal Mazarin. Celui du roi avait été donné par Raphaël au cardinal Armand Gouffier, appelé le cardinal de Boissi. On disait que c'était un présent, par lequel l'artiste avait voulu reconaitre les bons offices que ce prélat, alors légat du pape, lui avait rendus auprès de François Ier [1]. Après avoir été conservé longtemps dans la maison de Boissi, il avait appartenu au duc de Rouanez, et Louis XIV l'avait enfin acheté de l'abbé de Brienne.

Celui de Mazarin avait été acheté à Rome par le chevalier *del Pozzo*, pour M. de Fontenay-Mareuil, ambassadeur de France auprès d'Urbain VIII, et donné au cardinal par ce même ambassadeur. Le chevalier *del Pozzo* croyait avoir acquis l'original, et quelques connaisseurs, qui vivaient dans le même temps, prétendaient pareillement que celui du roi n'était qu'une copie faite par Jules Romain.

Félibien estimait, au contraire, que Raphaël n'avait peint entièrement aucun de ces tableaux ; qu'il les avait dessinés tous les

---

[1] « Quoi qu'il en soit, ajoute Félibien, ce cardinal le gardait chèrement, et Raphaël lui-même avait pris soin qu'il fût bien conservé, car il est couvert d'un volet de bois, peint et orné d'une manière aussi agréable que savante » (Félib., *Entret.*, t. I, p. 210 et 211). Ce volet n'existe plus, ou du moins il n'est plus joint au tableau.

leux; que deux de ses élèves les avaient peints, qu'il avait ensuite retouché et terminé lui-même celui du Cabinet du roi, et que celui du cardinal Mazarin était demeuré imparfait [1].

Il résulte d'abord, de ces jugements différents, que la composition est de Raphaël. La noblesse et l'ingénuité des deux enfants, le sentiment répandu dans la figure de la Vierge, le démontrent, en effet, d'une manière évidente [2].

Les faits rapportés par Félibien prouvent, en second lieu, que Raphaël a voulu qu'on regardât ce tableau comme son ouvrage. La franchise et la vivacité de la touche suffiraient, d'ailleurs, pour attester qu'il est original. Ce grand maître l'a-t-il peint entièrement de sa propre main? l'a-t-il fait ébaucher par un de ses élèves? Cette question, qu'il serait peut-être impossible de résoudre, ne présente aucun intérêt. Si Raphaël a composé ce charmant tableau, s'il l'a dessiné, s'il l'a seul terminé, si enfin il l'a offert au cardinal de Boissi comme un témoignage de sa reconnaissance, qu'importe qu'un élève en ait fait ou non l'ébauche? L'ouvrage n'est pas moins un produit de son imagination et de sa main divine.

Dans chaque figure respire l'âme de ce grand maître. L'enfant Jésus, représenté faisant des caresses à saint Jean-Baptiste, a une

---

[1] Mariette, en adoptant les idées de Félibien, est allé plus loin. Il a cru reconnaître, dans le tableau du roi, le pinceau de Benvenuto Garofolo, et il a supposé que c'était cet élève de Raphaël qui l'avait peint sur un dessin de son maître (Mariette, *Rec. d'estampes de Crozat*, t. I, p. 9, n° 17).
Lépicié a rangé ce tableau parmi les ouvrages de Raphaël; il a rapporté l'opinion de Félibien sans la contredire, et n'a point parlé de celle de Mariette, relativement à Garofolo; ce silence doit nous faire croire qu'il ne l'avait point adoptée. (Lépicié, *Catalog. des tab. du roi*, t. I, p. 81 et 82).

[2] Nous pouvons donner une preuve positive de ce fait. Elle se trouve dans une estampe gravée par Jean-Jacques Caralius (ou *Caraglio*), élève ou du moins imitateur de Marc-Antoine, faite d'après Raphaël, et représentant le même sujet. On y lit ces mots: *Raphael Urbinus invenit*. Cette estampe paraît faite d'après un dessin dans lequel Raphaël avait exprimé sa première pensée. Il n'y a point de paysage; le mur placé derrière les figures occupe toute la largeur du fond; la Vierge a la tête nue, et tient une main sur l'épaule du petit saint Jean; tout le surplus est entièrement semblable à celui du Musée. Elle a dix pouces de haut sur huit de large. Il en existe une copie, où le fond représente une décoration d'architecture.

grâce et une beauté vraiment surnaturelles ; sa tête blonde, son sourire où l'on voit l'expression de l'amitié, son corps noble et vigoureux, sont également dignes d'admiration pour l'exécution et pour la pensée. Le pinceau est, en général, spirituel et délicat. Les devants du tableau, le berceau, les terrasses, offrent des teintes gaies et transparentes. Le pan de mur placé derrière les figures blesse un peu, aujourd'hui, l'harmonie générale par des tons bruns auxquels le temps a donné trop d'intensité : dans les autres parties, le coloris a conservé presque tout son éclat. Le paysage est frais, brillant, et dans le style propre à son auteur. Si Raphaël a employé dans cet ouvrage la main d'un de ses élèves, il en a si bien réchauffé les touches, que le maître se reconnaît partout [1].

SAINT MICHEL QUI TERRASSE SATAN.

(N° 382. Voy. le *Catal. des Ecoles d'Italie et d'Espagne*, p. 220.)

« Il s'est livré dans le ciel un combat terrible ; Michaël, avec ses anges, a combattu contre Satan et ses démons ; les esprits rebelles, vaincus, ont été précipités du ciel, qui ne leur a point laissé de retraite ; une voix forte s'est fait entendre, disant : « Cieux, soyez dans la joie ; Terre, Mers, malheur à vous, car le serpent antique, l'immense dragon, Satan, bouillant de colère, est tombé sur votre sein [2]. »

Raphaël a pris le sujet de son tableau dans ce texte d'un des livres saints. Il a représenté le dernier moment du combat des anges, celui où saint Michel va écraser Satan déjà vaincu et précipité du ciel. Toutes les grandes idées que pouvait offrir ce beau sujet, il les a saisies, il les a exprimées avec une énergie admirable. Raphaël a composé des tableaux plus achevés, plus corrects

---

[1] Ce tableau est peint sur cuivre. Il a été gravé par François Poilly. Il dut être fait vers les années 1517 ou 1518, puisque c'est à cette époque que Raphaël peignait pour François 1er. Florent Le Comte assure qu'il fut peint en 1511, mais on sait que cet écrivain ne se fait aucun scrupule d'avancer des faits sans preuves.

[2] *Apocalyp.*, cap. XII, v. 7 et seq.

dans toutes leurs parties; il n'a montré dans aucun plus d'élévation et plus de vigueur. Toujours noble, toujours gracieux, dans cet ouvrage il est sublime.

Satan, frappé dans le combat que lui a déjà livré saint Michel, est tombé sur le sommet d'une montagne embrasée. L'archange, qui l'a poursuivi, l'atteint au bord d'un gouffre. Telle a été la rapidité de son vol, que ses ailes sont encore élevées au-dessus de sa tête; sa chevelure flottante n'est pas retombée sur son front divin; il est suspendu dans les airs; à peine, de son pied droit, il a touché Satan; cependant le monstre fait pour se soulever d'inutiles efforts; l'archange lève une pique, et va de ses deux bras la lui enfoncer entre les épaules.

Des images brillantes, des idées sinistres frappent à la fois le spectateur. La lumière qui brille sur la tête et sur les ailes de saint Michel porte l'imagination vers le séjour céleste d'où sont partis les deux combattants: autour d'eux, au contraire, tout est sauvage, lugubre; l'azur sombre du ciel, l'aspect mélancolique du paysage, les roches âpres et calcinées du volcan, les flammes qui s'échappent de ses entrailles, rappellent ces paroles: *Terre, Mers, malheur à vous*; le monde où Satan est tombé sera *la vallée des larmes*.

' L'archange est revêtu d'une cuirasse formée d'écailles d'or, décoré d'écharpes et de brodequins, armé d'une pique et d'une épée. Il offre, dans ses mouvements et dans ses traits, une grandeur surnaturelle. Les parties supérieures de son corps s'élèvent au-dessus de l'horizon; elles remplissent le haut du tableau; l'espace qu'il renferme est insuffisant pour les contenir; les ailes et la pique ne se découvrent pas entièrement. Tel était, dans le temple d'Olympie, le Jupiter de Phidias; le dieu n'aurait pu se lever de son trône sans entr'ouvrir le comble de l'édifice.

L'art qui s'est caché livre à notre admiration les effets de ses combinaisons savantes. Toutes les parties de la figure sont en action. Les deux bras inégalement élevés vers la droite, les ailes développées du côté opposé, la pique, l'épée, le drap d'or attaché au bas de la cuirasse et les écharpes flottantes, en décrivant des lignes variées, forment ensemble un grand cercle, riche de lumières et d'ombres, au centre duquel resplendit la tête de l'archangé. La jambe gauche, relevée en arrière, est vue dans la demi-teinte et en raccourci; cette attitude fait paraître les parties supérieures plus grandes : les hanches qui se présentent de face, et la poitrine tournée à droite, forment un contraste naturel. Le corps s'incline pour animer l'action des bras; l'ange, par ce mouvement, jette ses regards sur son ennemi vaincu, sans baisser le front.

Comment représenter le visage de saint Michel? Quels traits pouvaient convenir *au chef invincible et invulnérable des milices célestes*, au *héros de diamant* [1]? La tête de ce héros du ciel est un des chefs-d'œuvre les plus accomplis de Raphaël : elle est si noble, si lumineuse, si imposante, qu'à peine ose-t-on la regarder. On y retrouve toute la fierté de l'Apollon Pythien; elle présente, en même temps, dans chaque trait la sévérité, la vigueur, la finesse dont les plus belles têtes antiques de Minerve offrent seules la réunion. Les sourcils droits et immobiles, les plans simples et fermes du front et des joues, attestent la tranquille supériorité de l'ange qui a vaincu sans efforts, et qui triomphe sans orgueil. Un trait à peine sensible, placé entre les sourcils, indique un léger mouvement des muscles; là seulement, et dans la saillie de la lèvre inférieure, se manifestent le sentiment de la victoire et le dédain. L'agitation de la chevelure, les mouvements de la draperie, l'action des bras et des ailes, forment avec la tranquillité du visage une opposition sublime.

Le coloris a perdu beaucoup de sa fraîcheur. Les tons noirs ont surmonté dans quelques endroits les demi-teintes. Les artistes remarquaient déjà, il y a plus d'un siècle, que cet accident nuisait à l'effet de divers tableaux de Raphaël [2]. Cependant les teintes ont conservé toute la vivacité nécessaire pour exprimer les pensées énergiques du peintre. La poésie du coloris n'est pas une des moindres beautés de cet ouvrage.

Peut-être cette admirable peinture n'est-elle pas entièrement sans défauts. Appelé par son génie à représenter de belles vierges,

---

[1] *Adamantem heroam.* Sanct. August., *Contra Faust.*, lib. XV, cap. VI. — Beausobre, *Histoire du Manich.*, liv. IX, chap. II.
[2] Félibien, *quatrième confér. de l'Acad.*, t. V (in-12), p. 579.

des enfants, des sages, des anges, Raphaël dut peindre à regret le hideux Satan, tournant vers son vainqueur des yeux enflammés, mordant sa langue, défiguré par des ongles aigus, par des ailes velues, par une queue de serpent. La tête et les bras du monstre ont une forte expression ; les jambes, de beaux contours ; il semble qu'il y ait, au contraire, de la confusion et quelque dureté dans les formes des reins et des épaules. Le Brun, chargé, en 1667, de faire un examen raisonné de ce tableau dans les conférences de l'Académie, ne dissimula pas entièrement le défaut dont nous parlons. « Le démon, disait-il, est disposé avec industrie : c'est un corps renversé par terre, qui paraît comme écrasé sous la puissance de l'ange. Les parties de ce corps semblent être rompues et brisées. On peut le remarquer particulièrement dans le cou de ce démon, dont le visage est tourné sur les épaules [1]. » Faut-il croire, avec Le Brun, que Raphaël ait voulu représenter un corps brisé ? Peut-on supposer, au contraire, que le sublime Raphaël ait eu, dans cette occasion, des moments de négligence ? Nous ne prononcerons point sur cette question difficile.

Ce chef-d'œuvre fut peint en 1517 pour le roi François Ier. Quelques écrivains ont assuré que ce prince l'avait demandé à Raphaël. L'auteur de l'ouvrage intitulé : *Le Trésor des Merveilles de Fontainebleau*, dit, au contraire, que Clément VII (alors cardinal) en fit présent au roi [2]. Quoi qu'il en soit, l'ouvrage, suivant le témoignage de Vasari, parut si accompli, que François Ier fit à l'artiste un présent magnifique [3]. Raphaël, voulant témoigner au roi sa reconnaissance, le supplia d'accepter, à titre d'hommage, sa grande *Sainte-Famille*, peinte en 1518. Le prince agréa ce second tableau ; il répondit à Raphaël, *que les hommes célèbres dans les arts, partageant l'immortalité avec les grands, pouvaient traiter avec eux*; et il lui fit un présent deux fois égal au premier [4].

---

[1] Félib., *première confér.*, t. V, p. 533.
[2] *Le Trésor*, etc., par P. Dan, liv. II, chap. XIII, p. 135.
[3] Vasari, *Vit. di Raff.*
[4] Le fait relatif au tableau de la *Sainte-Famille* est raconté de diverses manières. Nous suivons l'opinion adoptée par les auteurs du

Si l'artiste eut le choix du sujet, l'idée d'offrir à François Ier un tableau représentant l'archange saint Michel fut vraiment heureuse. Vers la fin du cinquième siècle, suivant une ancienne tradition, les habitants de Siponte, ville de l'Apulie, zélés catholiques, étant en guerre avec les Napolitains qui obéissaient à des princes ariens, saint Michel apparut à l'évêque de Siponte, les ailes déployées, couvert d'une cuirasse, une épée dans la main droite, une balance dans la main gauche ; il lui ordonna d'envoyer les troupes au combat, lui promit la victoire, et lui prescrivit de lui élever un autel sur le mont Gargan [1]. Les Napolitains, en effet, furent vaincus. Peu répandu jusqu'alors, le culte de saint Michel fit, dès ce moment, des progrès rapides dans l'Italie, dans la Grèce [2] et dans la France. Comment un ange *belliqueux et invincible* n'aurait-il pas obtenu chez les Français des hommages particuliers ? Déjà, au commencement du sixième siècle, ils lui élevaient des temples *sur des lieux hauts*, comme au *prince de la milice céleste* [3]. Ils lui dédièrent, sur un rocher des côtes de la Normandie, appelé depuis cette époque le *Mont-Saint-Michel*, un *oratoire* fortifié [4], *qui jamais ne fut prins, ne mis ès mains des anciens ennemis du royaulme* [5]. Enfin Louis XI institua l'ordre de Saint-Michel en 1469, *en l'honneur et révérence de monseigneur saint Michel archange, premier chevalier qui, pour la querelle de Dieu, victorieusement batailla contre le dragon, et le trébucha du ciel*. Ainsi c'était flatter doublement un prince célèbre par son courage et par sa loyauté, que de lui

---

Dictionnaire historique (édit. de Caen), à l'article de Raphaël. P. Dan rapporte que François Ier donna à Raphaël pour ce tableau 24,000 livres. L'importance de cette somme, qui représenterait aujourd'hui environ 100,000 fr., semble prouver qu'en effet le roi voulait faire un présent magnifique à Raphaël plutôt que lui payer le tableau.

[1] Aujourd'hui *Monte Sant-Angelo*. — J.-B. Hispan. Mantuan., *De Sacr. dieb.*, lib. IX, t. II, fol. 550 (édit. 1756). — *Act. Sanct.*, septemb., t. VIII, p. 54, 57. — Giannone, *Hist. de Naples*, liv. IV, ch. viii.

[2] J.-B. Hispan. Mant., loc. cit., fol. 550, *verso*. — Giannone, loc. cit.

[3] S. Avit., *Fragm. ex serm. in dedic. Eccl. Arch. Michaël.*, in ejusd. Op., p. 195. — Mézerai. t. I, p. 125 (in-fol.).

[4] Mézerai, t. II, p. 751.

[5] *Premiers statuts de l'ordre de Saint-Michel.*— Montfauc., *Monum. de la mon., fr.* t. III, p. 506.

offrir une image du patron religieux de l'Ordre royal et de l'ange le plus vaillant entre les preux du paradis [1].

Ce tableau fut peint sur bois. Il était déjà endommagé peu d'années après la mort de Raphaël, et fut restauré par le Primatice [2]. En 1753, M. Picault, dont le nom mérite d'être conservé, à cause du service que son invention a rendu aux arts, enleva la peinture de dessus le bois, et la transporta sur une toile [3].

Nous voudrions rapporter les jugements des divers écrivains qui ont parlé de ce chef-d'œuvre ; nous rappellerons seulement ce mot de Vasari : « Ce tableau, dit-il, est une chose merveilleuse. » *È cosa maravigliosa.*

PORTRAIT D'UN JEUNE HOMME.

(N° 385. Voy. le *Catal. des Ecoles d'Italie et d'Espagne*, p. 222.)

Suivant une ancienne tradition, ce portrait est celui de Raphaël lui-même. Mariette, qui en a fait la description dans le recueil de Crozat, ne doutait point qu'il ne fût de la main de Raphaël ; mais le faire lui paraissait trop savant pour que cet artiste l'eût peint à quinze ou seize ans, et il concluait de là que ce n'était pas le portrait de ce grand maître. Voici ses expressions :

« Ce portrait est celui d'un jeune homme de quinze ou seize « ans, qui a la tête appuyée sur la main droite. Il est considé-

---

[1] Le type du médaillon de l'ordre de Saint-Michel a été changé plusieurs fois. La pose du Saint-Michel de Raphaël diffère peu de celle de l'Ange représenté sur le médaillon du portrait de Charles VIII, peint par Léonard de Vinci, qu'on voit au Musée Napoléon. L'artiste qui dessina un nouveau type sous Henri II imita à son tour la pose du *Saint-Michel* de Raphaël autant que le lui permettait l'art du bas-relief. On peut voir ce type sur les bustes de Henri II, de François II et de Henri III, sculptés par Germain Pilon, qui sont déposés au Musée des monuments français.

[2] Botari, *Not. sur Vasari*, t. II, p. 120.

[3] Le tableau de la *Charité*, d'André del Sarto, fut le premier que M. Picault mit sur toile ; cette opération fut faite en 1751. Celui de *Saint Michel* fut le second.
En 1776, la toile fut changée par M. Hacquin. En 1800, le tableau a été transporté encore une fois sur une autre toile, par M. Picault fils, suivant un procédé nouveau.

« rable par la beauté du pinceau et par le savant mélange des
« couleurs. La tête paraît vivante ; le caractère du dessin est
« grand et ressenti à propos, avec beaucoup de fermeté et de
« précision. On dirait que Raphaël l'a peint rapidement au pre-
« mier coup. Il est, par là, plus piquant qu'aucun autre que nous
« ayons de ce grand homme. Parmi quelques-uns, il passe pour
« être le portrait de ce peintre ; mais on a peine à se persuader
« que dans un âge aussi peu avancé que l'est le jeune homme
« représenté dans ce tableau, Raphaël fût déjà aussi éloigné de
« sa première manière, qu'il le paraît dans le tableau dont nous
« parlons [1]. »

Peut-être le désir involontaire de posséder un portrait du jeune Raphaël, peint par lui-même, entre-t-il pour quelque chose dans l'opinion que nous allons émettre ; mais il nous semble, malgré l'autorité de Mariette, que ce tableau, quelque beau qu'il soit, n'excède point les rares talents dont Raphaël avait déjà donné des preuves à l'âge de seize ou peut-être de dix-sept ans. Le faire est sans doute très-délicat ; les couleurs sont liées et fondues avec beaucoup de soin ; mais on sait que cette manière d'imiter la nature était familière à l'élève du Pérugin, dès ses plus jeunes années, et il dut particulièrement s'y attacher dans cette occasion, où il voulait représenter le coloris d'un adolescent. Ce portrait présente, d'ailleurs, quelques imperfections, qui semblent annoncer l'ouvrage d'un jeune homme : l'œil gauche, la main, le poignet, ne sont pas dessinés correctement ; les cheveux manquent de légèreté. De semblables erreurs n'auraient point échappé à Raphaël dans un âge plus avancé. Nous retrouvons ici, au surplus, la grâce qui distingue tous les ouvrages de ce grand peintre. Son dessin acquit successivement de la correction ; son coloris, de la vigueur ; la grâce lui était naturelle [2].

[1] Mariette, *Rec. d'estamp. de Crozat*, t. I, p. 8, n° 10.
[2] Ce tableau est peint sur bois. Il vient du Cabinet du Roi.

INTRODUCTION AUX CINQ NOTICES SUIVANTES.

L'histoire de l'art nous avait appris que les palais du roi d'Espagne renfermaient plusieurs tableaux de Raphaël, longtemps avant les événements auxquels nous devons la connaissance de ceux qui font le sujet du présent ouvrage. Mais il était difficile, hors des Etats de Sa Majesté catholique, de se former une idée exacte du mérite de cette précieuse collection. Vasari, qui a cité la *Vierge* dite *au Poisson* et le *Portement de Croix*, n'a fait aucune mention ni de la *Visitation*, ni de la *Sainte Famille*, surnommée *la Perle* [1], et quelques gravures, exécutées d'après ces divers chefs-d'œuvre, n'en offraient que des imitations très-imparfaites.

Le déplacement des cinq tableaux dont la France s'est trouvée pendant quelque temps dépositaire aura contribué à leur donner une plus grande célébrité. Transportés à Paris en l'année 1813, vers la fin de la guerre, ils y ont été accueillis avec l'empressement et l'admiration dus à leur rare beauté : nous pourrions presque dire qu'ils y sont devenus l'objet d'un culte universel.

Des restaurations reconnues indispensables, et opérées avec le plus grand soin, ont fait disparaître jusqu'aux moindres traces des altérations que le temps y avait apportées ; et, suivant l'expression des juges recommandables qui ont été chargés de faire l'examen de ces tableaux avant et après le travail, ces restaurations leur ont assuré *une nouvelle vie* [2]. De fidèles gravures

---

[1] Mengs n'a parlé aussi que de deux de ces tableaux, savoir : du *Portement de croix* et de l'*Ecce Agnus Dei*. Cela vient apparemment de ce que cet artiste n'avait entrepris de juger que les tableaux du roi d'Espagne, renfermés dans le *Palais-Neuf* de Madrid (*Lettre à D. Ant. de Ponz*, t. II des *Œuvres*, p. 53 et suiv.). Ainsi, lorsqu'il dit (je cite l'original, afin qu'il n'existe aucun doute sur la signification des mots) : *Se hallan tambien en este gabinete algunos quadros creidos de Rafael*, il n'entend, par le mot *gabinete*, que la collection du Palais-Neuf ; et les mots équivoques *creidos de Rafael*, ne peuvent, par conséquent, s'appliquer qu'aux tableaux de ce palais (Voyez le *Viage de España* de De la Puente, t. VI, p. 211). La *Perle*, la *Visitation* et la *Madona del Pesce*, ont été constamment conservés à l'Escurial, depuis le règne de Philippe IV jusque vers l'époque de leur transport en France.

[2] *Rapport des commissaires qui ont été chargés, par ordre de Sa Majesté le roi d'Espagne, de constater l'état de ces tableaux et de juger de la nécessité et du mérite des restaurations.* — Ces commissaires sont

enfin en reproduisent aujourd'hui les traits ; et, par ce moyen, les amis des arts de tous les pays pourront associer leurs justes hommages à ceux de l'Espagne et de la France.

Un des cinq tableaux paraît avoir été terminé par Jules Romain [1]. L'authenticité des autres ne saurait être contestée. Des témoignages de tous les genres viendraient, sur ce point, au secours de la critique, si l'on pouvait y méconnaître la main de son auteur. Tous datent de la période où, éclairé par l'étude de l'antique, et excité par les succès de Michel-Ange, Raphaël joignit à la grâce et à la vérité, qui lui étaient naturelles, le grandiose rendu à l'art par son savant rival, et fit admirer le style qu'on appelle sa *troisième manière* [2].

Il n'est aucune des qualités propres à honorer ce grand peintre, qui ne se manifeste dans ces chefs-d'œuvre à un degré très-éminent, et aucune des règles principales de l'art dont on n'y puisse admirer la plus heureuse application. Si nous portons notre attention sur le choix des formes, nous y reconnaissons les principes invariables du style de Raphaël : cet amour du vrai, qui n'aspire à nous plaire qu'en nous touchant; ce goût noble, épuré, délicat, qui donne à tout autant de dignité que de grâce; ce tact sûr, qui approprie avec une convenance si parfaite les dehors des personnages à leur rang et à leur caractère moral,

---

MM. Giovanni degli Allessandri, direttore degli stabilimenti, di belle-arti di Toscana; Antonio Canova, principe dell'Academia di S. Luca di Roma; Pietro Benvenuti, direttore dell'Academia delle belle-arti in Firenze; Giorgio Dillio, ispettore della galeria reale di Baviera; C. Apostool, membre de l'Institut des Pays-Bas, directeur du Musée et du cabinet des médailles de S. M. le roi des Pays-Bas, secrétaire du syndicat de Hollande; Rosa, conservateur de la galerie impériale de Vienne.

[1] C'est celui où saint Jean-Baptiste tient une banderole sur laquelle on lit : *Ecce Agnus Dei.*

[2] Nous nous sommes conformés, dans la disposition des cinq notices suivantes à l'ordre naturel qu'indiquent les sujets. Si on préférait un ordre chronologique, il ne serait peut-être pas impossible d'approcher de la vérité. En suivant l'ordre des sujets, nous disposons la collection ainsi qu'il suit : 1º la *Visitation*; 2º la *Sainte Famille*, dite *la Perle*; 3º la *Sainte Famille*, terminée par Jules Romain, ou l'*Ecce Agnus Dei*; 4º la *Vierge et Tobie* ou la *Madona del Pesce*; 5º le *Portement de croix* ou le *Spasimo*. Si on voulait adopter un ordre chronologique, il suffirait peut-être de placer l'*Ecce Agnus Dei* le premier, en laissant subsister le classement des autres. — Vasari indique très-clairement les époques où ont été peints la *Madona del Pesce* et le *Spasimo*. La *Visitation* a dû précéder la *Madona del Pesce*, de peu d'années : c'est ce que le style comparé de ces deux tableaux indique assez clairement. Dans l'*Ecce Agnus Dei*, la tête et la main gauche de la Vierge semblent tenir encore de la manière du Pérugin. — La figure de Salomé, du *Spasimo*, retrace manifestement le même modèle que la mère du jeune possédé dans la *Transfiguration*.

comme au rôle qu'ils remplissent dans le drame pittoresque. Si nous nous attachons plus particulièrement au relief des corps, nous y retrouvons ces traits savants, ces contours gracieux, ces formes à la fois précises et moelleuses, qui font de tous les ouvrages de ce grand maître autant d'excellents modèles d'études. La vérité même et la richesse de la couleur, l'esprit de la touche, la diversité du faire, ont presque autant de droit à notre admiration que la beauté des types et la justesse du dessin. Dans toutes les parties de l'art, en un mot, nous reconnaissons l'être privilégié, le peintre sublime, à qui nul genre de perfection ne fut étranger, dès qu'il voulut y atteindre. Le coloris de la *Visitation*, par sa vivacité; celui de *la Perle*, par sa finesse; celui de la *Vierge au Poisson*, par sa magnificence et son harmonie, attestent que la main du maître lui-même a exécuté ces ouvrages ou entièrement, ou presque en entier; et si l'exécution du *Portement de Croix* laisse apercevoir quelques inégalités, la franchise et la vigueur du pinceau, dans les figures principales, classent encore ce tableau, même sous ce rapport, parmi les productions les plus accomplies de l'art moderne.

Mais, dans ces beaux ouvrages, comme dans tous ceux de Raphaël, ce qui charme le plus vivement l'esprit; ce qui émeut, pénètre, transporte, ce qui enlève tous les suffrages, c'est cette multitude de pensées élevées ou naïves, d'affections véhémentes ou plus souvent tendres et douces, qui, en se multipliant dans un même tableau, et quelquefois, en se combinant dans l'expression des traits du même personnage, impriment en nous l'idée d'une nature surhumaine et véritablement divine. La figure de la Vierge et celle d'Élisabeth, dans la *Visitation*; celle du jeune Tobie, de l'Ange, de l'enfant Jésus et de la Reine des cieux, dans le tableau dit la *Vierge au Poisson*; la tête de Marie, celle de Madeleine et celle du Sauveur enfin, dans le *Portement de Croix*, suffiraient pour mettre en évidence, dans cette belle partie de la peinture, toute la profondeur du génie du prince de l'École romaine, et l'on ne nous accusera pas d'exagération, si nous ajoutons que cette image du Sauveur, création au-dessus de tout éloge, a reculé, quant à l'expression, les bornes de l'art.

Nous ne comparerons point ces tableaux avec d'autres productions de Raphaël. Le jugement de la France, ainsi que celui de Rome, pourrait paraître suspect. Il est des questions sur lesquelles l'opinion publique a seule droit de prononcer, et que ce suprême arbitre laissera peut-être toujours indécises.

LA VISITATION [1].

(Ce tableau n'a jamais fait partie du Musée impérial du Louvre.)

La Visitation est, de tous les sujets que l'histoire du Nouveau Testament a offerts à la peinture, le moins dramatique, et, par conséquent, le moins propre à une représentation pittoresque. Entraînés dans des excès contraires et également condamnables, les grands maîtres ont, pour la plupart, échoué contre les difficultés qu'il leur a présentées. Tantôt le défaut d'expression et la nudité de la scène laissent voir toute la froideur du sujet; tantôt les accessoires superflus fatiguent l'œil, sans rendre l'action ni plus claire ni plus intéressante. Presque toujours d'amples vêtements dissimulent le vénérable fardeau de Marie et celui d'Elisabeth; faute capitale que l'amour des belles formes n'excuse point. Le fait qu'il fallait peindre est celui que l'artiste semble avoir craint d'exprimer.

Raphaël, simple et vrai, ne nous fatigue point d'un pompeux étalage, et ne laisse rien désirer de ce qui peut toucher le cœur et ennoblir son sujet. Il réduit l'action à l'exposé naïf de l'Evangile; mais, telle est la justesse, telle est la dignité de l'expression, que, dans cette simplicité, portée au dernier terme possible, se découvre toute la sainteté des personnages, se manifeste toute la sublimité du mystère.

Partie de Nazareth, après le miracle de la conception, la Vierge est venue *au pays des montagnes*, vers la ville de Juda [2], visiter Elisabeth, sa cousine, qui depuis bientôt neuf mois porte dans son sein le Précurseur. Elisabeth a quitté sa demeure pour aller au-devant de Marie, et elles se rencontrent aux bords du Jourdain. Accourues avec empressement l'une vers l'autre, elles se sont séparées de leur suite; seules, elles composent la scène; mais toutes deux offrent le signe extérieur de leur divine mission, et leur état très-visible appelle la principale attention du spec-

---

[1] Haut. 6 p. 2 p. 1/2; 0m017. Larg. 4 p. 5 p. 1 2: 1m,448.
[2] « Exurgens autem Maria in diebus illis, abiit in montana cum « festinatione, in civitatem Juda, etc. (*Evang. sec. Luc.*, cap. 1, v. 39).

ateur, comme il paraît la principale cause de l'émotion qu'elles éprouvent elles-mêmes.

Au premier abord, elles se sont donné mutuellement la main droite. Elisabeth avance son bras gauche sur la ceinture de Marie, pour l'embrasser, et, par le regard le plus animé, en inclinant légèrement son front, elle exprime à sa jeune parente, et sa vive affection, et sa joie, et son religieux respect. Dans cette disposition du groupe, l'une des deux saintes femmes laisse voir pleinement le sein où repose le Sauveur du monde, et l'autre recouvre en partie de son bras droit le simple mortel, qui doit dire un jour de son maître : « Je ne suis pas digne de dénouer les cordons de sa chaussure. »

Etonnée de son inexplicable position, Marie appuie la main gauche sur son sein et baisse les yeux. Son embarras et son innocence se peignent à la fois sur son visage. Elle n'est pas âgée de plus de quinze ou seize ans. Ses longues paupières noires, en s'abaissant, rendent plus sensible l'expression de sa modestie. Ses traits délicats sont dessinés avec autant de précision que de grâce. Les nattes dorées de ses cheveux, qui relèvent la vivacité de son teint, forment un nœud au-dessus de sa tête, suivant l'usage des vierges de l'antiquité [1], et vont s'arrondir ensuite en une touffe qui s'incline vers le col. Son *pallium* quadrangulaire, forme usitée chez les Hébreux et chez les Grecs d'Asie [2], est noué sur son épaule gauche, ainsi que celui d'Elisabeth, pour la commodité de la marche [3]. Elisabeth, vue de profil, fait admirer des traits que le temps a sillonnés, sans que leur majesté en soit

---

[1] Apoll. Rhod., *Argonaut.*, I, III, v. 828. — Virgil., *Æneid.*, I, II, v. 168. — Pausan., I, VIII, cap. XX ; I, X, cap. XXV. — Tertull., *De vel. Virg.*, cap. XII. — F. Buonarroti, *Osserv. sopra alc. framm. di Vasi ant. di vetro*, tav. XVIII, p. 123, et tav. XXVI, p. 175. — Winckelm., *Pierres grav. de Stosch*, p. 75.

[2] Deuteron., cap. XXII, v. 12. — Tertull., *De Pallio*, cap. I. — Athen., I, V, cap. L.

[3] Dans les monuments antiques, où tout est significatif, le manteau attaché par un nœud, soit sur l'épaule, soit sur la poitrine, ou retroussé autour de la ceinture est une sorte d'emblème qui indique la disposition des personnages à des mouvements vifs et fréquents. Dans une action imprévue, on nouait le manteau, s'il n'était pas retenu par une agrafe (Petron., *Satyr.*, cap. XCV). Raphaël s'est attaché à choisir ce qu'il y avait de plus simple dans ce qui convenait à son sujet.

altérée; son pied, comme son visage, conserve les éléments essentiels et incorruptibles de la beauté. Un voile de différentes couleurs, en se reployant, cache ses cheveux et forme sa modeste coiffure[1]. Ainsi, dans la physionomie et dans l'action des deux personnages, se reproduisent toutes les circonstances intéressantes du sujet; ainsi, dans deux figures, se trouvent exprimés tous les sentiments que la peinture pouvait rendre : un seul groupe imprime dans notre esprit l'idée de la conception immaculée du Christ et de sa prochaine naissance, celle de sa grandeur et des hommages qui seront rendus à son nom.

Si jamais il fut permis de recourir à une scène incidente, et même d'anticiper sur les temps, pour éclaircir ce que le drame pittoresque laisserait d'obscur ou d'équivoque, c'est sans doute dans un sujet mystique, dont le sens ne peut être pleinement saisi que par la connaissance des prédictions qui s'y rapportent, et des événements qui doivent suivre. Usant habilement de cette ressource, Raphaël a mis ici les prophéties en action. Sur les bords du Jourdain se voit, dans un plan éloigné, saint Jean baptisant le Messie, et dans les cieux paraît l'Éternel, soutenu par deux anges, faisant descendre sa colombe sur son fils. Cette vision mystérieuse caractérise les deux personnages de l'action principale : l'image de l'avenir achève l'interprétation du présent.

La piquante fermeté du coloris répond à la justesse de l'expression. La touche, vigoureuse et délicate, a rendu avec le même esprit les contours pleins de jeunesse, les sillons de l'âge mûr. Le ton du paysage, légèrement azuré, un peu trop uniforme, mais clair, fin et vaporeux, soutient et fait valoir les figures. L'ensemble a de la profondeur et de l'harmonie. La figure de l'Éternel, heurtée rapidement, offre le même style, la même élévation que celle de la *Vision d'Ézéchiel*; cette circonstance peut faire croire que ces deux tableaux appartiennent au même temps[2].

---

[1] Cette figure est évidemment un portrait.
[2] Le tableau de la *Vision d'Ézéchiel*, que nous avons conservé quelque temps au Musée du Louvre, fut peint en 1510. C'est bien là l'époque qu'annoncent le style, déjà agrandi, ainsi que le coloris et le beau faire de la *Visitation*.

Peut-être est-ce un élève de Raphaël qui a dessiné le pied gauche de la Vierge; mais, fût-il son propre ouvrage, nous ne serons point offensés d'une légère imperfection dans un chef-d'œuvre, d'ailleurs, si accompli.

Simplicité, vérité, décence, pensées justes et profondes, expression convenable au sujet, tel est, en un mot, le mérite de cette composition; et, à ces beautés touchantes, se joignent, à un degré très-éminent, l'excellence de l'exécution, l'éclat et l'accord de la couleur [1].

SAINTE FAMILLE [2].

(Ce tableau n'a jamais fait partie du Musée impérial du Louvre.

Le génie qui inspirait Raphaël, dans les sujets religieux, ne devint point, après lui, l'héritage de ses élèves. Jules Romain lui-même, le disciple chéri, lorsqu'il peint la Vierge et l'enfant divin, ou les autres personnages de l'Évangile, ne fait revivre entièrement ni la grâce, ni la dignité de son maître.

Brûlant d'une verve qu'il a peine à modérer, mâle et grandiose, mais quelquefois trop prononcé dans son style, gracieux sans doute, mais impétueux et souvent exagéré dans ses mouvements, cet esprit turbulent ne se prête qu'avec peine à la tranquillité que demandent les images de la naissance et de l'enfance de Jésus-Christ. C'est dans les marches et les triomphes des héros romains, c'est dans les amours et les combats des divinités mythologiques, que se déploient avec succès la poétique hardiesse de ses pensées et la fierté de son crayon. Peint-il la Vierge, nous trouvons en lui deux maîtres différents. S'il se livre à ses dispositions natu-

---

[1] F. De los Santos, dans la *Descripcion del real monasterio del Escorial* (Madrid, 1681; fol. 40), fait l'éloge de ce tableau, qui, de son temps, se trouvait dans la sacristie de cette maison royale. Nous n'en connaissons en France aucune gravure, ce qui peut faire croire qu'il a été porté en Espagne fort anciennement. Il était peint sur bois; il a été mis sur toile, à Paris. On lit au bas deux anciennes inscriptions en lettres d'or : RAPHAEL VRBINAS F.; MARINVZ BRANCONIVS F. F. — Il y a lieu de croire que la tête de sainte Élisabeth est le portrait de la femme de ce Branconius.

[2] Sur bois. — Haut. 4 p. 5 p., 1m,435. Larg. 3 p. 5 p. 1/2; 1m,124.

relles, noble et grave, mais robuste et élancée, Marie prend les formes qu'il a données à ses héroïnes grecques ou romaines ; on croirait presque voir, ou la courageuse Clélie, ou la reine de Saba s'inclinant aux genoux de Salomon [1]. Si, au contraire, il s'applique à imiter Raphaël, sa main enchaînée devient timide ; en perdant sa liberté, son style perd sa grandeur ; les profils s'énervent ; les draperies, qu'on voit flotter ailleurs avec autant d'élégance que de coquetterie, se pressent en plis étroits, ou s'amoncellent en pesants rouleaux [2]. Vainement ce peintre original veut alors acquérir l'ingénuité que la nature lui a refusée : il abjure son propre caractère, sans pouvoir s'élever jusqu'à la simplicité expressive de son modèle.

C'est l'âme de Raphaël, et ce style contraint de Jules Romain, que nous présente le tableau soumis à notre examen. Le maître et l'élève y ont évidemment travaillé. Ce concours, assez fréquent dans les compositions du prince de l'École romaine, est quelquefois déguisé par ses touches spirituelles : ici, rien ne le dissimule. Le génie de Raphaël respire dans les traits de la Vierge. C'est lui qui a modelé le corps du Sauveur, assis sur les genoux de sa mère, et que celle-ci considère avec tant d'amour. Voilà bien ces contours mâles et fins, ces mouvements hardis et gracieux, cette tête énergique et riante, ce regard décidé et caressant, qui caractérisent constamment l'image de Jésus enfant, sous la main de Raphaël. C'est encore ce grand maître que nous retrouvons dans le coloris de cette figure si animée, dans l'or de ses cheveux, dans la tête mâle et blanchie de Joseph, dans le pied délicat de Marie. Mais cette perfection même doit guider notre jugement dans

[1] Je pourrais citer, comme exemples de ces vierges *héroïques*, la *Vierge, l'enfant Jésus et sainte Catherine*, composition gravée par J.-B. Ghisi (le Mantouan) ; la *Vierge donnant à téter à l'enfant Jésus*, par le même graveur ; la *Vierge, l'enfant Jésus lui prenant le sein, et saint Joseph soutenant le petit saint Jean*, sujet gravé par Bonasone ; le *Repos dans la fuite en Égypte*, gravé par le même ; l'*Exaltation de la Vierge*, gravée par Diana Ghisi, etc., etc.

[2] On peut ranger dans cette classe, la *Vierge lavant l'enfant Jésus*, gravée par Flippart ; le *Couronnement de la Vierge* (avec le lion de saint Marc), in-fol., gravé par M. Kartarus ; la *Vierge de l'Adoration des bergers*, gravée par Bonasone, et même celle de l'*Adoration des Bergers*, de notre Musée du Louvre.

toutes les autres parties du tableau. Il faut le reconnaître, le saint Jean-Baptiste ne saurait être de la même main. Produit d'un crayon asservi, il n'offre rien de ferme ni de grand [1]. Les contours rétrécis des seins de la Vierge, la draperie, collée sur le torse, gonflée et pesante sur les genoux, décèlent également le pinceau du disciple. Peut-être Raphaël, interrompu dans son travail, l'avait-il abandonné [2] : c'est ce qui paraît le plus vraisemblable ; car, en différentes parties, on ne retrouve pas plus sa touche que son dessin.

[1] Cette figure est à peu près semblable à toutes celles de saint Jean-Baptiste, que Jules Romain a placées dans ses tableaux de la *Sainte Famille*. Elle manque de caractère et de nerf.

[2] L'auteur du *Nouveau voyage en Espagne* (fait en 1777 et 1778) veut que ce tableau soit peint par Jules Romain et retouché par Raphaël : l'erreur est évidente. — Mengs suppose que Raphaël a fait le dessin, et que le tableau a été peint par quelqu'un de ses meilleurs disciples (*Lettre à D. Ant. Ponz*, t. II de ses *Œuvres*, p. 76). Mais, quelque grave que soit une semblable autorité, ce serait rabaisser Raphaël que de supposer qu'il ait dessiné ni le saint Jean-Baptiste, ni les draperies de la Vierge. M. Bonnemaison m'autorise à dire qu'il juge la composition de Raphaël. Il croit la figure entière de l'enfant Jésus, la tête, les mains et le pied de la Vierge, ainsi que la tête et les mains de saint Joseph, peints par ce maître. Il suppose que les ornements d'architecture sont de la main de Jean de Udine, et il n'est pas éloigné de penser que le paysage est de Garofolo.

On a vu pendant plusieurs années, au Musée Napoléon, une répétition ou une copie de ce tableau, semblable à l'original, sauf quelques accessoires. Elle se trouve gravée dans la *Galerie complète du Musée* (collection de Filhol, t. X, pl. 662), et dans les *Annales du Musée*, de M. Landon (t. VIII, p. 15). M. Landon et les auteurs du *Catalogue du Musée* l'ont attribuée, avec assez d'apparence de raison, à Jules Romain.

Le tableau du roi d'Espagne a été gravé, avec le nom de Raphaël, 1° par Bonasone, in-fol., avec une draperie derrière saint Joseph, et un édifice en ruine, à gauche, derrière saint Jean ; 2° par Aug. Carrache (sans nom de graveur), en très-grand in-fol., avec quelques différences dans le paysage ; 3° et toujours avec le nom de Raphaël, par P. Brebiette, in-fol., à l'eau-forte ; *fecit in Roma* (P. Brebiette naquit en 1609) ; 4° en très-grand in-fol., par J. Jérôme Frezza, avec de légers changements dans les accessoires ; *sculpsit Roma* (Frezza naquit vers l'an 1660). La concordance de ces graveurs, quant au nom de Raphaël, prouve complètement que la composition et le dessin de quelques parties principales ont toujours été regardées, en Italie, comme un ouvrage de ce peintre.

Francesco de los Santos, dans sa *Descripcion del Real Monasterio del Escorial* (imprimée à Madrid en 1681, fol. 41, verso), donne ce tableau à Raphaël (*de mano de Rafael de Urbino, y muy digna de su mano*), et

La composition pourrait offrir plus d'un sujet de critique. Ce n'est qu'à l'époque où il baptisait dans le désert, que saint Jean, voyant apparaître le Christ, fit entendre ces paroles : *Ecce Agnus Dei*. Ce n'est aussi qu'au moment où la Sainte Famille pénétra dans l'Egypte, que, suivant une traduction regardée comme équivoque, des temples et des autels se renversèrent à son aspect, et que l'Enfant divin se reposa sur les débris des idoles : or, rien ne peut faire juger que la scène ait lieu en Egypte. Mais il ne faut point se montrer trop sévère à cet égard envers les peintres du quinzième et du seizième siècle, même les plus instruits. Leurs erreurs ont souvent produit de grandes beautés. L'autel, où s'appuie Joseph, est peint avec une touche très-spirituelle.

Ce tableau paraît avoir été choisi pour former le pendant de *la Perle*. Il est moins pur dans le dessin, moins brillant et moins fin dans le coloris. Toutefois, le génie de Raphaël y exerce son charme accoutumé dans toutes les parties qui appartiennent à ce maître. Combien donc Raphaël est grand et inimitable, puisque Jules Romain lui-même en est demeuré si loin !

LE PORTEMENT DE CROIX [1].

(Ce tableau n'a jamais fait partie du Musée impérial du Louvre.)

Ce tableau a été peint pour une église de Palerme, consacrée sous le titre de *Santa-Maria-dello-Spasimo*. Il était naturel, dans une semblable circonstance, que Raphaël retraçât la scène pathétique du *Portement de Croix*, l'agonie du Christ, l'affliction de ses parents, l'accablement ou *le spasme* de sa mère. Le pinceau qui, trois ans plus tard, montra l'Homme-Dieu sur le Tabor, environné de toute sa gloire, a voulu le représenter ici, au der-

---

dit qu'il se trouvait, de son temps, dans la sacristie de l'Escurial, où tous les voyageurs l'ont vu depuis cette époque. Il paraîtrait suivre de tout cela, qu'il avait été acheté par le roi d'Espagne, Charles II, peu de temps auparavant. Mais il nous est impossible de l'affirmer.

[1] Il était peint sur bois. Il a été transporté sur toile, dans la restauration. — Hauteur, 9 p. 11 p.; 3^m,222. Largeur, 7 p. 2 p.; 2^m,529.

nier degré de son infirmité humaine, humilié, souffrant, *triste aux approches de la mort*, mais toujours ravissant par l'expression de sa bonté, et conservant dans cet état d'abaissement un caractère de grandeur où se manifestât son essence divine.

Le cortége de la Passion vient de sortir d'une des portes de Jérusalem, qu'on voit à droite, au second plan du tableau. Le commandant romain, un magistrat juif et quelques gardes, se trouvent encore près des murs de la ville. En avant du Christ sont les bourreaux; du côté opposé, la Vierge, saint Jean et les saintes femmes. Le chemin tourne pour monter au Calvaire. Les larrons et la foule du peuple se découvrent au loin sur les hauteurs.

Succombant sous le poids de sa croix, le Sauveur est tombé, les deux genoux à terre, sur un tertre où l'attendait sa famille. Cet accident, qui excite dans l'âme des personnages des impressions différentes, donne lieu au développement des divers caractères, et détermine l'action générale. Sur l'ordre de l'officier romain, Simon le Cyrénéen soulève la croix, et paraît s'honorer de ce pieux service. Un des bourreaux, qui entraînait la victime par un lien dont elle est ceinte au milieu du corps, se retourne vers elle brutalement, irrité d'une résistance inattendue. A l'instant où, avec un affreux sourire, un autre, en appesantissant son bras sur la croix, allait frapper le Sauveur de sa lance, il est arrêté par le Cyrénéen, qui semble lui reprocher cet acte de barbarie; et l'on dirait qu'un troisième, dans sa stupide férocité, sollicite du commandant quelque ordre sanguinaire.

A cette scène cruelle est opposé le spectacle touchant que présente le groupe des saintes femmes. A genoux et défaillante, la Vierge tend ses deux bras vers son fils. Déjà l'état de *spasme*, où elle est prête à tomber, se déclare dans l'affaiblissement de ses mains, comme sur son visage inondé de larmes. Partagée entre deux affections, d'un côté, Madeleine soutient la Vierge avec inquiétude, et de l'autre, attachant sur Jésus des yeux où éclatent l'amour et la douleur, elle saisit avidement ses paroles. Sensible et naïve, la plus jeune des Marie s'étonne, en gémissant, de l'inhumanité des bourreaux. Saint Jean s'incline et verse des pleurs. Frappée de l'accablement de la Vierge, Salomé s'empresse de soulager cette malheureuse mère, et soulève ses voiles, comme pour l'aider à respirer. Ainsi, en faisant admirer la grandeur du style, la grâce des attitudes, la variété de l'agencement, ce beau groupe nous présente toutes les nuances de douleur qui pouvaient naître dans une situation si attendrissante.

Centre de l'action, Jésus, quoique abattu sous son fardeau, domine au centre de la machine pittoresque. Se soutenant d'une main sur la roche où il est tombé, et de l'autre retenant sa croix, il dirige vers sa mère un regard dont l'ineffable expression surpasse tout ce que l'imagination eût osé concevoir. Tel est l'effet, et de la noblesse des formes et de l'inconcevable magie de la couleur, que, dans la chaleur de ce regard sublime, se peignent en même temps, et la tendresse du fils, et les angoisses de l'homme, et la bénignité du Sauveur, et la majesté du Dieu. « Ne pleurez pas sur moi, semble dire Jésus à Marie, pleurez sur Jérusalem ! » Quelques larmes se mêlent au feu qui jaillit de ses prunelles azurées. Le sang qui ruisselle sur son visage en relève l'auguste beauté. La dignité de son front, la grâce toute divine de ses lèvres, les ondulations de sa chevelure, la distribution même d'une barbe légère qui se partage en deux plans égaux, s'accordent avec le caractère des yeux. La tranquille expression des mains répond à la divinité de la tête, et le style simple de la draperie, à l'élévation des formes du corps. Une couleur plus brillante et plus suave, une touche plus recherchée, plus délicate, distinguent cette céleste victime, de tous les êtres mortels qui l'environnent : c'est un Dieu qui va mourir.

Par une admirable gradation, chaque personnage offre des traits plus ou moins ennoblis, suivant que le sang ou l'amitié le rapprochent de Jésus. Grave et vénérable, à sa dignité autant qu'à sa douleur, la Vierge paraît, en effet, sa mère. Au milieu des Syriens dont il est entouré, Simon lui-même brille d'une beauté qu'on dirait empruntée à la Grèce, et, par cet artifice, en satisfaisant au sentiment qui se plaît à voir embellir les dehors de l'homme vertueux, l'artiste a établi un intermédiaire entre la majesté du Christ et l'aspect féroce de ses bourreaux.

Par sa vérité, sa franchise, sa vigueur, son éclat, le coloris contribue à la force d'une expression pathétique : et quelques inégalités dans le travail du pinceau, quelques négligences même dans le dessin, ne nuisent nullement à l'effet général.

Dans tous les ouvrages de Raphaël, c'est l'âme de ce grand peintre qui parle à notre âme ; son naturel nous touche, sa grâce nous charme, sa grandeur nous étonne et nous ravit ; mais nous admirons de plus ici tout ce que ce génie extraordinaire possédait de chaleur pour peindre des affections véhémentes. L'élévation des pensées, l'unité de la scène, l'image frappante de la vie, les traits de la beauté, l'accent de la douleur, toutes les puissances enfin les plus propres à produire une impression profonde, se trouvent réunies dans cette peinture sublime. Plus le spectateur la considère, plus son émotion s'accroît ; et il ne la quitte point, sans en conserver un souvenir ineffaçable [1].

[1] Ce tableau, connu sous la dénomination de *Spasimo di Sicilia*, fut exécuté après la *Madona del Pesce*, qui date, comme nous l'avons dit, de 1512 ou de 1513, et un peu avant le *Saint Michel*, qui est de 1517 (Vasari, *Vita di Raff.*, t. II, p. 114). Il appartient, par conséquent, aux années 1515 ou 1516. L'auteur anonyme de la *Vie de Raphaël*, commentée par Comolli, a suivi cette chronologie (*Vita ined. di Raff.*, p. 47). Aug. Vénitien l'a gravé sous la date de 1517. — Il y avait à Mont-Olivet un couvent de religieux et un monastère de femmes. L'église de *Santa-Maria-dello-Spasimo* dépendait particulièrement de la congrégation des femmes (Fazello, *De reb. sic.*, lib. VIII, c. 1; apud Grœv., t. XIII, col. 305. — Rocc. Pirr., *Noticia Eccl. Panorm.*; apud Mongitor., *Sicil. Sacr.*, t. I, col. 246). Le couvent des hommes fut reconstruit en 1506 (Fazell., loc. cit.), et celui des femmes, en 1512. Cette dernière reconstruction eut lieu par le zèle et les soins de deux sœurs, religieuses dans le même couvent, nommées Eulalie et Brigitte de Diana (Rocc. Pirr., loc. cit., col. 302 et 308). Ces faits rendent croyable l'opinion qui veut que la tête de la Vierge soit un portrait. Suivant l'esprit du temps, il es très-possible que nous retrouvions Eulalie et Brigitte sous les traits de la Vierge et de Madeleine. — Le vaisseau sur lequel ce tableau était transporté à Palerme ayant péri, la caisse qui le renfermait fut poussée par les vents jusque dans les parages de Gênes, où des pêcheurs la retirèrent de l'eau, sans qu'il eût souffert aucun dommage. Les moines de Mont-Olivet ne l'obtinrent des Génois qu'avec grande peine, et par l'intercession de Léon X (Vasari, *ibid.* — *Vita ined. di Raff.*, p. 47). Philippe IV, roi d'Espagne, le fit transporter à Madrid, et donna au couvent, en échange, une rente de 3,000 écus, vraisemblablement 3,000 écus de Sicile (Malvasia, *Felsina Pitt.*, t. I, p. 144). — C'est à tort, sous tous les rapports, que Malvasia le classe parmi tous les essais imparfaits que les plus grands peintres produisent dans leur première jeunesse (*Ibid.*). Sans doute il ne l'avait pas vu, non plus que Vasari, qui croit que Raphaël y a peint sainte Véronique. — Mengs en a composé un éloge très-circonstancié (*Lett. à D. Ant. Ponz*, t. II de ses *Œuvres*, p. 76 et suiv.). — La gravure d'Aug. Vénitien, gr. in-fol., n'est pas une des meilleures de

LA VIERGE ET TOBIE [1].

(Ce tableau n'a jamais fait partie du Musée impérial du Louvre.)

Ce tableau, où sont représentés la Vierge, l'Enfant Jésus, l'ange Raphaël, le jeune Tobie et saint Jérôme, et qu'on appelle communément *la Madona del pesce* ou *la Vierge au poisson*, est un des ouvrages les plus célèbres, et, en effet, un des plus accomplis de son auteur. La dignité de la Vierge, la force et la grâce de l'Enfant divin, l'expression de la joie et de la timidité de Tobie, la céleste beauté, la vive ardeur de l'ange qui le conduit, la gravité enfin qui caractérise l'image de saint Jérôme, ces divers traits, où se manifeste toute l'élévation du génie de Raphaël, frappent et captivent tous les yeux. Le coloris fait admirer autant de variété et de fermeté que d'éclat ; tout est vrai, en un mot, tout est grand, expressif, sublime, dans cette étonnante production.

Toutefois, le choix du sujet n'a point été exempt de critiques. On a cru voir de l'incohérence dans le rapprochement de personnages qui appartiennent à des temps différents ; l'action même a paru douteuse ; dès lors, l'intérêt a dû s'affaiblir, et l'admiration que l'ouvrage n'a cessé d'exciter, malgré un préjugé si défavorable, est, sans contredit, un des plus beaux éloges qui aient honoré Raphaël.

Quelques personnes ont douté que l'enfant représenté à genoux, portant un poisson suspendu à sa main droite, soit le jeune Tobie ; mais Vasari le dit expressément [2], et il est impossible de

---

ce maître. La tête du Christ y est totalement manquée. D. Cunégo en a donné une, à Rome, gr. in-fol., où la tête du Christ n'est pas mieux rendue. M. Ferd. Selma l'a gravé, en Espagne, gr. in-fol., en 1808. — Un dessin, qui offrait apparemment la première pensée de Raphaël, a été gravé, in-4°, avec la date de 1532. L'ensemble est moins riche et moins bien conçu que celui du tableau dit *le Spasimo*. On n'y voit pas l'abandon des mains de la Vierge, qui forme une des beautés de celui-ci. Cette dernière idée paraît avoir été le fruit des nouvelles méditations de Raphaël.

[1] Haut. 6 p. 7 p. 1/2 ; 2^m,151. Larg. 4 p. 11 p. 1/2 ; 1^m,611.
[2] « Dentro vi è... un Angelo Raffaello ch'accompagna Tobia » (Vasari, p. 110, édit. 1759).

récuser un témoignage si authentique. D'autres, frappés de voir saint Jérôme près du Messie, tenant un livre ouvert, se persuadent qu'un donataire aura demandé qu'on réunît ses patrons dans une même composition. Cette supposition est peu admissible, attendu que Raphaël peignit ce tableau pour les Dominicains de Naples [1] ; mais, quand le fait serait vrai, il resterait toujours à expliquer l'action, car il y en a une.

Un chevalier anglais, nommé Henri, s'est attaché à prouver que Tobie et l'ange Raphaël demandent à la Vierge et à son Fils la guérison de la cécité de Tobie le père. Son opinion a obtenu des partisans [2]. Il faudrait cependant, pour l'adopter, non-seulement se dissimuler l'énorme anachronisme par lequel l'Ancien Testament se trouverait confondu avec le Nouveau, mais encore oublier la jeunesse de Tobie, à peine âgé ici de douze à quatorze ans, et déjà homme fait lors de son voyage à Ragès [3]. Dans deux occasions, d'ailleurs, suivant le texte de l'Ecriture, l'ange, parlant au nom de Dieu, promet à Tobie la guérison de son père [4] ; par conséquent, il ne peut pas la demander à la Vierge. Les Dominicains de Naples n'étaient pas capables d'acquiescer à une semblable erreur.

---

[1] « Fece la tavola di Nostra Donna et San Girolamo, por San Domenico di Napoli » (*Vita ined. di Raff. da Urbino,* con Not. da Aug. Comolli, p. 46).

[2] La dissertation du ch. Henri a été composée en 1754.—Cette dissertation est imprimée, en anglais, dans le *Voyage d'Espagne,* de R. Twiss, et en espagnol, sous le titre de *Reflexiones sobre una Pintura de Rafael, llamada N. Senora del Pez,* etc., dans le Voyage de De la Puente, que j'ai cité plusieurs fois (t. II, p. 178 et suiv.). — De la Puente a adopté l'opinion développée par l'auteur (*Ibid.*, p. 151), et Conca l'a suivi (*Descriz. odepor. della Spagna,* t. II, p. 104 et seg.). — Henri ajoute que l'enfant Jésus voudrait saisir le poisson, et il est à noter qu'il ne le regarde point. — De los Santos pense que Tobie raconte son histoire à la Vierge. Il trouve ce sujet de rapprochement entre Tobie et Jérôme, que saint Jérôme a ouvert les yeux au monde, et Tobie, à son père (*Descrip. del Escorial,* fol. 72). La vue de la figure de Tobie suffit pour faire reconnaître la fausseté de cette explication. — Le poisson, infiniment plus petit que celui dont il s'agit dans la Bible (*ecce piscis immanis... invadit me*), le poisson, disons-nous, n'est qu'un emblème qui doit faire reconnaître Tobie, comme le lion désigne saint Jérôme.

[3] Suivant D. Calmet, Tobie le fils avait trente-neuf ans, lors de ce voyage. On voit dans la Bible, qu'il se maria peu de jours après son départ.

[4] *Lib. Tob.,* cap. vi, vers. 9 ; cap. xi, vers. 4 et 8.

Que l'on considère la composition attentivement, et peut-être en découvrira-t-on le véritable esprit. La scène est placée au-dessus du globe terrestre; les collines et la mer ne se découvrent que dans des plans très-abaissés. De plus, la Vierge est assise sur un trône; elle n'habite donc plus la terre, elle règne dans les cieux. Tobie paraît n'éprouver d'autre sentiment qu'un désir ardent de s'approcher du Messie : il s'étonne, il rougit à son aspect, et à peine ose-t-il lever les yeux sur son maître. Saisissant de sa main gauche la main gauche de cet enfant craintif, l'ange le présente à la Mère et au Fils, et, par l'action de sa main droite, il le porte, en quelque sorte, vers le trône. Marie n'abaisse sur Tobie qu'un regard majestueux et sévère. Jamais ailleurs Raphaël n'a imprimé dans les traits de la mère de Dieu cette hauteur et cette austérité. Cependant l'Enfant-Roi, tandis que, d'un côté, il tend une main protectrice au pieux Israélite et à son conducteur, de l'autre côté, porte sa main et son avant-bras tout entier dans le livre que tient saint Jérôme.

Qu'on se rappelle maintenant que, dans les premiers siècles de l'Église, le livre de Tobie, regardé seulement comme une histoire religieuse et morale, était jugé étranger aux fondements de la foi [1]; qu'on se rappelle que les Pères du concile de Laodicée n'en pensaient point autrement [2], et qu'à l'époque où le concile de Trente a placé enfin cet antique monument au nombre des livres canoniques et adopté la version de saint Jérôme, des évêques et des cardinaux se montraient encore disposés à le regarder comme apocryphe, et préféraient à la Vulgate les textes hébreux ou

---

[1] Tel était le sentiment de saint Athanase, de saint Grégoire de Nazianze et de saint Jérôme lui-même. — S. Athanas., *Synops. Script. sacr.*, t. III, Op., p. 129. — S. Hieron., *Prolog. in Lib. Tob.*; Id., *Prolog. in Lib. Josue*, etc. — La canonicité du livre de Tobie a été, au contraire, reconnue par saint Irénée, saint Clément d'Alexandrie, saint Cyprien, saint Ambroise, saint Augustin, etc. Le Concile de Trente a enfin prononcé sur ce point, et en même temps a déclaré authentique la version de saint Jérôme (Sess. IV, *Decret. de Canon. Script.*).

[2] *Concil. Laodic.*, can. LIX et LX. — Des théologiens recommandables ont manifesté la même opinion dans le treizième siècle et jusque dans le seizième. Tels sont Richard de Saint-Victor, le cardinal Hugues de Saint-Cher, le cardinal Cajetan, etc. — Il serait inutile de parler de Luther et de Calvin.

grecs [1] ; qu'on se ressouvienne, enfin, que, malgré ces oppositions, Rome a constamment considéré ce livre comme un des appuis de la foi, et qu'elle n'a cessé de donner la préférence à la Version du docteur latin [2]. Voilà, selon toute apparence, ce qui forme le sujet de cette composition emblématique. C'est la canonicité du livre de Tobie, que le peintre a voulu rendre sensible, et la Version de saint Jérôme qu'il a eu pour objet de célébrer. Tobie, conduit par un esprit divin, mais lui-même encore enfant, c'est-à-dire avant son admission parmi les écrivains sacrés, se présente à Jésus en tremblant. Marie hésite avant de reconnaître sa mission, de même qu'une partie de l'Eglise a longtemps hésité. Le Messie, au contraire, accueille avec empressement l'enfant inspiré, et s'empare du livre prophétique, qui manifeste sa propre divinité. Dévoués à Rome, comme leur maître, et devançant la décision du concile de Trente, les disciples de saint Thomas ont maintenu par ce tableau le captif de Ninive au rang des prophètes, et proclamé la sainteté de la Version, à laquelle Rome a, dans tous les temps, attaché sa croyance.

Si l'on adopte cette explication, plus de disparates et plus d'anachronisme ; la composition est aussi ingénieuse que le style est grand, que l'expression est juste, que le coloris est franc, solide, éclatant et harmonieux [3].

---

[1] Fra Paolo, *Hist. del Concil. Trid.*, lib. II, p. 167, 169, édit. 1529. — Huet est au nombre de ceux qui ont préféré la version grecque à celle de saint Jérôme (*Demonstr. Evang.*, propos. IV, p. 169).

[2] Ce fait est trop connu pour qu'il soit besoin d'en donner des preuves. — On pourrait consulter N. Serarius, *in Sacr. div. Bibl. Lib. Tob. Comment.*, p. 3 et 4, etc.

[3] Ce tableau a été peint en 1512 ou en 1513. — Suivant Vasari, il fut peint un peu avant la *Sainte Cécile*, qui est de 1513. L'auteur de la *Vie anonyme de Raphaël* le place immédiatement après, mais il suit toujours de là qu'il date de 1512 ou de 1513. La tête de saint Jérôme est assez évidemment un portrait de Jules II. Cette circonstance peut faire croire que Raphaël commença son travail avant la mort de ce pape, arrivée le 21 février de cette dernière année. — Philippe IV, roi d'Espagne, acheta ce tableau des Dominicains de Naples, et le fit placer à l'Escurial (De la Puente, t. II, p. 158). — On le voyait, en 1681, dans le cloître supérieur du couvent attaché à cette maison royale (De los Santos, fol. 72). — Il était peint sur un carré de bois, composé de cinq planches ; de là sa dénomination de *el quadro de las cinco tablas*. Il a été transporté sur toile, dans la restauration faite à Paris. — Marc-Antoine l'a gravé in-4°. Cette estampe est peu terminée, mais belle pour

SAINTE FAMILLE DITE LA PERLE [1].

(Ce tableau n'a jamais fait partie du Musée impérial du Louvre.)

Ancienne propriété des ducs de Mantoue, ce tableau fut compris dans la nombreuse collection de peintures que l'infortuné Charles Ier, roi d'Angleterre, acheta, au commencement de son règne, de Charles Ier de Gonzague, chassé bientôt après de ses États [2]. A la mort du roi d'Angleterre, Philippe IV, roi d'Espagne, amateur non moins éclairé et peintre lui-même [3], le fit acheter, avec d'autres tableaux, dans la vente du mobilier de ce prince [4]. On assure qu'au premier aspect, frappé de sa beauté, Philippe s'écria : « Celui-ci est ma perle ! » De là, cette dénomination transmise jusqu'à nous, et qui, en servant à désigner un pré-

---

l'expression. Bartholozzi l'a aussi gravé in-4°, et M. Fern. Selma en a donné une gravure in-fol., sous la date de 1782.

[1] Haut. 4 p. 6 p. 6 lig.; 1m,475. Larg. 3 p. 7 p. 6 lig.; 1m,178.

[2] Charles Ier, duc de Nevers, devenu duc de Mantoue en 1627, mort en 1637, après un règne très-malheureux, vendit la plus grande partie de sa collection de tableaux à Charles Ier, roi d'Angleterre, en 1628 ou 1629. Vincenzio Carducho, dans ses *Dialogos de la Pintura*, imprimés à Madrid en 1633, le blâme assez durement de cet acte : « Me contaron « que el Duque avia vendido al Rei de l'Inglaterra las pinturas, y cosas « originales que tenia; que, segun me informò un cavallero, con gran « lastima, eran grande cantidad de pinturas escogidas de Raphael, « Michaelangel, Ticiano, etc., etc. » (fol. 18).

[3] J. de Butron, *Discursos apologeticos de la Pintura* (Madrid 1616), fol. 103, verso. — Carducho, fol. 160.

[4] Charles Ier, roi d'Angleterre, faisait rechercher des objets d'art dans toute l'Europe et jusque dans l'Asie (Carducho, fol. 26 et 166. — De los Santos, *Descripcion del Real. Mon. del Escorial*, fol. 38 et 39). En 1649, après la mort de ce malheureux prince, D. Alonzo de Cardenas, ambassadeur d'Espagne auprès de Cromwell, acheta, pour Philippe IV, une grande quantité de tableaux du cabinet de Whitehall. La Perle fut de ce nombre (De los Santos, *ibid.*). De los Santos assure qu'il fut payé *un grand prix*, et que Philippe IV le fit placer sur-le-champ dans la sacristie de l'Escurial. C'est là qu'il était toujours demeuré. De la Puente (*Viage de la España*, t. II, p. 77 et 85) rapporte les mêmes faits, et ajoute qu'on le nomme *la Perle, llamada la Perla*. Antoine Conca dit, sans citer aucune autorité, qu'il fut payé près de 3,000 livres sterling (*Descrizione odeporica della Spagna*, t. II, p. 50). Le catalogue du cabinet de Whitehall, composé par Abraham Van-der-Dort, qui en était le conservateur, et imprimé à Londres en 1757, pourrait donner quelques renseignements sur ce point; il m'a été impossible de me le procurer.

cieux monument de l'art, en est devenue le plus digne éloge [1].

Le mot par lequel Philippe a exprimé la sensation que lui faisait éprouver ce tableau riant, donne, en effet, une idée juste du genre de mérite qui le caractérise, et de la perfection qui le distingue. Rien de plus achevé, rien de plus pur, parmi les ouvrages de Raphaël. Nous y voyons réuni tout ce que le pinceau de ce maître avait de vérité, d'esprit et de délicatesse.

La scène est entièrement dans le genre gracieux. Le petit saint Jean, relevant de ses deux mains la peau velue qui lui sert de vêtement, présente des fruits à l'enfant Jésus, dans cette espèce de corbeille. Prêt à les saisir, Jésus, assis sur les genoux de sa mère, se retourne vers elle, en souriant, comme pour lui communiquer sa joie. Marie, qui le retient de la main droite, porte l'autre main sur l'épaule de sainte Anne, et dirige en même temps un regard affectueux vers le jeune Précurseur. Anne, à genoux, un coude appuyé sur la cuisse gauche de sa fille, se livre à la méditation en considérant les deux enfants. Le berceau se trouve au devant de la Vierge, qui pose un pied de chaque côté. Dans cet enlacement du groupe, Marie, étroitement unie à ce qu'elle possède de plus cher, exprime à la fois sa tendresse à son fils, à sa mère, et au fils de sa cousine. Un ingénieux agencement pittoresque est devenu un moyen d'expression, d'autant plus touchant, qu'il paraît saisi sur la nature même.

Belle, douce et modeste, déjà la Vierge appartient au ciel autant qu'à la terre. Sur son visage pudique s'impriment, sans se confondre, les sentiments différents dont elle est animée. Elle chérit saint Jean ; mais son amour n'est point celui d'une mère; elle y associe des idées de supériorité et de protection : en retenant son fils avec une tendre sollicitude, elle semble dire au Précurseur : Tu n'es point son égal.

Le caractère que Raphaël a donné généralement à l'enfant Jésus est une des inventions les plus poétiques de ce grand peintre. Le type est celui d'un Hercule enfant. Les extrémités sont toutefois plus déliées, et les contours plus fins. On voit dans les mouvements, comme dans les traits de cet être extraordinaire, une

---

[1] Swinburne, *Voyage en Espagne*, lettre XLIII, p. 496.

surabondance de forces qu'accompagne une grâce inexprimable. Tel est ici l'Enfant divin ; et sa joie paraît encore l'embellir [1]. Les soins qu'a pris Raphaël pour donner au dessin toute la grandeur, à l'expression toute l'énergie dont il avait conçu l'idée, se manifestent dans plusieurs *repentirs*, que l'œil est surpris de reconnaître, mais qu'il suit cependant avec une avide curiosité, charmé de dérober, en quelque sorte, au talent le secret de sa marche [2].

Malgré le choix de ses formes, saint Jean est loin de la beauté

---

[1] « El Niño hace ademan de coger las frutas, y al mismo tiempo vuelve « la cabeza à mirar à su madre, riéndose con la simplicidad y gracia de « aquella edad » (De la Puente, *ibid.*, p. 78). — Je n'ignore pas qu'un écrivain, qui vient de publier une description fort détaillée des cinq tableaux de Raphaël appartenant au roi d'Espagne (*Archiv. phil., polit. et litt.*, mai 1818), a émis, sur celui-ci, une opinion entièrement contraire à celle que j'ai adoptée. Suivant lui, saint Jean présente à l'enfant Jésus une châtaigne dans son brou ; Jésus s'est piqué ; et cette piqûre, en faisant naître *le pressentiment* des souffrances de la croix, jette toute la Sainte Famille dans la tristesse. Il m'est impossible de ne pas relever une semblable erreur ; car le lecteur serait en droit de supposer que c'est moi qui me trompe. — Ce que l'écrivain dont je parle a pris pour l'enveloppe piquante d'une châtaigne n'est autre chose qu'un bout de la peau de chameau qui forme le vêtement de saint Jean-Baptiste. Pour lever cette espèce de tunique, saint Jean la prend des deux mains, et une partie ressort entre le pouce et l'index de la main droite : c'est cette partie serrée entre les deux doigts, qui, par sa couleur brune et par le poil dont elle est garnie, a présenté l'apparence d'une châtaigne ; mais il suffit d'une légère attention pour reconnaître le fait tel qu'il est. — Quoique les peintres aient souvent associé l'idée de la mort de Jésus-Christ aux images de la Sainte Famille, il ne faut pas leur supposer cette pensée, si elle ne se présente d'une manière très-visible, attendu qu'elle est contraire au texte des livres saints, où il n'est dit nulle part que les parents de Jésus-Christ aient eu la connaissance anticipée de sa Passion. Quand nous voyons, dans le tableau dit *la belle Jardinière*, le petit saint Jean tenir une croix faite avec des roseaux, nous devons penser que la fabrication de cet instrument n'a été qu'un jeu d'enfant. Cet emblème, intéressant pour nous, n'a aucune signification aux yeux de la Vierge. Si la vue de la croix paraissait l'affliger, la pensée de l'artiste serait contraire à l'Écriture sainte. Je ne sache pas que Raphaël soit jamais tombé dans cette erreur. — De los Santos n'a vu, dans ce tableau, comme De la Puente, qu'un sujet gai : « Faltan palabras para explicar su mucha gracia (de la « Virgen) y la de el Niño, y S. Juan » (*Ibid.*, fol. 58, verso).

[2] La tête était d'abord de profil : elle a été mise de trois quarts. Les cheveux ont été relevés au-dessus de la tempe gauche. Il est facile de sentir ce que la figure a acquis de beauté dans ces changements. On voit aussi des *repentirs*, à la main gauche de la Vierge, et à la cuisse gauche de l'enfant Jésus.

du Sauveur. La différence qui distingue ces deux enfants est la même dans toutes les *Sainte Famille* de Raphaël : l'un des deux paraît toujours le fils d'un homme, l'autre toujours un Dieu.

Le costume de la Vierge nous offre la simplicité élégante que Raphaël n'oublie jamais. Les tresses de ses cheveux, et le voile qui descend de sa tête en ondoyant, sont ajustés avec autant de grâce que de dignité.

Le coloris, quoique légèrement obscurci par le temps, conserve une vigueur, une finesse et une harmonie ravissantes. Il est des parties que les écoles vénitiennes n'auraient pas surpassées. Les teintes du corps de l'enfant Jésus sont aussi brillantes que les profils de cette figure sont purs, les mouvements vifs et gracieux. La délicatesse du pinceau tient ici du prodige, chez un maître que l'élévation de ses pensées dut si souvent distraire des soins minutieux de l'exécution. Au milieu des ombres les plus fermes, se fait admirer tout le relief de la nature. Le paysage, orné de figures, charme l'œil par la précision des détails et par la transparence des lointains ; et, jusque dans les profondeurs de l'édifice en ruine, où l'on aperçoit saint Joseph, circule une lumière douce et argentine.

Chef-d'œuvre de goût, ce tableau enfin renferme tous les genres de perfection propres au sujet, et la critique la plus sévère y découvrirait difficilement quelque négligence. La composition, le dessin, l'expression, la couleur, offrent, dans toutes les parties, un mérite à peu près accompli [1].

[1] Ce tableau a été gravé en Italie, par J. Batt. del Moro. in-fol.; par Batt. Franco, in-fol.; et par un anonyme, gr. in-fol. — Il a été ensuite gravé en Angleterre, par Vostermann, *le Vieux*, entre l'année 1624 et l'année 1632, époque du séjour de cet artiste à Londres. — Il est encore sur bois. Sa belle conservation a dispensé de le transporter sur toile.

LE CORRÈGE. 1494-1534.

ÉCOLE LOMBARDE.

JUPITER ET ANTIOPE [1].

(N° 28. Voy. le *Catal. des Ecoles d'Italie et d'Espagne*, p. 14.)

Au milieu d'une forêt, sous un ombrage frais et mystérieux, une femme, entièrement nue, s'est abandonnée au sommeil. Sa tête inclinée se pose sur un de ses bras; autour de ses joues arrondies, autour de son col souple et poli, flottent des cheveux couleur d'or. L'Amour dort à ses côtés, couché sur une peau de lion. Un arc qu'elle a laissé échapper de sa main, un carquois recouvert d'une fourrure tigrée, et le flambeau du jeune dieu, reposent, auprès d'elle, sur le gazon. Un satyre qui s'est glissé entre les arbres, soulevant une draperie bleue dont elle s'était enveloppée, contemple avidement des trésors avec lesquels son corps roussâtre et velu forme un contraste piquant : tel est l'ensemble que présente ce beau tableau. Le Corrège a réuni, pour l'exécuter, ses couleurs les plus vraies et les plus éclatantes. Nous y reconnaissons l'art avec lequel ce grand maître peignait les chairs, et surtout celles des nymphes et des enfants; l'art, où il excellait particulièrement, de donner à ses figures du relief et de la vigueur, en plaçant le corps entier sous une large lumière; en mariant des tons clairs à des tons clairs, variés seulement par des demi-teintes et des reflets, et en rejetant les ombres aux extrémités ou au delà même de la figure. Des reflets verdâtres animent les parties inférieures du corps de la nymphe ou de la déesse; la main droite, les bras, les épaules, participent aux teintes bleues de la draperie qui les porte en avant; les membres s'arrondissent, par cet artifice, sans que les tons qui les colorent

---

[1] C'est pour nous conformer au catalogue du Musée Napoléon, que nous avons conservé cette dénomination.

perdent rien de leur fraîcheur voluptueuse. Les chairs de l'Amour sont tout à la fois plus brunes et plus rosées ; ses ailes argentines paraissaient jaspées de pourpre et d'or. Une draperie blanche, savamment placée entre les deux figures, en étendant la lumière, unit les différentes parties du groupe, et n'en forme qu'un tout. Les demi-teintes grisâtres de ce linge font valoir celles de nu, qui sont d'un ton plus vif. Tous les accessoires contribuent à la chaleur et à la richesse du coloris ; les teintes rouges de l'arc relèvent la blancheur de la main ; l'or des flèches et du flambeau, la peau tigrée qui orne le carquois, la peau de lion sur laquelle l'Amour s'est endormi, forment, avec la couleur verte des plantes, avec l'azur de la draperie, une opposition vive et harmonieuse. Au milieu de cette variété, les tons sont si bien ménagés, que les regards se dirigent d'eux-mêmes vers les parties supérieures de la figure principale, vers les bras, le sein, la tête, où réside le charme le plus puissant du tableau.

Quel est le sujet que le Corrège a voulu peindre ? Si nous en croyons une tradition établie depuis peu de temps, cette belle femme est Antiope, et le satyre représente Jupiter prêt à abuser de la malheureuse fille de Nyctéus. Suivant une tradition plus ancienne, la déesse auprès de laquelle repose l'Amour, est Vénus elle-même, et le satyre qui la contemple n'est qu'un des hôtes de la forêt[1]. Cette opinion nous paraît s'accorder mieux que la première avec l'esprit de la composition. Si le Corrège eût peint Jupiter, le feu dont il l'aurait animé et l'espèce de beauté qu'il lui aurait donnée, nous feraient sans doute reconnaître un dieu jusque sous les traits d'un satyre. S'il eût voulu que l'A-

---

[1] Ce tableau fut donné au cardinal Mazarin, par le cardinal Antoine Barberin, neveu d'Urbain VIII. Les auteurs de l'ouvrage intitulé *Serie degli uomini i più illustri nella pitt.*, etc., qui rapportent ce fait, le désignent par ces mots : *Una Venere dormiente, che sara forse la medesima che altri credono Antiope* (t. V, p. 115). Félibien l'appelle *Une Vénus qui dort* (*Entret. sur les vies des Peint.*, t. I, p. 172, à la note.). Le marquis d'Argens le désigne pareillement, en disant : *Un Satyre qui regarde une femme qui dort* (*Réflex. critiq. sur diff. écoles de peint.*, p. 142). D'Argenville, Lépicié et l'auteur de l'ouvrage intitulé : *Lettres du chevalier de Tincourt sur les tableaux exposés au Luxembourg*, l'ont appelé *Antiope*.

mour favorisât la défaite d'Antiope, il ne l'aurait pas représenté endormi, laissant à ses pieds le flambeau dont il devait embraser cette fille infortunée.

L'opinion, que le Corrège a voulu peindre Vénus, présente aussi des images plus riantes. La fatale passion de Jupiter pour Antiope ne rappelle qu'une longue suite de calamités : la ville de Sicyone, prise par les Thébains, et Epopéus, son roi, massacré ; Antiope, dont il était devenu l'époux, retenue dans les fers pendant plus de quinze années ; Dircé traînée par un taureau furieux sur les rochers du Cithéron ; douze enfants d'Amphion et de Niobé, percés à coups de flèches par Apollon et par Diane ; Chloris échappée à ce massacre, mère à son tour de douze fils, égorgés tous au siège de Pylos, excepté Périclymène et le sage Nestor[1] : malheureuse famille qu'on eût dite abandonnée par Jupiter son auteur ! Vénus et l'Amour, endormis dans un des bosquets d'Idalie, et charmant les regards d'un des compagnons de Pan, nous offrent, au contraire, une allégorie traitée souvent, il est vrai, tant par les modernes que par les anciens, mais ingénieuse et agréable.

Le dessin de ce tableau renferme de nombreuses incorrections ; mais, quelque graves qu'elles puissent être, l'esprit, séduit par le mérite du coloris, les pardonne et ne s'attache qu'à des beautés.

JULES ROMAIN. 1499-1546. Pippi

ÉCOLE ROMAINE.

VÉNUS ET VULCAIN.

(N° 296. Voy. le *Catal. des Ecoles d'Italie et d'Espagne*, p. 171.)

Les compositions de Jules Romain présentent deux caractères différents : doué d'un esprit élevé, mâle, noble, ce savant artiste

---

[1] Appollod., *Bibl.*, lib. III, cap. v, § 5 et 6. — Hygin., *Fab.* ix et x. — Schol. *ad Apoll. Rhod.*, lib. IV, v. 1090

traite avec chaleur, avec enthousiasme, des sujets historiques ; il se plaît à dessiner des formes robustes, grandioses, quelquefois même cette disposition naturelle le porte jusqu'à l'exagération ; gracieux, aimable, galant, plein de sentiment et de goût, il se laisse entraîner aussi, par un doux penchant, vers des sujets riants et voluptueux. L'histoire, la fable, l'allégorie, les plus légers badinages, son imagination féconde sait tout embellir. Il peint la chute des Géants, il représente avec un succès égal la danse des Muses. Tantôt on pourrait le comparer à Homère, chantant les combats terribles des héros et des dieux ; tantôt, rival d'Anacréon, il célèbre comme lui Bacchus, les jeux, les roses, les amours [1]. Mais un trait particulier qui le caractérise, c'est que, dans les compositions les plus aimables, lorsqu'il exprime les pensées les plus délicates, il ne peut renoncer à ces formes pleines, vigoureuses, dont la beauté l'avait charmé. S'il peint des enfants, ce sont de jeunes hercules : on croit voir des êtres au-dessus de la nature humaine.

Ces divers caractères propres à Jules Romain se trouvent réunis dans la composition pleine d'esprit où il a représenté Vénus et Vulcain. Modèle des maris complaisants, trahi mille fois, et toujours amoureux, ce dieu boiteux a forgé des arcs, des flèches, des carquois pour les Amours [2], si souvent complices des infidélités de Cythérée. Assis à côté de Vénus, auprès du lit nuptial, il les regarde, en souriant, essayer ces armes irrésistibles. L'un, chargé de son carquois, faisant ployer un arc sous les forces opposées de ses genoux et de ses mains, regarde la déesse, et paraît attendre qu'elle applaudisse à sa vigueur. Un autre présente à Vénus un papillon, emblème de l'âme ; la déesse a déjà saisi le trait qui doit percer cet être délicat, mais elle saura lui faire chérir sa blessure : de la main gauche, elle prend des touffes de roses que des Amours portent dans une corbeille : elle couvrira de fleurs un trait qui sera peut-être mortel.

---

[1] « Quivi or si direbbe un Omero che tratta armi, ora un Anacreonte « cherappresenta ebrietà ed amori » (Lanzi, *Stor. pitt.*, t. II, part. 1, p. 241).

[2] Anacr., *Od.* XLV. — Cette ode peut avoir donné à Jules Romain l'idée principale de sa composition.

Vulcain tient sur son épaule un faisceau de flèches, deux fois plus grandes et plus fortes que celles dont se jouent ces jeunes Amours. Quelle est donc la divinité pour laquelle sont destinées ces armes terribles? Est-ce Apollon? est-ce Diane [1]? Non. Vulcain les forgea pour un dieu qui blesse, quand il lui plaît, Apollon et Diane elle-même. Nous ne devons pas confondre les Amours représentés dans cette peinture avec le véritable Amour, avec Éros ou Cupidon, tyran de la terre et des cieux, élevé, dit-on, dans les forêts, allaité par une lionne [2], Cupidon, de qui les victimes ne reçoivent de soulagement que des Muses [3] et du temps. Les uns, enfants des Nymphes, ne sauraient blesser que de faibles mortels; ils forment une troupe innombrable et riante, qui embellit la cour voluptueuse de Cythérée [4]; l'autre, fils de la déesse, frappe avec audace de ses traits vainqueurs [5] Jupiter au milieu de l'Olympe, et le redoutable Pluton au sein des enfers. C'est pour ce dieu cruel, perfide et charmant, que Vulcain fabriqua ces flèches acérées; aucune armure ne pourra garantir de leurs atteintes.

Un jeune Amour, qu'on aperçoit dans les forges, essaye de rougir lui-même un de ses traits. Cette idée a le double mérite d'expliquer toute l'allégorie et de donner de la profondeur au tableau.

Chacun des enfants montre autant d'esprit et de grâce que de vigueur. Comme celui qui porte le carquois est animé, fier et robuste! Quelle élégance dans la pose de ce jeune Atlas qui supporte la corbeille de roses! Pourquoi faut-il qu'un ouvrage aussi agréable ne soit pas exempt de tout défaut? L'enfant assis par terre n'est pas également beau dans toutes ses parties; peut-être

---

[1] Callimach., *Hymn. Dian.*, vers. 80 ad 86.
[2] Théocr., *Idyl. III*, vers. 15 et seq.
[3] Id., *Idyl. XI*, vers. 1 et seq.
[4] Mille pharetrati ludunt in margine fratres;
  Ore pares, ævo similes, gens mollis amorum.
  Hos Nymphæ pariunt; ille (Venus aurea solum
  Edidit), ille Deos cœlumque et sidera cornu
  Temperat, et summos dignatur figere reges.
    (Claudian., *Epithal. Honor.*, vers. 72 et seq.)
[5] Cupido... magnificus jaculator (Placid., Fulg., *Mythol.*, lib. III, cap. VI.

le sein de Vénus n'a-t-il pas une beauté parfaite. Nous ne parlerons pas du coloris : ce tableau doit être considéré comme une ébauche avancée. Il est peint sur bois ; déjà le temps s'efforce de le mutiler ; l'art de transporter les peintures sur toile en pourra prolonger la durée. Nous aurons du moins conservé par une gravure une des compositions les plus ingénieuses du disciple chéri de Raphaël.

SACCHI. 1512-1526.

ÉCOLE LOMBARDE.

SAINT ROMUALD ET SES DISCIPLES [1].

(Ce tableau ne fait plus partie du Musée impérial du Louvre.)

Les anciens historiens de l'ordre des Camaldules racontent que saint Romuald, son fondateur, lorsqu'il cherchait dans les solitudes des Apennins un lieu propre à devenir la retraite de ses pieux ermites, parvint, avec cinq religieux qui déjà s'étaient donnés à lui, dans une vallée appelée *Campus Malduli*, la Campagne ou *le Champ de Maldulus*. Des sources d'eau vive y répandaient leurs flots transparents sur une vaste prairie. De hautes montagnes, un bois touffu, l'environnaient de toutes parts, et semblaient la séparer du reste du monde. Après un léger repos, le saint s'étant endormi, une vision mystérieuse lui dévoila les desseins de Dieu. Il crut voir une échelle semblable à celle que Jacob voyait à Béthel, et un grand nombre de moines vêtus de blanc qui montaient par ce chemin jusqu'à la demeure céleste. Tandis que, transporté de joie, il croyait poser lui-même le pied sur le premier degré, il s'éveilla, et raconta aussitôt à ses compagnons la vision dont il venait d'être favorisé. « N'en doutons pas, ajouta-t-il, c'est ici que le Seigneur nous prescrit de demeurer, pour que nous obtenions la grâce de nous élever jusqu'à lui. Auprès de cette fontaine, sur le terrain où nous sommes assis, nous consacrerons un hospice aux voyageurs ; parmi

[1] Haut. 9 p. 6 p. 8 l.; 3m,103. Larg. 5 p. 2 p. 10 l.; 1m,701.

les rochers qui nous entourent, seront éparses nos cellules et celles de nos frères. Ce lieu est saint! Nous sommes devant la porte du Ciel! » Instruit de ce projet, le maître du champ où saint Romuald parlait ainsi, Maldulus, citoyen d'Arezzo, donna sa terre à la colonie naissante, et s'unit à elle par des vœux indissolubles [1]. L'hospice de *Fonte Buono* fut bâti auprès d'une source jaillissante, de laquelle il prit son nom; et les ermitages voisins formèrent la première habitation d'un ordre, bientôt nombreux et célèbre, qui était dans son origine une branche de celui de saint Benoît.

C'est ce fait qu'Andréa Sacchi fut chargé de représenter pour l'autel principal de l'église des Camaldules de Rome. Un tel sujet offrait de grandes difficultés: quel moment choisir? L'artiste voulait-il peindre saint Romuald contemplant pendant son sommeil l'échelle mystérieuse: les compagnons de ce saint fondateur de l'ordre devenaient étrangers à l'action. Voulait-il le représenter racontant ce qu'il avait vu : comment peindre une vision déjà terminée? Comment exprimer l'objet d'un simple récit? Dans cette alternative, le peintre, qui n'avait pas eu sans doute le choix du sujet, a saisi habilement le moyen le plus convenable pour exprimer toutes les circonstances d'un fait intéressant.

Les compagnons de saint Romuald sont en scène avec ce principal personnage. Tout rempli des objets qui ont ébranlé ses sens, il les leur décrit avec enthousiasme. La vision, dont le souvenir est encore présent à son esprit, se retrace dans le lointain aux yeux du spectateur : on voit les degrés où montent après leur mort les heureux ermites, pour aller recevoir la récompense d'une vie consacrée à la vertu. Cette vision ne saurait être aperçue des cinq religieux, qui n'en eurent connaissance que par le récit de leur maître; elle n'existe même plus pour Romuald;

---

[1] Aug. Florent., *Hist. Camaldulens.*, lib. 1; apud. Bolland., *Act. sanct.*, 7 febr., t. II, p. 102. — Cette vision a été rejetée par les historiens modernes. Mabillon a prouvé que la terre où saint Romuald bâtit l'hospice de *Fonte Buono* s'appelait *Campus amabilis*, et qu'elle fut donnée aux religieux par un évêque d'Arezzo, nommé Théobald (*Annal. Benedict.*, lib. LIV, cap. LX, LXI. — Héliot, t. V, p. 245). Mais il est facile de concevoir combien une semblable tradition, quoique douteuse, devait être agréable à l'ordre des Camaldules.

...ais elle rappelle le fait dont il fallait consacrer la mémoire, la
...ndation de l'ordre dans le lieu même où ses chefs reçurent
...t avertissement du Ciel.

Tous ces religieux au moment de la scène étaient encore vêtus
...e noir; ils ne prirent l'habit blanc qu'après la vision prophétique de leur réformateur. Mais comment ne pas les vêtir de
...anc, puisqu'on voulait peindre des camaldules? Ici est le plus
...and mérite du peintre, et le sujet d'une juste admiration. Un
...bre contre, lequel est appuyé saint Romuald, en jetant une
...mbre ferme au milieu du groupe, y produit les effets les plus
...eureux. La teinte verte qu'il y répand se multiplie dans de
...ombreux reflets; et la lumière, qui brille au milieu des ombres
... des tons verts, allégit, échauffe ces grandes draperies blanches,
...ui par elles-mêmes n'auraient offert qu'un bien petit nombre
...e nuances. Le coloris, par cet artifice, est devenu riche, trans-
...arent, harmonieux. La touche est nourrie et facile. Peut-être,
... l'on juge les têtes avec sévérité, n'offrent-elles pas assez de
...ariété dans les traits, assez de fermeté dans l'exécution; mais
...lles ont toutes un caractère noble, et un sentiment religieux
...ui convenait au sujet. Longtemps ce tableau fut regardé
...omme un des quatre plus beaux de Rome : l'opinion de notre
...cole ne le place point à un rang aussi élevé; on y verra cepen-
...ant toujours une composition savante, et il a droit surtout à
...tre compté parmi les chefs-d'œuvre des plus habiles coloristes.

J.-C. PROCACCINI. 1548-1626.

ÉCOLE LOMBARDE.

LA SAINTE FAMILLE.

(N° 317. Voy. le *Catal. des Ecoles d'Italie et d'Espagne*, p. 182.)

Ce tableau est du nombre de ceux qui frappent, qui séduisent
...u premier aspect : on y remarque avec plaisir des formes gran-
...ioses, des attitudes hardies, un style élevé, des idées agréables,
...n coloris qui ne manque ni de vigueur ni d'harmonie. Mais les

défauts égalent les beautés; le peintre est tombé dans l'affectation, dans la manière, et le juge le moins sévère ne saurait pardonner à un artiste doué d'un vrai talent une erreur de cette nature.

Jules-César Procaccini, né à Bologne vers l'an 1548 [1], l'un des trois fils d'Hercule Procaccini, qui était un peintre médiocre, et que l'on dit avoir été un excellent maître, suivit vraisemblablement son père, lorsque celui-ci, abandonnant Bologne sa patrie, alla fixer sa demeure à Milan, où le savant cardinal Frédéric Borromée appelait des artistes, de toutes les parties de l'Italie. Jules-César avait jusqu'alors cultivé l'art statuaire, et ce fut au plus tôt à cette époque, à l'âge de trente-six ou trente-sept ans, qu'il le quitta pour s'attacher à la peinture [2]. Quelques écrivains l'ont placé parmi les élèves des Carrache; cette supposition paraît dépourvue de toute vraisemblance [3]. Après avoir reçu à Milan des leçons de son père, il alla étudier à Rome, à Parme, à Venise, les chefs-d'œuvre des grands peintres. En copiant le Titien, Raphaël et Michel-Ange; en copiant plus assidûment encore le Tintoret et le Corrège, pour lesquels il avait une prédilection particulière [4], il se flatta, comme la plupart des artistes de son temps, de pouvoir associer les qualités différentes qui distinguent ces maîtres de l'art, et de lutter avantageusement avec chacun d'eux, en lui opposant les beautés dérobées à tous les autres. Vain espoir! Les grands maîtres ont tracé la route; il faut, avec un égal génie, la suivre comme eux, pour se couvrir de la gloire qu'ils ont acquise. Jules-César Procaccini parvint par ce travail à imiter d'une manière imparfaite le coloris du Corrège, on prétend même que quelques-uns de ses tableaux, composés d'un petit nombre de figures, furent attribués à ce maître inimitable. Quoi qu'il en soit, étudiant la nature dans les ouvrages des autres peintres, négligeant de remonter à la source du beau, il demeura inférieur, et au modèle éternel de l'art, et aux guides

---

[1] Orlandi, *Abbeced. pitt.* — Lanzi, *Stor. pitt.*, t. II, part. 2, p. 485.

[2] *Ne prima che dopo l'esser stato gran tempo in Milano* (Malv., *Fels. pitt.*, t. 1, p. 286). — Baldinucci, *Notiz. de' Prof.*, t. IX, p. 253, (édit. 1771).

[3] « Lorsque les Carrache ouvrirent leur école à Bologne, les Procaccini étaient déjà établis à Milan » (Malvas., t. I, p. 576).

[4] Malvas., t. I, p. 289.

mêmes qu'il s'était choisis. On remarque, dans ses ouvrages, plus de réminiscence que de génie, plus de routine que de savoir; après avoir joui, durant sa vie, d'une grande renommée, il est placé par la postérité dans la foule des imitateurs.

Le tableau représentant la *Sainte Famille, sainte Catherine et saint François*, peut nous faire apprécier cet artiste. Il fut composé pour l'archevêque de Milan, et regardé, du vivant de l'auteur, comme un de ceux où il avait le mieux imité le Corrège [1]. Les défauts sont faciles à saisir. L'action est double : d'une part, l'enfant Jésus tourne tendrement ses regards vers sainte Catherine qui se penche vers lui; de l'autre, la Vierge regarde saint Jean-Baptiste qui tient un agneau, et semble le présenter au Sauveur. Nous pourrions dire que l'action est triple, car saint François, placé sur la gauche, fait la lecture, sans paraître s'occuper des personnages divins qui sont auprès de lui. La pose de la Vierge est noble, grande, bien conçue; le sentiment d'amour exprimé par l'Enfant Jésus est invraisemblable; en voulant lutter en cela contre le Corrège, l'artiste a outrepassé les limites où son modèle se renferme toujours, il a blessé les convenances; les mains de la Vierge sont mal dessinées; la figure de sainte Catherine a de la grâce, il y a de l'élégance dans l'ajustement; le coloris de cette figure est frais, tendre, brillant, et rappelle, à quelques égards, celui du Corrège; mais peut-être pourrions-nous remarquer de la raideur et de la sécheresse dans le bras; quelques parties de draperies sont de bon goût, d'autres présentent des détails minutieux. On reconnaît, en tout, que le peintre ne consulta point la nature, et qu'il composa son tableau avec d'autres tableaux.

Heureux l'artiste de qui l'on peut célébrer les vertus, quand on est forcé de critiquer ses ouvrages! Sans ambition et sans vanité, le sage Procaccini jouit constamment de l'estime universelle; honoré, visité par tous les princes de son temps, il ne s'enorgueillit jamais de cette distinction flatteuse; lorsqu'il par-

---

[1] Je suppose que ce tableau est celui dont Malvasia parle en ces termes : « Un quadro con la Madona ed il Bambino, che sposa santa Catte- « rina, che nel colorito ha imitato il famoso Correggio » (t. I, p. 287).

lait des ouvrages de ses concurrents, il paraissait n'en avoir pas vu les défauts, il en faisait toujours remarquer le mérite [1].

ANNIBAL CARRACHE. 1560-1609.

ÉCOLE BOLONAISE.

LE CHRIST MORT SUR LES GENOUX DE LA VIERGE.

(N° 140. Voy. le *Catal. des Ecoles d'Italie et d'Espagne*, p. 76.)

Ce tableau mérite de fixer notre attention par les beautés qu'il renferme et par diverses circonstances intéressantes.

Annibal Carrache l'exécuta durant la longue maladie qui le conduisit au tombeau; c'est un de ses derniers ouvrages, c'est le dernier peut-être qui soit peint entièrement de sa main [2]. Il rappelle la fin douloureuse de ce grand artiste, et l'injustice qui fut la cause de sa mort.

Annibal Carrache, naturellement mélancolique, et malheureux dans presque tout le cours de sa vie, travailla sans relâche, pendant huit années consécutives, aux peintures du palais Farnèse. Il avait pour tout salaire dix écus par mois, un logement dans les combles du palais, et *la part* pour lui et pour un élève [3], c'est-à-dire la distribution de pain et de vin, que les grands de Rome avaient coutume de faire journellement aux officiers de leurs maisons [4]. Il se flattait de recevoir du moins, quand l'ouvrage serait terminé, une récompense digne de ses grands tra-

---

[1] Orlandi, *Abbeced. pitt.* — Baldinucci, t. IX, p. 253, 254.
[2] Bellori, *Vite de' Pitt.*, p. 83. — Malvasia, *Fels. pitt.*, t. I, p. 444.
[3] Lettre de J.-B. Bonconti à son père (*Fels. pitt.*, t. I, p. 574). — Bellori, p. 51 et 67.
[4] Cet usage subsiste encore. Il vient des anciens Romains. La distribution, appelée aujourd'hui *la Parte*, s'appelait, chez eux, *Sportula*. Pittisc., *Lexic. Antiq. rom.*, verb. *Sportula*. — Mart., lib. I, epigr. XIV, etc.

vaux : son espoir fut trompé ; un intendant persuada au cardinal Farnèse de ne lui donner que cinq cents écus d'or [1].

Tous également dévoués à la gloire pénible de lutter contre le mauvais goût de leurs contemporains, les Carrache ne recherchaient ni les honneurs, ni la fortune. Annibal, maîtrisant son feu naturel, était parvenu à travailler avec lenteur, à ne terminer rien qu'avec des soins extrêmes ; il n'arrêtait aucun contour, sans consulter des modèles vivants ; « on le voyait, dit Bellori, dessiner plus de vingt fois la même figure, pour atteindre à cette perfection qui se trouve dans un point unique [2]. » Aussi sage, aussi probe dans sa conduite qu'il était savant dans son art, simple dans ses habitudes, vrai philosophe, s'il attachait quelque prix aux dons de la fortune, c'était pour les partager avec ses élèves [3]. Plein de chaleur et d'énergie, il était en même temps, comme tous les Carrache, bon et naïf jusqu'à l'excès [4]. Un homme de ce caractère dut regretter faiblement le salaire dont il était privé ; mais il fut vivement sensible à l'espèce de mépris qu'on témoignait pour son talent. Quand on lui présenta la somme comptée sur une soucoupe, il garda, dit encore Bellori, un morne silence ; un trait cruel se fixa dans son cœur ; la douleur fut sans remède. Désormais incapable de peindre, s'il prenait ses pinceaux, la mélancolie les faisait tomber de ses mains [5]. Il vécut huit ans dans cet état pénible ; le chagrin le consuma lentement, et il mourut le 15 juillet de l'an 1609, âgé de quarante-neuf ans.

Le tableau dont nous parlons, obtenu par les sollicitations de la famille Mattei, fut placé dans la chapelle de cette famille, à l'église des Frères Mineurs de Rome, dite *San-Francesco à Ripa*. L'Albane racontait, dans sa vieillesse, qu'Annibal Carrache avait ébauché de pratique la figure du Christ; que, dans ce premier travail, elle était belle et vraiment divine ; qu'il avait ensuite

---

[1] Cette somme représenterait aujourd'hui environ 4,600 fr.
[2] Bellori, p. 84. — Malv., *Fels. pitt.*, t. I, p. 484, 487.
[3] « Senza invidia, e senza ambitione. — Con li denari dispreggieva « l'ostentazione. — Riconosceremo in lui un certo humore proprio di « filosofo » (Bellori, p. 27, 70, 71, 72.—Malvas., t. I, p. 462).
[4] « D'una bontà indicibile furono essi, massime Lodovico; ed era « tanta in Annibale, che il facea credere tal volta semplice affatto e sto- « lido » (Malvas., t. I, p. 462).
[5] Bellori, p. 67.

consulté un modèle vivant, et qu'en la terminant il en avait altéré la beauté [1]. Il est vrai que le Christ offre des imperfections ; on peut remarquer de l'incorrection dans le dessin, à l'épaule droite et au cou ; la couleur est grisâtre, lourde et monotone. Mais nous ne saurions nous persuader que ces défauts viennent, comme le disait l'Albane, de ce qu'Annibal Carrache consulta un modèle vivant ; ils nous semblent provenir, au contraire, de ce que le peintre n'a pas assez fidèlement imité la nature. Il faut se rappeler qu'à l'époque où l'Albane manifestait son opinion, il avait abandonné les principes de ses maîtres. La pose du Christ est très-noble ; la tête de la Vierge et celle de saint François ont un beau caractère ; les anges rappellent le grandiose du palais Farnèse. On remarque, à regret, que la figure de la Madeleine est mal dessinée ; le coloris, en général, est froid. Ce beau tableau est digne encore du Carrache, mais les efforts qu'il dut lui coûter s'y laissent reconnaître : l'âme de l'artiste avait conservé de la chaleur, sa main obéissait avec peine. Nous pourrions cependant y faire remarquer un trait de hardiesse qu'Annibal Carrache s'est permis plusieurs fois : c'est que le Christ est sans barbe, et que le visage paraît dessiné d'après une belle tête antique. Mais cet objet exigerait une dissertation particulière. Le désir de rappeler les qualités estimables d'un artiste célèbre nous a entraîné. Si nous avons parlé succinctement de son ouvrage, nous aurons du moins rendu hommage à ses vertus.

UN ERMITE.

(No 153. Voy. le *Catal. des Ecoles d'Italie et d'Espagne*, p. 84.)

Animer un paysage par la présence de quelques figures humaines, dont l'action offre des sujets simples et intéressants ; placer ces figures dans le tableau, de telle manière qu'elles ne nuisent point à l'effet du site dont on veut représenter les beautés pittoresques ; qu'elles occupent agréablement les regards, sans les captiver ; qu'elles enrichissent et échauffent la composition, et

---

[1] *Lett. dell'Alban. al Bonini*, 24 octobre 1639 (Malvas., t. I, p. 485).

qu'elles paraissent cependant n'en être qu'un accessoire : cet art, que tous les peintres n'ont pas bien connu, répand un charme toujours nouveau dans les paysages du Poussin, du Dominiquin, d'Annibal Carrache. Le tableau que nous examinons en donne un exemple remarquable.

La campagne que l'artiste a choisie pour modèle présente des lignes tranquilles, des formes mâles et grandioses, de l'aménité, de la richesse, de la fraîcheur ; trois figures suffisent pour y répandre un puissant intérêt : elles sont placées avec tant de goût, le sujet religieux qui motive leur réunion s'accorde si bien et avec les mœurs champêtres et avec le caractère du paysage dont elles font l'ornement, que le tout forme un ensemble parfaitement harmonieux, et que, malgré le plaisir que fait éprouver la vue des figures, c'est le paysage lui-même qui appelle principalement l'attention. A gauche, s'élève une colline à double cime, surmontée d'un château, et chargée de bois, au pied de laquelle une source abondante tombe en cascade, et forme de larges nappes de cristal. C'est à droite, auprès d'un grand arbre d'une forme élégante et majestueuse, que les figures sont réunies. Le fond est simple, pour qu'il laisse dominer les objets les plus avancés. Un bouquet de trois arbres, moins élevés que celui qui prête son ombrage à l'ermite, placé au milieu du tableau et sur le premier plan, unit entre elles les diverses parties de la composition, établit l'harmonie, et, par l'opposition de son ombre, fait ressortir l'éclat et la légèreté du ciel. La parure variée de la montagne donne un nouveau prix au style naïf des figures et des accessoires. Assis entre le grand arbre et sa cabane, l'ermite, dont l'extérieur est grave et ne manque pas de noblesse, un vase dans la main, attend l'aumône dont pourront l'assister les passants. Dans le tronc de l'arbre est creusée une niche, où repose l'image d'un saint ; au-dessous sont suspendus des *ex-voto*, consacrés apparemment par des malheureux auxquels leurs aumônes ont rendu la vie. Deux bergers s'approchent avec respect, en découvrant leur front. L'ermite immobile, les regards baissés, paraît attendre en silence que l'image du saint, parlant au cœur religieux des deux bons paysans, les excite à secourir son gardien. Cependant, l'arbre auprès duquel se passe la scène fait admirer le développement de ses rameaux superbes; l'œil du spectateur, après avoir considéré l'ermite et les bergers, se reporte, avec un nouveau plaisir, vers la montagne, la cascade et le fond du tableau. Les figures intéressent; le paysage offre des beautés plus frappantes. Jamais on n'allia mieux le caractère d'un paysage héroïque avec la simplicité d'un sujet pastoral.

Le coloris a la vigueur qui caractérise Annibal Carrache.

LE CARAVAGE. 1569-1609.

ÉCOLE LOMBARDE.

LE CHRIST PORTÉ AU TOMBEAU [1].

(Ce tableau ne fait plus partie du Musée impérial du Louvre.)

Si quelque élève proposait aujourd'hui dans notre École cette question : « L'artiste, en dessinant les formes du corps humain, « doit-il s'astreindre à imiter des modèles vivants, doit-il préfé« rer les idées que lui présente son imagination créatrice? » nos maîtres lui répondraient: « Entre les formes trop souvent impar« faites des modèles vivants, et les traits mal assurés que présente « une mémoire infidèle ou une imagination exaltée, il est des guides « infaillibles, ce sont les chefs-d'œuvre de l'antiquité. Qu'est« ce-que l'antique? La nature représentée dans son état de « perfection. Que la nature vivante vous offre ses attitudes « variées, ses articulations, son coloris; l'antique, lorsque cet « embellissement est nécessaire, ses contours nobles et élégants ! « C'est la nature qu'il s'agit d'imiter; mais l'antique doit vous « enseigner à l'apprécier; l'antique doit suppléer à ses négli« gences. »

Voilà, en effet, le sage principe qui, sur les traces des Grecs, conduit en ce moment nos grands maîtres vers le but que ces

[1] Haut. 9 p. 5 p.; 3m,004. Larg. 6 p. 3 p.; 2m,029.

hommes immortels avaient eu la gloire d'atteindre. Tout le monde sait cependant qu'à une époque célèbre de l'histoire des arts, la question que nous venons de présenter s'étant élevée parmi les peintres de Rome, l'Ecole se trouva divisée en deux sectes, livrées l'une et l'autre à l'erreur. Les artistes qui se glorifiaient d'enfanter leurs modèles dans leur imagination ne suivaient qu'une routine aveugle, également éloignée de l'antique, dont ils appréciaient mal les chefs-d'œuvre, et de la nature qu'ils négligeaient. Le chevalier d'Arpin était leur chef. A la tête de la secte opposée, se plaça le Caravage, homme naturellement atrabilaire ; exagéré dans ses principes, par la raison peut-être que ses antagonistes étaient exagérés dans leurs opinions ; qui s'enorgueillissait de rendre avec une vérité frappante les traits les plus mâles dont la nature seule lui offrait des modèles, et de faire sortir de la toile, parmi des ombres très-obscures, et sous des lumières resserrées, les figures vivantes que créait son pinceau.

Les ouvrages de Joseph d'Arpin, et de quelques autres peintres du même temps, nous donneront l'occasion de remarquer les effets de l'erreur où tomba la secte des maîtres, que nous pouvons appeler *les maniéristes*. Le tableau représentant le *Christ porté au tombeau* est un des plus admirables qu'ait produits la secte opposée. Le talent du Caravage s'y montre dans toute son énergie.

Un seul groupe, vu dans une caverne, forme le tableau. Ce groupe, composé de six figures, de Jésus mort, de Nicodème et de saint Jean qui le soulèvent, et des trois Marie gémissantes, est élevé et comme suspendu sur la pierre qui doit couvrir le sépulcre. Une lumière ferme éclaire, dans la face antérieure, cette scène lugubre ; de grandes ombres remplissent l'intérieur de la caverne ; un faible rayon pénètre seulement dans le fond entre les rochers. Le renversement du corps inanimé qui va être déposé dans le monument, la douleur du disciple bien-aimé, l'action pénible de Nicodème, le morne abattement de la Vierge, les pleurs de Madeleine, les gémissements de Salomé, qui, en levant les mains vers Dieu, semble se plaindre de l'abandon où il a laissé son fils ; l'expression enfin, la vie de chaque figure, toutes ces beautés frappent, saisissent le spectateur, autant que la hardiesse de la composition et que la vigueur du coloris. Les formes mêmes du Christ offrent des beautés dignes d'attention ; la poitrine est vaste ; la tête n'est pas dépourvue de dignité. Combien ce bras, qui, en tombant, enrichit le devant du tableau, dut avoir, vivant, de force et de grâce ! Les couleurs bleues, grises et verdâtres des vêtements des femmes, raffermissent les tons chauds des figures les plus avancées. Sur les teintes pâles du corps mort, sur l'ample draperie blanche, prête à l'envelopper, frappent les reflets du manteau rouge, de la tunique verte de saint Jean, et des habillements roussâtres de Nicodème. Au-dessus de la tête décolorée du Christ, respire celle de saint Jean ; auprès de sa main inanimée, posée sur ses flancs, l'œil remarque celle du disciple, qui presse la plaie faite dans le sacré côté ; auprès des genoux et des pieds de Jésus, sont les mains, les genoux et les pieds de Nicodème : contraste sinistre, et que l'énergie du coloris rend plus sensible, entre les diverses parties d'un corps sans vie, et les mêmes parties de corps animés ! Le dessin n'offre pas, dans toutes les figures, un choix bien pur ; mais, si l'on considère l'expression et l'effet général, il est peu de tableaux égaux ou supérieurs à celui-ci ; et si on le met en parallèle avec les peintures de la secte opposée au Caravage, il est facile de reconnaître combien l'erreur, dont ce grand maître n'avait su se préserver, était préférable au système trop longtemps en faveur qu'il avait entrepris de détruire [1].

LE GUIDE. 1575-1642.

ÉCOLE BOLONAISE.

DAVID TENANT LA TÊTE DE GOLIATH.

(N° 320. Voy. le *Catal. des Écoles d'Italie et d'Espagne*, p. 185.)

Un pinceau facile, délicat, brillant et nourri ; des formes nobles, sveltes, qui se font pardonner par leur élégance quelques

[1] Ce tableau fut peint à Rome, vers l'an 1600. Il a été cédé à la France par le traité de *Tolentino*.

incorrections ; des têtes de femmes, pleines de grâces et de candeur, vraiment virginales ; des lumières larges, *ouvertes* ; des couleurs tendres, fraîches, suaves ; des demi-teintes fines et transparentes ; un ensemble riant et harmonieux ; toutes ces beautés, que l'on voit réunies dans le plus grand nombre des ouvrages du Guide, ne cesseront point d'inspirer une juste admiration pour ce grand maître. Mais nous ne saurions nous dissimuler que cet illustre disciple des Carrache, regardé longtemps parmi nous comme le meilleur modèle qu'un artiste dût se proposer, comme le peintre le plus accompli dans l'ensemble de l'art, comme le digne émule de Raphaël lui-même, a des défauts qui le laissent bien loin de ce divin Raphaël, jusqu'à présent inimitable. « Ses figures, dit Reynolds, manquent souvent de l'expression qui leur conviendrait [1]. » « Il manque souvent aussi, dit M. Lévesque, de caractère et de fermeté [2]. » « Il tombe dans le fade, dit Coypel [3]. » « Il penche du côté du froid, dit Richardson [4]. » Lanzi lui fait un reproche, également grave et non moins mérité : « Il pèche quelquefois, dit-il, contre la perspective ; il fait des fautes dans l'invention ; il n'est pas toujours correct [5]. » Nous pourrions ajouter que ses pensées n'ont pas constamment assez de justesse.

Le tableau représentant *David qui tient la tête de Goliath* n'est pas exempt de quelques-uns de ces défauts, quoique le Guide l'ait composé dans son meilleur temps.

Le plus robuste et le plus beau des Béthléemistes, le jeune berger David, a vengé l'opprobre d'Israël. Après avoir dit à Saül : *Les lions et les ours qui se sont élancés sur mes troupeaux, je les ai terrassés ; j'ai arraché mes brebis de leurs dents acharnées ; notre Dieu, qui m'a protégé, ne me livrera point au Philistin qui maudit son nom ;* après avoir dit ces paroles, laissant le casque et la cuirasse dont le roi l'avait armé, ne portant que sa fronde, il est accouru dans la vallée de Térébinthe. Le géant a mordu la poussière, et les Philistins, épouvantés, ont pris la

---

[1] Reynolds, *Disc. sur la Peint.*, t. I, p. 157.
[2] *Diction. des Arts*, t. IV, p. 299.
[3] Coypel, *Disc. sur la Peint.*, p. 19.
[4] Richardson, *Traité de la Peint.*, t. III, p. 264.
[5] Lanzi, *Stor. pitt.*, t. II, part. 2, p. 107.

fuite. Chargé de la tête et du sabre du guerrier vaincu, le jeune héros est retourné triomphant dans Jérusalem : les femmes d'Israël, sortant en foule de leurs habitations, dansant devant lui au son des sistres et des timbales, chantaient : *Saül a frappé mille ennemis, et David en a frappé dix mille.* Il s'est présenté devant le roi, tenant en main la tête de Goliath ; et il est revenu enfin dans la maison de son père, déposer le sabre, qui devait y demeurer comme un monument de sa victoire [1].

Parmi les beaux sujets que ce trait de l'Écriture a offerts aux peintres, il est difficile de reconnaître celui que Le Guide a choisi Si David marche vers Jérusalem, pourquoi est-il seul ? Pourquoi dans l'intérieur d'un édifice, appuyé sur le fût d'une colonne, les jambes croisées, dans une attitude qui indique un profond repos ? S'il est revenu dans l'habitation de son père, pourquoi, le moment du triomphe étant passé, tient-il encore entre ses mains la tête sanglante de Goliath ? Croirons-nous, comme un de nos écrivains, qu'il médite sur la puissance du Dieu d'Israël [2] ? Il eût fallu, du moins, que ce sentiment fût exprimé avec plus de noblesse et plus d'énergie. L'artiste semble avoir voulu peindre une figure académique plutôt qu'un sujet d'histoire.

Les contours des cuisses et des jambes ont de l'élégance ; les bras sont moins beaux ; la tête manque de noblesse et d'expression : elle n'annonce ni un héros ni un prophète ; la toque et la plume, dont elle est ornée, pèchent également contre le goût et contre les lois du costume. Le coloris rappelle le temps où le Guide voulait imiter la manière du Caravage ; mais jamais il ne se l'appropria parfaitement : le fond est noir, le ton des chairs, pâle et bleuâtre. Le faire est soigné, savant et digne du Guide.

Ce tableau fut fait à Bologne, sur la demande de M. de Créqui, et vraisemblablement pour le roi Louis XIII [3]. Il peut être compté, quant à l'exécution, parmi les beaux ouvrages de son auteur [4]. Admirons le Guide, mais ne le plaçons point dans un rang supérieur à celui qui lui appartient.

---

[1] *Arma verò ejus posuit in tabernaculo suo* (*Reg.*, lib. I, cap. xvii).
[2] Lépicié, *Descript. des tabl. du roi*, t. II, p. 215.
[3] Malv., *Fels. pitt.*, t. II, p. 41.
[4] Le Marini a célébré ce tableau dans des vers qui commencent ainsi :

LE MASSACRE DES INNOCENTS.

(Ce tableau ne fait plus partie du Musée impérial du Louvre.)

En butte, ainsi que la plupart des habiles artistes de son temps, aux traits de l'envie et de la calomnie; justement affligé de la mort d'Annibal Carrache, son maître, que le chagrin venait de conduire au tombeau, le Guide, en l'an **1610**, à l'âge de trente-cinq ans, à l'époque où son pinceau montrait le plus de vigueur, avait pris la résolution de quitter Rome, et d'abandonner pour jamais la peinture. Déjà il était revenu à Bologne, lieu de sa naissance, et il s'était fait marchand de tableaux. Heureusement, une détermination, inspirée par des mécontentements passagers, s'évanouit dans des moments plus calmes. Les reproches de ses amis l'ayant rendu à son art, et lui ayant inspiré une nouvelle émulation, il voulut prouver, dit Malvasia, par un tableau d'un caractère mâle et original, qu'il était capable d'exceller dans de grandes compositions et dans des sujets tragiques, et il peignit, pour cela, le *Massacre des Innocents*[1]. Ce tableau, en effet, obtint promptement une grande célébrité; il devint un des modèles que les jeunes artistes contemporains et successeurs du Guide copièrent le plus fréquemment pour former leur goût, et parut devoir consolider à jamais la réputation de son auteur.

Le temps a diminué l'admiration qu'il avait d'abord inspirée. Un grand nombre d'écrivains ont persisté à le regarder comme un chef-d'œuvre d'expression et d'énergie. Reynolds a dit, au contraire : « Le Guide, faute d'avoir su faire un choix de sujets « conformes à ses idées et à ses facultés, a fort mal réussi dans

---

Ecco l'Alcide hebreo, etc. (*Galeria hist.*, n° 4). Ce poëte fit imprimer sa *Galeria* en 1620. Le Guide était revenu de Rome à Bologne vers l'an 1616. On peut croire, d'après cela, que ce tableau fut fait entre ces deux époques. Il en existe plus de quarante copies. On en voit une dans l'hôtel du ministre des finances.

[1] Malvas., *Fels. pitt.*, t. II, p. 21, 22, 23. Ce tableau fut peint pour le comte Bero, un des plus zélés protecteurs du Guide, et placé à Bologne, dans une chapelle de l'église de Saint-Dominique, où il est demeuré jusqu'aux victoires des Français. Il a été gravé à l'eau-forte par J.-A. Stefanoni et par J.-B. Bolognino. Marini l'a célébré dans des vers, qu'on peut voir dans sa *Galeria hist.*, n° 17.

« l'art d'exprimer les passions... Son *Andromède*, et même ses « mères des *Innocents*, n'offrent guère plus d'expression que sa « *Vénus ornée par les Grâces*[1]. » M. Lévesque a dit avec plus de réserve, mais en des termes également clairs : « Si, dans cet ou- « vrage, le Guide ménagea trop l'expression, dans la crainte « d'altérer la beauté, on lui pardonna un défaut, produit par une « si belle cause; les amateurs de la beauté l'applaudirent[2]. » Dans cette occasion, comme dans toutes les autres, obligé de manifester notre opinion, nous l'énoncerons avec franchise, et sans prétendre exercer aucune influence sur le jugement que doit porter chacun de nos lecteurs. Ce tableau nous paraît renfermer des beautés du premier ordre. Les enfants sont pleins de grâce. Comment ne pas admirer leurs mouvements naïfs, leurs formes nobles et délicates? Les deux anges, notamment, nous semblent dignes du Corrège. La jeune femme qu'on voit à droite, enveloppant son enfant dans son manteau et l'emportant avec précipitation, présente dans son attitude des contrastes heureux. *Le faire* surtout est admirable; l'ouvrage est véritablement un chef-d'œuvre sous ce rapport. Des défauts essentiels affaiblissent l'impression que devraient produire tant de beautés réunies. Tombée à genoux auprès de son fils expiré, levant les yeux vers le ciel, contemplant les anges qui apportent des palmes aux victimes, une mère fait au Créateur l'offrande de ce qu'elle possédait de plus cher. Cette pensée est belle sans doute en elle-même, et on pourrait, tout au plus, douter qu'elle convienne au sujet ; mais la figure exprime-t-elle les sentiments douloureux qui devraient accompagner un si grand sacrifice, et en accroître le mérite[3]? Toutes les femmes, dont les enfants vont être massacrés,

---

[1] Reynolds, *Disc. sur la Peint.*, disc. V, t. I, p. 157.
[2] M. Lévesque, *Dict. des Arts*, t. IV, p. 296, art. *Guide*.
[3] L'Église ayant placé les Innocents au rang des martyrs, il était permis au Guide et aux autres maîtres qui ont traité ce sujet, de peindre dans les nuages des anges qui tiennent des palmes; mais auraient-ils dû représenter les malheureuses femmes de Bethléem, prêtes à se consoler en considérant les récompenses destinées à leurs enfants? La fête du Ciel n'était-elle pas pour elles un mystère impénétrable, et pouvaient-elles regarder le carnage ordonné par Hérode comme utile à la religion chrétienne, puisqu'elles ne connaissaient point encore cette religion? Peut-être défendrait-on le Guide avec succès contre cette objection :

paraissent frappées de terreur; elles s'agitent, elles crient; n'aurait-il pas fallu peindre encore sur leurs visages, avec des caractères variés, les larmes, les souffrances, le désespoir de l'amour maternel? La composition est aussi trop symétrique; les draperies de la figure qui est à genoux sont molles et pesantes. Quoique le coloris rappelle l'époque où le Guide tentait de s'approprier la manière du Caravage, l'ensemble manque d'effet; le ton général est vineux; les lumières sont étroites et trop disséminées.

Quand on se rappelle les sublimes compositions où Raphaël et le Poussin ont représenté ce sujet, on devient sévère malgré soi envers tous les autres. Quelles que puissent être, au surplus, les imperfections de ce beau tableau, il sera toujours compté parmi les bons ouvrages d'un des plus grands maîtres de l'école d'Italie. Il ne faut point oublier, pour rendre une pleine justice au Guide, que le *Massacre des Innocents* est un des sujets les plus difficiles qu'un peintre puisse traiter.

LE DESSIN ET LA COULEUR.

(N° 334. Voy. le *Catal. des Ecoles d'Italie et d'Espagne*, p. 190.)

Pour qu'un ouvrage de peinture ne laisse rien à désirer, il faut que *le dessin* et le coloris, ou *la couleur*, y soient portés à un égal degré de perfection [1]. Sans un coloris varié, harmonieux et vrai, le tableau n'imite point les tons brillants, le feu qui anime la nature; sans un dessin correct, élégant et noble, il n'en fait admirer ni la grâce, ni la grandeur; c'est l'union de ces deux parties de l'art qui produit l'apparence de la vie et qui fait

---

mais on ne saurait le justifier, quant à la froideur avec laquelle il a rendu une image en elle-même très-pathétique.

[1] Les mots italiens *colore* et *colorito* sont masculins; mais les Italiens emploient souvent le mot *pittura* pour désigner le coloris. C'est cette dénomination que le Guide a dû donner ici à l'art de la couleur: lorsqu'il l'a représentée sous l'emblème d'une femme, il a dû dire *Il Designo e la Pittura*.

naître l'illusion. Cette union doit, par conséquent, être intime et constante. Tel est évidemment le principe que le Guide a voulu rappeler ; mais la composition de son tableau annonce que sa pensée s'est portée plus loin.

Le choix et la distribution des teintes principales, placées par grandes masses dans un tableau, en tant qu'elles contribuent à faire avancer ou reculer les corps, et à établir l'harmonie de l'ensemble, appartiennent exclusivement à l'art du coloris. L'éclat et le velouté des parties nues, la richesse et la transparence des draperies lui appartiennent encore. Mais les formes étant le domaine de l'art du dessin, aussitôt que le pinceau veut fixer des contours, marquer des creux ou des saillies, imiter le jeu des muscles, les méplats des chairs, les courbes concentriques d'un raccourci, c'est la connaissance des formes ou plutôt l'art du dessin qui doit le guider. La justesse des mouvements, la vérité de l'expression, la noblesse ou la naïveté du style, quelque beauté que le coloris y ajoute, sont réellement un produit de l'art du dessin. On peut dire la même chose, en général, de tout ce qui constitue le clair-obscur de chaque figure, de chaque objet, puisque ce sont toujours les formes des corps, qui, en modifiant les effets de la lumière, produisent les différentes demi-teintes, et que la diversité des tons employés par le peintre a particulièrement pour but de faire ressortir les formes. Le dessin enfin est la base, le soutien de la peinture ; ce n'est qu'en suivant les traits qu'il a formés que la couleur achève le miracle de l'imitation. Si donc un peintre veut représenter l'union de ces deux parties de l'art, sous l'emblème de deux génies liés par une affection réciproque, il ne devra point supposer entre eux une parfaite égalité. Il faudra, au contraire, que *le génie du Dessin* paraisse conseiller, instruire *la Couleur* ; il devra être représenté comme son ami, mais en même temps comme son guide, son tuteur, son maître. Ecolière attentive, ou, si l'on veut, épouse dévouée, *la Couleur* devra, par son geste, par ses regards, paraître lui jurer un attachement et un respect sincères, une éternelle fidélité ; elle semblera même lui dire qu'elle s'égarerait sans lui ; qu'instruite par ses leçons, c'est à le seconder qu'elle veut employer tous ses talents ; qu'elle se consacre à lui tout entière.

Voilà sans doute la pensée que le Guide a cherché à rendre sensible, lorsqu'il a représenté *le Dessin* posant une main sur l'épaule de sa compagne, et, de l'autre, formant sous ses yeux des traits qu'il paraît l'inviter à suivre ; et lorsqu'il a représenté *la Couleur* tournant vers son époux des regards tendres et soumis, et portant sur son propre cœur une main qui semble lui jurer une fidélité inviolable.

Si jamais un artiste dut s'élever à des formes nobles, pures, sublimes, ce fut sans doute en représentant le génie du Dessin lui-même et le génie de la Couleur. Le Guide est ici bien au-dessous de son sujet ; on voit, dans la physionomie du *Dessin*, une mâle assurance ; dans l'attitude de *la Couleur*, de la naïveté ; mais les contours manquent de grandeur et de nerf. D'autres parties de l'ouvrage offrent de grandes beautés. Le costume des deux figures est riche et assez bien entendu. Le Génie du Dessin, dont le cou et une partie de la poitrine sont nus, est revêtu d'une tunique blanche brodée en or, et d'un manteau dont la teinte est jaunâtre et dorée. *La Couleur*, sa compagne, amplement vêtue, porte une tunique rouge, un voile d'un jaune brun, et sur la tête un second voile gris de lin, qui retombe sur ses épaules. C'est auprès d'une table couverte d'une étoffe verte, que les deux époux sont réunis. Cette masse verte anime les teintes environnantes et soutient l'harmonie générale. Les chairs du Génie de la Couleur sont un peu trop violettes ; les lumières sont habilement ménagées ; l'ensemble est gai et brillant ; le *faire* est admirable [1].

---

[1] Ce tableau appartenait autrefois au roi de France. Il a été décrit par Lépicié (*Catal. des Tabl. du Roi*, t. I, p. 228). Il était d'abord carré. Pour lui donner une forme ronde, on l'a agrandi de quatorze pouces sur la hauteur, et de douze sur la largeur. Le Guide en a fait une répétition : ce second original est en Angleterre. La gravure, ouvrage de S.-F. Ravenet, sert de frontispice au premier volume de la collection de Boydel.

SPADA. 1576-1622.

ÉCOLE BOLONAISE.

L'ENFANT PRODIGUE.

(N° 407. Voy. le *Catal. des Ecoles d'Italie et d'Espagne*, p. 234.)

Louis Carrache écrivit de Bologne, le 19 juillet 1617, à Ferrant Carlo, homme de lettres distingué : « Nous allons avoir ici une « réunion des plus grands peintres : Domenico, dit Zampieri, dont « la réputation vous est connue, est arrivé; Antonio Carracci « sera des nôtres dans quelques jours; Guido est appelé par le « duc de Mantoue ; Lionello Spada, Francesco da Cento et le sei- « gneur Albano sont auprès de nous. Ces artistes sont aujourd'hui « les premiers peintres de l'Italie [1]. » Ce jugement d'un grand maître, en faveur de Lionello Spada, était sans doute bien désin- téressé; car le Spada, d'abord élève des Carrache, avait déserté leur École pour s'attacher au Caravage, un de leurs antagonistes les plus passionnés; il avait même partagé, pendant plusieurs années, les diverses fortunes de cet homme turbulent, et son ar- rivée auprès du patriarche de l'École de Bologne ne ressemblait pas mal au retour de l'Enfant prodigue.

Né dans la dernière classe du peuple, obligé, durant sa jeunesse, de se soumettre à des travaux serviles pour pouvoir dessiner ou peindre quelques heures chaque jour, Spada dut son avancement à d'heureuses dispositions naturelles et au besoin de sortir du rang où le sort l'avait jeté. Son esprit enjoué, vif, pénétrant, mais satirique ; son humeur hautaine, inconstante et bizarre, lui fi- rent quelques partisans et beaucoup d'ennemis. Les Carrache l'employèrent à broyer des couleurs, et le placèrent ensuite parmi leurs élèves. Il les quitta pour se mettre sous la direction de César Baglioni, praticien médiocre et expéditif, qui l'employait

---

[1] *Lett. pitt.*, t. I, p. 209.

à peindre des paysages et des décorations d'architecture, dans des escaliers. Le Guide lui ayant dit qu'il ne serait jamais propre à d'autre métier, ce mot ranima son émulation; il obtint d'un amateur riche le moyen d'aller à Rome, se livra aux conseils du Caravage, auquel il servait de modèle, le suivit à Malte, se retira avec peine des affaires périlleuses où il se trouva compromis, revint en Italie, se fit un style original, en profitant des exemples et des leçons de ses émules et de ses différents maîtres, et acquit enfin une très-grande réputation, qui servit peu à son bonheur. Il fut employé principalement par Ranuccio Farnèse, duc de Parme, et mourut à Bologne, en 1622, âgé de quarante-six ans.

Cet artiste a peint, comme les Carrache, des sujets élevés; il n'a pas égalé ces grands peintres, dans le choix des formes; ses têtes sont pleines de sentiment; son dessin, ordinairement correct, n'est pas toujours assez noble; c'est à cause de son coloris qu'il doit être placé parmi les plus habiles peintres de l'Ecole de Bologne. Son pinceau est ferme, vrai, nourri, moelleux; *il pétrit de la chair*, dit avec raison Malvasia [1]. Il donne aux ombres plus de transparence que son dernier maître. On reconnaît dans son *faire* l'École des Carrache; on sent qu'il a étudié le Dominiquin; on y retrouve aussi le Caravage: mais, au milieu de ces traits habilement réunis, on voit une chaleur, une âme, que cet homme singulier ne devait qu'à la nature.

Le tableau représentant le retour de *l'Enfant prodigue* est un de ses plus beaux ouvrages. L'action et le visage du fils sont admirables: *Mon père, j'ai péché contre le Ciel et vous!* On croit entendre ces paroles touchantes. Le coloris de cette figure est chaud, vrai, plein de vigueur; les bras, vus en raccourci, sont dessinés et peints avec une vérité parfaite; le linge est léger, souple, d'un ton brillant et harmonieux. L'action du père est noble: il couvre avec empressement de ses mains et de son manteau de pourpre la nudité de son fils soumis; l'épaule et le coude de cette figure ne sont peut-être pas indiqués avec assez de précision: les mains sont de la plus grande beauté; elles sont plus

---

[1] Malvasia, *Fels. pitt.*, t. II, p. 112.

belles que celles du fils : la tête offre un grand caractère ; l'œil, presque fermé, exprime bien l'attendrissement d'un vieillard. On voit sur le visage du père la compassion et l'amour ; sur celui du fils, le repentir, l'espoir, et déjà la reconnaissance.

Spada était peu connu en France dans le siècle dernier. Nos écrivains n'en ont pas parlé. Il n'existait aucun de ses tableaux, ni dans la collection du Roi, ni dans celle du duc d'Orléans. Celui-ci vient de Modène.

Nous parlerons, dans une autre occasion, des diverses connaissances que Spada sut acquérir. Cet artiste offre un exemple remarquable de ce que peuvent l'émulation et l'étude.

L'ALBANE. 1578-1660.

ÉCOLE BOLONAISE.

LA NAISSANCE DE LA VIERGE [1].

(Ce tableau ne fait plus partie du Musée impérial du Louvre.)

L'Albane eut souvent à gémir des critiques outrées, et même des calomnies que répandaient contre lui ses rivaux et leurs partisans. Ses censeurs les plus modérés lui reprochaient de se montrer moins habile dans les grandes compositions que dans les petits tableaux [2]; de manquer de nerf et de vérité dans les figures d'hommes, de donner à toutes ses figures d'enfant, qu'il multipliait quelquefois sans nécessité, les mêmes formes, le même visage, la même couleur [3]. Ses ennemis ajoutaient qu'il manquait d'abondance et de variété dans l'invention ; qu'il revenait jusqu'à satiété sur les mêmes sujets et sur les mêmes idées : ils allaient encore plus loin ; ils attaquaient méchamment ses mœurs qui furent

---

[1] Haut. 10 p. 2 p.; 3m,301. Larg. 5 p. 6 p.; 1m786.
[2] Scanelli, *Il Microcosmo della Pitt.*, lib. I, cap. XII, p. 85, et lib. II, cap. XXX, p. 366.
[3] Malvasia, *Fels. pitt.*, t. II, p. 262. 263. — Passeri, *Vite de' pitt., scult. ed archit.*, p. 287 et seq.

toujours pures, et sa probité qui fut toujours intacte [1]. Par un de ces retours dont l'histoire des arts, comme celle des lettres, offre de fréquents exemples, ce même artiste a été loué sans mesure dans le siècle dernier. De même que, pendant sa vie, ses détracteurs se dissimulaient son mérite, de même les littérateurs, les poëtes, devenus, après sa mort, ses panégyristes, ont fermé les yeux sur ses défauts. Ils ont célébré l'Albane comme le rival d'Horace, de Catulle, d'Anacréon, comme le peintre favori des Grâces et des Amours ; c'est aux *pinceaux de l'Albane* qu'ils ont accordé le droit, pour ainsi dire exclusif, de peindre ce que la nature produit de plus frais, de plus riant, de plus voluptueux. Une seconde révolution s'est opérée : notre École sévère, en donnant aujourd'hui de justes éloges aux ouvrages de cet artiste ingénieux, ne peut en méconnaître les imperfections.

Nourri de la lecture de Virgile et du Tasse [2], l'Albane présente fréquemment des images poétiques et intéressantes ; la plupart de ses compositions plaisent autant par leur simplicité que par l'esprit qu'il sait y répandre : elles ne renferment rien d'inutile, rien d'exagéré ; si l'expression paraît faible, du moins elle est juste, et c'est là tout ce qu'exigeaient les sujets qu'il a traités de préférence. Ses figures de femmes ont de la grâce, et l'on y voit rarement de la manière. Ses enfants n'offrent pas la beauté divine de ceux de Raphaël et du Dominiquin, cependant ils sont pleins de charme ; l'action qu'il leur donne est vive et naturelle. Ce maître est souvent incorrect dans le dessin : en voulant arrondir les contours, quelquefois il manque de fermeté ; ce sont là les plus grands de ses défauts. Il se fait moins admirer dans ses grands ouvrages que dans ses petits tableaux, dans les formes des hommes que dans celles des enfants, dans les figures grandes comme nature que dans les petites. Son pinceau enfin est moelleux et délicat ; mais son coloris a peu de vigueur. D'habiles connaisseurs lui ont reproché de trop disséminer les lumières, de ne point s'attacher assez à produire, par la distribution et l'agencement des groupes, de beaux effets de clair-obscur [3].

[1] Malvasia, *Fels. pitt.*, p. 263, 264, 265.
[2] Malvasia, *Fels. pitt.*, p. 234.
[3] Lépicié, *Catal. des Tabl. du Roi*, t. II, p. 239 et suiv. — M. Levesque, *Dict. des Arts*, t. IV, p. 309.

Le tableau de la *Naissance de la Vierge* est un ouvrage de sa jeunesse [1]. La Vierge, promise par le Ciel, et destinée à mettre au jour le Christ, ne devait pas naître dans un lieu reculé de la maison de Joachim : c'est apparemment cette idée qui a déterminé l'Albane, ainsi que beaucoup d'autres artistes, à placer la scène dans un grand et riche vestibule [2]. Le lit de la mère est au haut de l'escalier; l'enfant et les femmes qui l'environnent sont dans le plan inférieur; un chœur d'anges remplit le fond du tableau. Les anges, et la femme à genoux qui caresse l'enfant, se font admirer par l'élégance de la pose, et plus encore par la finesse de l'expression; la jeune fille qui descend l'escalier est un chef-d'œuvre de noblesse, de grâce et même de sentiment. l'Albane, ayant aperçu les défauts de cette composition, les corrigea tous dans un dessin, gravé par Pietro-Santo Bartoli. L'ensemble de cette seconde composition est plus simple et plus grand; le groupe des anges n'offre plus une disposition symétrique; les cariatides ne se confondent plus avec les figures. Les hommes de goût, les hommes instruits peuvent reconnaître leurs erreurs : il n'appartient qu'aux hommes du premier rang de les avouer publiquement et de les corriger.

LES QUATRE ÉLÉMENTS.

(Ce tableau ne fait plus partie du Musée impérial du Louvre.)

L'Albane a traité ce sujet plusieurs fois. La réputation qu'obtinrent les tableaux représentant les *Quatre Eléments*, qu'il avait peints d'abord pour le prince Borghèse, lui en fit demander de semblables, presque en même temps, par le duc de Mantoue, par le cardinal de Savoie, et par un seigneur français, nommé le comte

---

[1] Il l'exécuta, à Bologne, pour l'église de Santa-Maria-del-Piombo, avant d'avoir vu Rome, à l'âge de vingt-six ou vingt-sept ans (Malvas., *Fels. pitt.*, t. II, p. 225. — Passeri, *Vite de' pitt.*, p. 278.).

[2] Bonazone, Francesco Brizio, Baccio Bandinelli, le Guide, en peignant ce même sujet, ont établi de la même manière le lieu de la scène. Pietro de Cortone l'a placée dans un portique qui communique avec un jardin. — On peut se rappeler, à ce sujet, que Jésus-Christ ne naquit pas dans une maison.

de Carouge¹. Mais la nécessité de répéter le même sujet lui donnant l'occasion de déployer la richesse de ses idées, il sut chaque fois varier et embellir sa composition. Les tableaux du cardinal de Savoie, qui ont décoré longtemps le palais du roi de Sardaigne, et qui sont conservés aujourd'hui dans le musée Napoléon, ont toujours été estimés plus que tous les autres, et ont été placés constamment parmi les meilleurs ouvrages de cet habile maître.

L'Albane en a fait lui-même une description, dans une lettre adressée au cardinal de Savoie. Cette lettre étant peu connue, nous croyons devoir la publier ici tout entière, en la traduisant fidèlement².

« Sérénissime prince, Votre Altesse Sérénissime m'a fait dire
« par M. le comte d'Aglié, ambassadeur de S. A. R. Mgr le duc
« de Savoie, votre frère, auprès de Sa Sainteté le pape Urbain VIII,
« qu'elle désire que je lui donne une explication de mes quatre
« tableaux représentant *les Eléments*. Les moindres désirs de
« Votre Altesse sont pour moi des ordres absolus. Je vais, Monseigneur, vous exposer mes pensées.

« J'ai donné à chacun de ces quatre tableaux une forme ronde,
« parce qu'il m'a semblé que les Eléments étant placés l'un au-
« dessus de l'autre, par ordre concentrique, dans l'ensemble de
« l'univers³, cette forme était celle qui convenait le mieux au
« sujet.

« Dans le premier, où j'ai peint le Feu, Votre Altesse verra
« non-seulement le feu céleste, et proprement élémentaire, re-
« présenté par le puissant Jupiter, mais encore le feu matériel

---

¹ Malvasia, *Fels. pitt.*, t. II, p. 235 et 247. — Passeri, *Vite de' pitt.*, p. 286 et 287. — Félibien, *Entretiens sur la vie des Peintres*, t. III (in-12), p. 343.

² Cette lettre se trouve en original dans la *Felsina pittrice* de Malvasia, t. II, p. 235 et 236. Elle fut écrite de Bologne, où l'Albane peignit ces quatre tableaux, en 1625 ou 1626. — Il est assez étonnant que Bottari ne l'ait pas placée dans son recueil, où il en a fait entrer un grand nombre qui sont bien moins intéressantes.

³ Nous devons pardonner au peintre cette opinion, ainsi que quelques autres qui se trouvent dans sa description, en nous rappelant le temps où il vivait, et les principes de physique enseignés à cette époque dans toutes les écoles.

« et celui de l'Amour, dont Vulcain et la déesse de Chypre sont
« les emblèmes. Je n'ai voulu placer dans les forges de Vulcain,
« ni Brontès, ni les autres Cyclopes : j'ai mieux aimé y peindre
« trois jeunes Amours, attendu que les chairs de ces enfants
« forment une opposition plus piquante avec les tons bruns de
« celles de Vulcain. J'ai dû, en outre, me conformer, dans ce
« choix, au désir de Votre Altesse Sérénissime ; car M. l'ambas-
« sadeur m'avait dit que vous étiez bien aise que je représentasse
« un grand nombre d'Amours, perçant de leurs traits irrésisti-
« bles le marbre le plus dur, l'acier, le diamant, et les cœurs
« mêmes des Dieux.

« Dans le second tableau, j'ai représenté l'Air. La superstitieuse
« antiquité ayant adoré cet élément sous le nom de la déesse
« Junon, à laquelle elle donnait pour compagnes quatorze nym-
« phes, emblèmes des météores qui se forment dans notre at-
« mosphère, j'ai employé cette allégorie pour exprimer ma pen-
« sée, et je l'ai fait avec d'autant plus de confiance, qu'on voit
« quelquefois tous ces différents météores se succéder dans un
« seul jour. Les airs sont peuplés d'êtres ailés ; c'est l'agitation
« de cet élément qui produit les sons et le bruit : pour rendre
« ces deux idées, j'ai peint des Amours qui, en volant et en se
« jouant, poursuivent des oiseaux, tandis que d'autres font ré-
« sonner des tambours ; et comme les vents, comptés au nombre
« des météores, ne sont autre chose que des vapeurs qui s'élan-
« cent du sein de la terre, j'ai fait entrer dans ma composition
« Éole, qui, en ouvrant un antre, leur donne la liberté.

« Dans la troisième peinture, où je devais représenter l'Eau,
« j'ai voulu exprimer non-seulement le mélange des sources et
« des rivières avec les fleuves, mais encore celui des fleuves avec
« les mers. Sur la mer, j'ai peint Galathée, emblème de l'écume
« qui se forme à la surface de l'humide élément. J'ai placé autour
« d'elle des Amours, des Nymphes, des Tritons ; premièrement,
« parce que, les chairs de ces figures offrant des tons différents,
« cette variété devait rendre l'ensemble du coloris plus agréable ;
« secondement, parce que les Nymphes et les Amours, en rap-
« pelant les divers travaux auxquels la mer nous invite, tels que
« la récolte des perles et celle du corail, la pêche aux filets et à

« l'hameçon, me donnaient le moyen d'embrasser mon sujet
« dans toute son étendue.

« Dans le quatrième et dernier tableau, destiné à représenter
« la Terre, j'ai placé auprès de Cybèle, mère antique des Dieux
« et de l'Univers, les trois Saisons les plus dignes de figurer
« dans un ouvrage qui devait être soumis aux regards de Votre
« Altesse Sérénissime. Je dis les trois Saisons, car j'ai banni le
« triste Hiver, qui n'a nul rapport avec l'aménité de Votre Al-
« tesse ; je n'ai peint que les trois autres, qui nous invitent suc-
« cessivement à recueillir les trésors prodigués par la vénérable
« Cybèle. J'ai choisi Flore pour représenter le Printemps ; j'ai
« caractérisé encore cette Saison par de petits Amours qui cueil-
« lent des fleurs, et qui en couronnent une jeune fille. Cérès,
« emblème de l'Été, commande à des enfants les divers travaux
« de la moisson. Bacchus, assis également auprès de Cybèle, éle-
« vant ses regards vers d'autres Amours qui cueillent des raisins
« et des fruits, représente la riche saison de l'Automne.

« Je désire ardemment, Monseigneur, que cet ouvrage ob-
« tienne l'approbation de Votre Altesse, non-seulement pour ma
« satisfaction personnelle, mais encore pour remplir les obliga-
« tions que vos bontés m'ont imposées.

« Je baise avec respect vos vêtements sacrés...
    « De Votre Altesse Sérénissime, etc., etc.
                                    « F. Albane. »

Nous voyons, dans cette description intéressante, que l'Albane s'était proposé, non de réunir toutes les fables qui pouvaient se rapporter aux éléments, mais de choisir celles qui offrent les images les plus riantes. Pour apprécier pleinement les pensées du peintre, il faut reconnaître que, dans les temps les plus re- culés, les Grecs, encore dans l'enfance, adoraient le Ciel, la Terre, les Astres, les Eléments. Leur religion, seul objet dont nous devions en ce moment nous occuper, ne présentait à cette époque qu'un système grossier de cosmogonie et de physique. La morale, à son tour, se créa des dieux, ou bien elle sut, en s'appropriant d'anciennes fables, les faire servir, par des expli- cations nouvelles, à l'enseignement de la vertu. Des héros pri- rent ensuite place parmi les immortels. Quelques principes des arts furent aussi renfermés dans des allégories religieuses, et protégés par ce déguisement ingénieux contre les atteintes du temps. Mais, malgré les changements successifs qu'éprouva la religion, l'opinion primitive que le Ciel, la Terre et les Eléments étaient des divinités, ou que chaque partie du Monde était dirigée, animée par un génie particulier, cette opinion, voilée, enrichie de brillants accessoires, mais fidèlement conservée par Homère et par Hésiode, ne s'anéantit jamais, et nous la retrouvons, pour ainsi dire, à chaque page de leurs écrits. C'est dans cette source antique et féconde que l'Albane a puisé les principales images qui embellissent ses tableaux.

Jupiter, que les poëtes ont célébré tantôt comme le Génie d'une planète, tantôt comme le fils de Saturne, l'amant de Mnémosyne, l'époux de Thémis, l'Etre suprême qui pèse dans des balances d'or les destinées des mortels, nous représente ici, conformément à l'opinion la plus ancienne, et d'où les autres paraissent avoir été dérivées, le Feu supérieur, le Feu céleste, Zéus, l'époux de Junon, c'est-à-dire de l'Air atmosphérique [1]. L'artiste aurait pu placer dans sa composition la jeune Vesta, emblème du Feu domestique, transmis aux hommes par les dieux ; mais les idées que la présence de cette déesse aurait fait naître se seraient difficilement associées avec les images gracieuses qu'il avait le dessein de réunir. Au milieu des dieux, il a peint Vénus, non la fille de Dioné, mais la fille d'Uranus et des eaux de la mer, Vénus aphrodite, principe de la fécondité, créatrice de tous les êtres [2]. Assise dans son char, la déesse distribue des flambeaux à des Amours qui embrasent les airs, et qui apportent ces mêmes feux dans les ateliers de Lemnos, où leurs frères forgent des flèches : agréable image, qui exprime une pensée vraiment poétique ! le Ciel, les Airs, la Terre, brûlant de la même flamme, tout ce qui respire en doit ressentir l'ardeur.

Héra ou Junon, emblème de l'Air, *Héra aux bras d'albâtre* [3]

---

[1] Le nom de *Zéus*, donné à Jupiter par Homère et par Hésiode, signifie *qui fervet, qui brûle*.

[2] Hesiod., *Theog.*, vers. 188 et seq. — Lucret., lib. I.

[3] L'épithète de *Leucolène, aux bras blancs*, qu'Homère donne si souvent à *Héra*, c'est-à-dire à Junon, divinité de l'*Air*, fait évidemment allusion à l'éclat éblouissant dont brille l'atmosphère.

arrive chez Éole, environnée des divinités qui représentent les différents météores. L'Amour dirige ses paons, dont le plumage étale toutes les couleurs que produit la lumière décomposée ; une Nymphe, sur le front de laquelle brille une flamme légère, se fait remarquer à ses côtés; Iris vole au-devant d'elle ; la Rosée, la Pluie, l'Eclair et le Tonnerre, qui, d'un côté, se tiennent embrassés, et de deux mains pressent les nuages, environnent son char ; la Tempête semble prendre la fuite ; la nymphe de l'orage, la cruelle Echidna, les cheveux épars, se montre au loin, au-dessus de l'arc-en-ciel.

Le tableau représentant la Terre est encore plus riant que les trois autres. Si l'Albane ne plaça auprès de Rhéa ou de Cybèle que trois Saisons, le Printemps, l'Été, l'Automne, et s'il exclut l'Hiver, il eut sans doute un autre motif que celui de dérober cette figure allégorique aux regards du cardinal de Savoie. Il voulut ne peindre que des objets gracieux, et peut-être aussi éviter l'espèce d'anachronisme qu'aurait produit la présence de l'Hiver au milieu d'une campagne chargée de fleurs et de fruits. L'exemple de l'antiquité autorisait cette licence. Pendant longtemps les Grecs ne distinguèrent que deux Saisons [1], et pendant longtemps encore ils n'en distinguèrent que trois [2]. Nous trouvons les Saisons au nombre de trois sur plusieurs monuments antiques [3].

Cochin pensait que le dessin de ces quatre tableaux était d'une *belle correction* [4]. Notre École, plus sévère, voit, au contraire, à regret, que le dessin de quelques figures est incorrect. Les objets sont un peu disséminés. Nous pourrions aussi faire remarquer des poses trop recherchées. Le coloris, autrefois très-admiré, a

---

[1] Pausan., lib. VIII, cap. xxxi; lib. IX, cap. xxxv.—Hygin., *Fab.* 183.
[2] Hesiod., *Theog.*, vers. 901, 902. — Appollod., *Biblioth.*, lib. I, cap. iii, etc.
[3] Winckelm., *Monum. ined.*, num. 43. — M. Visconti, *Monum. Gabin.*, p. 218, tav. aggiunt, tav. c. — Phidias n'avait représenté que trois Saisons sur le trône de Jupiter à Olympie (Pausan., lib. V, cap. xi.). Les trois Saisons distinguées par les poëtes et par les artistes grecs, sont le Printemps, l'Automne et l'Hiver (Aristoph., *Av.*, vers. 710).— Raphaël n'en a peint que trois, à la Farnésine, dans les *Noces de Psyché*; mais il a exclu l'Hiver : c'est cette pensée que l'Albane a suivie.
[4] Cochin, *Voyage d'Italie*, t. 1, pag. 10.

beaucoup perdu de sa fraîcheur et de sa transparence. Mais le mérite des pensées, la richesse de la composition, la grâce des enfants, l'élégance de leurs formes, ne laissent d'autre sentiment que celui de l'admiration. Ces tableaux sont au nombre de ceux qui ont le plus justement contribué à faire obtenir à l'Albane le titre de Peintre des Amours.

SCHEDONE. 1580-1615.

ÉCOLE LOMBARDE.

LE CHRIST AU TOMBEAU.

(N° 598. Voyez le *Catal. des Ecoles d'Italie et d'Espagne*, p. 228.)

La composition de ce tableau offre une singularité remarquable, c'est que la grotte où le corps du Sauveur va être déposé est éclairée par le haut. Suivant le témoignage des évangélistes, le tombeau du Christ, destiné d'abord par Joseph d'Arimathie à sa propre sépulture, était creusé dans le roc; on y pénétrait par une ouverture latérale, dont la hauteur n'égalait pas la taille d'un homme, et que les disciples fermèrent en y roulant une très-grande pierre. L'intéressant voyageur, qui vient de nous dépeindre avec tant de charme les beautés de la Grèce et de la Palestine, confirme, sur ce point, les descriptions des écrivains qui l'avaient précédé. « Le tombeau que l'on révère encore comme celui de Jésus-Christ est, dit-il, en empruntant les expressions d'un voyageur moins récent, pratiqué dans une roche vive; la porte regarde l'Orient, et n'a que quatre pieds de haut; quarante lampes brûlent continuellement dans ce saint-lieu [1]. »

Depuis que les peintres se sont affranchis de la servitude où les autorités ecclésiastiques les avaient longtemps retenus, ils se

[1] M. de Chateaubriand, *Itinéraire de Paris à Jérusalem*, t. II. p. 223. 224.

sont permis, dans la représentation de la vie de Jésus-Christ, quelques licences, qui, sans nuire à la religion, ont souvent contribué à la beauté de leurs ouvrages et aux progrès de l'art. Dans le sujet placé sous nos yeux, par exemple, ils ont rendu la scène plus touchante en réunissant à Nicodème et à Joseph d'Arimathie, qui ensevelirent le Sauveur, le disciple bien-aimé dont les Évangélistes ne font point mention dans cette circonstance, et les trois Marie, qui, au rapport de saint Marc, suivirent de loin, pour voir où l'on déposerait le corps de leur maître ; dans le crucifiement, pour donner au Christ une attitude plus noble, ils ont imaginé, au treizième siècle, de le peindre les pieds l'un sur l'autre, et attaché par trois clous seulement ; tandis qu'auparavant, pour se conformer davantage aux traditions, ils le représentaient les jambes parallèles, percé de quatre clous [1], et dénué, par un effet de cette pose, de grâce et de dignité.

L'invention de Schedone ne saurait être comptée parmi ces pensées ingénieuses et utiles. Il est trop évident que l'artiste a sacrifié l'histoire et la vraisemblance à un bel effet de clair-obscur. Nous pourrions lui reprocher encore le défaut de noblesse et la sécheresse des formes de quelques-unes des figures. Mais combien de beautés rachètent ces imperfections ! Peut-on trop admirer la large distribution et la fermeté de la lumière, la chaleur, la transparence, l'harmonie du coloris, le moelleux du pinceau, et même la vivacité des expressions? Joseph d'Arimathie, saint Jean et Magdeleine vont étendre le corps du Sauveur sur la pierre où déjà il est assis. La gravité religieuse de l'action indique la vénération des disciples pour l'homme-Dieu. Sur toutes les têtes est empreinte une douleur profonde. Le rayon qui s'introduit au sein de la caverne éclate dans le premier plan sur les chairs livides et bleuâtres du Christ, sur la tunique violette et sur le manteau rouge de saint Jean, sur les vêtements jaunes de Joseph d'Arimathie ; plus loin, des reflets mystérieux, de grandes masses de demi-teintes laissent distinguer d'un côté Nicodème, de l'au-

[1] Corn. Curti, *De clav. Domin.*, cap. III et IV, p. 25 et seq. — Buonarroti, *Osserv. sopra alcuni framm. di vetro*, p. 263, 264. — Laurent à Turre, *De duob. psalt. Forojulli*, apud Gori, *Symbol. litt.*, 1752, t. IX, p. 213, 214.

tre la Vierge et Salomé ; des ombres bien dégradées règnent tout autour dans les cavités de la tombe. Ainsi, l'artiste, en faisant ressortir, sous une lumière vive, les personnages qui prennent une part directe à l'action, a conformé cependant le ton général de son tableau à la tristesse du sujet. Toutes les teintes sont en en harmonie avec celles du corps meurtri de Jésus. Jamais la peinture ne créa des effets mieux appropriés à cette scène lugubre.

Quelques écrivains paraissent croire que Bartolommeo Schedone, né à Modène vers la fin du seizième siècle, fut élève des Carrache. Ce qui est certain, c'est qu'il s'appliqua d'une manière particulière à étudier le Corrège. Nous osons le dire, il n'est jamais plus digne d'éloges que lorsque, s'écartant de son modèle, il devient vraiment original ; son coloris est encore alors plus vigoureux et plus fin que dans les ouvrages où il semble avoir craint de s'abandonner à son propre sentiment. C'est ce caractère d'originalité qui fait placer le tableau représentant le *Christ au tombeau* au rang des chefs-d'œuvre de l'école d'Italie [1].

Ce tableau fut peint pour l'église des Capucins de *Fonte-Vivo*, couvent peu éloigné de Parme. Il a été déposé au musée Napoléon comme un des trophées de nos victoires [2].

[1] La passion du jeu empoisonna la vie du malheureux Schedone. Il mourut jeune, au mois de janvier de l'an 1616, de chagrin, dit-on, d'avoir perdu, dans une nuit, 800 écus (Tiraboschi, *Notiz. de' pitt. di Modena*, p. 518). Ni Vedriani, ni Tiraboschi, ni l'abbé Lanzi, n'indiquent l'époque où il était né. D'Argenville assure qu'il naquit en 1560, mais il ne cite point son autorité, et il est ordinairement si peu exact, qu'il ne mérite par lui-même aucune créance.

[2] Tiraboschi dit que le chevalier Rotti l'a décrit dans sa *Vita de Correggio* (loc. cit.). Il m'a été impossible de me procurer ce dernier ouvrage.

… ÉCOLES D'ITALIE.

LE DOMINIQUIN. 1581-1641.

ÉCOLE BOLONAISE.

SAINTE CÉCILE.

(N° 494. Voy. le *Catal. des Ecoles d'Italie et d'Espagne*, p. 283.)

Nous avons dit, en parlant de la *Sainte Cécile* de Raphaël, qu'il n'est dans la vie de cette jeune Romaine qu'un seul moment où il s'agisse de musique : c'est celui de son mariage. Tandis que ses compagnes, qui étaient idolâtres, chantaient l'hymne de l'Hyménée, seule devant Dieu, cette fille innocente priait les anges, les saints et les saintes, de descendre du ciel pour la défendre contre les transports de son jeune époux. Mais sainte Cécile étant devenue la patronne des confréries de musiciens, il a dû être permis aux artistes de laisser à l'écart le trait historique, de ne voir dans cette sainte qu'une belle vierge chantant les louanges du Seigneur, et mêlant à sa voix de touchants accords, ou plutôt de la considérer comme le génie même de la musique religieuse. Dès lors, les peintres ont dû croire qu'ils étaient affranchis des lois du costume : sainte Cécile a naturellement appartenu à tous les temps et à tous les pays ; elle a dû jouer de toutes sortes d'instruments ; elle a dû surtout accueillir, protéger et présenter à Dieu toutes les inventions nouvelles appartenant à la musique.

Telle est l'opinion que le Dominiquin paraît avoir adoptée. Ce maître, si habile dans l'art d'exprimer les affections de l'âme, et particulièrement les émotions douces et religieuses, ne pouvait manquer d'animer Cécile des feux de l'amour divin. La sainte chante, en regardant le ciel ; dans ses beaux yeux noirs respire une âme tendre et profondément émue ; son innocence est peinte sur tous ses traits ; son teint, d'une blancheur éblouissante, et dont l'éclat est relevé par les tons bruns jetés dans le fond du tableau, porte à croire qu'on voit un être céleste ; l'action de ses mains est parfaitement d'accord avec l'expression naïve de son visage. L'ange, qui soutient auprès d'elle le livre de musique, charme les regards par l'élégance de ses formes enfantines, par un coloris suave, par une touche moelleuse; on y retrouve toute la vérité, toute la grâce, toute la noblesse, dont le génie du Dominiquin, inimitable jusqu'à présent dans ce genre de composition, savait embellir les figures des anges enfants.

Sans doute, ce n'est pas sans motif que sainte Cécile a été représentée jouant de la viole. La pensée du Dominiquin nous paraît se rapporter à un fait qui dut lui inspirer un vif intérêt[1]. Cet homme sensible et méditatif aimait la musique avec passion; il en possédait à fond la théorie; les plus habiles professeurs trouvaient auprès de lui à s'instruire; il avait fait fabriquer plusieurs instruments pour son propre usage, avec des perfectionnements de son invention[2]. La musique servait à lui faire oublier les chagrins dont sa carrière fut remplie; aussi a-t-il peint bien des fois sainte Cécile. On sait combien l'art de jouer de la viole était cultivé pendant la vie de ce grand maître. Cet instrument ne portait, au commencement du seizième siècle, que cinq cordes; quelque temps après, on en ajouta une sixième. Le fameux comte de Sommerset, qui vivait dans le temps de Jacques Ier, inventa la viole à huit cordes[3]. D'autres jouaient d'une viole à douze cordes, plus propre à rendre des effets d'harmonie qu'à exécuter des airs mélodieux. Enfin, un musicien français, nommé Sainte-Colombe, célèbre depuis à la cour de Louis XIV, inventa la viole à sept cordes, et l'on crut alors avoir porté à sa plus haute perfection celui de tous les instruments dont les sons paraissaient imiter le mieux la voix humaine[4]. Voilà, vraisemblablement, l'invention que le Dominiquin a voulu célébrer. C'est

---

[1] Rien ne prouve quel a viole ou la basse de viole fût en usage, au temps où l'on croit que sainte Cécile a vécu. Mais le Dominiquin était trop instruit de tout ce qui appartient à l'histoire de la musique, pour faire un anachronisme de cette nature, par inadvertance.

[2] Malvasia, *Fels. pitt.*, t. II, p. 559. — Bellori, *Vit. de' pitt.*, p. 350. — « Tal' é quello (clavicembalo) che ultimamente ha fatto fabricare il « signor Domenico Zampieri, pittore insigne Bolognese, e di buon gusto « nell' altre cose, massimamente ne' gli studii architettonici e harmonici » (G.-B. Doni, *Compendio del tratt. de' gen. della musica*, cap. IV, p. 20)

[3] Kircher, *Musurg. univ.*, t. I, p. 486. — D. Mersenne, *Harmonie univ.*, Traité des instrum à cordes, liv. IV, p. 191, 195. — Bonanni, *Gabinett. armon.*, art. 57, p. 101.

[4] J. Rousseau, *Traité de la viole*, p. 25. 26.

une viole à sept cordes qu'il a placée dans les mains de sainte Cécile. Cet instrument dut être connu vers 1636 ou 1638[1]; et, si nous en jugeons par l'exécution des draperies, où l'on sent quelque pesanteur, le tableau fut peint vers ces mêmes années, qui sont les dernières où le Dominiquin habita Rome. Ce bel ouvrage, en nous offrant une image noble et touchante, a, par conséquent, encore le mérite d'appartenir à l'histoire de l'art musical[2].

ÉNÉE SAUVANT SON PÈRE.

(Ce tableau ne fait plus partie du Musée impérial du Louvre.)

« Cependant l'éclat et les craquements du feu redoublaient; « déjà les flammes roulaient en tourbillons auprès de notre de-« meure.—O mon père, m'écriai-je, hâtons-nous! Placez-vous sur « mes épaules; c'est moi qui vous porterai; ce fardeau n'aura « rien de pesant; quoi qu'il arrive, ensemble nous périrons, ou « nous serons sauvés ensemble. Que le jeune Iule marche à mes « côtés; toi, mon épouse, suis mes pas... Mon père, prenez dans « vos mains nos instruments sacrés et les pénates de nos aïeux : « je ne saurais y toucher jusqu'à ce que j'aie purifié dans une « onde vive mes bras fumants de sang.—En achevant ces mots, je « jette une chlamyde sur mes épaules, une peau de lion par-dessus, « et je me courbe pour y faire asseoir mon père; Iule, me pre-« nant par le bras, me suit à pas inégaux; Créuse marche sur « mes traces[3]. » Quel sujet plus intéressant et plus noble pour-

---

[1] Le Dominiquin mourut à Naples, en 1641. Jean Rousseau, qui publia son *Traité de la viole*, en 1687, le dédia à Sainte-Colombe, son maître, qui, à cette époque, vivait encore, et qui, suivant le témoignage de l'auteur, cherchait encore à perfectionner l'art de jouer de cet instrument (loc. cit., p. 25). Il suit de ces deux faits, que Sainte-Colombe dut inventer la viole à sept cordes à l'âge de 20 ou 25 ans, vers les années 1636 ou 1638.

[2] On croit que ce tableau fut peint pour le cardinal Ludovisi, et qu'il fut apporté en France par M. de Nogent et vendu à Louis XIV par M. de Jabac (Lépicié, *Catal. des Tableaux du Roi*, t. II, p. 280). En 1678, lorsque Malvasia fit imprimer sa *Felsina pittrice*, il en existait une répétition à Bologne, dans la galerie du marquis Cospi (Malvas., *ibid.*, t. II, p. 343).

[3] Virgil., *Æneid.*, lib. II, vers. 706 et seq.

rait appeler les pinceaux d'un grand maître ? Quelles touchantes images ! Quelle variété dans les expressions ! Quels heureux contrastes offerts à l'artiste que sut émouvoir le chantre de Mantoue !

Raphaël, les Carrache, Frédéric d'Urbin, Sébastien Ricci et d'autres peintres ont représenté cette fable avec plus ou moins de succès. Raphaël y a déployé toute la grandeur de son style ; Frédéric d'Urbin, tous les charmes de son coloris. Le premier a représenté Énée, marchant, chargé de son père, hors des ruines de Troie ; Iule les précède ; déjà Créuse leur a été ravie. Le second a placé les quatre personnages dans le vestibule embrasé de leur palais : Énée vient de soulever son père, dont le corps se ploie sur la poitrine et sur les épaules du héros ; Iule est séparé du groupe, et Créuse suit de loin ; cette dernière pensée est, sans doute, ingénieuse, mais le style manque d'élévation, l'ensemble d'unité [1]. Que le Dominiquin a bien mieux rendu le tableau de Virgile ! Rapprochée par le malheur commun, la famille de Vénus ne forme qu'un groupe, au devant de son antique demeure. Anchise, accablé par la douleur, vient de s'asseoir sur les épaules de son fils, qui sont revêtues de la dépouille du lion, et reçoit des mains de la triste Créuse, élevée sur les marches du portique, ses pénates exilés. Iule presse affectueusement d'une de ses mains la main de son père, et de l'autre il semble, par une inspiration divine, indiquer à ses parents la *route sombre* [2] que Vénus leur prescrit de suivre. Que faut-il admirer le plus, ou l'habileté avec laquelle l'artiste a retracé les images touchantes du poëte latin, ou l'heureuse disposition du groupe, ou la vivacité des expressions ?

Changement bien remarquable dans les opinions relatives au Dominiquin ! Du vivant de ce maître, et au sein même de Rome, ses ennemis affectaient de croire que le tableau d'*Énée* renfermait des beautés trop relevées pour lui appartenir, et ils l'attribuaient à Louis Carrache : telle est, au contraire, aujourd'hui l'admiration de notre École pour ce peintre savant, que quelques person-

---

[1] Ce beau tableau de Frédéric d'Urbin, dit le Barroche, ornait autrefois le palais Borghèse, à Rome, et se trouve maintenant à Paris, dans la galerie de Mme la princesse Pauline. Aug. Carrache l'a gravé.

[2] *Æneid.*, lib. II, vers. 726.

nes doutent de nouveau, mais par une raison opposée, qu'il soit son ouvrage ; elles ne le trouvent point assez accompli. Cependant l'ancienne tradition n'a point été abandonnée; des artistes d'un goût exercé persistent à la défendre. « Ne reconnaît-on pas, disent-ils, l'âme du Dominiquin, dans les regards qu'Énée dirige vers son père, son épouse et ses dieux ; dans la profonde tristesse du vieillard ; dans l'émotion d'Iule ; dans la tête sublime de Créuse ?—Si le coloris, disent-ils, est un peu grisâtre, il faut considérer que le sujet représente une scène nocturne, et que les personnages fuient à la faveur des ténèbres. » C'est apparemment pour se conformer à cette idée, que l'artiste n'a laissé voir sur la gauche, au delà du portique, qu'une lueur très-faible de l'incendie de Troie. Créuse, vêtue de blanc, d'azur et de gris, semble appartenir déjà au royaume des ombres : « peut-être, par le rapprochement de ces teintes, disent encore ces maîtres, les vêtements de cette figure intéressante ne se détachent-ils pas assez d'avec la cuirasse du héros et la draperie blanche d'Anchise ? » Mais, en supposant que ce défaut existe, il faut le pardonner en faveur du mérite de la pensée. La touche ferme et moelleuse annonce le meilleur temps du Dominiquin. « Considère-t-on enfin le dessin, disent-ils, ce tableau n'est nullement indigne de l'illustre Zampieri [1] : s'attache-t-on à la composition ou à l'expression, il doit être compté parmi ses plus beaux ouvrages. » Nous osons l'avouer, cette dernière opinion est aussi la nôtre : c'est au lecteur à prononcer [2].

---

[1] Le dessin du pied droit d'Anchise n'est pas très-pur; peut-être la jambe gauche donne-t-elle lieu au même reproche; mais il est facile de voir que le pied a été retouché ; la jambe paraît aussi l'avoir été, à une époque plus ancienne.
[2] Le maréchal de Créqui acheta ce tableau à Rome, pendant son ambassade, qui eut lieu, du mois de juin 1633 au mois de juin 1634, lorsque Le Dominiquin était à Naples, au dernier degré de l'infortune. Le marchand, pour en obtenir un prix plus considérable, y traça le nom de *Louis Carrache*. Après la mort de M. de Créqui, le cardinal de Richelieu l'acheta, et le légua ensuite à Louis XIII. A peine ce tableau avait-il été en France, qu'on l'avait jugé du Dominiquin. Il a été gravé par G. Audran, et décrit par Félibien, dans le *Cabinet du Roi*, nº 12, sous le nom de ce maître. Lépicié l'a également donné au Dominiquin (*Descript. des Tabl. du Roi*, t. II, p. 283), quoiqu'il dise que de son temps (en 1754) le nom de L. Carrache y était encore. Ce nom

ALEXANDRE VÉRONÈSE. 1582-1648.

ÉCOLE VÉNITIENNE.

LE DÉLUGE UNIVERSEL.

(N° 425. Voy. le *Catal des Ecoles d'Italie et d'Espagne*, p. 244.)

Alexandre Turchi, connu sous le nom d'Alexandre Véronèse, naquit à Vérone, en 1582, de parents très-pauvres. Il passa son enfance à conduire un aveugle qui demandait l'aumône, et qui vraisemblablement était son père ; de là lui vint le surnom de *l'orbetto* ou *le petit aveugle*, qu'il conserva toute sa vie. Felice Ricci ou Riccio, surnommé *Brusasorci*, qui habitait à Vérone, voyant qu'il avait des dispositions pour la peinture, l'accueillit chez lui par humanité, et lui enseigna les principes de son art. Après la mort de son bienfaiteur, arrivée en **1605** [1], Alexandre, âgé de vingt-trois ans [2], alla continuer ses études à Venise. Voulant associer le style des grands maîtres de l'École romaine au coloris des peintres vénitiens, il alla ensuite à Rome. L'amour de la patrie le ramena à Vérone, où il exécuta plusieurs ouvrages que l'on place parmi ses chefs-d'œuvre. Il retourna enfin à Rome, et y fixa sa demeure. Il y épousa une femme noble et très-belle, qui ne dédaigna pas de lui servir quelquefois de modèle, mais qui introduisit dans sa maison un faste ruineux. Après avoir gagné des sommes considérables, il mourut en **1648**, âgé de soixante-six ans [3], laissant une fille unique et très-peu de biens. Pour complaire à sa femme, il avait tout sacrifié à l'entretien d'une table somptueuse, d'une voiture, et d'une nombreuse livrée [4].

---

ne s'y trouve plus, à moins qu'il ne soit derrière la toile, ce qu'il m'a été impossible de vérifier.

[1] Ridolfi, *Le Marav. dell' art.*, t. II, p. 121.

[2] B. dal Pozzo, *Le Vite de' pitt.*, Véron., p. 164. — Dargenville, qui rapporte ce fait, place cependant la naissance d'Alexandre Véronèse à l'an 1600 ; il n'a pas remarqué que si cet artiste avait vingt-trois ans en 1605, il devait être né en 1582.

[3] Lanzi, *Stor. pitt.*, t. III, p. 510.

[4] B. dal Pozzo, loc. cit., p. 165.

Cet artiste, contemporain des Carrache, du Caravage, de Joseph d'Arpin, de Lanfranc, du Dominiquin, du Guide, du Corone, tint un rang distingué parmi les artistes qui vivaient à Rome, dans le même temps que lui. Rome était, à cette époque, le centre commun où se trouvaient rassemblés les peintres les plus habiles de toutes les Écoles, nous pourrions dire de toutes les sectes. On remarque, à regret, que cette réunion, peu favorable au maintien du bon goût, engendra des rivalités et des querelles scandaleuses. L'envie, l'intrigue, la calomnie, semblaient avoir pris la place de la noble émulation qui doit animer les grands artistes. Les maîtres les plus habiles et les plus probes étaient, en général, les plus malheureux. Alexandre Véronèse, de qui, durant cette lutte pénible, la conduite morale paraît avoir été sans reproche, dut peut-être une partie de ses succès au soin qu'il prit de se former une manière à lui, en imitant et en réunissant celles de diverses Écoles. On distingue dans ses ouvrages deux manières différentes : la première rappelle la sécheresse de Brusasorci, son maître ; la seconde est plus noble, plus grande ; on y trouve quelque ressemblance, dans le style, avec l'École de Bologne, et, dans le coloris, avec l'École vénitienne ; la plupart de ses compositions offrent peu d'intérêt. « Capable « de dessiner correctement, dit M. Levesque, il a fait de très-« belles figures, quoiqu'il soit quelquefois tombé dans de grandes « incorrections [1]. » C'est par la beauté du coloris que ses ouvrages sont le plus remarquables ; son pinceau moelleux a souvent de la vigueur et de l'éclat ; ses couleurs sont liées et fondues avec le plus grand soin.

Le tableau représentant le *Déluge universel* appartenait autrefois au roi. Lépicié, qui en a fait la description, pense que le peintre « a rendu ce terrible événement dans toute sa force, et « qu'il a su réunir les circonstances les plus capables de nous « étonner et de nous attendrir [2]. » Nous ne saurions adopter ce jugement, sans quelques restrictions. Sur le devant du tableau, un homme retire du sein des eaux sa femme presque évanouie ; un autre, placé plus loin, marchant avec peine au milieu des on-

[1] M. Levesque, *Dict. des Arts*, t. IV, p. 385.
[2] Lépicié, *Catal. des Tabl. du Roi*, t. II, p. 133.

des, emporte la sienne sur ses épaules : ces images sont touchantes et bien rendues. Mais, dans le bouleversement de la nature, quand, précipités par les vents, des torrents de pluie et de feu tombent sur la terre submergée ; quand des mers chargées de cadavres, et toujours croissantes, s'élèvent jusqu'au sommet des plus hautes montagnes, est-il vraisemblable qu'un homme s'occupe à dresser une tente pour donner un abri à sa femme et à son fils? Quelques-unes des figures sont bien dessinées; les têtes ont de l'expression ; le coloris est nourri, vigoureux ; la touche est délicate : les figures de femmes sont peut-être un peu lourdes, mais elles captivent les regards par la vérité, la fraîcheur et le poli des chairs. Le fond du tableau, où des nuages épais sont éclairés par la foudre, n'est pas la partie la moins belle de cette composition. Quoiqu'on ne trouve enfin dans cet ouvrage ni le style d'Annibal Carrache, ni le coloris du Corrège, on peut y reconnaître combien Alexandre Véronèse avait étudié les chefs d'œuvre de ces deux grands maîtres.

D. FETI. 1589-1624.

ÉCOLE ROMAINE.

LA VIE CHAMPÊTRE.

(N° 192. Voy. le *Catal. des Ecoles d'Italie et d'Espagne*, p. 106.)

Domenico Feti, né à Rome en 1589, fut élève de Lodovico Cardi, surnommé Cigoli [1]. Celui-ci, né en Toscane l'an 1559, formé dans l'École de Florence, élève de Santi di Tito, s'était livré à la peinture, à l'époque où la plupart des Florentins, pleins d'un enthousiasme exclusif pour Michel-Ange, ne dessinant, ne pei-

[1] Baglioni, *le Vite de' pitt.*, p. 147.— Orlandi, *Abeced. pitt.*, p. 145.

gnant même que d'après lui, imitateurs froids et maniérés de ce maître sublime, bornant leur gloire à paraître savants dans l'anatomie, s'étaient fait un style raide, sec, dur, négligeaient entièrement le clair-obscur, et n'offraient plus enfin qu'un coloris, tantôt jaune, tantôt rougeâtre, sans relief, où l'on cherchait en vain les teintes variées de la nature et le feu de la vie. Le Cigoli eut assez de talent et de fermeté pour se tracer une route nouvelle. Admirateur du Corrége, il tenta de devenir dans le coloris l'émule de ce grand peintre, et mérita, du moins, d'être regardé dans cette partie comme un de ses plus heureux imitateurs. Son exemple et ses leçons entraînèrent plusieurs jeunes artistes florentins. Gregorio Pagani, le Passignano, Cristoforo Allori [1], Biliverti et quelques autres, dirigés par ses conseils, devinrent de très-grands coloristes.

C'est dans cette école que se forma le Feti. Il reçut des leçons du Cigoli, à Rome, lorsque cet artiste y fut appelé pour peindre, dans la basilique du Vatican, son tableau représentant *saint Pierre qui guérit un boiteux*. Le Feti, très-jeune encore, fut conduit à Mantoue par le cardinal Ferdinand de Gonzague, et fit, dans cette ville, de nouveaux progrès, en étudiant les ouvrages de Jules Romain, et principalement ceux des Vénitiens dont elle était enrichie. Après avoir exécuté différents ouvrages, il alla continuer ses études à Venise, et il y mourut, en 1624, à l'âge de trente-cinq ans.

« En s'attachant à la nature, dit Mariette, ce peintre s'était fait
« une manière qui lui était propre ; elle était forte et d'un grand
« relief [2]. » — « Sa couleur est vigoureuse, dit Lépicié, souvent un
« peu noire dans les ombres, mais elle fait un grand effet ; aucun
« peintre n'eut une plus belle touche, et ne donna plus de relief
« aux choses qu'il exprimait. Ses pensées sont assez fines ; il y a
« toujours du neuf dans ses compositions ; le moelleux de son
« *faire* et la vérité de ses teintes rendent ses tableaux très-pré-
« cieux... Que n'eût-il pas été, si, en étudiant Jules Romain, il eût

---

[1] On voit au Musée Napoléon, deux tableaux de ce maître, n° 1055 et 1056. Ce dernier représente *Judith tenant la tête d'Holopherne*.
[2] *Cabinet de Crozat*, t. I, p. 58.

« pu acquérir le dessin fier et élégant de ce grand peintre! Cette
« dernière partie lui échappa... [1]. »

L'empressement des curieux obligea souvent cet artiste à répéter trois ou quatre fois le même tableau. Celui qui représente la *Vie champêtre* en offre un exemple. L'original du musée Napoléon se voyait autrefois au château de Fontainebleau; le duc d'Orléans en avait un second, de la main du Feti, et le duc de Tallard, un troisième [2]. « On voit, dans ce tableau, sur le pre-
« mier plan, une femme qui file, assise au pied d'un arbre; deux
« petits enfants sont auprès d'elle; l'un est assis et tient une
« crosse; l'autre est debout, appuyé contre une terrasse; sur la
« droite, le peintre a placé deux lapins; dans l'éloignement, on
« découvre un laboureur qui conduit une charrue [3]. » C'est en ces termes que Lépicié en a fait la description. Nous ne critiquerons point quelques légers défauts. Le coloris est d'une grande beauté; le ton est vigoureux, chaud, brillant et harmonieux; la touche est vive, ferme et moelleuse.

Quel est le sort des personnages que l'artiste a représentés dans cette peinture? La campagne qu'il offre à nos regards est montueuse et stérile; un terrain aride et jaunâtre oppose sans doute une grande résistance à cette charrue attelée d'un seul bœuf; cependant cette femme et ses enfants paraissent jouir d'une tranquillité parfaite; leurs lapins familiers demeurent auprès d'eux sans défiance. L'artiste n'aurait-il pas voulu nous rappeler cette maxime : L'homme laborieux, l'homme qui sait se préserver des tourments de l'ambition, peut être heureux dans tous les états?

---

[1] *Catal. raisonné des Tableaux du Roi*, t. I, p. 159.

[2] Celui du Musée Napoléon est peint sur toile; on lui avait donné une forme ovale, pour en faire un dessus de porte dans le château de Versailles; il a été rétabli, au Musée, dans sa forme carrée primitive. Mariette l'a décrit dans le *Cabinet de Crozat*, sous la dénomination que nous avons adoptée (*Cab. de Crozat*, t. I. n. 103, p. 59). Celui du duc d'Orléans avait appartenu à *Monsieur*, frère de Louis XIV; il était peint sur bois et appelé *la Fileuse*; à la place des lapins qu'on voit à droite dans celui du Musée, l'artiste avait peint un chevreuil (*Descript. des tabl. du Pal.-Royal*, p. 118). — Celui de M. de Tallard avait appartenu auparavant à M. Biberon de Comeri. — On a quelquefois désigné ces tableaux sous les noms d'*Adam et Ève* ou *l'Homme condamné au travail*. Ces dénominations ne paraissent nullement convenir au sujet.

[3] Lépicié, t. I, p. 141.

LE BOLOGNÈSE. 1606-1680.

ÉCOLE BOLONAISE.

DES FEMMES SORTANT DU BAIN.

(N° 215. Voy. le *Catal. des Ecoles d'Italie et d'Espagne*, p. 125.)

Jean-François Grimaldi, surnommé Bolognèse, habile peintre de paysages, naquit à Bologne en l'an 1606. Il était parent des Carrache, et, dès sa plus tendre enfance, il puisa l'amour et les principes de son art auprès de Louis, qui avait survécu à tous les peintres de cette illustre famille. On ne dit point qui fut son maître après la mort de Louis, arrivée en 1619. Il paraît, au caractère de ses ouvrages, qu'il s'attacha d'une manière particulière à étudier les paysages du Titien, et surtout ceux des Carrache. Sa réputation l'avait précédé à Rome, où il arriva sous le pontificat d'Innocent X. Il peignit, au Vatican, au palais Quirinal, et chez divers princes, des paysages à fresque qui obtinrent une grande célébrité, et reçut du pape de nombreux témoignages de bienveillance [1].

Le cardinal Mazarin, qui, au milieu des troubles dont il était la cause, ne cessait point de s'occuper de l'embellissement des maisons royales et de celui de son propre palais, l'appela à Paris en 1652, et lui donna une forte pension. Grimaldi, arrivé dans la capitale au moment où la faction opposée au cardinal y était toute-puissante, ne put s'empêcher de manifester son attachement pour son protecteur : cette franchise faillit lui coûter la vie ; il fut obligé de se cacher, et trouva un asile dans la maison des Jésuites.

Lorsque la tranquillité fut rétablie, il peignit des fresques qui ont décoré longtemps l'appartement d'Anne d'Autriche, aujourd'hui le Musée des antiques. Il exécuta ensuite les peintures de la galerie du rez-de-chaussée du palais Mazarin [2].

Après deux ans et demi de séjour à Paris, il retourna à Rome.

---

[1] Lion. Pascoli, *Vite de' pitt.*, t. I, p 46.
[2] On a été forcé de détruire les peintures du Louvre, lorsqu'on a dis-

Innocent X venait de mourir [1] ; mais Alexandre VII et Clément IX le dédommagèrent successivement, par leur affection, de la perte de ce pontife, auquel il avait dû le commencement de sa fortune. Recherché des grands, chéri de ses confrères, ne pouvant suffire, malgré un travail assidu, aux vœux des princes qui, de toute l'Europe, lui demandaient des tableaux ; adoré d'une famille qu'il avait formée à la vertu par ses exemples, il termina une vie constamment heureuse, le 28 novembre 1680. Rome perdit, ce même jour, Grimaldi, le P. Kircher et le Bernin.

Cet artiste réunissait toutes les qualités les plus propres à assurer son avancement et à lui concilier l'estime générale : une taille élevée, un visage noble et riant, un esprit gai, une conversation spirituelle, une âme compatissante et généreuse, un dévouement sans bornes pour ses amis [2].

On reconnaît dans ses compositions le style du Titien ; on y retrouve principalement l'esprit des Carrache. Elles offrent de

posé l'appartement d'Anne d'Autriche pour en faire le Musée. Celles du palais Mazarin, qu'on voyait encore à la Bourse en 1792, n'existent plus.

[1] L'époque où le Bolognèse fut appelé à Paris, que Pascoli n'indique point, est déterminée par celle de son retour à Rome, qui eut lieu en 1655. Il m'a semblé utile de la fixer, parce que ce fait doit contribuer à faire connaître le caractère de Mazarin, qui s'occupait d'embellir son palais, au moment où les princes et le Parlement avaient conjuré sa perte.

[2] « Fu cordialissimo, generoso... etc., etc., e svisceratissimo per « gli amici. » — Léon Pascoli rapporte, à ce sujet, un fait qui mérite d'être conservé. Grimaldi avait appris qu'un seigneur sicilien, obligé de fuir son pays dans une révolution qui eut lieu en 1671, vivait dans une extrême misère. Il frappe à la porte de cet étranger, après la chute du jour: on ouvre ; il jette un rouleau d'argent et disparaît. Ce même acte de générosité, ignoré de tout le monde, se renouvelle plusieurs fois. Le Sicilien veut enfin connaître son bienfaiteur : il se met en embuscade. Grimaldi frappe : le Sicilien le saisit, l'embrasse étroitement, et le prie de lui dire son nom. Grimaldi refuse de se nommer. Le gentilhomme tombe à ses genoux : « Je vous en conjure, lui dit-il, faites-moi connaître le messager de la Providence qui descend du ciel pour me secourir ? — Je voulais, lui répond Grimaldi, que nous n'eussions à rougir ni l'un ni l'autre. Songez, que si je me nomme, il faut que vous vous engagiez à accepter désormais et à me demander même librement tout ce qui vous sera nécessaire. Je vous offre, dès ce moment, pour toujours, de partager avec vous l'aisance dont Dieu me permet de jouir par mon travail. Venez dans ma maison avec votre fille ; venez-y goûter ces plaisirs que je procure à mes enfants ; venez-y habiter, si cela vous est agréable, et que ma maison devienne la vôtre ! » Il s'établit, dès le moment, entre ces deux hommes une liaison étroite, qui ne finit qu'à leur mort. Lion. Pascol., *ibid.*, p. 49 et 50.

grandes lignes, des masses bien contrastées, des fabriques d'un bon caractère. Son coloris est ferme, d'un vert vif, quelquefois un peu sombre, mais toujours harmonieux. Il aimait à prendre pour modèles des vallées humides, des terrains noirs, des étangs environnés de pins et de chênes. Les arbres dont il meuble les fonds de ses tableaux présentent ordinairement des formes arrondies, un peu monotones; les poses de ses figures sont quelquefois trop recherchées. Le feuiller est vrai, chaudement peint, varié, admirable.

Telles sont les beautés, telles sont aussi les imperfections du tableau que nous examinons. Il nous offre une composition riche et du style le plus noble: sur les devants, des arbres vigoureux et d'une belle forme; un coloris généralement brun, mais plein de chaleur. Le feuiller est touché avec esprit et avec fermeté. Les figures ne sont pas exemptes d'incorrections ; mais les tons variés des chairs et les riches couleurs des draperies répandent de la gaieté dans l'ensemble, malgré les teintes sombres des eaux, des terrains et du feuillage [1].

RETOUR D'UNE PROMENADE SUR L'EAU.

(N° 216. Voy. le *Catal. des Ecoles d'Italie et d'Espagne*, p. 126.)

La disposition générale, le style des fabriques et le caractère des figures, doivent faire placer ce tableau dans la classe des paysages que l'on est convenu d'appeler *héroïques*. Le site est vaste, riche et bien varié; l'ensemble offre, en même temps, de la vérité, de la simplicité, de la grandeur. Malgré le rare talent avec lequel le Bolognèse dessinait l'architecture, il a été sobre dans l'emploi des fabriques. La noble habitation qu'on voit dans le fond, le bouquet de bois qui l'avoisine, et la montagne au pied de laquelle elle est placée, forment un groupe riant et majestueux. La rivière qui s'élargit sur les devants, les embellit à la fois par la limpidité de ses eaux et par la fraîcheur de ses bords. Le côté droit est ouvert et gai ; les ombres, que des arbres très-

---

[1] Ce tableau vient de l'ancien Cabinet du Roi. Il y a lieu de croire qu'il fut peint à Paris vers l'an 1655.

rapprochés produisent du côté gauche, sont transparentes et mystérieuses. Les figures se font remarquer par le style élevé des formes et des draperies. A l'attitude de celles qu'on voit debout auprès d'un bateau, il semble qu'elles viennent de faire une promenade sur la rivière; ou peut, du moins, le supposer. Il y a, dans la pose et l'ajustement des deux femmes qui font partie de ce groupe, de la grâce et de l'élégance. Peut-être l'action de celles du premier plan n'est-elle pas assez décidée; le dessin n'en est pas correct; mais ces deux figures ne sont qu'un accessoire dans un tableau, d'ailleurs rempli de beautés. Les arbres présentent de belles masses, des ondulations heureuses, des effets de clair-obscur agréables et vrais. Nous pouvons répéter, au sujet de ce tableau, ce que nous disions en dernier lieu, en parlant de celui qui en fait le pendant, et qui représente des *Femmes sortant du bain*, que le feuiller est touché avec esprit et avec fermeté. Ce genre de mérite se retrouve dans tous les paysages du Bolognèse, et est un de ses traits caractéristiques. Le ton est un peu sombre; quelques teintes ont noirci par l'action du temps; mais cette altération ne nuit presque point à l'effet général. On reconnaît dans ce tableau, comme dans tous les ouvrages du Bolognèse, l'élève, l'imitateur de Carrache, et l'émule de Nicolas Poussin.

Il faisait autrefois partie de la collection du Roi.

MOLA. 1612-1668 [1].

ÉCOLE BOLONAISE.

AGAR DANS LE DÉSERT.

(N° 268. Voy. le *Catal. des Ecoles d'Italie et d'Espagne*, p. 155.)

Agar, renvoyée par Abraham, errait avec son fils dans le désert de Bersabée. La provision d'eau qu'elle avait portée sur son épaule était consommée. Le jeune Ismaël tombe accablé par la

---

[1] Ces dates, que nous donnons ici d'après le catalogue de M. Villot, ne sont pas celles qu'Emeric-David a cru devoir adopter dans la notice suivante. (*Note de l'Éditeur.*)

fatigue et par la soif : sa mère le dépose au pied d'un des arbres qui se trouvaient dans cette solitude ; elle s'éloigne, en disant : « Je ne veux pas le voir mourir! » Elle invoque le Ciel, et elle pleure. Un ange l'appelle et lui dit : « Agar, le Seigneur a entendu la voix de ton fils : prends-le par la main, et qu'il marche avec toi, car il doit devenir le père d'un grand peuple. » Alors les yeux d'Agar sont dessillés ; elle voit un puits, et, ayant pris de l'eau, elle donne à boire à son enfant [1].

Les traits les plus intéressants de cette histoire, la défaillance d'Ismaël, la douleur d'Agar, ont été exprimés par le Mola avec beaucoup de sentiment et de vérité, dans le tableau que nous examinons. L'imagination de cet artiste, il faut l'avouer, lui a fait négliger une circonstance essentielle : on voit, avec regret, qu'au lieu de représenter un vaste désert, au milieu duquel se trouvaient seulement quelques arbres, il a peint un paysage meublé de bois, une grande habitation, un large ruisseau, écumant parmi les rochers. Ce n'est pas là le désert sablonneux de Bersabée, où Ismaël aurait péri sans la protection particulière du Ciel. Mais, si l'on pardonne au peintre cette licence, on ne trouve plus, dans son tableau, que des objets dignes d'éloges. La pose d'Ismaël et l'action de sa mère sont naturelles et expressives ; l'ange, en tournant une de ses mains vers le ciel, tandis que l'autre se dirige vers le fils d'Abraham, annonce évidemment les destinées promises à la postérité du patriarche. Ce tableau est principalement remarquable par le mérite de l'exécution. La figure d'Agar est gracieuse et drapée avec élégance. Les lumières bien ménagées font valoir avec de sages modifications chacun des trois personnages, dont le sujet ne permettait pas de former un seul groupe. Le ton général est ferme. Les rochers placés dans les premiers plans présentent des teintes vertes, mêlées de gris, qui soutiennent et animent les couleurs plus vives des figures. Une tunique blanche, un manteau rouge, une écharpe olivâtre, composent les vêtements d'Agar. Les ailes et les draperies de l'ange offrent un mélange de tons gris de lin et pourprés, qui s'unissent harmonieusement avec la vapeur et la clarté du ciel.

[1] *Genèse*, c. xxi, vers. 14 et suiv.

Les montagnes, qu'on aperçoit dans le lointain, forment une ligne bleue trop sombre et un peu monotone ; mais ce défaut, produit par le temps, est commun à beaucoup d'anciens tableaux ; on ne saurait en faire un reproche à l'artiste. Le paysage est, d'ailleurs, bien composé ; les arbres sont peints avec esprit ; la touche est légère et moelleuse.

Pierre-François Mola naquit à Coldre, dans le diocèse de Côme, aux environs de Milan, en 1621 [1]. Conduit à Rome, dans son enfance, il eut d'abord pour maître Joseph d'Arpin. Son père, qui était architecte, étant allé diriger la construction d'un édifice à Bologne, l'emmena avec lui, et le plaça dans l'atelier de l'Albane, où Mola demeura pendant plusieurs années [2]. Le jeune artiste, à qui ses dispositions naturelles faisaient goûter la manière du Guerchin, obtint ensuite la permission de travailler auprès de ce maître. Il alla enfin à Venise étudier les ouvrages du Tintoret, du Bassan et de Paul Véronèse, et se forma un style et un coloris où l'on reconnut la manière de l'Albane, et plus encore celle du Guerchin, qu'il avait de lui-même pris pour guide. C'est ce caractère agréable et vigoureux qu'on retrouve dans le tableau d'*Agar*.

Ce tableau est peint sur cuivre ; il appartenait autrefois au duc d'Orléans.

Rappelons un fait intéressant. Louis XIV, voulant engager Mola à venir se fixer à Paris, lui fit offrir par l'ambassadeur de France qui résidait alors à Rome, une pension annuelle de six mille écus. L'ambassadeur fut, de plus, chargé de lui dire que l'année ne serait que de six mois pour le service du roi, et que Sa Majesté ne lui demanderait dans ces six mois d'autres ouvrages que ceux qu'il voudrait bien entreprendre. Mola, flatté de la demande du prince, et sensible sans doute à la manière noble dont elle lui

---

[1] Je me conforme, en ceci, à l'opinion de Léon Pascoli (*Vite de' pitt. modern.*, t. I, p. 122), adoptée par plusieurs écrivains. Suivant Passeri, Mola naquit à Milan en l'an 1612 (*Vite de' pitt.*, etc., p. 390). Pascoli semble mériter dans cette occasion plus de confiance que Passeri, qui a omis des faits intéressants relatifs à Mola, tels que celui des études faites par cet artiste auprès du Guerchin, et qui est tombé même dans quelques erreurs.

[2] Malvasia, *Fels. pitt.*, t. II, p. 292.

était présentée, voulut se rendre promptement auprès de lui. Il redoubla d'activité pour terminer ses travaux. Cet empressement lui devint funeste : l'excès du travail lui causa une maladie violente dont il mourut presque subitement, en 1666, à l'âge de quarante-cinq ans [1].

LE GUASPRE. 1613-1675.

ÉCOLE ROMAINE.

UN PAYSAGE.

(N° 186. Voy. le *Catal. des Écoles d'Italie et d'Espagne*, p. 103.)

Interea Dryadum silvas saltusque sequamur [2] (sur les monts, dans les bois, poursuivons les Dryades). Ce vers de Virgile nous semble peindre le talent du Guaspre, et peut s'appliquer aux traits plus les remarquables de sa vie : le Guaspre est le peintre des forêts.

Gaspard Dughet, surnommé *Guaspre Poussin*, fils d'un Français, naquit à Rome en 1613. Il eut le bonheur d'avoir pour maître Nicolas Poussin, son beau-frère, et à l'âge de trente ans, jouissant d'une grande réputation, il ne dédaigna pas de prendre encore des leçons de Claude Lorrain. Il allia, dès l'enfance, à l'amour de la peinture, un goût, ou plutôt une passion qui ne l'abandonna qu'à la mort : ce fut la passion de la chasse. Dominé par ce goût violent, autant que par l'amour de son art, il se refusa non-seulement aux sollicitations de la fortune, mais encore aux douceurs de l'hymen, et passa sa vie presque entière dans les campagnes et dans les bois [3]. Ce fut là qu'il fit ses premières études, dessinant et peignant constamment d'après la nature,

---

[1] Pascoli, loc. cit., p. 126. — Lanzi, *Stor. pitt.*, t. I, p. 494.
[2] Virgil., *Georg.*, III, v. 40.
[3] Baldinucci, *Vite de' pitt.*, ed. Mamm., t. XVIII, p. 59. — Lion. Pascoli, *Vite di pitt.*, t. I, p. 58.

suivant les conseils du Poussin; ce fut là qu'il étudia jusqu'à la fin de ses jours.

Sans cesse environné des grands objets qu'il devait peindre, il en devint le parfait imitateur. Son talent fut modifié par cette vie agreste et par ses affections morales. Doué d'une imagination poétique, d'un cœur disposé à l'amitié, d'un caractère doux, d'une gaieté constante, il représenta la nature belle, comme il l'admirait tous les jours, riche, variée, majestueuse et riante. Des masses de verdure amoncelées en amphithéâtre sur des collines; des vallées environnées de bois où reposent de sombres étangs; des montagnes lointaines s'unissant au mouvement d'une vaste et fertile campagne; des sites resserrés, où, parmi des touffes d'arbres qu'on dirait animées, se jouent la lumière et le vent; des monuments antiques, de riches habitations, formant des bandes lumineuses, à côté de l'ombre d'une forêt; la pluie, les tempêtes tombant sur les cimes inclinées des arbres, et, dans le sein de l'orage, la rougeur et l'obscurité du ciel opposées à la verdure vive du feuillage inondé : tels sont les objets que représentent ses tableaux. On y voit autant d'esprit et d'élégance, que de richesses et de grandeur. Toutes les parties de ses compositions se font valoir mutuellement. Habile à maintenir l'unité, jamais il ne manque à diriger les regards vers un point principal, auquel toutes les lignes correspondent. Il donne, à chaque espèce d'arbres, à chaque feuille, ses caractères essentiels. On lui a reproché la fréquence des tons verts qu'il répand dans ses tableaux : agréable erreur, qui pourrait être un sujet d'éloge! N'est-ce pas la fraîcheur des tons verts qu'on regrette de ne pas trouver dans le plus grand nombre des tableaux de paysage?

Celui qui est soumis à notre examen représente l'extrémité d'une forêt, des montagnes, des monuments, des ruines, un étang, un chemin auprès duquel des voyageurs se reposent. La disposition grandiose de l'ensemble, le style noble des fabriques, l'habileté avec laquelle l'artiste les a placées, la richesse et le mouvement des touffes de bois qui remplissent la droite, annoncent assez la main savante du Guaspre. Un vent frais agite les arbres; quelle élégance dans les inflexions des rameaux! quels beaux effets dans l'opposition de la lumière et des ombres! Ce ont ces accidents que le peintre paraît avoir voulu principalement représenter. Le soleil, à peine élevé sur l'horizon, frappe les objets à revers ; on dirait qu'il est environ dix heures du matin. Des gerbes de rayons resplendissent sur les eaux de l'étang; cette lumière vive, à laquelle est opposée l'ombre ferme d'une masse de taillis, marque le centre du tableau. Dans le second plan, sur un fond bas, auprès des teintes dorées d'un tertre sablonneux, se voit un gazon de la verdure la plus fraîche ; on croit reconnaître, à sa couleur, que les eaux de l'étang y séjournèrent; il semble qu'il en soit encore imbibé. Cette composition, dans les lointains, se rapproche du genre héroïque; mais ici, comme dans tous ses ouvrages, le Guaspre est le peintre des forêts.

Nous rappellerons ailleurs quelques nouveaux traits de la vie de ce grand peintre. Ajoutons un fait seulement : ce fut pour l'honorer, que les peintres de Rome, admirant dans ses ouvrages le style élevé de son premier maître [1], le surnommèrent *Guaspre* (ou Gaspard) *Poussin*.

DES BERGERS DANS UNE VALLÉE [2].

(Ce tableau ne fait plus partie du Musée impérial du Louvre.)

Nous disions, en dernier lieu, que le Guaspre est le peintre des forêts : tel est le caractère qu'il nous présente dans le beau tableau placé sous nos yeux. Un bois touffu s'étend entre deux collines ; il en suit les contours, il en enrichit le faîte, et remplit toute la largeur du tableau. A gauche, l'un des deux monts est entièrement couvert d'arbres ; au sommet de l'autre colline, placée vers le milieu du paysage, on voit sur la pointe des rochers, parmi des touffes de bois, les terrasses et les créneaux d'un château antique ; à droite, dans le lointain, au-dessus de la forêt, se découvre une vaste plaine, bornée, d'un côté, par des montagnes azurées. Les devants du tableau sont riches, animés ; ils offrent un terrain montueux, agreste, un grand et beau mouvement. Un

[1] Baldinucci, t. XVIII, p. 57.
[2] Haut. 2 p. 11 p.; 0m947. Larg. 2 p. 3 p.; 0m,750.

large torrent, qui descend entre les deux collines, tombe, en écumant, sur des rochers, et va chercher un passage derrière un tertre pierreux et chargé de mousse. Des figures, savamment placées, répandent une vie nouvelle sur tous les objets qui le environnent.

Le coloris est vigoureux, vrai, plein de chaleur. La lumière tombant du côté gauche, frappe avec fermeté sur les terrains du premier plan, sur les figures, sur le tertre contre lequel les eaux du torrent se précipitent. Le bois qui est placé plus loin, éclairé par le flanc, présente, parmi de grandes ombres, des lumières habilement dégradées, des tons mâles et riches, qui, par de vives oppositions, en font sentir les détours et les profondeurs. Derrière le bois, au sommet de la colline où se voit le château, les teintes sont légères et argentines; la plaine, parsemée d'habitations, qui forme la partie la plus reculée du paysage, présente, au contraire, ainsi que le ciel, des tons clairs et brillants. Ce contraste harmonieux, établi par la main d'un grand maître, entre la lumière ferme jetée dans le premier plan, les teintes sombres et animées du second, le coloris doux et frais du troisième, l'éclat et la vapeur du fond, répand dans le tableau un feu qui captive et charme les regards. Peut-être les eaux du torrent ne sont-elles pas peintes avec assez de vérité; mais ce défaut, très-peu sensible, ne nuit point au bel effet de l'ensemble.

Nous reconnaissons, dans cet ouvrage, le peintre laborieux qui, depuis sa jeunesse jusqu'à la fin de ses jours, vivant, ainsi que nous le disions précédemment, au milieu des campagnes, ne cessa jamais d'admirer et d'étudier le modèle éternel de l'art. A l'âge de dix-huit ans, employant le produit qu'il retirait déjà de ses travaux à satisfaire les deux seules passions auxquelles il fut accessible, l'amour de la peinture et la passion de la chasse, le Guaspre possédait deux habitations dans les quartiers les plus élevés de Rome, deux autres dans les cantons voisins. Pouvant, par ce moyen, changer, à son gré, de demeure, il observait sans relâche la nature dans des sites différents. Tantôt, environné de meutes et de piqueurs, en parcourant les montagnes, il gravait dans sa mémoire les points de vue ou les accidents pittoresques dont la beauté l'avait frappé; tantôt, muni de tous les instruments nécessaires à son art, il établissait son atelier au milieu des bois, et exécutait ses tableaux, les yeux fixés sur les grands objets qu'il devait peindre. Les excès auxquels se livrait le chasseur nuisirent, sous quelques rapports, aux travaux de l'artiste. Pressé par le besoin où le plongeait un faste imprudent, ce maître s'abandonna trop souvent à une facilité qui devenait son unique ressource; on le vit, dans ces occasions, par une espèce de prodige, livrer, à l'empressement des amateurs, des tableaux de trois ou quatre pieds de large, exécutés dans un seul jour [1]. Mais de tels écarts étaient heureusement passagers. Ses principes et ses habitudes le ramenaient constamment à l'observation de la nature. A l'âge de soixante ans, il dessinait et peignait encore dans les campagnes. Il mourut en 1675, âgé de soixante-deux ans, des suites d'une maladie contractée dans une vallée humide, où il étudiait avec l'ardeur d'un jeune homme [2]. La constance avec laquelle il persista dans ce genre d'étude nourrit son talent. Son imagination et sa main ne vieillirent point. Il eut ce rapport avec le Poussin, son premier maître, que son dernier tableau fut un de ses plus beaux ouvrages. Le Poussin termina sa carrière par le tableau du *Déluge* [3]; le Guaspre termina la sienne en peignant un orage où l'on voyait la pluie, les vents, la foudre, tomber à la fois sur des campagnes désolées. Cette peinture fut regardée comme son chef-d'œuvre.

Le tableau que nous venons de décrire et celui dont nous avons parlé précédemment se voyaient autrefois dans le Cabinet du Roi. On ne saurait les placer au premier rang parmi les ouvrages du Guaspre; mais ils ont toujours joui d'une grande réputation.

---

[1] Baldinucci, *Vite de' pitt.*, édit. Manni, t. XVIII, p. 54 et suiv.
[2] Baldinucci, *ibid*.
[3] Félibien, *Entret. sur la vie des peint.*, t. IV, p. 66, 67.

ROMANELLI. 1617-1662.

ÉCOLE ROMAINE.

VÉNUS ET ADONIS.

(N° 556. Voy. le *Catal. des Ecoles d'Italie et d'Espagne*, p. 201.)

Jean-François Romanelli est au nombre des peintres qui se sont flattés d'atteindre à la perfection de leur art sans daigner consulter la nature, en étudiant les ouvrages des autres maîtres, et en se livrant entièrement à leur imagination. On remarque dans ses peintures un ensemble agréable et séduisant, une certaine richesse, de la facilité, peu de chaleur, peu d'invention : on y trouve aussi les défauts où conduit nécessairement une méthode vicieuse. Sa couleur à fresque est fraîche, brillante, harmonieuse; sa couleur à l'huile est moins belle, et cependant agréable; mais son dessin manque de fermeté, de grandeur et souvent de correction.

Romanelli naquit à Viterbe, de parents pauvres, en 1617. Il fit ses premières études auprès du Dominiquin [1]. Les principes sévères d'un tel maître ne pouvant convenir à son esprit impatient, il le quitta bientôt pour entrer dans l'école de Pierre de Cortone, et saisit avec facilité la manière brillante et expéditive de ce peintre célèbre. Il se livra ensuite aux conseils du Bernin [2]. Voulant enfin se former un caractère qui lui fût propre, il adopta des formes plus sveltes que celles du Cortone; son coloris eut plus de fraîcheur, ses draperies furent plus légères; mais, dans ce changement, laissant toujours la nature à l'écart [3], il devint plus mou, sans devenir plus correct; il conserva les défauts du Cortone, sans en avoir le feu ni l'énergie. Peu d'artistes ont peint avec tant de prestesse : « il a fait tant d'ouvrages, dit Pascoli, qu'il

---

[1] Passeri, *Vit. de' pitt.*, t. I, p. 328.
[2] Pascoli, *Vit. de' pitt.*, t. I, p. 94. — Lanzi, *Stor. pitt.*, t. I, p. 529.
[3] « Dispingeva quasi il tutto di maniera, senza vedere alcuna cosa. » (Passeri, p. 332.)

serait bien difficile de les compter [1]. » Les amateurs de Rome le surnommèrent dans sa jeunesse *le petit Raphaël* (*il Rafaellino*).

Le cardinal François Barberin, qui mérita les titres glorieux de *père des pauvres* et de *protecteur des savants*, l'avait constamment honoré à Rome de son amitié. Ce prélat, s'étant réfugié en France, après la mort d'Urbain VIII, engagea le cardinal Mazarin à l'appeler à Paris. Romanelli exécuta plusieurs grands ouvrages à fresque dans le palais du ministre, et, entre autres, le plafond de la riche galerie qui fait aujourd'hui partie du local où sont déposés les manuscrits de la Bibliothèque impériale [2]. Revenu en France vers l'an 1655, il peignit les plafonds des petits appartements de la reine-mère, qui forment aujourd'hui le Musée des antiques, et fit plusieurs autres ouvrages. Après avoir obtenu le cordon de Saint-Michel, il se fixa à Viterbe, sa patrie, et il y mourut en 1662, à l'âge de quarante-cinq ans, laissant dix enfants et une fortune de cinquante mille écus romains.

Le tableau représentant *Vénus et Adonis* est peint sur toile et à l'huile. Ce tableau nous semble pouvoir donner lieu à de justes critiques. Quand Ovide peint Vénus voyant Adonis partir pour la chasse, il suppose que l'aimable fils de Cynire doit y trouver la mort, et que Vénus lui parle pour la dernière fois. « Va, lui « dit la déesse alarmée, va, puisque je ne saurais te retenir ; « mais ne poursuis que des animaux timides. Ah ! si mes vœux « ont sur ton âme quelque empire, n'attaque point les robustes « sangliers, les loups ravisseurs, les lions qui se rassasient du « sang des troupeaux : les lions portent la foudre entre leurs « dents aiguës. O mon cher Adonis ! ne recherche point une « gloire qui ferait ton malheur et le mien [3]. » Le peintre n'a nullement exprimé dans son tableau ce sentiment de crainte, qui devrait agiter Vénus. La déesse, mollement couchée, au lieu de suivre Adonis de ses regards, les tourne en souriant vers l'Amour : celui-ci n'éprouve ni plus de chagrin ni plus d'inquiétude que sa mère ; il semble se disposer à lancer un de ses traits sur Ado-

---

[1] Pascoli, t. I, p. 95.
[2] Le palais du cardinal Mazarin renfermait l'hôtel où est aujourd'hui la Trésorerie et une partie de la Bibliothèque impériale.
[3] Ovid., *Metam.*, lib. X, vers. 542 et seq.

nis. Le jeune efféminé, qui part tenant son chien en laisse, offre-t-il bien l'image du chasseur courageux qu'Ovide représente dédaignant les conseils de son amante? Le sujet a perdu tout ce qu'il pouvait offrir de dramatique. L'ensemble est gracieux, mais cette grâce est mêlée de fadeur. Nous ne parlerons point des défauts du dessin. Le coloris est brillant; il a plus de mérite que la composition.

En appréciant les talents des artistes célèbres, ne négligeons pas de rappeler leurs vertus. Romanelli joignait, à une belle taille, à une belle figure, les qualités du cœur les plus estimables. Sa conversation était spirituelle et enjouée. La fortune vint au-devant de lui, sans qu'il l'eût, pour ainsi dire, recherchée. Il était franc, généreux, bienfaisant, reconnaissant; il s'occupait du bonheur de ses amis autant que du sien propre [1].

C. CIGNANI. 1628-1718.

ÉCOLE BOLONAISE.

ADAM ET ÈVE [2].

(Ce tableau ne fait plus partie du Musée impérial du Louvre.)

Carlo Cignani, né à Bologne, en 1628, d'une famille ancienne et illustre, surmonta le préjugé qui a longtemps éloigné la noblesse de l'exercice des beaux-arts. Ses ancêtres, établis à Bologne en 1273, étaient connus longtemps auparavant dans la république de Florence, où ils avaient exercé avec honneur des magistratures et possédé des seigneuries [3].

Son père, loin de s'opposer au goût qu'il manifestait pour la

---

[1] Pascoli, p. 103.
[2] Haut. 7 p. 0 p.; 2^m,273. Larg. 4 p. 10 p.; 1^m,570.
[3] Ipp. Zanelli, *Vit. di Carl. Cignani.* — G. Zanotti, *Stor. dell' Acad. Clement.*, t. I, p. 156 et 158. — En 1681, le duc de Parme, Ranuccio ou Ranuce II, voulut donner à Cignani le titre de *comte*. Aussi simple dans ses mœurs qu'ardent et passionné pour ses études, l'artiste refusa d'abord ce titre : il l'accepta environ quinze ans plus tard, sur l'invita-

peinture, le plaça dans l'école de l'Albane. Le jeune Cignani ne se borna point aux leçons que lui donna cet habile maître ; il étudia avec assiduité les ouvrages des Carrache : entraîné par un penchant naturel, il choisit principalement pour modèles ceux du Corrège ; il tenta même d'associer, au coloris brillant et harmonieux, aux beaux effets de clair-obscur que lui offrait ce grand peintre, la douceur et la suavité qui distinguent le Guide. Fidèle aux préceptes des Carrache, dédaignant l'exemple d'un grand nombre de ses contemporains, qui croyaient avoir dérobé au Corrège, au Titien, à Raphaël, leur art tout entier, lorsqu'ils avaient copié quelques-uns de leurs chefs-d'œuvre, il ne cessa jamais de consulter, d'étudier la nature vivante. Suivant un sage critique, de qui nous nous faisons souvent un plaisir de rapporter les opinions, ces études réunies le conduisirent à se former un style qui n'est pas exempt d'imperfections, où l'on reconnaît tantôt des traits empruntés des Carrache, tantôt des imitations du Guide ou du Corrège ; mais où l'on trouve aussi une certaine grâce, une grandeur que Cignani ne devait qu'à son talent naturel. Le même critique dit encore que Cignani obtint, en imitant, l'honneur d'être compté parmi les artistes originaux [1]. En répétant ces éloges, nous devons ajouter que, malgré son attachement pour les principes des Carrache, ce maître célèbre ne se garantit pas entièrement du mauvais goût qui infectait de son temps toutes les Écoles d'Italie. On reconnaît souvent, dans le mouvement de ses figures, la manière du Cortone. Il partagea peut-être avec Carle Maratte, son contemporain, la gloire de ralentir, par la force de son exemple, la décadence de l'art ; mais ce fut, ainsi que Carle Maratte le fit lui-même [2], en cédant quelque chose à la violence du torrent. Son pinceau avait peu de chaleur ; en cherchant de grands effets de clair-obscur, il tombait quelquefois dans la mollesse.

---

tion du duc François, pour le transmettre à son fils Felice, qu'il avait formé dans son art ; Paul, fils et élève de Felice, en jouit après son père et son aïeul (Zanotti, loc. cit., p. 143 et 144). Cette famille présente ainsi, pendant trois générations, des peintres distingués par la noblesse de leur origine, par leurs talents et par un titre honorable.

[1] Lanzi, *Stor. pitt.*, t. II, part. 2, p. 168 et 184.
[2] Mengs. t. II, p. 134.

Le tableau d'*Adam et Eve* est loin de répondre à la réputation que ce peintre avait acquise. L'expression est juste; la pose de chaque figure est naturelle et naïve; Eve est bien dans l'attitude d'une jeune femme qui cherche par ses sollicitations à séduire son époux; on lit dans les mouvements et sur le visage d'Adam son respect pour les ordres du Créateur; on y reconnaît le doute, l'agitation, qui suivent un premier refus : quoiqu'il hésite encore, on voit qu'il est prêt à céder ; mais le dessin de la figure d'Eve est plein de défauts ; la tête est sans esprit ; les genoux et les jambes d'Adam offrent des incorrections frappantes ; le coloris est froid, terreux, monotone ; la lumière est répandue trop également ; la touche est lourde ; les animaux sont aussi mal peints que dessinés. Hâtons-nous de dire que le torse et les bras d'Adam ne manquent ni de vérité, ni de noblesse ; que les figures se détachent, sur la verdure du paysage, d'une manière ferme et qui produit une agréable illusion.

Ce tableau eut, du vivant de l'auteur, une grande célébrité. Le cardinal Saint-Césaire voulut l'acheter à tout prix ; Cignani, qui ne voulait pas le vendre, en fit présent au cardinal, et celui-ci lui envoya une bourse contenant cinq cents *doubles* ou environ quinze cents piastres, en lui disant qu'il n'entendait payer que la toile et les couleurs.

Cignani fit ce tableau vers l'an 1705 [1] : il avait alors soixante-quinze ans. On y reconnaît un artiste qui s'attacha constamment à l'imitation de la nature, mais à qui sa main n'obéissait plus. Ce peintre mourut à Bologne en 1718, à l'âge de quatre-vingt-dix ans.

[1] Zanotti, loc. cit., p. 148 et 149.

CRESPI. 1668-1747.

ÉCOLE BOLONAISE.

—

LA MAITRESSE D'ÉCOLE.

(N° 179. Voy. le *Catal. des Ecoles d'Italie et d'Espagne*, p. 98.)

Joseph-Marie Crespi, surnommé *l'Espagnuolo*[1], né à Bologne en 1668, et mort dans cette même ville en 1747, est le dernier rejeton de l'école des Carrache, qui ait joui d'une grande réputation. Il étudia successivement, pendant plusieurs années, auprès de Canuti, élève du Guide, et auprès de Cignani, élève de l'Albane. Admirateur passionné des Carrache, du Guerchin, du Corrège, du Baroccio, de Paul Véronèse, il copia plusieurs ouvrages de ces grands maîtres, et ses copies furent vendues plus d'une fois pour des originaux. A cette étude qui était familière à beaucoup d'artistes de son temps, surtout dans l'École de Bologne, il joignit constamment celle de la nature vivante, trop négligée par le plus grand nombre de ses contemporains. Jamais, depuis sa jeunesse jusqu'à ses derniers jours, quelque sujet qu'il voulût traiter, il ne cessa, dit Louis Crespi, son fils et son historien, de dessiner ses figures d'après des modèles vivants[2]. En saisissant ainsi dans la nature des mouvements vrais et faciles, en recherchant tour à tour dans les chefs-d'œuvre des différents peintres que nous venons de nommer les traits qui les caractérisent, il parvint à se former une manière neuve et qui lui fut propre; il acquit un pinceau léger, brillant et expéditif. Mais cet artiste ne se dit point assez que, pour devenir l'émule des Carrache, du Corrège, de Paul Véronèse, il ne suffisait pas de copier les ouvrages de ces grands peintres, et même de dessiner d'après des modèles vivants; mais qu'il fallait s'élever aux principes qui les avaient dirigés,

---

[1] Ce surnom lui fut donné par ses compagnons d'études, à cause de la singularité de ses habillements.
[2] *Lettere pitt.*, t. III, p. 501, 502. — *Fels. pitt.*, t. III, p. 217.

les suivre dans l'ordre de leurs études, plutôt que de les imiter dans leur faire et dans leurs compositions.

Cette erreur avait malheureusement séduit l'Ecole de Bologne, à l'époque dont nous parlons. Tandis que l'Ecole romaine, livrée à la fougue de son imagination, ne traçant d'après les chefs-d'œuvre de l'antiquité que de rapides croquis, perdait de vue tout à la fois et la grandeur et la vérité du style, celle de Bologne, plus studieuse et non moins aveuglée, s'énervait, en copiant avec trop d'assiduité les ouvrages du Corrège et ceux des Carrache, ses régénérateurs. Les maîtres de cette École semblaient avoir oublié que les Carrache avaient eux-mêmes suivi une méthode opposée ; que ces habiles maîtres n'habituaient point leurs disciples à copier leurs ouvrages ; qu'ils formaient, au contraire, leur goût et leur main par la comparaison et par l'imitation constantes de l'antique et de la nature, par la connaissance de l'anatomie, par la lecture des plus grands poëtes et des meilleurs historiens, par des essais multipliés dans l'art de la composition, par l'analyse plutôt que par l'imitation des ouvrages des plus grands peintres. Attachés à cette excellente méthode, les Carrache avaient formé une foule de savants artistes, dignes rivaux les uns des autres, et tous distingués par des caractères différents ; l'Ecole vieillie produisit, en copiant les Carrache, des élèves que les Carrache auraient, pour la plupart, désavoués.

Le dessin de Crespi est souvent incorrect ; ses draperies sont maniérées ; on reconnaît que, malgré son admiration pour les Carrache, il avait été entraîné par la manière facile du Cortone. Il a peint un grand nombre de tableaux d'histoire, et beaucoup de tableaux de genre. Il abondait en idées gaies et burlesques : cette disposition naturelle lui fit placer quelquefois, dans la composition des sujets les plus graves, des traits peu dignes du style de l'histoire ; mais, lorsqu'il a peint des scènes familières, l'habitude de traiter des sujets élevés a, au contraire, ennobli ses idées et même son dessin : on peut dire qu'il a peint le genre, d'une manière grande et originale.

Le tableau représentant une *Maîtresse d'École* nous offre ce caractère. On remarque, dans la pose de toutes les figures, de la naïveté, de l'esprit, de la décence ; les têtes ont de l'expression et de la finesse ; la couleur est chaude, ferme, transparente ; la touche est légère et spirituelle; la lumière est répandue sur les différents groupes avec trop d'égalité ; mais chaque figure considérée séparément est bien éclairée. Crespi employait peu de couleur ; il voulait peindre les masses aussi légèrement que l'on peint des glacis : il est arrivé, de là, que le temps a dévoré ses teintes, et que la toile est à découvert dans la plupart de ses tableaux. Celui-ci n'est pas de ce nombre; il a conservé sa fraîcheur, et le coloris rappelle le meilleur temps de l'École de Bologne.

PANNINI. 1695-1768.

ÉCOLE ROMAINE.

LE TEMPLE DE VESTA ET L'ARC DE JANUS.

(N° 282. Voy. le *Catal. des Ecoles d'Italie et d'Espagne*, p. 162.)

Pannini a réuni dans ce tableau, ainsi que dans la plupart de ses ouvrages, des monuments qui, dans la réalité, sont très-éloignés les uns des autres, quoique tous renfermés dans l'enceinte de Rome. A droite, est le temple de Vesta, situé au bord du Tibre, au pied du mont Aventin, à l'endroit où, suivant l'expression d'Horace, le fleuve revient sur lui-même, et semble vouloir venger, dans ses débordements, sans l'aveu de Jupiter, les pleurs d'Ilie, son épouse [1]. A gauche, est l'arc à quatre faces, appelé vulgairement l'*Arc de Janus*, qu'on voit dans l'ancien *Forum Boarium*, auprès du mont Palatin ; et, dans le milieu, la statue équestre de Marc-Aurèle, trouvée en 1475 près de Saint-Jean-de-Latran, et placée par Michel-Ange, sous le pontificat de Paul III, sur la place du Capitole. Le portique qui paraît entourer ces monuments est de l'invention de Pannini.

Ce tableau n'offre pas des tons aussi fins et aussi brillants que

[1] Horat., *Carm.*, lib. I, od. 2, v. 13 et seq.

celui qui lui sert de pendant, où l'on voit le Panthéon de Rome, et dont nous parlerons en dernier lieu. La touche n'en est pas aussi moelleuse. Le ton général est jaunâtre et trop uniforme. A peine quelques branches d'arbres et quelques plantes peu élevées mêlent-elles une verdure pâle aux tons de la brique et des marbres amoncelés de tous côtés. Les figures, distribuées en trop grand nombre dans toutes les parties de la composition, diminuent l'intérêt que pourrait inspirer la vue des ruines antiques : nulle action qui leur soit commune ne les lie les unes aux autres ; elles sont maniérées dans leurs attitudes, et paraissent s'agiter sans motifs. Les lumières sont aussi trop égales et trop disséminées. Mais la perspective est savamment observée ; il y a de l'accord dans le coloris roux et grisâtre des monuments ; les détails de l'architecture sont rendus avec esprit et avec vérité.

Divers savants ont pensé que le temple que nous voyons ici n'est pas celui de la jeune Vesta, fille de Saturne et de Rhée [1], emblème du feu domestique, et, par une suite de cette allégorie, déesse de la pudeur ; mais celui de l'ancienne Vesta, c'est-à-dire de la Terre, divinité qui renfermait dans son sein le feu vital [2]. Suivant les mêmes antiquaires, il fut d'abord élevé par Numa, qui lui donna une forme ronde [3], et ensuite rebâti par Vespasien ou Domitien, tel qu'il existe encore aujourd'hui [4], si l'on excepte toutefois les dégradations opérées par le temps. La voûte et l'entablement sont tombés ; un mur moderne lie les vingt colonnes corinthiennes, cannelées, de marbre de Paros, qui formaient le portique, et cache la *cella* qui subsiste dans l'intérieur. Ce temple, grossièrement restauré, est devenu l'église dite *di Santa Maria*

---

[1] Hesiod., *Theog.*, v. 453, 454.

[2] Ovid., *Fast.*, lib. VI, v. 263 ad 282. — Serv., *in Virg. Æneid.* lib. I, v. 296, et lib. II, v. 296.

[3] Festus, *De verb. signif.*, lib. XVI. in verb. *Rotunda*. — Ridolf. Venuti, *Descriz. delle antich. di Roma.* part II. cap. II. t. II, p. 51. ed. 1803. — Guattani, *Rom. antic.*, t. I, p. 100. — Nardini croit que ce temple était consacré à Hercule (*Roma vetus*, lib. V, cap. x). Son opinion ne paraît pas fondée.

[4] Venuti croit qu'il fut rebâti par Vespasien ou par Domitien : il se fonde sur ce qu'on le voit gravé sur des médailles de ces deux princes.

del Sole. Pannini a fait disparaître le mur extérieur et composé un entablement.

L'arc placé à gauche est un de ces édifices que les Romains élevaient sur les places publiques, pour offrir un abri aux petits marchands et aux changeurs de monnaies, et qui étaient appelés des *Janus,* parce qu'ils présentaient quatre faces parfaitement égales. Fulvius Flaccus, lorsqu'il était censeur, en l'an de Rome 580, Domitien, Sévère et plusieurs autres princes, firent élever, dans Rome, des monuments de ce genre [1]. Cicéron et Horace ont lancé des sarcasmes contre les hommes de leur temps, qu'on voyait fréquemment assis sous les arcs de Janus, et qui étaient, à cause de cela, soupçonnés de prêter de l'argent à un intérêt usuraire [2]. On croit que celui que nous voyons ici fut élevé par Domitien [3]. Il est construit avec de très-gros blocs de marbre grec. Chaque face à cent deux palmes de long, et présente douze niches où durent être placées des statues. Sur l'ancien édifice sont des murs en brique, qui datent du moyen âge. Une ancienne tradition porte qu'ils furent construits par les seigneurs de la maison *Frangipani*, qui étaient devenus propriétaires de ce monument, et qui en avaient fait une forteresse [4].

Tout le monde connaît ce que Maffei, Falconet, Mengs et d'autres antiquaires ont écrit sur la statue de Marc-Aurèle [5].

Quelque blâmable que soit à certains égards le rapprochement de ces trois monuments dans un même tableau, on aime à embrasser d'un seul coup d'œil ces restes précieux de l'antiquité, qui rappellent tous des idées intéressantes.

---

[1] Tit.-Liv., lib XLI, cap. xxvii. — Sueton., *in Domitian.*, cap. xiii. Spartian., *in Sever.*, cap. xix.
[2] Cicer., *De off.*, lib. II, c. xxv. — Horat., *Sat.*, lib. II, sat. iii, v. 18 et seq. — Id., *Epist.*, lib. I, ep. i, v. 54, 55.
[3] Sueton., loc. cit.
[4] Ridolf. Venuti, part. I, t. I, p. 6 et 7.
[5] Maffei, *Stat. dat. in luce da Rossi*, tav. xiv. — Falconet, *Observ. sur la stat. de Marc-Aur.*, t. 1 de ses œuvres, p. 157. — Mengs, *Opere*, t. II, p. 257.

LE PANTHÉON DE ROME.

(N° 283. Voy. le *Catal. des Ecoles d'Italie et d'Espagne*, p. 162.)

Jusqu'à quel point la raison et le goût permettent-ils de réunir dans un même tableau des monuments connus, encore existants, et situés dans des lieux tellement éloignés l'un de l'autre, qu'il serait impossible, dans la réalité, non-seulement de les embrasser d'un même coup d'œil, mais quelquefois même de les visiter, sans parcourir un chemin considérable? L'imagination se prêtera-t-elle sans peine à ce déplacement d'antiques édifices, contre lequel la mémoire ou l'aspect des lieux réclament tous les jours? Nous fera-t-on sentir les beautés de l'architecture, si l'on resserre ainsi les uns contre les autres ces grands monuments qui, pour déployer toute leur magnificence, voulaient être vus isolés, et régner sur un vaste terrain? Est-il convenable enfin, si l'on veut flatter agréablement les regards, d'accumuler tant de pierres, tant de ruines, d'en charger le tableau, d'anéantir presque entièrement la verdure des campagnes sous le fardeau des marbres et des débris? Ces réflexions se présentent d'elles-mêmes, lorsque l'on considère la plupart des tableaux de Pannini ou des artistes qui se sont appliqués au même genre de peinture. Il faut sans doute beaucoup d'art pour exceller dans de semblables sujets; mais, quel que soit le talent du peintre, l'ouvrage ne saurait ni toucher le cœur, ni frapper l'imagination par de grandes idées. Quoique ces compositions puissent être ingénieuses à certains égards, elles ne choquent pas moins les règles les plus essentielles du goût.

Pannini dessine l'architecture avec esprit et connaît bien la perspective. Ses tableaux offrent de grandes lignes, de belles masses justement balancées, des détails riches et piquants. Au milieu des monuments et des marbres qu'il amoncelle avec trop de profusion, il place quelquefois heureusement une fontaine, un lac, une rivière, qui donnent de la fraîcheur et de la vie aux objets dont ils sont environnés. C'est principalement par l'action et par la multiplicité des figures qu'il cherche à mettre des contrastes dans ses compositions; ce désir, pour l'ordinaire, le conduit trop loin : ses figures sont assez bien dessinées, mais elles offrent des mouvements outrés, des poses maniérées ; elles sont aussi trop grandes en général, si on les compare aux monuments. Le plus grand mérite de Pannini consiste dans le coloris ; ses teintes un peu jaunâtres ont quelquefois trop d'uniformité, mais on lui pardonne facilement ce défaut ; son pinceau est délicat, vif, spirituel, suave ; il environne les monuments d'une lumière abondante ; ses reflets sont fins et argentins ; l'œil du spectateur est séduit par le ton harmonieux de l'ensemble.

Le tableau représentant le *Panthéon de Rome* nous paraît offrir une preuve de la justesse des réflexions que nous venons de faire. Comment se persuader que le Panthéon, existant réellement sur une place de Rome, *de la ville éternelle*, de Rome que le temps semble se plaire à respecter, soit cependant au milieu des champs, entouré de monuments qui ne se trouvèrent jamais dans son voisinage, et qui, par leurs proportions, par leur caractère, n'ont aucun rapport les uns avec les autres ? Les décombres, les fragments d'architecture amoncelés, ont tellement envahi, surchargé le terrain, qu'à peine peut-on apercevoir deux faibles bouquets d'arbres ou de broussailles. Ce tableau est ingénieusement composé, en ce que les nombreuses figures qu'il présente, paraissant écouter un sage qui les harangue, et liées ainsi par un intérêt commun, sont devenues le sujet principal, et que les monuments, au contraire, malgré leur étendue, ne forment qu'un accessoire. On pourrait dire que plusieurs de ces figures offrent des poses étudiées, peu naturelles, et que leur ton roussâtre ne diffère pas assez de celui des édifices ; mais la richesse de l'architecture, la touche légère et délicate qu'on retrouve dans tous les détails, le coloris harmonieux qui anime les marbres, font oublier ces imperfections. Les colonnes, entre autres, qui enrichissent la gauche, sont un chef-d'œuvre, pour la finesse des tons et pour la vérité de l'effet.

Au milieu des monuments qui tombent en ruines, se voit une statue de l'*Abondance*, également mutilée ; le sens de cette allégorie semble pouvoir s'expliquer sans difficulté ; on pourrait croire même qu'elle a donné au philosophe le sujet de son discours : si les beaux-arts s'anéantissent, une des principales causes de la richesse des nations périt avec eux.

ÉCOLE ESPAGNOLE

RIBERA. 1588-1656.

L'ADORATION DES BERGERS.

(N° 553. Voy. le *Catal. des Ecoles d'Italie et d'Espagne*, p. 309.)

Joseph Ribera, dit l'*Espagnolet*, naquit à Xativa, aujourd'hui San Felippe, dans le royaume de Valence, en 1588 [1]. Son père l'emmena, de bonne heure, à Gallipoli, dans les Etats de Naples, où il était employé comme militaire au service du roi d'Espagne.

[1] Sandrart, Orlandi et quelques autres biographes disent que Ribera naquit à Valence, dans le royaume des Espagnes, auquel cette ville a donné son nom. Cellano, pour grossir le nombre des artistes nés dans les Etats de Naples, veut qu'il soit seulement fils d'un Espagnol, et qu'il ait pris naissance à Lecce, dans la terre d'Otrante (*Notiz. di Napoli*, giorn. II, p. 99). Bernardo de' Dominici le fait naître à Gallipoli, en 1593 (*Vite de' pitt. napol.*, t. III, p. 1 et 2). Ces assertions ne sont pas exactes. Ribera ne s'est pas contenté de se dire Espagnol, du royaume de Valence, et de signer un grand nombre de ses tableaux : *Joseph de Ribera, Hispanus, Valentinus* ; il a désigné expressément la ville où il était né, dans une gravure de sa main, représentant des satyres qui versent à boire à Silène ; on lit, vers les pieds de Silène, cette inscription : *Joseph a Ribera, Hispan., Valent., Setaben.; f. Partenope*, 1628. Le mot de *Setaben.*, abrégé de *Setabensis*, indique bien que Ribera était né à Xativa, aujourd'hui *San Felippe*, qui est le *Sœtabis* ou *Setabis* des anciens. Palomino cite une inscription semblable, placée sur un tableau représentant saint Matthieu : *Jusepe de Ribera, Espanuol, de la ciudad de Xativa, reyno de Valencia, Academico romano. anno de* 1630 (*Vidas de los pint. eminent. espan.*, t. III, p. 312, 313). Mais ce qui laissera encore moins de doute, c'est l'acte de naissance de cet artiste. Il est rapporté en entier par don Raimondo Diosdado Cavallero, dans la collection intitulée *Antologia romana* (t. XXII, p. 534, 535). On y voit que Ribera naquit à Xativa, le 12 janvier 1588.

Après avoir appris de Ribalta les premiers éléments de l'art, le jeune Ribera fut placé, à Naples, dans l'atelier du Caravage. Les leçons qu'il reçut de ce maître durent être de courte durée [1] ; mais il avait dans ses qualités morales tant de ressemblance avec lui, qu'il s'appropria bientôt sa manière. Il tenta ensuite, à Rome, d'imiter les ouvrages de Raphaël; à Parme et à Modène, ceux du Corrège. Ce genre élevé lui convenait peu ; le goût dominant lui opposait d'ailleurs, dans cette carrière, un obstacle difficile à surmonter. Tant qu'il demeura attaché à l'étude de ces génies immortels, il vécut dans une profonde misère. Des amis lui conseillèrent de retourner à Naples, et de s'appliquer de nouveau à la manière du Caravage. Cette espèce d'apostasie changea totalement son sort. Ses ouvrages furent recherchés avec une telle avidité, et sa qualité d'Espagnol lui fut si utile auprès du vice-roi, qu'en peu de temps il jouit d'une très-grande opulence [2].

[1] Ribera dut être placé auprès du Caravage en 1606, à l'époque où ce peintre célèbre, contraint de s'éloigner de Rome, chercha un refuge à Naples. Le Caravage partit pour Malte, peu de temps après.

[2] Aussitôt que Ribera eut éprouvé ce changement de fortune, son caractère orgueilleux, longtemps comprimé, ne connut plus de frein. Le désir de soutenir un faste immodéré acheva de le corrompre. L'histoire accuse cet homme ambitieux d'avoir ourdi, conjointement avec Belizario Corenzio, Grec d'origine, les complots qui abrégèrent les jours du vertueux Dominiquin (*Dominici*, loc. cit., p. 1 et 21.— Malvas., *Fels. pitt.*, *Vita di Dom. Zamp.*, t. II, p. 333, 334). Ribera trouva, dans les suites mêmes de son orgueil, une punition bien méritée. Il fut assez vain pour inviter à un bal le fameux don Juan d'Autriche, fils de Philippe IV. Ce prince devint amoureux d'une de ses filles, la séduisit et l'enleva. Ribera, déshonoré par un affront dont il lui était impossible de tirer vengeance, se livra au désespoir : il trompa un jour sa famille, en feignant d'aller de sa maison de campagne à la ville, et disparut pour jamais, soit qu'il s'expatriât volontairement, ou, ce qui est plus vraisemblable, qu'il s'ensevelît dans le sein de la mer (Dominici, loc. cit., p. 20 et 21).

Ce dernier fait donne lieu à une remarque très-importante. Le tableau que nous décrivons porte cette inscription : *Jusepe Ribera, Espanol, Academico romano*, f. 1650. Dominici, en racontant les circonstances de la mort de Ribera, veut que don Juan lui enlevât sa fille en 1648, et il place sa mort au printemps de l'année 1649. Si Ribera était mort en 1649, il s'ensuivrait ou que le tableau du Musée Napoléon ne serait pas de sa main, ou, du moins, que la signature serait contrefaite Mais Dominici paraît s'être trompé sur la fixation des époques. Don Juan vint à Naples deux fois. Il y entra d'abord lorsque la ville se rendit à l'armée espagnole, le 6 avril 1648. Il se rembarqua et passa à Messine, pour apaiser les troubles de la Sicile, le 22 septembre de la même année. Au mois de mai 1650, il vint avec une partie de sa flotte se joindre au

Ses tableaux offrent, en général, une imitation fidèle et vive de la nature. Son dessin est ordinairement correct; son coloris est presque toujours mâle et vrai ; sa touche large, moelleuse et hardie. Il aime à traiter des sujets sombres et tragiques : cette disposition naturelle aurait pu le conduire à des beautés d'un ordre supérieur ; mais on remarque dans ses ouvrages peu d'invention, peu de variété. Il n'excelle que lorsqu'il représente des personnages d'une naissance commune : des pâtres, des bourreaux, des soldats, des anachorètes épuisés par les ans. L'aménité, la grâce lui sont étrangères. Veut-il peindre des femmes, son dessin s'appauvrit; son coloris devient froid : on dirait qu'il a cessé de consulter la nature.

Si cette observation est juste, le sujet de l'*Adoration des Bergers* devait offrir, sous le pinceau de l'Espagnolet, des beautés frappantes et des défauts également remarquables. C'est ce que nous présente, en effet, le tableau capital que nous examinons. Rien de plus vigoureux et de plus vrai que les figures des pâtres, qui, pleins de respect et d'émotion, s'inclinent pour adorer Jésus; le dessin, le coloris, la touche et des têtes et des costumes, ont une vigueur qu'on ne saurait assez admirer : la tête de Marie et celle de Jésus, au contraire, manquent de dignité, de grâce et même de relief. La lumière la plus vive, qui devrait éclairer le personnage principal, frappe sur le berger le plus avancé. On est cependant forcé de pardonner ces défauts, quand on considère le caractère de ce pâtre, l'expression religieuse répandue sur son visage, et les tons chauds de ses draperies. Ni le Cara-

---

vice-roi espagnol qui allait faire une descente en Toscane, et il retourna en Sicile au mois de septembre suivant (Giann., *Stor. civ. del regn. di Nap.*, t. IV, lib. XXXVII, cap. IV et V). Il y a lieu de croire qu'il séjourna quelque temps à Naples dans cette dernière occasion, et que ce fut alors qu'il enleva la fille de Ribera. En admettant que celui-ci mourut au printemps qui suivit cet événement, il faut placer sa mort vers le mois de mars de l'année 1651. Un autre fait vient à l'appui de celui-là, c'est l'existence d'un tableau de Ribera, représentant la *Cène*, placé dans le chœur de l'Église des Chartreux de Naples, dédiée à saint Martin. Ce tableau porte l'inscription : *Joseph de Ribera, Hispanus, Valentinus, Academicus romanus*, f. 1651 (Don Raim. Diosd. Cavallero, loc. cit., p. 293). La touche du tableau du Musée Napoléon suffit, d'ailleurs, pour prouver qu'il est de la main de Ribera.

vage, ni aucun de nos plus habiles coloristes, n'ont peint une figure plus mâle et plus étonnante [1].

MURILLO. 1618-1682.

UN JEUNE MENDIANT.

(N° 551. Voy. le *Catal. des Ecoles d'Italie et d'Espagne*, p. 307.)

Un des premiers soins du peintre d'histoire doit être sans doute de choisir des sujets nobles et intéressants. Mais l'artiste doué d'une sensibilité vive, le grand coloriste surtout, s'il est frappé par quelque objet dont les formes soient fortement prononcées, s'il découvre une attitude expressive et originale, un accident de lumière chaud et piquant, ne peut quelquefois résister au désir de transporter sur la toile les traits, les couleurs dont son imagination est remplie. Avant d'examiner dans leurs rapports moraux l'action ou les personnages soumis à ses regards, il en a saisi, pour ainsi dire malgré lui, les caractères physiques ; il s'est emparé de son crayon, de ses pinceaux, et déjà le modèle semble respirer dans une vivante image. Ce sentiment impérieux qui excite, qui force en quelque sorte l'artiste à imiter, à rendre avec vérité les objets dont il admire les formes ou le coloris, est le premier élément du talent : l'instruction, le goût, l'élévation des pensées, achèveront de former un grand homme ; mais, sans cette disposition naturelle, nul n'est peintre, ni statuaire.

[1] Ribera peignit plusieurs fois l'*Adoration des Bergers* (Palomino, loc. cit., p. 312). Il existe une répétition de notre tableau, à l'Escurial. On assure qu'il y en a une autre à Cordoue, dans la sacristie du couvent des Augustins. M. Le Brun pense que le tableau de l'Escurial est une copie (*Rec. de grav. au trait*, t. II, p. 18). Celui du Musée Napoléon a appartenu longtemps au duc *della Regina*. Il a été cédé à la France par le roi de Naples, en échange d'autres tableaux appartenant aux Français et que les Napolitains avaient enlevés de Rome.

C'est là ce qu'il faut se rappeler, en considérant le beau tableau de Murillo, dont nous voyons ici une gravure. Il est vraisemblable que le peintre espagnol, passant un jour auprès d'une ruine gothique, découvrit un jeune mendiant qui, abrité dans l'intérieur, s'y réchauffait aux rayons du soleil, et usait d'une pleine liberté pour purger ses haillons des compagnons incommodes de sa misère. L'architecture pittoresque de l'antique masure, la vivacité du clair-obscur, la pose naïve du jeune malheureux qui ne croyait point être aperçu, appelèrent l'attention d'un maître éminemment coloriste. Un croquis spirituel dut saisir d'abord toutes les principales parties de cet ensemble. L'action même du petit mendiant se trouva retracée sous le crayon du peintre, parce qu'elle était inséparable de l'attitude et des effets qu'il voulait exprimer. Ce moment d'inspiration produisit, prépara du moins un des ouvrages les plus remarquables d'une École qui doit tenir un rang distingué dans l'histoire de l'art, à cause de l'énergie et de la vérité de son coloris.

Il ne faut point examiner le dessin de ce tableau avec trop de rigueur; le sujet peut faire pardonner quelques légères incorrections. C'est la simplicité de l'attitude, le relief donné à la figure, l'éclat de la lumière, la fermeté du pinceau, la vigueur du ton général, qui en font un chef-d'œuvre. La tête et toutes les parties nues sont pleines de vie. Dans les vêtements en lambeaux qui ne couvrent le corps qu'à moitié, la touche est large et hardie : dans les chairs des genoux, des jambes et des pieds, l'artiste soigneux a exprimé, au contraire, les moindres détails. La rudesse de la peau atteste la paresse de ce malheureux enfant; ses mœurs sont, en quelque sorte, écrites sur l'épiderme qui couvre ses membres : on voit qu'une onde salutaire ne les rafraîchit jamais. Telles furent, en effet, jusqu'à présent les habitudes d'une partie de cette nation fière, magnanime et indolente, que le Ciel combla de toutes ses faveurs, et dont les institutions ont rendu la plupart de ces bienfaits inutiles ; qui consomme peu, pour travailler peu ; et chez qui tant d'infortunes trouvent dans leur oisiveté le dédommagement de leur misère. Des fruits rassemblés dans un vieux panier, un vase de terre, quelques crevettes éparses sur le terrain, sont les préparatifs ou les restes d'un sobre repas. Tous ces objets sont peints avec autant d'art que la figure. L'ensemble produit une illusion parfaite.

Bartholomé Murillo naquit à Pilas, à cinq lieues de Séville, en 1613. Il appartenait, suivant le témoignage de Palomino, à une famille illustre et aisée. Jean de Castille, son oncle, qui demeurait à Séville, fut son premier maître. Venu à Madrid, il y jouit de la protection et des conseils du Vélazquez, son compatriote, alors premier peintre du roi Philippe IV. Le Titien, Paul Véronèse, Rubens, le Van-Dyck et le Velazquez furent ses modèles favoris. Il mourut à Séville, en 1682, sans être jamais sorti de l'Espagne [1]. Ce maître se fit successivement deux manières différentes. Dans la première, qui est celle de notre tableau, sa touche est plus vive, plus énergique; dans la seconde, elle est plus moelleuse, plus suave, et le coloris est aussi plus clair [2]. Ses ouvrages sont toujours remarquables par une grande vérité et par la chaleur du clair-obscur.

Le tableau connu sous la dénomination du *Jeune Mendiant*, ou de l'*Enfant à la cruche*, vient de l'ancienne collection du Roi. On le voyait autrefois à Versailles.

---

[1] Palomino, *El Museo pict.*, t. II, p. 420 et suiv.
[2] R. Mengs, *Œuvres compl.*, t. II, p. 65.

ÉCOLES
ALLEMANDE, FLAMANDE ET HOLLANDAISE.

PAUL BRIL. 1556-1626.

ÉCOLE FLAMANDE.

PAN ET SYRINX.

(N° 70. Voy. le *Catalogue des Ecoles allemande, flamande et hollandaise*, p. 36.)

Paul Bril naquit à Anvers l'an 1526 [1]. Il passa sa jeunesse à peindre des clavecins. Son attachement pour ses parents le retint, jusqu'à vingt ans, dans sa patrie. La réputation que son frère, Matthieu Bril, s'était acquise en Italie, excitant de plus en plus son émulation, il se déroba secrètement de la maison paternelle, traversa la France, demeura quelque temps à Lyon, et se rendit à Rome, où il trouva son frère occupé dans le Vatican, sous le pontificat de Grégoire XIII. Dirigé par les leçons de cet artiste, bientôt il le surpassa. Matthieu étant mort en 1584, Paul fut chargé seul des travaux qu'ils avaient dû exécuter en commun. Parmi les ouvrages qui contribuèrent le plus à sa réputation, on distingua un paysage, de soixante-huit palmes romains de longueur, peint à fresque, dans une des salles du Vatican appelée la salle *Clémentine*, où il représenta le pape saint Clément, attaché à une ancre, et près d'être précipité dans la mer [2]. Il jouit

---

[1] Le Brun, *Galerie des peint. flam.*, t. I, p. 9.
[2] Cet ouvrage subsiste encore. Soixante-huit palmes romains forment environ cinquante-trois pieds.

du bonheur, assez rare parmi les artistes, de conserver toute sa réputation jusqu'à la fin d'une longue vie, parce qu'en effet son mérite se soutint et s'accrut sans cesse plutôt que de décliner. Il mourut à Rome en 1626, âgé de soixante-dix ans, après avoir vu constamment ses ouvrages recherchés et vendus à de hauts prix.

Paul Bril occupe une place distinguée dans l'histoire de l'art, parce qu'on le regarde comme un des premiers peintres de l'École flamande, qui aient abandonné la manière sèche et froide, trop longtemps en règne dans cette École, pour prendre un style plus large et plus ferme. On lui attribue aussi l'honneur d'avoir un des premiers baissé l'horizon, que les anciens peintres plaçaient trop haut, et de s'être appliqué à renfermer de vastes campagnes dans un espace étroit [1]. Suivant l'opinion d'Hagedorn, ce fut la vue des Alpes qui, élevant ses idées, lui fit reconnaître que le peintre doit représenter la nature dans sa grandeur, et non dans ses détails minutieux [2]. On a pensé généralement que ce fut à l'étude des beaux ouvrages du Titien, qu'il dut la réforme de son style.

Les compositions de ce maître sont grandes et d'un beau caractère. A des sites étendus, à des masses grandioses, il associe quelquefois un reste de la naïveté des anciens maîtres, qui n'est pas sans intérêt. On voit avec plaisir, dans ses ouvrages, l'art passer de l'ancienne manière au style du paysage historique. Ses arbres ne présentent pas toujours des formes heureuses, mais ils sont peints avec chaleur, avec esprit ; *son feuiller*, dit M. Le Brun, *est large et d'une belle pâte* [3] ; sa touche est nette, vive, moelleuse ; ses lointains sont riches et habilement dégradés. Il adopta quelques erreurs, dont nous parlerons dans une autre occasion. Depuis quelques années, ses ouvrages sont tombés, dans nos ventes publiques, au-dessous du cinquième de leur ancienne valeur ; il nous semble qu'on les juge avec une sévérité excessive.

Le tableau où nous voyons représentés *Pan et Syrinx*, offre, à la première vue, un sujet de critique : il paraît vert dans presque

---

[1] Hagedorn, *Réflex. sur la peint.*, liv. II, sect. III, chap. XXVIII ; t. I, p. 356, 357.
[2] *Ibid.*, p. 355.
[3] Le Brun, *Galerie des peint. flam.*, t. I, p. 9.

toutes ses parties. Mais, si on le considère avec attention, on voit, dans la composition, de la richesse, de la simplicité, de l'originalité ; dans ces teintes vertes que l'on avait désapprouvées, on remarque une variété, une dégradation, un accord admirables. La montagne qui se présente à droite offre une belle masse, des plans fermes ; le bois touffu dont cette roche se couronne est bien groupé ; les tons en sont fins ; on sent, dans les divers mouvements des arbres et des arbustes, les sinuosités de la montagne ; l'air et la lumière y circulent ; le fond du tableau présente une vaste campagne ; le ciel est léger ; les formes noueuses des arbres qui se voient à gauche pouvaient convenir au sujet.

L'artiste nous transporte dans l'Arcadie, dans un pays montueux, habité par des chevriers et des satyres. Il a voulu nous montrer la source du Ladon. L'eau tombe du creux d'un rocher ; le fleuve grossi serpente au loin dans la plaine. Cette nymphe éplorée est la chaste Syrinx. Ivre d'amour, le dieu Pan, qui la poursuit, se croit à l'instant de la serrer dans ses bras : Syrinx subit une métamorphose ; le dieu, trompé, ne saisit qu'un roseau [1]. Malheureuse Syrinx ! à quoi te sert ta vertu ? Console-toi, l'instrument mélodieux qui va te devoir son existence rappellera sans cesse et la douceur de ta voix et la pureté de ton âme.

Les figures paraissent être de la main de Joseph d'Arpin. Ce tableau est peint sur cuivre ; il faisait partie de la collection du Roi. Paul Bril a composé deux fois, à notre connaissance, le même sujet : la première composition a été gravée par Nieulant ; elle est moins riche que celle du Musée, dont nous offrons la gravure.

UN PAYSAGE ET DES PÊCHEURS.

(N° 64. Voy. le *Catalogue des Ecoles allemande, flamande et hollandaise*, p. 36.)

Nous disions, en dernier lieu, que Paul Bril associe quelquefois, à des sites étendus, à des masses variées et grandioses, un reste de la naïveté des anciens maîtres. Le tableau que nous intitulons *Un*

---

[1] Ovid., *Metam.*, lib. I, c. XXII.

paysage et des pêcheurs, nous semble offrir ces deux caractères ; on y trouve réunis, de la richesse, de la fermeté, un beau mouvement dans l'ensemble, de la vérité, de la simplicité, un fini précieux dans les détails. A droite, est une montagne que le soleil éclaire à revers ; des roches entassées, des touffes de pins, des masses de lumières et d'ombres en font sentir les excavations et les détours ; à gauche, un massif d'arbres et de broussailles oppose une barrière aux rayons qui se jouent et le colorent ; vers le centre, se voit un terrain pleinement éclairé ; sur le devant, coule une rivière qui se précipite de la montagne ; d'un côté, les eaux vives et limpides reçoivent une lumière bien ménagée ; de l'autre, elles reposent entre des roseaux sous l'ombrage épais que forment les arbres et les rochers ; un rayon transversal, qui glisse au devant des arbres, frappant sur les deux pêcheurs et sur le tertre placés au premier plan, rend plus fermes les ombres qui l'environnent : il anime, il échauffe le devant du tableau. Les détails sont exécutés par une main patiente et délicate ; les effets de la lumière sont sentis sur toutes les faces des fabriques même les plus éloignées ; les mouvements des plus petites figures sont vrais et naturels ; on croit voir agir dans le lointain les bœufs qui boivent à la rivière, la femme qui les conduit, le personnage qui traverse le pont, et jusqu'à l'homme à cheval et à son conducteur à pied, qu'on aperçoit à peine au sommet de la montagne.

Paul Bril était très-habile dans l'art de peindre des paysages topographiques ou *paysages-portraits.* Dans les premières années de son séjour à Rome, il exécuta plusieurs ouvrages de ce genre, qui furent regardés comme des chefs-d'œuvre. On remarqua particulièrement six tableaux, représentant les six couvents principaux des domaines de Grégoire XIII, et quelques autres où il peignit les plus beaux sites des maisons de plaisance de la famille Mathéi. Il prit ensuite l'habitude de peindre souvent d'après ses dessins et sans consulter la nature. D'habiles connaisseurs lui en ont fait le reproche [1]. Cette pratique le conduisit à représenter fréquemment, dans ses diverses compositions, soit les mêmes sites, soit les mêmes groupes d'arbres ; elle lui fit adopter aussi

---

[1] Descamps, t. I, p. 208.

des teintes généralement vertes, qui nuisent quelquefois à l'effet de ses tableaux. Celui-ci n'est pas exempt de cette dernière imperfection : il est vert dans toutes ses parties ; mais les tons sont fins, légers, brillants et habilement dégradés ; la touche est naïve et spirituelle. Il a conservé toute la fraîcheur qu'il dut avoir en sortant des mains de l'artiste. Il faisait autrefois partie de la collection du Roi.

PETERS NEEFS. 1570-1651.

ÉCOLE FLAMANDE.

VUE INTÉRIEURE D'UNE ÉGLISE.

(N° 346. Voyez le *Catalogue des Ecoles allemande, flamande et hollandaise* p. 180.)

Si jamais le peintre a besoin de posséder tous les secrets du clair-obscur, si les procédés mécaniques de son art doivent en général lui être familiers, c'est sans doute lorsqu'il se dévoue à ne représenter que des intérieurs d'églises, à ne peindre que des colonnes, des voûtes, des autels, ou du moins à considérer les figures humaines, placées dans ses tableaux, comme de simples accessoires. Le peintre d'histoire embrasse la nature entière ; soit qu'il représente des dieux, des héros, des édifices, des animaux, des campagnes, il choisit dans l'universalité des êtres les modèles les plus accomplis ; sans cesser d'être vrai, il s'applique à tout embellir ; nous inspirer des pensées nobles et des sentiments vertueux, tel est son but. S'il y parvient, nous lui décernons toutes les couronnes, parce qu'il a rempli l'idée la plus vaste que nous puissions nous former de la puissance de l'art ; mais nous lui pardonnons aussi quelques imperfections, lorsqu'elles accompagnent des beautés rares et sublimes. Il n'en est pas de même de celui qui, s'attachant exclusivement à l'imitation d'une classe d'objets déterminés, recherche plus encore la vérité individuelle, que le beau absolu, ou, si l'on veut, *le beau idéal*, et qu'on appelle, par cette raison, *peintre de genre*. Plus les limites où il se renferme sont resserrées, plus nous sommes exigeants sur le mérite de l'exécution ; il semble même que nous devenions d'autant plus sévères que le genre est plus froid et plus stérile. Quand notre esprit ne trouve dans un tableau rien qui l'occupe, quand notre cœur reste muet, juges impitoyables, nos yeux saisissent les moindres défauts. C'est ainsi, par exemple, qu'un tableau de fleurs ne saurait nous captiver agréablement, s'il ne nous offre des prodiges de délicatesse et de vérité ; c'est ainsi que l'imitation de la *nature morte* n'a d'attraits que sous un pinceau léger, ferme et piquant, habile à dissimuler l'absence de la vie par la richesse et le feu du coloris.

Cette difficulté existe tout entière pour l'artiste qui représente l'intérieur d'une église gothique, et jamais peut-être elle ne fut plus grande. Le peintre n'a d'autre but, dans cette sorte d'ouvrage, que de donner une idée juste de l'étendue et de la magnificence du monument. L'art de la composition se borne, pour lui, à choisir le point de vue le plus favorable au développement des grandes lignes que décrit l'architecture. Des jours artificiels, plus ou moins éclatants, plus ou moins prolongés ; de grandes masses d'ombres ; un mausolée, une chaire, un groupe, dont aucune action importante ne lie les figures, placés dans la demi-teinte et dans le clair, voilà ses ressources : ce n'est que par la vérité de la perspective, par la transparence et la vivacité des tons, par l'esprit et le moelleux de la touche, qu'il pourra exciter notre admiration : il faudra donc qu'il nous offre dans la plus haute perfection l'art de peindre proprement dit.

On sait combien les deux Stéenwick, Peters Neefs, Wite et quelques autres ont acquis de réputation dans ce genre ingrat. La plupart des tableaux de Peters Neefs ne laissent rien à désirer ; ils portent l'illusion au plus haut degré ; aucun ouvrage, soit hollandais, soit flamand, ne les surpasse quant au fini ; l'air semble circuler autour des piliers et des autels ; on croit errer soi-même au milieu d'un vaste monument. Celui que nous examinons est digne d'un aussi habile maître. Quatre plans principaux se font distinguer dans une immense profondeur ; sur le premier s'étend une ombre ferme ; une vive lumière resplendit dans le second, frappe sur un groupe de trois figures et échauffe de riches détails; dans le troisième, régnent de larges demi-teintes savamment dégradées; le quatrième, qui représente l'intérieur du sanctuaire, appelle au loin les regards par une clarté argentine, que les ombres environnantes rendent plus suave. Le ton général est mystérieux et vrai. Les figures sont de Téniers.

Il est un art d'animer l'intérieur d'un édifice; cet art consiste à placer une scène intéressante sous les voûtes antiques dont on veut peindre les effets. Je pourrais citer des exemples remarquables, si j'osais décrire des tableaux où nous avons vu, depuis peu d'années, des sujets si heureusement choisis et traités avec autant d'habileté : Marie d'Ecosse dans la forteresse de *Fotheringay*, se préparant à la mort; les Visitandines de Nevers, caressant Vert-Vert dans leur cloître; un curé de Rome enterrant un malheureux, auprès des pompeux mausolées de deux cardinaux, dans une église souterraine, autrefois le vestibule des Thermes de Titus; et, plus récemment encore, le peintre Stella crayonnant une image de la Vierge sur les murs de sa prison [1]. Quel coloris, quelle mâle expression dans ce dernier ouvrage! Mais je dois me défendre de nommer des artistes vivants : il suffira d'avoir rappelé une idée générale, qui peut n'être pas inutile au perfectionnement de l'art.

AD. ELZHEIMER. 1574-1620.

ÉCOLE ALLEMANDE.

—

LA FUITE EN ÉGYPTE.

(N° 159. Voy. le *Catalogue des Ecoles allemande, flamande et hollandaise*, p. 80.)

Les malheurs qui empoisonnèrent la vie d'Adam Elzheimer, et la haute réputation dont il a joui après sa mort, présentent un de ces contrastes affligeants que l'on rencontre trop souvent

---

[1] *Expositions du salon*, 1808, n°s 496 et 646. — 1806, n° 232. — An XII, n° 378. — 1810, n° 387.

dans l'histoire des arts. Cet artiste naquit à Francfort en 1574.

Après avoir reçu des leçons de Philippe Offenbach, il alla continuer ses études à Rome, et s'occupa à peindre de petits tableaux d'histoire et de paysages, remarquables par une imitation fidèle de la nature, par une touche spirituelle et par un fini très-précieux. Il surpassa tous les maîtres qui l'avaient précédé dans ce genre de peinture ; mais le théâtre où il déployait ses talents était peut-être mal choisi, et le moment n'était pas favorable. Les artistes qui régnaient dans Rome, à cette époque, ne s'enorgueillissaient que de la fougue de leur imagination et de la rapidité de leur pinceau. Les ouvrages d'Elzheimer se vendaient mal. Un mariage contracté avec une belle femme sans fortune, et une nombreuse famille, augmentèrent ses besoins. Malgré son assiduité au travail, il tomba dans l'indigence, et se trouva chargé de dettes. Veyermans assure que l'illustre Rubens paya plusieurs fois ses créanciers [1]. Jeté en prison, il en fut retiré par le comte Goudt, qui, pour lui faire agréer ses bienfaits, eut la délicatesse de lui payer très-cher quelques-uns des tableaux qu'il a si bien gravés. Ces secours furent insuffisants pour l'infortuné Elzheimer, et il mourut enfin de chagrin en 1620, dans sa quarante-septième année.

Son tableau représentant la *Fuite en Egypte* peut nous faire apprécier ses talents. Ce tableau est généralement regardé comme un de ses plus beaux ouvrages, et même, par quelques personnes, comme son chef-d'œuvre. Saint Joseph, la Vierge et l'enfant Jésus arrivent pendant la nuit chez des bergers qui gardent leurs troupeaux dans un bois, au bord d'un étang. Le groupe est placé sur le premier plan, vers le milieu du tableau, et opposé à la partie la plus épaisse et la plus sombre de la forêt. Saint Joseph tient en main une branche allumée d'un bois résineux : la clarté de ce flambeau rustique se porte, de bas en haut, sur le visage du saint personnage, sur son manteau violet et blanc, sur sa tunique rouge ; elle fait briller la tête de la Vierge et celle de son fils, et échauffe par des reflets heureux les tons bleus du manteau qui les enveloppe. A gauche, devant un massif formé

---

[1] Ce fait n'est pas le seul du même genre, qui honore la vie de Rubens.

par de grands arbres, les bergers entourent un foyer dont la flamme se mêle à des tourbillons de fumée ; à droite, le paysage est ouvert, et la lune, dont le disque paraît tout entier, répand sa lumière sur les eaux transparentes de l'étang, sur les arbres qui l'environnent, sur des bœufs qu'on voit paître dans le lointain. Le site est ainsi éclairé par trois points différents, et cependant l'ensemble présente une unité parfaite. La lueur du feu des bergers, réfléchie par les arbres voisins, ne jette sur ces personnages et sur les animaux rassemblés autour d'eux, que des teintes vertes et blanchâtres. Les rayons de la lune luttent avec les ombres des bois ; la partie du tableau qu'ils éclairent offre des oppositions ménagées avec habileté, des demi-teintes mystérieuses, un coloris argentin et suave ; l'air paraît y circuler dans les détours de la forêt : plus on la considère, plus on l'admire. Les figures principales attirent les regards par des tons chauds et fermes, et dominent sur toute la composition. Quelques étoiles se font remarquer dans le ciel : cet accessoire ajoute peu au mérite de l'ouvrage ; mais il ne nuit, en aucune manière, à l'effet général [1].

Malgré la médiocrité des prix auxquels il vendait ses tableaux, Elzheimer eut un grand nombre d'imitateurs. Il est regardé comme le fondateur de cette laborieuse École flamande et hollandaise, qui s'est fait admirer comme lui, tout à la fois par une exacte vérité et par un extrême fini. Thoman, Hagelstein et le comte Goudt furent ses élèves. David Téniers, dit *le Vieux*, Cornille Poelenburg marchèrent sur ses traces, et ils furent suivis par les Miéris, les Van der Heyden, les Van der Werf, et par une foule d'autres habiles maîtres. Quelques-uns de ces artistes ont surpassé Elzheimer ; ils ont eu aussi l'avantage de vivre parmi des amateurs et sous des princes capables d'apprécier et de récompenser leur mérite. Mais leur gloire n'a pas obscurci celle du chef de leur École ; et les éloges donnés à ce grand peintre depuis près de deux siècles ont dû consoler ses mânes de l'indifférence de ses contemporains.

[1] Ce tableau est peint sur cuivre ; il vient de la collection du Roi.

RUBENS. 1577-1640.

ÉCOLE FLAMANDE.

LA DESCENTE DE CROIX.

(Ce tableau ne fait plus partie du Musée impérial du Louvre.)

Ce tableau, un des plus célèbres que Rubens ait produits, ornait autrefois la cathédrale d'Anvers. Pendant près de deux siècles, il contribua puissamment à appeler dans cette ville un grand concours d'amateurs des arts, et, au milieu des trésors réunis dans le musée Napoléon, il n'a pas cessé de paraître digne de sa haute réputation. Rubens l'exécuta peu de temps après son retour d'Italie, lorsqu'il était vivement frappé du dessin et du coloris de Titien et de Paul Véronèse. Ce grand maître se montre ici dans toute sa gloire. Par une association trop rare dans ses ouvrages, il réunit, à tout ce que la nature lui accorda d'imagination et de chaleur, tout ce qu'il sut acquérir de savoir, de méthode et de sagesse.

Si l'on s'attache d'abord à la composition, quel mouvement! quel vaste et imposant ensemble! quelle majestueuse unité! Si l'on porte successivement ses regards sur les figures principales, comment ne pas admirer la beauté de celle du Christ? Quelle dignité, quel touchant abandon dans la chute de ce corps sanglant, qui semble respirer encore! quelle vérité dans l'action de tous les personnages! quel feu dans leurs traits! quelle vivacité dans l'expression de leur amour et de leur douleur! Si l'on examine le coloris, quel éclat! quelle vigueur! quelle harmonie! quelle finesse même dans la touche, sorte de mérite que Rubens ne crut pas toujours devoir rechercher! Que d'intérêt enfin dans la représentation d'un sujet, très-dramatique sans doute, mais dont l'effet n'est plus que douloureux et presque repoussant, aussitôt qu'il cesse d'être sublime!

Un examen plus approfondi, en dévoilant quelques-uns des savants principes de l'artiste, fait découvrir des beautés de tous les genres. Un seul groupe pyramidal présente autour du Christ, sur une base à peu près circulaire, les trois Marie et cinq disciples, tous occupés d'une même action. Deux des disciples sont montés au haut de la croix, pour enlever Jésus de ce lit de douleur : il descend en s'inclinant ; l'un le retient encore, l'autre l'abandonne ; Joseph d'Arimathie, moins élevé, le soutient par le dessous du bras ; le disciple bien-aimé, posé par terre, en supporte le poids presque entier. La Vierge, accablée de douleur, rassasiée de larmes, élève ses mains maternelles et semble chercher une dernière jouissance en pressant le corps de son fils expiré. L'obscurité de l'horizon annonce le deuil de la nature. Une lumière ferme tombe cependant du milieu des nuages sur la figure du Christ, et se dégrade progressivement sur tous les objets qui l'environnent. La tête, le torse, le bras gauche du Sauveur, sont peut-être le chef-d'œuvre de Rubens, quant au dessin. La vaste draperie blanche où le corps de l'Homme-Dieu doit être enveloppé, déployée depuis le sommet jusque vers le pied de la croix, sert de fond à cette noble figure, la porte en avant, en réchauffe, par des reflets transparents, les teintes jaunâtres et azurées. Cette même draperie blanche est devenue le soutien de l'harmonie générale : en faisant éclater la lumière la plus vive au centre du groupe, elle contribue à éclairer, à lier entre elles les masses voisines ; toutes les couleurs ont acquis, par cet artifice du peintre, une nouvelle intensité ; il s'est établi, dans toutes les parties principales, des oppositions éminemment pittoresques.

La teinte rouge de la tunique de saint Jean, et la draperie verte de Madeleine, opposées aux chairs pâles du Sauveur, relèvent sur les devants la saillie apparente du groupe ; le manteau bleu de Marie, à moitié dans l'ombre, les tons bleus et violâtres des vêtements de Joseph d'Arimathie et du disciple qu'on voit à droite, servent à l'arrondir sur les côtés. Attaché à la règle du Titien, qui voulait qu'un groupe présentât les effets d'une grappe de raisin, Rubens semble, dans cette occasion, en avoir voulu prouver les avantages par un exemple solennel. Son sujet l'y invitait de lui-même ; mais, par une ingénieuse application d'un principe fécond, il a orné son sujet de toutes les beautés d'exécution dont il était susceptible.

Oublions les moyens ; jouissons de l'effet général. A peine, en considérant ce prodige de l'art, a-t-on le loisir ou la pensée d'y remarquer quelques imperfections. Nous arrêterons-nous à la cuisse gauche du Christ, à la figure de Salomé ? Non certes : la tête et le torse du Sauveur, la tête de la Vierge, celle de Joseph d'Arimathie, la touche, le clair-obscur, l'ensemble enfin, offrent des beautés si rares, que la critique doit être désarmée [1]. Existe-t-il des ouvrages exempts de tous défauts [2] !

LE CHRIST AU SÉPULCRE [3].

(Ce tableau ne fait plus partie du Musée impérial du Louvre.)

Ce tableau se voyait autrefois dans la cathédrale d'Anvers. Il servait d'*épitaphe* (suivant le terme usité) au tombeau de la famille Michielsens. Ce fut une belle pensée que celle de placer sur le tombeau d'une famille illustre et vertueuse l'image de l'Homme-Dieu, modèle parfait de toutes les vertus, porté au sépulcre par ses amis fidèles, mouillé des pleurs qu'ils versaient sur les restes d'un homme, objet de leur adoration à cause de sa nature divine. L'intérêt du sujet, la vérité de l'expression, la richesse et l'éclat du coloris, contribuent également à faire admirer ce bel ouvrage.

---

[1] On a peine à comprendre comment Falconet a critiqué ce tableau avec autant de dureté qu'il l'a fait. « La fameuse *Descente de Croix* de « Rubens, dit-il, est un des plus effrayants tableaux que je connaisse, « et peut-être celui qui, en me présentant ce que l'art a de plus ex-« pressif, m'a fait le plus d'horreur. L'idée d'un corps divin n'avait pas « pénétré l'artiste : son Christ mort est un vil supplicié qu'on détache « du gibet... Chaque fois que je verrais ce tableau, je croirais être à la « Grève quand on en ôte un malfaiteur après l'exécution... » (*Sur deux peintures de Polygnote*. note 4 ; *Œuvres de Falconet*, t. V, p. 27). Cet exemple prouve malheureusement combien, en ce qui concerne les beaux-arts, un homme d'un vrai mérite peut apporter de prévention dans ses jugements.

[2] Le Musée Napoléon possède un second tableau de Rubens, représentant le même sujet, semblable en tout à celui-ci quant à la composition, et qui ne lui est en rien inférieur ni dans l'expression, ni dans le dessin, ni dans le coloris. Il est d'une plus petite dimension ; il appartenait autrefois au roi. On croit qu'il servit *d'étude* à Rubens, pour l'exécution de celui d'Anvers.

[3] Haut. 3 p. 3 p.; 1^m,055. Larg. 4 p. 4 p.; 1^m,407.

La Vierge, Joseph d'Arimathie, Marie-Magdeleine et le disciple bien-aimé vont déposer le Christ dans le tombeau. Il est posé sur la pierre, soutenu dans les bras de Joseph d'Arimathie. Son attitude est une des plus heureuses que l'art ait conçues en traitant le même sujet : le corps souple paraît avoir conservé une partie de sa chaleur ; la poitrine et les épaules s'inclinent vers la droite ; la tête se renverse en arrière ; ce mouvement de la tête est d'autant plus touchant que le Christ la penche vers sa mère ; les bras affaissés tombent ; les mains ont conservé les inflexions qu'elles prirent dans la douleur : elles semblent souffrir encore. La facilité, l'abandon du mouvement général, expriment la bonté du Sauveur, et rappellent les pensées qui l'occupaient lorsqu'il a cessé de vivre : on croit voir, en effet, la victime qui s'est volontairement livrée à la mort, et qui l'a soufferte sans murmure. La tête présente, dans la ligne irrégulière du nez et du menton, dans les masses aplaties des cheveux et de la barbe, l'image de la mort ; et, par un mélange admirable, elle offre, dans l'élévation des sourcils, l'apparence d'un reste de vie. L'action de Joseph d'Arimathie est simple et vraie ; la tête de la Vierge est un des chefs-d'œuvre de Rubens.

Obligé de placer dans un espace étroit cinq figures nécessaires au sujet, et grandes comme nature, ce peintre savant a trouvé, dans cette nécessité même, le moyen d'embellir sa composition. Le Christ remplit le tableau presque entier : cette figure principale, devenue par là plus grande, frappe encore le spectateur par la vivacité du coloris. Les tons brillants, dorés et jaunâtres des chairs, sont relevés par des demi-teintes azurées, où l'on croit voir des meurtrissures formées dans de longues souffrances. Des restes de sang répandus sur les cheveux, autour des épaules, le long des bras, sur les flancs et sur la draperie, augmentent l'illusion. Les touches sont hardies, vives, fermes. La draperie blanche mentionnée dans les Évangiles (*sindon munda*), de laquelle Rubens s'est si habilement servi dans la *Descente de Croix* pour attirer les regards vers le centre du tableau et pour faire valoir la figure du Christ, produit ici le même effet. Le groupe s'arrondit par la vigueur et par la dégradation des tons bruns, verts, violets et bleuâtres, que présentent les parties accessoires.

notamment les vêtements de Joseph d'Arimathie et le voile de la Vierge.

Les formes du Christ n'ont pas, dans toutes les parties, assez de noblesse. La figure de la Magdeleine est molle et dessinée avec une extrême négligence. C'est dans les deux *Descentes de Croix*, que l'on peut admirer la majesté du Christ (nos 503 et 527 du Catalogue du musée Napoléon) ; c'est là que Rubens s'est surpassé lui-même. Ici, ce grand maître a cherché principalement l'effet général du tableau : il a voulu toucher, émouvoir, il y est parvenu. Ce tableau est placé avec raison parmi ses plus beaux ouvrages.

L'INCRÉDULITÉ DE SAINT THOMAS [1].

(Ce tableau ne fait plus partie du Musée impérial du Louvre.)

Ce tableau est composé de quatre figures peintes à mi-corps. Jésus-Christ montre à saint Thomas une de ses mains percée par le clou qui l'attachait à la croix ; sa bonté, sa compassion pour l'homme faible de qui la foi est ébranlée, se peignent dans ses traits divins ; saint Thomas, penché vers la main de Jésus, et de qui le visage se montre en raccourci, manifeste, par son attitude et par ses regards pleins de feu, la curiosité, l'impatience qui l'agitent ; on voit, sur la physionomie de l'apôtre placé dans le fond du tableau, son étonnement et son respect pour son maître ; sur celui de saint Jean, l'attendrissement et l'amour : ces divers sentiments sont exprimés avec beaucoup de vérité. Cependant, il faut reconnaître que Rubens ne s'est point élevé, dans cette composition, comme il l'a fait tant d'autres fois, à ce que son sujet pouvait offrir de grand et de pathétique.

Thomas avait dit aux disciples : « Je ne croirai point que notre maître soit sorti du tombeau, si je ne mets mon doigt dans les trous de ses mains, et ma main dans la plaie de son côté. » Huit jours après, les disciples étant réunis, et les portes étant fermées, le Sauveur parait au milieu d'eux. Il dit à Thomas : « Porte ton

---

[1] Haut. 4 p. 4. p. 0 l.; 1^m,407. Larg. 5 p. 9 p. 8 l.; 1^m,256.

doigt sur mes mains ; approche ta main, et mets-la dans mon côté ; ne sois pas incrédule, mais fidèle ! » Thomas répond, et s'écrie : « Mon Seigneur et mon Dieu ! » Jésus lui dit alors : « Tu as cru, Thomas, parce que tu as vu ; heureux ceux qui n'auront pas vu et qui croiront [1] ! » Ce fait renferme deux circonstances différentes : dans la première, on voit Thomas incrédule ; dans la seconde, Thomas converti. L'incrédulité du disciple ne présente rien d'intéressant ; c'est l'émotion qu'il éprouve en entendant la voix paternelle du Sauveur, c'est sa conviction subite, c'est son repentir, qui offrent une scène dramatique et vraiment touchante. L'artiste aurait produit un bien plus grand effet, si, au lieu de représenter Thomas incrédule et curieux, il eût représenté Thomas sortant de son erreur, Thomas repentant et *fidèle*.

Plusieurs peintres ont surpassé Rubens dans la composition de ce beau sujet. Le Guerchin, dans un tableau plein de chaleur, a peint saint Thomas enfonçant sa main dans le côté de Jésus-Christ. Cette image manque de noblesse ; l'acte de saint Thomas est, d'ailleurs, l'effet d'un doute, que l'apparition seule du Christ aurait dû dissiper. Mais, sur la tête de l'apôtre, on voit les signes les plus expressifs de l'étonnement et d'une religieuse terreur [2]. Michel-Ange de Caravage a peint Jésus prenant lui-même le bras de l'apôtre, et le forçant à faire entrer ses doigts dans l'ouverture qui est entre ses côtes ; Thomas, interdit, confondu, semble s'écrier : « Mon Seigneur et mon Dieu [3] ! » Le Titien avait déjà montré qu'il fallait que ce fût le Sauveur qui conduisît la main de saint Thomas ; il avait fait plus : on voit, dans son tableau, l'apôtre, pénétré de repentir, refuser de toucher à la plaie ; ses doigts se reploient en approchant des côtes du Christ, ils ne s'y introduisent point ; sa tête inclinée, ses yeux à demi fermés, sa main gauche qui presse sa poitrine, décèlent sa vive douleur. Le Mutien, Le

---

[1] *Evang. s. Joan.*, cap. xx, vers. 24, 29.
[2] Le tableau du Guerchin se voyait au Musée Napoléon, n° 835 ; mais il ne fait plus partie du Musée impérial du Louvre.
[3] Ce tableau, aussi admirable pour la force de l'expression que pour la vigueur du coloris, se voyait autrefois à Rome dans la galerie Justiniani. Il fut apporté à Paris, avec tous les tableaux qui composaient cette collection, et il était alors au Musée Napoléon. Le Caravage l'a gravé à l'eau-forte.

Sueur[1] ont exprimé à peu près les mêmes idées; mais Le Titien avait représenté saint Thomas debout; ils l'ont fait tomber aux pieds de Jésus. Le sublime Poussin me paraît avoir vaincu tous ses rivaux. De la tête du Sauveur jaillissent des rayons de lumière; saint Thomas, frappé d'étonnement, prosterné, atterré, ne touche pas, ne regarde pas même les plaies de son maître : eh! comment, en effet, en le voyant, en entendant sa voix, pourrait-il douter encore! Par le mouvement d'une de ses mains, Jésus paraît lui accorder son pardon; l'autre est levée vers le ciel; on croirait entendre ces paroles : *Tu as cru, Thomas, parce que tu as vu; heureux ceux qui n'auront pas vu, et qui croiront*[2].

Le tableau de Rubens est peint avec beaucoup de soin; les teintes sont fondues avec une recherche dont les ouvrages de ce maître offrent rarement des exemples; mais le coloris a peu de vigueur. Ce tableau se voyait autrefois à Anvers, où il ornait le tombeau du bourgmestre Rockox. Le portrait de ce magistrat, peint sur l'un des volets qui le recouvraient, est un chef-d'œuvre.

L'ARC-EN-CIEL.

(N° 44. Voy. le *Catalogue des Ecoles allemande, flamande et hollandaise*, p. 247.)

Rubens employait quelquefois dans ses ouvrages le pinceau de divers maîtres : Wildens et Van Uden peignaient les paysages; Sneyders peignait les fruits, les fleurs et les animaux; Rubens accordait ensuite avec tant d'art les manières différentes, que le tableau paraissait fait par une seule main. « Ses envieux préten-
« dirent qu'il aurait été incapable de réussir dans ces différents
« genres de peinture, sans le secours des artistes dont il em-
« ployait les talents. Rubens, dit Descamps, ne répondit à ces
« critiques, ou plutôt à ces calomnies, que comme il sied aux

---

[1] Le tableau du Titien a été gravé par Bened. Stef.—Celui du Mutien est au Musée; il portait le n° 1146 dans l'ancien Catalogue; il se trouve aujourd'hui classé sous le n° 275, dans les Ecoles d'Italie.—Celui de Le Sueur a été gravé par Etienne Gantrel.
[2] Ce tableau a été gravé par G. Audran.

« grands hommes d'y répondre, en produisant de nouveaux mi-
« racles; il fit plusieurs beaux paysages; tous ont été gravés, et
« ornent les plus beaux cabinets de l'Europe[1]. » La diversité des
ouvrages de ce grand peintre est, en effet, aussi étonnante, que le
nombre en est prodigieux. Il a peint l'histoire, le portrait, le
paysage, les fruits, les fleurs, les animaux; et, si dans chacun de
ces genres différents il n'est pas toujours égal à lui-même, on
peut dire du moins, quelque sujet qu'il représente, que son
pinceau ingénieux, riche, hardi, brillant, expressif, et, en quelque
sorte, magique, y répand le charme le plus séduisant. Nous ne
comparerons point ses paysages, ses intérieurs de fermes, ses
vacheries, avec ses beaux tableaux d'histoire; l'intervalle qui sépare ces différents ouvrages est trop grand, pour que nous puissions les rapprocher. Il faut le dire, les teintes vives, que ce génie
bouillant oppose les unes aux autres dans ses paysages, ne présentent pas toujours un ensemble harmonieux; il offre rarement,
soit dans les sites, soit dans les fabriques, des masses imposantes; mais ses compositions abondent en idées poétiques; son
style a de la naïveté; il semble avoir tracé des portraits fidèles;
l'air circule librement dans des groupes d'arbres disposés avec
goût; on reconnaît le pinceau de ce grand maître dans des effets
de lumière singuliers; il y a quelquefois dans les lointains une
transparence admirable.

Le tableau de l'*Arc-en-ciel* est particulièrement remarquable
par le mérite de la composition, et par de beaux effets de clair-
obscur. Un orage, près de fondre sur les campagnes, vient de se
dissiper; la nuée menaçante a été repoussée vers l'extrémité de
l'horizon; l'astre du jour reparaît; l'écharpe d'Iris est déployée
dans la voûte céleste, et les cultivateurs joyeux recommencent
leurs chansons : tel est le sujet que Rubens a voulu représenter.
Il a mis dans la composition autant de simplicité que de richesse.
Le ciel est divisé en deux parties, l'une couverte d'un sombre
nuage, l'autre vivement éclairée par les feux du soleil. Assis au
pied d'un chêne, les yeux levés vers le ciel, tenant en main deux
flûtes, un vieux pasteur paraît chanter, tandis que ses brebis se

---

[1] Descamps, *Vie des peint. flam.*, t. I, p. 304.

reposent sur la verdure. Un berger, couronné de lierre, accourt avec sa compagne, pour l'entendre. Un autre, couché sur le gazon auprès d'une jeune femme, écoute peu le chanteur : un objet plus intéressant le captive. Nous disions, en dernier lieu, que la disposition des figures peut offrir, tantôt une ligne *concave*, et tantôt une ligne *convexe* : ces deux lignes, jointes ici l'une à l'autre, ne décrivent qu'un seul contour ; le troupeau et les figures ne présentent qu'un groupe, dont la forme est à peu près circulaire [1]. Le soleil, presque perpendiculaire, frappe le groupe dans le centre ; les ombres sont rejetées sur le devant et sur les parties latérales du cercle. Cet effet est d'autant plus piquant, que le groupe, échauffé par la lumière, est en opposition avec le nuage placé à la droite du tableau. Le grand bouquet d'arbres est éclairé avec beaucoup d'habileté. Peut-être y a-t-il de la mollesse dans les détails. Différentes parties sont peintes avec chaleur ; toutes n'ont pas ce mérite. Malgré quelques défauts, ce tableau a toujours été regardé comme un des meilleurs paysages que le pinceau fécond de Rubens ait produits.

Il faisait autrefois partie de la collection du Roi. Il y a lieu de croire qu'il fut fait pour Marie de Médicis. On assure qu'il en existe deux copies, de la main de feu M. Doyen, un des peintres de son temps les plus propres à copier Rubens. Schelte A. Bolswert l'a gravé, d'après un premier dessin moins riche et moins bien composé que la peinture originale.

[1] Hagédorn, en faisant la même remarque, ajoute ces mots qu'il est bon de recueillir : « Mais le dénoûment du tout se fait pourtant au « moyen d'un lointain spacieux et enfoncé..... Quiconque veut suivre « Rubens sur ce point, doit savoir dégrader et traiter les lointains « comme Rubens » (*Réfl. sur la peint.*, t. I, p. 269). Il est facile de reconnaître que, pour qu'un groupe circulaire placé dans un paysage produise un effet pittoresque, il convient que le fond du tableau soit *ouvert* et lumineux. C'est le parti qu'a pris ici l'artiste. — Cette disposition de toutes les figures, en un seul groupe d'une forme à peu près circulaire, se retrouve dans plusieurs tableaux d'histoire de Rubens : c'est celle que Titien comparait à la forme d'une *grappe de raisin*. Nous en parlerons avec plus de détail, dans une autre occasion.

C. CRAYER. 1582-1669.

ÉCOLE FLAMANDE.

HERCULE ENTRE LA VOLUPTÉ ET LA VERTU[1].

(Ce tableau ne fait plus partie du Musée impérial du Louvre.)

La fable qui a fourni à Crayer le sujet de ce tableau est connue de tout le monde ; il pourra cependant être utile d'en rappeler quelques circonstances, attendu que l'artiste s'en est écarté, soit par négligence, soit avec le dessein de nous offrir des idées nouvelles. Ce fut vraisemblablement le rhéteur Prodicus qui l'inventa ; Socrate la racontait au jeune Aristippe, qu'il voyait à regret, lorsqu'il tentait de lui enseigner la philosophie, préférer les plaisirs au travail, la mollesse à la vertu, et ses propres jouissances au bonheur des autres.

« Hercule, lui disait-il, sorti depuis peu de l'enfance, entrait
« dans cet âge où les jeunes gens, commençant à se conduire par
« eux-mêmes, montrent s'ils suivront, dans le cours de leur vie,
« les sentiers du vice ou ceux de la vertu. Retiré dans une tran-
« quille solitude, il se reposait, incertain de la route qu'il devait
« suivre. Deux femmes, d'une taille au-dessus de l'humaine, se
« montrèrent à ses yeux. L'une n'avait pas dans la physionomie
« moins de noblesse que de beauté ; sa robe était d'une blancheur
« éclatante ; la nature seule avait pris soin de sa parure, aussi
« propre que modeste ; la pudeur régnait dans ses yeux, la
« sagesse dans tout son maintien. L'autre avait cet embonpoint
« que donne l'intempérance, et n'en était que plus faible. Ne
« devant qu'à des couleurs empruntées la blancheur et l'incarnat
« de son teint, elle n'avait ni l'éclat ni le coloris que donne la
« nature. Elle tâchait d'ajouter à la hauteur de sa taille par un
« maintien affecté ; ses yeux s'ouvraient avec effronterie, et

---

[1] Haut. 7 p. 9 p.; 2m,517. Larg. 7 p. 5 p.; 2m,408.

« toute sa parure était étudiée pour assurer la victoire à ses
« charmes. »

Quand celle-ci, c'était la *Volupté*, eut adressé au jeune Hercule les paroles les plus capables de le séduire, la *Vertu* parla à son tour : « Tu n'entendras de ma bouche, lui dit-elle, que la vé-
« rité... Tout ce qu'il y a de beau, d'honnête, c'est au prix d'un
« travail assidu, que les dieux l'accordent aux mortels. Tu veux
« qu'ils te soient propices, commence par les révérer; que tes
« amis te chérissent, enchaîne-les par des bienfaits; qu'un pays
« t'honore, commence par lui être utile; que la Grèce entière
« célèbre ta vertu, fais que toute la Grèce te doive de la recon-
« naissance... Ceux que j'aime se réveillent sans chagrin : jeunes,
« ils ont le plaisir d'être loués par les vieillards; vieux, ils
« jouissent des respects de la jeunesse : leur mémoire vit après
« eux et leurs noms sont célébrés d'âge en âge... C'est à peu près
« ainsi, disait Socrate, que Prodicus racontait comment la Vertu
« prit soin de l'éducation d'Hercule [1]. »

Cette fable, écrite par Xénophon avec la noble simplicité qui caractérise son style, a été totalement dénaturée dans le tableau de Crayer. Hercule n'est plus l'adolescent dont parle Socrate; ses muscles fortement prononcés annoncent un homme fait; déjà il est couvert de la dépouille du lion de Némée. A la figure de la Vertu, l'artiste a substitué celle de Pallas, armée de sa lance, de son casque et de son égide. Au lieu de peindre la Volupté, il a représenté une amante éplorée qui, penchée vers le héros, le retenant dans ses bras, levant vers l'Amour, qui paraît dans les airs, des yeux baignés de larmes, semble près de mourir de douleur, si Alcide l'abandonne pour s'exposer à de nouveaux périls. Cette image n'est pas dépourvue de beauté; mais nous n'y retrouvons pas celle que Socrate présentait au jeune Aristippe; elle représente plutôt un guerrier s'arrachant au bonheur de l'amour, qu'Hercule au sortir de l'enfance, fuyant les attraits du

---

[1] Xénoph., *Mém. Socrat.*, l. II, c. vii et viii, trad. de M. Levesque, collect. des Moral. anciens. — Silius Italicus a imité cette fable, qu'il a appliquée au jeune Scipion. Il s'est entièrement conformé, dans les portraits de la *Volupté* et de la *Vertu*, aux images présentées par Socrate. *De bello Pun.*, lib. XV, v. 20 et seq.

vice pour embrasser la vertu. La composition offre un ensemble théâtral; il y a généralement de la mollesse dans le dessin et dans le faire. Cependant ce tableau n'est pas sans mérite. La pose d'Hercule indique bien l'incertitude qui tourmente le héros, et la force des liens qui l'enchaînent. Toutes les têtes ont de la noblesse et de l'expression; la figure de la femme nue est belle, principalement dans la poitrine, la tête et les bras.

On ne saurait dire de Crayer ce que disait Rubens dans un moment d'enthousiasme : *Crayer, Crayer, personne ne vous surpassera!* Ce peintre, facile et expéditif, ne soignait pas toujours assez son ouvrage. On l'a comparé à Van-Dyck : il n'égala jamais ce grand peintre, mais il en approcha quelquefois.

STÉENWICK LE FILS. 1589-1642.

ÉCOLE HOLLANDAISE.

JÉSUS-CHRIST CHEZ MARTHE ET MARIE.

(N° 501. Voy. le *Catalogue des Ecoles allemande, flamande et hollandaise*, p. 265.)

De l'école de Henri Stéenwick, dit *le Vieux*, habile peintre d'architecture, né à Stéenwick, dans la province d'Over-Yssel, vers l'an 1550, sortirent deux élèves qui excellèrent dans le même genre de peinture : l'un est Pierre ou Peters Neefs; l'autre est le fils de ce même Henri, appelé comme son père, Henri Stéenwick, et que l'on distingue par les noms de Henri Stéenwick le Fils ou le Jeune.

Si l'on comparait l'un à l'autre Peters Neefs et Henri Stéenwick le fils, il serait assez difficile de déterminer le rang que chacun de ces artistes doit occuper. Ils se sont particulièrement attachés tous deux, de même que leur maître, à peindre, dans de petits tableaux, ou dans des ouvrages de grandeur moyenne, des intérieurs d'églises gothiques. Tous les deux sont regardés comme supérieurs à Stéenwick le père; mais il faut ajouter que c'est seulement en ce qui concerne le coloris; car, dans la perspective, il leur était impossible d'aller plus loin que ce peintre, qui ne laisse rien à désirer. Les ouvrages de Peters Neefs se rencontrent en assez grand nombre; on en voit dans presque tous les cabinets : ceux de Stéenwick le fils, au contraire, sont d'une extrême rareté, surtout en France [1]. Pour la précision des lignes, la dégradation des plans, la netteté de l'ensemble, ces deux maîtres sont également admirables. Un habile connaisseur, qui peut avoir eu d'assez fréquentes occasions de les comparer, semble croire que Peters Neefs *est quelquefois plus harmonieux*, et Stéenwick ordinairement *plus fini* [2]. D'autres personnes pensent que ce dernier est non-seulement plus délicat et plus vrai dans les détails, mais encore plus ferme dans sa touche, plus vaporeux et plus fin dans son coloris : elles l'assimilent, pour le mérite du faire, aux Miéris et à Gérard Douw. L'imagination et le cœur, au surplus, n'entrent à peu près pour rien dans le genre de peinture où ces deux maîtres ont excellé; mais une imitation fidèle d'objets même inanimés, surtout lorsque ces objets offrent une vaste étendue, et des effets de lumière très-différents, cette exacte imitation a tant de charmes, qu'elle suffira dans tous les temps pour exciter un juste enthousiasme, et pour assurer aux peintres qui s'y rendront habiles une grande célébrité.

Le trait de l'Evangile, représenté dans le tableau où l'on voit Marthe et Marie, est bien connu.

« Jésus-Christ daigna un jour recevoir l'hospitalité chez Marthe,
« sœur de Lazare. Marthe avait une sœur qui s'appelait Marie.
« Celle-ci, s'étant assise aux pieds du Sauveur, écoutait ses paroles.
« Marthe, qui s'occupait des travaux domestiques, s'approcha de
« Jésus, et lui dit : « Seigneur, invitez ma sœur à m'assister dans
« mes fonctions. — Marthe, Marthe, lui répondit Jésus, trop de
« soins vous occupent; une seule chose est nécessaire; Marie a

---

[1] Van-Dyck ayant fait connaître le mérite de cet artiste à la cour d'Angleterre, il y fut appelé par Charles 1ᵉʳ, et consacra exclusivement ses talents aux jouissances de ce prince qui le combla de bienfaits. On croit qu'il était né vers l'an 1589. Il mourut à Londres, dans un âge peu avancé.

[2] M. Le Brun, *Galerie des peint. flam.*, t. I, p. 65.

« choisi la meilleure part; cette part ne lui sera point ôtée[1]. » Stéenwick, en peignant ce sujet, n'avait à représenter que l'intérieur de la maison d'un simple particulier; mais il paraît avoir reconnu que l'habitation où il plaçait Jésus-Christ, déjà honoré à cause de sa prédication et de ses miracles, devait être remarquable par une grande dignité; que cette habitation était, en quelque sorte, un temple, puisqu'elle renfermait le fils de Dieu. Une grande salle, d'une architecture demi-gothique, mais simple et noble, éclairée par une lumière tout à la fois vive et mystérieuse, ornée de meubles décents et sans faste; une seconde, où ne pénètre qu'un demi-jour; une troisième, dans le fond, qui appelle et charme l'œil par des tons clairs, légers et argentins, tel est l'appartement où Marthe reçoit son divin maître. Les figures sont habilement placées sous les rayons directs qui se répandent par une grande fenêtre ouverte du côté gauche. A droite, on voit, ainsi que dans les synagogues, l'espèce d'arche ou de tabernacle, appelé *Aron*, où doit être renfermé le Pentateuque[2]. Au-dessus, sont les tables de la Loi. Rien de plus vrai que la perspective; rien de plus achevé que tous les détails; rien de plus gai, de plus transparent, de plus harmonieux, que l'ensemble du coloris. Ce charmant tableau doit confirmer en tout la réputation de son auteur.

Il est peint sur bois. Il faisait autrefois partie de la collection du Roi. On croit que les figures sont de Cornille Poelenburg.

---

[1] *Evang. sec. Luc.*, cap. x, v. 38 et seq.
[2] Léon de Modène, *Cérém. des Juifs*, chap. x et xi, p. 23 et 35.— *Cérém. relig.*, t. I, p. 97 et 182.

JORDAENS. 1593-1678.

ÉCOLE FLAMANDE.

LE ROI BOIT.

(N° 255. Voy. le *Catalogue des Écoles allemande, flamande et hollandaise*, p. 131.)

Jacques Jordaens, né à Anvers le 19 mai de l'an 1594, fut élève d'Adam Van-Oort, qui eut aussi l'avantage de donner quelques leçons à Rubens. Jordaens n'alla jamais en Italie; mais on assure qu'entraîné par des dispositions naturelles qui devaient faire de lui un grand coloriste, il étudia avec avidité tous les tableaux de l'École vénitienne qu'il lui fut possible de se procurer, et particulièrement ceux du Titien. Il obtint, dans sa patrie, une grande réputation par ses tableaux d'histoire et par ses compositions allégoriques; les sujets gais et facétieux étaient cependant ceux qui lui convenaient le mieux. Son dessin est fort incorrect; ses meilleurs ouvrages sont ceux où il n'a fait entrer que des demi-figures. C'est pour son coloris qu'il a mérité d'être placé parmi les grands maîtres : si l'on ne considère que la vie et la fraîcheur des chairs, le maniement facile et moelleux du pinceau, la beauté du *faire*, peu d'artistes l'ont égalé ou le surpassent.

Quelques écrivains, en faisant justement remarquer que son tableau appelé *le Roi boit* est de sa plus belle manière, et un de ses chefs-d'œuvre, ont négligé de dire qu'il a traité ce même sujet plusieurs fois. Chacune de ces compositions présente des différences importantes; toutes sont ingénieuses, comiques, pleines de feu, et surtout admirables pour la magnificence et la vérité du coloris [1]. Aucune ne l'emporte, quant au mérite

---

[1] Le Musée Napoléon possède deux de ces tableaux. Celui dont nous faisons la description, après avoir appartenu longtemps à la famille de MM. Fizeau, négociants d'Amsterdam, fut acheté par Louis XVI, vers l'an 1783. — Pontius en a gravé un troisième qui renferme quinze figures. On croit que c'est celui qui fut vendu, avec le cabinet de M. Randon de Boisset, au prix de 4200 liv., et acheté par M. de Praslin. — Nous croyons nous rappeler qu'il y en a un à Aix (dép. des Bouches-du-Rhône), dans le beau cabinet de M. d'Albertas.

de l'exécution, sur le beau tableau que possède le Musée du Louvre. La perspective aérienne laisse quelque chose à désirer ; les plans ne sont pas indiqués avec assez de netteté ; mais ces défauts sont rachetés par une savante imitation des chairs, par la transparence des demi-teintes, par des tons chauds, gais et brillants, qui forment une harmonie admirable. Les têtes des deux jeunes femmes, la figure du roi, que la lumière frappe par derrière, celle du vieillard assis à côté de lui, et celle du jeune homme qui sert à boire, sont des chefs-d'œuvre dans ce genre de mérite.

Il semble que le peintre ait eu l'intention de représenter, dans ce tableau, des personnages d'un rang différent. Auprès de la jeune et belle femme, richement vêtue, qui est placée au milieu de la table, on croit reconnaître une servante ; à côté du roi, est un vieux paysan ; le bonnet de la folie dont s'est coiffé un des convives annonce que des idées désordonnées se mêlent dans cette fête bachique à des idées religieuses. Cette observation, en la supposant exacte, sert à rappeler l'origine de l'ancienne fête du *Roi boit* ou du *Phœbé*, dont l'Allemagne, la Belgique, et les départements de la France situés en deçà de la Loire, ont conservé quelques restes, dans les repas, soit de la veille, soit du jour de l'*Epiphanie*. Cette fête, contre laquelle les docteurs de l'Eglise se sont quelquefois élevés, doit son commencement aux Saturnales [1]. L'usage qui se retrouve encore dans beaucoup de familles, de donner aux domestiques une part du gâteau, n'est qu'une suite de l'ancienne coutume de les inviter à la table du maître, et de les faire participer au droit de royauté [2]. Un sujet

---

[1] Polydor., *De invent. rer.*, lib. V, cap. II. — Stuckius, *Antiq. conviv.*, lib. I, cap. XXXIII, fol. 133. — Pasquier, *Recherches de la France*, liv. IV, ch. IX. — G. Bouchet, *Les Sérées*, liv. I, sérée IV. — J. Deslyons, *Traités singuliers et nouveaux contre le paganisme du Roi boit*, traité II, ch. II et suiv.

[2] On sait que les Saturnales commençaient le quatorzième jour des kalendes de janvier (Macrob., *Saturn.*, lib. I, cap. X), et que les diverses fêtes qu'on y avait jointes se prolongeaient jusqu'à l'époque où l'Eglise célèbre l'*Epiphanie*, c'est-à-dire la glorieuse apparition de Jésus-Christ sous des formes humaines. L'invocation au soleil (*Phœbe domine*), qui se faisait autrefois par la bouche d'un enfant avant la distribution du gâteau, et que les apologistes de la fête du *Roi boit* avaient

de cette nature convenait parfaitement au talent de Jordaens. Nous voyons avec plaisir que ce grand peintre a été très-avare, dans ce tableau, d'images burlesques et triviales : si l'on se rappelle la composition gravée par Pontius, on remarquera qu'il n'a pas toujours montré la même réserve.

ANT. VAN-DYCK. 1599-1641.

ÉCOLE FLAMANDE.

UN PORTRAIT.

(Ce tableau ne fait plus partie du Musée impérial du Louvre.)

Ce portrait est un des meilleurs ouvrages qu'ait produits dans ce genre le pinceau de Van-Dyck. On ignore le nom du personnage que l'artiste a voulu représenter; mais les portraits faits par ce grand maître, lors même qu'ils ne nous offrent que les

---

appliquée à Jésus-Christ, *lumière du monde* (N. Barthélemy, *Apologie du banquet sanctifié de la veille des Rois*, p. 14, 15, 20 et suiv.), était évidemment une pratique de l'idolâtrie. Si nous remontions plus loin, nous verrions que l'élection d'un roi, qui avait lieu dans les repas des Saturnales, était elle-même une grossière imitation de ces fêtes riantes où les anciens nommaient, soit par acclamation, soit au sort, par *le dé de Vénus*, un symposiarque ou roi du festin (Plaut., *Asinaria*, act. V, sc. II. — Horat., lib. I, od. IV; lib. II, od. VII. — Jun. Pollux, *Onom.*, lib. II, cap. I, segm. XI, etc.), qui, occupé du plaisir commun, également ennemi et du froid ennui et des excès trop bruyants, devait assigner aux convives leurs places, faire servir à chacun le vin qui lui convenait le mieux, n'imposer que des lois agréables, ordonner au musicien de chanter, au poëte de réciter des vers, au philosophe d'éclaircir une question obscure (*Ecclesiastic.*, cap. XXXII, v. 1, 2 et 3. — Plutarch., *Sympos.*, lib. I, probl. IV), et qui abusait quelquefois aussi de son pouvoir (Horat., lib. II, sat. VI. — Diog. Laert., *in Emped.*, lib. VIII, seg. LXIV). Cet usage, qui ne s'allierait plus avec nos mœurs, est depuis longtemps abandonné. La galanterie française l'a heureusement remplacé, en décernant à la maîtresse du logis cette royauté, qui parmi nous, en effet, ne saurait appartenir qu'aux femmes. La fête du *Roi boit*, au surplus, n'est pas le seul exemple où nous puissions reconnaître quelques restes des usages civils et même des pratiques religieuses de l'antiquité.

traits d'hommes inconnus, sont encore, sous le rapport de l'art, des monuments du plus haut intérêt.

Nous retrouvons dans ce beau tableau l'application des vrais principes qui constituent l'art de peindre le portrait. La pose n'a rien de recherché. La tête, par l'éclat et la fermeté des lumières, domine sur tout le reste de l'ouvrage. Malgré la broderie d'or qui orne le gant dont elle est couverte, la main ne nuit point à l'effet de l'objet principal. Les draperies, qui n'offrent que des tons noirs, donnent par leur ampleur de la noblesse à l'ensemble, et relèvent en même temps par de grandes ombres les tons riches et moelleux des chairs. Les parties saillantes de la tête frappent au premier aspect; les plans en sont larges et bien décidés; on reconnaît sous les méplats des muscles la forme des os, source première du caractère et de la beauté des traits extérieurs chez tous les êtres vivants. La blancheur modérée de la fraise agrandit, sans blesser l'harmonie, la masse lumineuse où doivent se porter nos regards, et produit encore, dans les parties inférieures du visage, des reflets variés, qui donnent, aux ombres, de la transparence, aux demi-teintes, de la légèreté. Les cheveux et la moustache touchés avec esprit, et d'un ton ferme, animent la figure et font mieux sentir les teintes douces et brillantes, le faire délicat de la bouche, du nez et des yeux.

Dans une vaste machine pittoresque et dans un simple portrait, toutes les difficultés à vaincre ne sont pas égales, mais les règles principales sont les mêmes. Donner à l'ensemble de l'unité; aux attitudes, de la simplicité, du naturel; prononcer sans dureté, en dessinant les contours du corps humain, les formes de la charpente intérieure; faire servir les parties accessoires à l'agrandissement, à l'éclat de l'objet principal : ces lois sont communes aux peintres de portraits et aux peintres d'histoire.

UN PORTRAIT.
(Ce tableau ne fait plus partie du Musée impérial du Louvre.)

Ce beau portrait peint par Van-Dyck n'avait point encore été gravé : il y a, du moins, lieu de le présumer, attendu qu'il ne se trouve ni parmi les estampes du Cabinet impérial, ni dans aucune des riches collections que nous avons été à portée de visiter. Le portrait est inconnu : c'est vraisemblablement un savant ou un artiste ; car, lorsqu'il peignait des princes ou des seigneurs, Van-Dyck avait soin de placer dans ses tableaux des accessoires propres à perpétuer dans les familles le souvenir du rang et des dignités de ceux qui l'avaient employé. Si on voulait se livrer à des conjectures, on trouverait de la ressemblance entre ce portrait et celui de Corneille Schut, élève de Rubens ; mais, pour croire à l'identité du tableau, il faudrait se persuader que Wosterman, qui a gravé le portrait de Schut, s'est permis plusieurs infidélités. Quoi qu'il en soit, ce portrait est digne en tout du pinceau de Van-Dyck : les formes sont rendues avec autant d'esprit que de vérité ; l'ensemble est plein d'énergie.

PORTRAIT DE J. RICHARDOT.

(N° 150. Voy. le *Catalogue des Ecoles allemande, flamande et hollandaise*, p. 76.)

Ce tableau a été constamment regardé comme un ouvrage de Van-Dyck. L'époque de la naissance de ce peintre et celle de la mort de Richardot semblent, cependant, contraires à cette tradition, car Van-Dyck naquit à Anvers le 22 mars 1598 ou 1599, et Jean Crusel-Richardot, né dans l'Artois, vers le milieu du seizième siècle, mourut le 3 octobre de l'an 1609 [1].

---

[1] Le nom paternel de Richardot était *Crusel* (Mezerai, t. III, p. 1281, édit. 1685). Il prit le nom de Richardot, qui était celui de sa mère, pour honorer la mémoire de ses parents maternels. A la mort de François Richardot, son oncle, évêque d'Arras, et l'un des Pères du concile de Trente, arrivée en 1574, il lui fit élever un tombeau. On voit dans l'épitaphe, qu'à cette époque il était déjà conseiller d'Etat de Philippe II et président du Conseil d'Arras. Appelé ensuite aux fonctions de président du Conseil privé du roi d'Espagne, à Bruxelles, il négocia et signa la paix de Vervins, et assista, en qualité de plénipotentiaire de son souverain, au serment que Henri IV prêta dans l'église de Notre-Dame, relativement à l'exécution de ce traité, le 21 juin 1598. Il fut envoyé à la Haye, en 1608, avec Ambroise Spinola, Jean de Mancicidor, Louis Verreycken, et le père Jean de Ney, cordelier, pour traiter de la paix. Les

Quelques personnes pensent, d'ailleurs, que le faire heurté de la tête principale décèle le pinceau de Rubens.

Mais malgré ces divers sujets de doute, nous ne nous permettrons point d'attaquer une tradition ancienne et constante. Van-Dyck peut avoir fait ce tableau, après la mort de Richardot, sur un portrait peint du vivant de ce magistrat. Il peut l'avoir peint avant son voyage d'Italie, lorsque sa touche ressemblait encore à celle de son maître. L'enfant peut être un petit-fils de Richardot [1]. Diverses parties du tableau, et notamment la main qui tient le livre, sont, d'ailleurs, exécutées avec une finesse que les ouvrages de Rubens présentent rarement. Le ton général doit aussi faire reconnaître Van-Dyck. Notre remarque, au surplus, appellera de nouveau l'attention des artistes.

Quoi qu'il en soit, la tête de Richardot se fait admirer par un dessin ferme, par un très-beau coloris, par une exacte vérité ; l'enfant paraît sortir du tableau [2].

propositions de ces négociateurs ne furent pas écoutées, et les Hollandais réunirent leurs portraits dans une estampe satirique, dirigée contre le roi d'Espagne. Suivant une inscription placée au bas d'un autre portrait, fait la même année, Richardot avait, à cette époque, soixante-dix ans. Il conclut et signa la trève de douze ans, avec le président Jeannin, le 9 avril 1609, et mourut à Arras, à son retour de Paris, où il avait été député une seconde fois auprès de Henri IV. Son fils, nommé Guillaume, lui a élevé un tombeau à Bruxelles. Il était alors, suivant les termes employés dans son épitaphe, *senior et labore fractus, animo vegetus*. Le président Jeannin parle souvent de lui avec estime. Aub. Miræus, *Elog. Belg.*, p. 14 et 15. — Mezerai, loc. cit., p. 1220. — De Thou. *Hist. sui temp.*, lib. CXX, t. V, p. 720, 731. — Meursius, *Rer. Belg. hist.*, lib. V, et lib. unus, t. X, Op., col. 144 et 204. — *Basilica Bruxell.*, p. 71 et 72. — *Négociat. du Prés. Jeannin*, var. loc.

[1] Il est vraisemblable que Guillaume Richardot aura voulu réunir dans un même tableau le portrait de son père et celui de son propre fils.

[2] Ce tableau est peint sur bois. Le nom du *président Richardot* est écrit dans la partie supérieure. D'Argenville et Descamps l'ont cité comme appartenant de leur temps à M. de Gaignat, et ils l'ont l'un et l'autre donné à Van-Dyck. On le trouve, sous le nom de Van-Dyck, dans le Catalogue du cabinet de cet amateur (n. 16). M. Randon de Boisset l'acheta dans cette vente, au prix de 9,200 liv. Après la mort de ce dernier, en 1777, il fut porté dans la vente de ses tableaux (n. 45), à 10,400 liv. M. d'Angevillers l'acheta, quelques années après, pour le roi.

J. MIEL. 1599-1664.

ÉCOLE FLAMANDE.

LA DINÉE DES VOYAGEURS.

(N° 286. Voy. le *Catalogue des Ecoles allemande, flamande et hollandaise*, p. 150.)

Jean Miel ou *Méel*, que les Italiens nomment *Mielle*, naquit en Flandre en 1599. On ne dit point à quelle ville il dut la naissance. Après avoir reçu des leçons de Ghérard Séghers, qui lui-même s'était formé en Italie, il alla continuer ses études à Rome, et entra dans l'école d'Andréa Sacchi. Satisfait de ses progrès, ce maître lui permit bientôt de travailler dans ses propres ouvrages. Une aventure, où le génie particulier de Jean Miel se laissa reconnaître, les brouilla. Andréa Sacchi peignait dans le palais Barberin un tableau où l'on devait voir la cavalerie du pape : Miel se permit de crayonner parmi les cavaliers quelques figures grotesques ; cette saillie déplut à son maître, et il fut congédié. C'est ainsi que, par des fautes apparentes, de grands hommes ont souvent manifesté leurs véritables talents. Livré à lui-même, le jeune peintre prouva cependant par de nouveaux efforts, qu'il n'était pas incapable de s'élever à la majesté de l'histoire. Un grand tableau, qu'il peignit pour Alexandre VII dans la galerie de Monte-Cavallo, où il représenta les Israélites traversant la mer Rouge, établit sa réputation. En 1648, les peintres romains l'admirent dans l'Académie de Saint-Luc. Peu de temps après, le duc de Savoie l'appela à sa cour, le nomma son premier peintre, lui conféra l'ordre de Saint-Maurice, et daigna le décorer d'une croix de diamant d'un grand prix. Les faveurs dont ce prince le comblait ne purent lui faire oublier la capitale des arts. Au milieu des honneurs dont il était environné, Rome l'occupait sans cesse. Il sollicita son congé, sans pouvoir l'obtenir. On assure que le regret de ne plus revoir la ville qu'il chérissait, et d'avoir perdu sa liberté, le jeta dans une mélancolie profonde, qui le conduisit au tombeau. Il mourut à Turin en 1664.

Tandis que la vue des ouvrages de Michel-Ange et de Raphaël, l'exemple des maîtres italiens dont il était contemporain, les sollicitations des grands de Rome et celles du duc de Savoie, son bienfaiteur, excitant son émulation, l'engageaient à représenter dans de grands tableaux les sujets les plus relevés de la religion et de la mythologie, un penchant invincible le portait à tracer, dans des cadres moins étendus, des pastorales, des fêtes de village et des scènes de cabaret. C'est dans ce genre, qu'il est le plus connu hors de l'Italie, et qu'en effet il mérite le plus d'être distingué. Dans les sujets historiques, son style manque souvent de noblesse et de correction ; mais les études qu'il avait faites pour peindre l'histoire l'élevèrent, dans son genre favori, au-dessus du plus grand nombre de ses concurrents. Ses compositions sont toujours ingénieuses et bien ordonnées. Sa couleur est vigoureuse, sa touche spirituelle. Quelquefois ses tableaux, peints sur des toiles imprimées en rouge, ont noirci par l'effet du temps ; plus souvent ses teintes sont douces et dorées. Il aime à rendre ses fonds très-clairs, et à donner beaucoup de vigueur aux ombres des plus avancés ; son clair-obscur devient par là vif et piquant.

Le tableau représentant une *Dînée de Voyageurs* est particulièrement digne d'attention, à cause de ce dernier genre de mérite. Les masses sont grandes, les plans bien décidés, les groupes habilement disposés, les figures animées, spirituelles, dans des attitudes vives et bien contrastées. Une figure de femme, qu'on voit debout, tenant un vase, placée avec beaucoup d'intelligence au centre de la composition, pour soutenir la perspective, et pour unir les devants avec le fond du tableau, se fait remarquer parmi toutes les autres, par une tournure élégante et par un costume pittoresque. Mais c'est dans l'effet de la lumière, que consiste le principal mérite de ce tableau. Le soleil frappe de ses rayons les montagnes, les terrains, les murs de l'hôtellerie, et tous les personnages ; chaque objet, si l'on excepte ceux du premier plan, vivement éclairé, ne présente d'ombres que celles qu'il produit lui-même. Le ton est blond, plein de chaleur et parfaitement harmonieux. Le groupe des buveurs placés à droite, et celui des voyageurs assis par terre, du côté gauche, offrent des teintes vives, et beaucoup de relief; peut-être, celui des deux chevaux qu'on voit auprès de l'hôtellerie, et dont le coloris est blanc et jaunâtre, ne se détache-t-il pas, au devant du mur, avec assez de vigueur; mais cette légère imperfection, peu sensible dans l'estampe, et que nous osons à peine indiquer, n'empêche pas que l'effet général soit vrai et très-agréable.

Ce tableau, par l'heureuse disposition des lignes et par la vérité du clair-obscur, est au nombre de ceux auxquels l'art de la gravure fait le moins perdre de leur beauté. Il est peint sur cuivre.

PHIL. DE CHAMPAGNE. 1602-1674.

ÉCOLE FLAMANDE.

LA CÈNE.

(N° 77. Voy. le *Catalogue des Ecoles allemande, flamande et hollandaise*, p. 39.)

Philippe de Champagne (ou de Champaigne) exécuta ce tableau en 1648, pour les dames religieuses de l'abbaye de Port-Royal [1]. Quel que soit le mérite qui brille dans cet ouvrage, on peut croire qu'il n'a pas seul contribué à sa réputation. Le vif intérêt qu'un grand nombre de personnes pieuses portèrent si longtemps à la maison où il était placé; l'opinion, assez généralement répandue, que, sous les traits du Christ et des apôtres, l'artiste y avait peint les portraits des solitaires les plus illustres de Port-Royal, ceux d'Antoine Le Maistre, d'Arnauld d'Andilly, de Le Nain de Tillemont, de Blaise Pascal; telles sont les causes particulières qui paraissent avoir fait acquérir à ce tableau, dès son origine, une célébrité qu'il a conservée depuis. Il est à remarquer qu'on en possède diverses répétitions, toutes de la main du même artiste [2].

---

[1] Il se trouvait encore dans l'église de cette abbaye, lorsqu'il a été transporté au Musée.
[2] Il en existe quatre, qui toutes ne sont pas égales dans leurs dimen-

Devenue, en quelque sorte, un des monuments de l'histoire de Port-Royal, la *Cène* de Champagne ne pouvait manquer de faire naître, de part ou d'autre, des conjectures très-hasardées. Après avoir dit que les treize figures étaient autant de portraits, ce qui est peu vraisemblable, on a ajouté que celle de Judas offrait l'image d'Arnauld. Cette assertion a donné lieu, à un de nos connaisseurs les plus savants dans l'histoire des arts, de composer une note déjà publiée dans un ouvrage justement accrédité, et que nous nous faisons un plaisir de transcrire en grande partie [1].

« L'opinion qui veut que toutes les figures soient des por-
« traits, n'est, dit-il, appuyée d'aucuns documents authentiques ;
« les historiens contemporains, ceux du siècle passé, n'en ont
« point fait mention, et elle n'a pu s'établir qu'à l'aide de la
« tradition, trop sujette à être altérée en passant de bouche en
« bouche... A l'exception de la tête de saint Jean et de celles
« des trois apôtres qu'on remarque sur la droite, et près de la
« bordure du tableau, les autres sont barbues. Cette particularité
« suffit pour rendre problématique la ressemblance des portraits
« privés de barbes... Si, à la droite du tableau, la tête la plus
« élevée et vue de profil a quelque ressemblance avec le portrait
« de Blaise Pascal, l'on hésite à nommer MM. Le Maistre ou Le
« Nain de Tillemont, en désignant la tête de profil située immé-
« diatement au-dessous de la première, et l'on ignore quel per-
« sonnage est peint sous le costume de saint Jean. Une telle in-
« certitude ne dépose-t-elle pas contre la tradition ?

« Quoi qu'il en soit, il importe peu à la plupart des spectateurs,
« que ces têtes aient été peintes d'après des modèles vulgaires,
« ou d'après des solitaires de Port-Royal ; et il est inutile au
« progrès des arts de dissiper l'illusion de ceux qui se plaisent à
« y reconnaître des portraits. Mais prétendre que Champagne ait
« saisi les traits du célèbre Arnauld pour représenter le traître

---

sions. Le Gouvernement en possède trois, dont une (celle dont nous parlons), est au Musée Napoléon, une au Luxembourg, dans la galerie du Sénat, et une dans le Musée de Versailles.

[1] Cette note est de M. Morel, conservateur des dessins du Musée Napoléon. Elle est imprimée en entier dans la Collection publiée par M. Filhol (t. V, livr. 50, n. 295). Je suis, dans les passages que je cite, une copie que M. Morel a bien voulu me communiquer.

« Judas, c'est accuser cet artiste estimable d'une noirceur dont
« il était incapable. Par quel excès de délire aurait-il fait jouer
« un personnage odieux à un homme qu'il estimait? Ou, par
« quelle humilité inouïe, Arnauld aurait-il laissé passer ses traits
« à la postérité sous une enveloppe aussi méprisable?

« Quelques personnes, désabusées de la ressemblance supposée
« entre les traits du docteur et ceux d'Iscariote, se sont avisées
« d'en trouver avec ceux de La Mothe Le Vayer; mais c'était
« bien mal connaître et le peintre honnête homme, qui aurait
« éprouvé tous les remords d'une mauvaise action avant de
« goûter le triste plaisir de la commettre, et le sceptique fameux
« qui, bien vu à la cour, n'aurait pas souffert impunément une
« insulte. Son pyrrhonisme lui aurait-il permis de douter qu'on
« lui eût fait une injure sanglante en empruntant ses traits pour
« représenter Judas? D'après ces observations, l'on ne peut, sans
« motif plausible, ajouter foi à une assertion aussi erronée... »

Le coloris de ce tableau n'a pas toute la vigueur des plus beaux ouvrages de Champagne, mais on y admire une grande vérité et dans les chairs et dans les draperies. C'est la vie répandue dans les têtes qui a sans doute le plus contribué à propager l'opinion que toutes étaient des portraits.

A. KUYP. 1605-1672.

ÉCOLE HOLLANDAISE.

UN CAVALIER PARTANT POUR LA PROMENADE.

(N° 105. Voy. le *Catalogue des Écoles allemande, flamande et hollandaise*, p. 54.)

Les ouvrages d'Albert Kuyp ne sont recherchés, on pourrait dire ne sont connus en France que depuis environ vingt-cinq ans. Il n'en existait jusqu'alors qu'un très-petit nombre dans les cabinets de quelques amateurs; on n'en voyait point dans les collections les plus célèbres. Les tableaux des maîtres flamands ayant enfin obtenu parmi les curieux le genre d'estime qu'ils méritent, ceux de Kuyp furent demandés avec empressement, et le haut prix auquel ils s'élevèrent contrasta bientôt avec l'oubli où ils étaient restés jusqu'à cette époque. En 1783 et 1784, dans l'espace de quinze mois, un même tableau de ce maître, adjugé dans une vente publique au prix de 18 livres, fut vendu 720 livres, et ensuite 4,000 fr. D'autres furent payés, les années suivantes, jusqu'à 10,000 livres et même davantage.

Albert Kuyp naquit à Dort en 1606. Il fut élève de son père, Jacques Gerrits-Kuyp, habile peintre de paysages, et il le surpassa. On ne sait rien de particulier sur sa vie; l'année de sa mort est inconnue. Il s'est appliqué avec succès à des genres différents. Il a fait, ainsi que son père, divers tableaux représentant des vues de la ville de Dort; il a peint des rendez-vous de chasse, des fêtes sur des canaux, des clairs de lune, des eaux glacées et des patineurs; il a fait aussi des portraits et des tableaux de fruits. Son goût naturel semble l'avoir porté, de préférence, à peindre des chevaux, des vaches, des moutons; il excelle dans ce genre de peinture. On remarque, dans ses animaux, de la vérité, de la naïveté; ils sont bien groupés et bien peints. Mais le plus grand talent de Kuyp consiste à rendre des effets de lumière; c'est dans cette partie de l'art, que ce peintre est véritablement original. L'air circule autour de ses figures. *Sa couleur*, dit M. Le Brun, *est chaude et riche; le soleil semble animer ses ouvrages* [1]. Ce que la plupart de ses tableaux présentent même de plus remarquable, c'est l'habileté avec laquelle il a peint des scènes éclairées par les feux du midi. Peu d'artistes ont représenté, aussi bien que lui, cette heure du jour, où la terre et les vapeurs qui s'exhalent de son sein n'offrent presque partout que des tons clairs et dorés, où les ombres raccourcies sont colorées par des reflets transparents, où toute la nature paraît embrasée. Malgré l'uniformité des teintes que le soleil répand dans ce moment sur tous les corps, cet habile peintre sait créer des contrastes, soit par les ombres des fabriques, soit par la diversité des couleurs locales. Il dessine les animaux plus correctement que

---

[1] *Galerie des peintres flamands*, t. I, p. 94.

les figures humaines. Quelquefois son pinceau est ferme et piquant; ses tableaux deviennent alors très-précieux. Plus souvent sa touche est un peu molle; mais l'ensemble présente toujours, et dans la composition et dans le coloris, une parfaite harmonie.

Ce tableau, où nous voyons un cavalier partant pour la promenade, suivi d'un domestique à cheval, est bien composé. A gauche, le groupe principal, éclairé par une lumière vive, est soutenu par l'ombre de la maison d'où les cavaliers paraissent sortir; à droite, l'ombre de l'édifice, frappant sur le terrain, est en opposition avec la lumière brillante qui remplit le fond du tableau. Deux bergers et un troupeau, exposés sur une colline aux rayons du soleil, forment une demi-teinte légère entre les ombres des premiers plans et les tons clairs des lointains. Le seigneur est vêtu d'écarlate; son cheval est gris pommelé; l'habit du valet qui présente l'étrier, est vert; le second cheval est bai : ces couleurs riches forment un ensemble piquant et harmonieux. Le cheval gris pommelé est très-bien peint : il y a, principalement dans la croupe, sur laquelle tombe à plein la lumière, une vérité qui fait illusion. On sent de la mollesse dans les formes des deux chiens; ils nous semblent peints lourdement. Ce tableau peut donner une idée des défauts où Kuyp tombait quelquefois, et de toutes les beautés que ce peintre savait répandre dans ses ouvrages.

UN CAVALIER REVENANT DE LA PROMENADE.

(N° 106. Voy. le *Catalogue des Ecoles allemande, flamande et hollandaise*, p. 54.)

Un sujet simple enrichi par des moyens ingénieux, une composition heureuse, un coloris brillant, quelques détails exécutés par une main habile, tel est le genre de mérite que nous croyons voir dans ce tableau. Trois personnages à cheval sortent d'une forêt; on peut supposer qu'ils reviennent de la promenade. A la magnificence de ses vêtements, à la beauté du coursier qu'il monte, celui qui est placé au milieu paraît un grand seigneur; les deux autres forment sa suite. Un chasseur, qui est sans doute un de ses gens, portant une livrée, et tenant deux chiens en laisse, présente à l'un des écuyers une perdrix. Cette circonstance engage les cavaliers à ralentir leur marche; dans ce moment, le seigneur détourne la tête, et ses regards semblent chercher le spectateur. Le groupe, placé à gauche, se trouve au devant d'une touffe de grands arbres entremêlés de broussailles. De l'autre côté du tableau, le paysage est *ouvert*; quelques vaches meublent le second plan; on voit plus loin, au pied d'une colline, des habitations et deux vieilles tours; le fond présente des lignes très-simples; la clarté du ciel, opposée à la verdure qui entoure le groupe principal, et aux tons bruns qui le soutiennent, contribue à le faire valoir. L'attention se porte sur ce groupe; l'œil se fixe avec plaisir sur la figure du seigneur, sur son cheval gris pommelé, sur son habit de velours bleu galonné d'or, sur sa tête ornée de grands cheveux flottants, et coiffée d'une espèce de turban formé par les replis d'une draperie blanche.

En considérant cette figure, on reconnaît bientôt l'intention de l'artiste: c'est, en effet, la tête de ce seigneur qui était l'objet principal de son tableau; il employa tout son art à la faire briller; cette figure enfin est un portrait; tous les objets qui l'environnent composent, en quelque sorte, le cadre qui doit l'enrichir.

L'exécution présente des beautés remarquables. Une lumière bien ménagée frappe sur la tête, sur les épaules du cavalier, et sur la croupe du cheval; les ombres, jetées en avant, donnent du relief à la figure et de la vie au coursier. A ce beau cheval, dont la peau tigrée offre des détails vrais et piquants, sont opposées les teintes mâles du premier qui est bai-brun, et celles du second qui est noir. Un semblable contraste se fait remarquer dans les riches habillements des cavaliers: l'un est vêtu de drap bleu, l'autre porte un habit d'une couleur roussâtre; c'est le velours éclatant, dont est paré le seigneur, qui domine sur ces tons variés.

Si l'on examinait avec attention les différentes parties de ce tableau, on y trouverait quelques imperfections. Il y a de la mollesse dans les figures des deux écuyers, dans celle du chasseur, dans les formes des arbres; les jambes des chevaux, peintes avec beaucoup de vérité, n'offrent pas toutes, quant au dessin, une correction parfaite.

Le portrait du seigneur, qui se fait distinguer par une touche ferme et délicate, est-il bien de la main d'Albert Kuyp? Il est permis d'en douter. Un savant connaisseur, qui autrefois a possédé ce tableau, croit y reconnaître le pinceau de Metzu; d'autres pensent qu'il pourrait être de Jacques Gerrits-Kuyp, père d'Albert, qui était principalement peintre de paysages, et qui a peint le portrait avec succès. Albert a fait aussi quelques bons portraits; mais si celui-ci était de sa main, ce maître se serait beaucoup surpassé lui-même. Quoi qu'il en soit, cette tête est bien d'accord avec le ton général. Ce tableau nous semble surpasser en mérite celui qui en fait le pendant, et dont nous avons parlé précédemment. On ne saurait le regarder comme le chef-d'œuvre d'Albert Kuyp; mais il doit être compté parmi ses bons ouvrages.

REMBRANDT. 1606-1669.

ÉCOLE HOLLANDAISE.

L'ANGE RAPHAEL QUITTANT TOBIE ET SA FAMILLE.

(N° 404. Voy. le *Catalogue des Écoles allemande, flamande et hollandaise*, p. 212.)

Quelle dut être l'émotion du vertueux Tobie, de son fils, de sa femme, de sa bru, lorsque l'archange Raphaël, qui, sous des formes humaines, avait habité au milieu d'eux dans leur captivité, et les avait récompensés par ses bienfaits des œuvres de charité qu'ils exerçaient envers leurs frères, manifestant son essence divine, déployant ses ailes d'or et d'azur, reprit la route des cieux, et leur recommanda de nouveau de bénir le Seigneur et de chanter ses merveilles [1]! Quelle vive reconnaissance, quel saisissement durent éprouver ces pieux Israélites, à la vue du miracle dont ils étaient l'objet! Représentons-nous cette scène religieuse

[1] *Lib. Tobiæ*, cap. XII.

et touchante : représentons-nous l'envoyé céleste, déjà dans les airs, environné de feux éclatants; Tobie et sa famille prosternés devant lui, frappés d'une sainte terreur, conservant à peine la force d'adresser à Dieu et à son ministre l'expression de leur gratitude et de leur amour : voilà le sujet offert au génie de Rembrandt. Aucun trait historique ne pouvait mieux convenir à ce maître, également admirable par la magie de son coloris, et par son habileté à exprimer tous les effets et jusqu'aux nuances les plus délicates des affections de l'âme; aussi voyons-nous dans ce tableau un de ses chefs-d'œuvre les plus étonnants.

L'archange radieux s'élance dans les airs; il jette, en s'éloignant, un dernier regard sur l'habitation de ses hôtes, et dirige son vol vers sa patrie, à travers un tourbillon de nuées et des flots de lumière. Toutes les difficultés que présente l'imitation d'une figure humaine, dans une position aussi contraire à sa nature, ont disparu sous le pinceau de l'artiste : le beau Raphaël offre dans ses mouvements autant de noblesse que de grâce et de légèreté. Tobie et sa famille sont sortis de leur demeure. Chacun de ces serviteurs de Dieu paraît éprouver des sentiments différents, conformes à son âge et à son caractère. Le patriarche s'est jeté à genoux; ses deux mains jointes s'impriment dans la poussière; sur son visage qu'il incline, sur ses yeux presque fermés, se montrent sa soumission, son attendrissement, et cette dévotion du cœur, qui fait la joie des vrais fidèles. Son fils, à côté de lui, un genou en terre, est saisi d'étonnement, de crainte et de respect. Anne et Sara sont restées sur le seuil de la porte. Anne, affaiblie par les ans, ne peut résister au trouble qui l'agite; elle est tremblante; ses forces vont l'abandonner. La jeune Sara accompagne Raphaël de ses regards : la tête élevée, les mains sur sa poitrine, contemplant avec ravissement le bel archange qui a été le protecteur de son époux, elle est prête à l'adorer.

La richesse du coloris égale la chaleur et la vérité de l'expression. La nuée, descendue sur la maison de Tobie, présente des ombres larges et vigoureuses. Du centre de cette masse d'ombres, jaillissent les feux du ciel. La tunique de l'archange, qu'inonde la lumière, a la blancheur de la neige; sa dalmatique de brocart vert, enrichie d'or, ses ailes diversement éclairées, semblent parsemées d'émeraudes, d'escarboucles et de saphirs; sa chevelure blonde et touffue paraît embrasée. Au-dessous, et à la droite de Raphaël, la nuée, tombée jusqu'à terre, échauffe, par l'opposition, tout le reste du tableau. A gauche, dans la partie supérieure, à travers le nuage épais qui s'étend sur la maison de Tobie, s'échappent quelques rayons rougeâtres; les murs qu'on entrevoit, et les plantes qui grimpent au-dessus de la porte, en reçoivent la teinte pourprée. C'est sur le groupe que frappe la lumière céleste. La tête, les épaules, les mains du vieillard, personnage principal, en sont vivement éclairées; les figures du jeune Tobie, de son épouse et de sa mère, reçoivent une lumière moins éclatante et graduée avec art; des ombres fermes et de larges demi-teintes, jetées sur les draperies dont les couleurs sont généralement brunes, laissent briller les parties animées, siége de l'expression. L'ange, par l'éclat de son coloris, domine sur toute la composition; le lointain, qui se découvre entre les nuages et l'habitation, contribue à répandre, dans l'ensemble de l'ouvrage, de la transparence et de la légèreté. On reproche ici à l'artiste quelques fautes contre le costume, quelques incorrections dans le dessin [1]. Il est facile sans doute de découvrir des imperfections dans le plus beau tableau; mais où retrouver les beautés inimitables de Rembrandt!

LE BON SAMARITAIN.

(N° 405. Voy. le *Catalogue des Ecoles allemande, flamande et hollandaise*, p. 213.)

Jugeons l'homme sur ses œuvres et non sur ses dehors ou ses discours : le Lévite peut être impitoyable; le Samaritain, humain et vertueux.

Il est écrit dans la loi : *Vous aimerez votre prochain comme vous-même.* Un docteur, voulant à ce sujet tenter Jésus, lui dit : *Qui est donc mon prochain?* Jésus lui répondit : « Un homme

---

[1] La tête du jeune Tobie n'est pas dessinée correctement; mais elle a évidemment été retouchée, ainsi que la main gauche. — Ce tableau est peint sur bois. Il faisait autrefois partie de la collection du Roi.

« descendait de Jérusalem à Jéricho ; il tomba parmi des voleurs
« qui le dépouillèrent, le couvrirent de plaies, et s'en allèrent,
« le laissant à demi mort. Il arriva qu'un prêtre allait par le même
« chemin, et l'ayant aperçu, il passa outre. Un lévite, qui sur-
« vint, le considéra et continua pareillement sa route. Mais un
« Samaritain qui vint à passer, l'ayant vu, fut touché de com-
« passion. Il s'approcha de lui, versa de l'huile et du vin sur ses
« plaies et les banda ; et, l'ayant mis sur son propre cheval, il
« l'emmena dans une hôtellerie et prit soin de lui. Le lendemain,
« en s'en allant, il tira deux deniers qu'il donna à l'hôte, et lui dit :
« Ayez soin de cet homme ; tout ce que vous dépenserez de plus,
« je vous le rendrai à mon retour. « Lequel de ces trois vous
« semble avoir été le prochain de celui qui était tombé entre les
« mains des voleurs ? » Le docteur répondit : « C'est celui qui a
« exercé la miséricorde envers lui. » Jésus lui dit : « Allez et
« faites de même. »

Ce sujet intéressant a été traité par Paul Véronèse, par le Tintoret, par Vouet, le Bourdon, Lahire, et un grand nombre d'autres maîtres. Tous ont choisi le moment où le bon Samaritain,
s'approchant du malheureux abandonné sur la route, répand du
baume sur ses plaies. Rembrandt a conçu une pensée plus heureuse. Il a représenté le Samaritain arrivant à l'hôtellerie avec
ce même homme qu'il y a fait transporter sur son propre cheval,
tirant sa bourse, et paraissant dire à l'hôtesse : *Ayez soin de
lui ; tout ce qu'il dépensera, je vous le rendrai.* Cette seconde
action rappelle la précédente, et fait prévoir en même temps les
nouvelles œuvres de charité, par lesquelles le Samaritain doit assurer l'effet de la première. C'est un bonheur assez rare, et toujours le produit d'un grand talent, que de pouvoir ainsi, en choi-
sissant dans une action un moment unique, rappeler le passé, et
faire naître l'idée de l'avenir.

Ce tableau est regardé comme un des plus beaux ouvrages de
Rembrandt. Il est bien composé ; l'action de chaque personnage
est naturelle et expressive ; toutes les têtes sont pleines d'âme :
on voit, dans les traits du Samaritain, la satisfaction que lui fait
éprouver une bonne action, et la sollicitude que lui inspire encore l'infortuné auquel il a conservé la vie ; sur le visage de

l'homme blessé, se peignent à la fois la reconnaissance et la douleur; sur ceux des valets, la pitié et la curiosité. Le coloris est vraiment admirable pour la transparence des ombres et des demi-teintes. Rembrandt a peint quelques beaux tableaux, dont l'effet magique est produit par des tons très-clairs opposés à des fonds presque noirs. Celui-ci n'offre pas des oppositions aussi brusques; les ombres y conservent plus de légèreté. Le ton général est peut-être un peu brun; mais, parmi tous les chefs-d'œuvre de l'art qui offrent ce même caractère, il n'en est pas de plus remarquable, par la vigueur, l'accord et la transparence des tons locaux.

Rembrandt a composé deux fois ce sujet, et dans chacune de ses compositions, il a saisi le même moment dans l'action du Samaritain. L'un de ces deux tableaux appartenait autrefois au duc de Choiseul, et a été gravé par Rembrandt lui-même.

Celui du Musée Napoléon a été gravé à l'eau-forte par M. V. Denon, directeur général des Musées.

UN PORTRAIT.

(Nº 418. Voy. le *Catalogue des Ecoles allemande, flamande et hollandaise*, p. 218.)

Quelques artistes attribuent ce portrait à Rembrandt. Une opinion plus ancienne le donne à Henri Van Uliet. Il était regardé comme un ouvrage de ce peintre dans la collection du Stathouder, dont il a fait partie pendant longtemps. Peut-être pourrait-on, sans invraisemblance, le croire de Jean-Georges Van Uliet, élève de Rembrandt, et l'un de ceux qui avaient le mieux imité sa manière. Le dessin a la fermeté, le coloris a la vigueur de Rembrandt lui-même; les cheveux sont peints avec beaucoup d'art. Le personnage est inconnu; il porte un hausse-col, ce qui semble annoncer un militaire.

J. WYNANTS. 1606-1677.

ÉCOLE HOLLANDAISE.

LE DÉPART POUR LA CHASSE AU VOL.

(N° 581. Voy. le *Catalogue des Ecoles allemande, flamande et hollandaise*, p. 315.)

Ce tableau est de la plus belle manière de Jean Wynants. La composition en est simple et riante, le coloris frais, vif et argentin, la touche très-spirituelle. Il représente une matinée d'automne. Le soleil, en commençant sa course, jette des tons vermeils sur des nuages gris et blanchâtres, opposés à un fond d'azur. Une lumière douce et de larges demi-teintes égayent la campagne. Les arbres présentent le mélange d'un feuillage encore verdoyant, de rameaux que blanchit le soleil, et de feuilles déjà rougies par l'effet des frimas. La lumière principale frappe, dans les premiers plans, sur un chemin, tracé vers le milieu de la largeur du tableau : le foyer des rayons est caché par une colline. Un cavalier, monté sur un cheval blanc, paraît aller à la chasse au vol. Son valet marche devant lui, et porte les faucons. Le valet est vêtu de bleu ; le cavalier a un habit rouge. Ce ton, qui appelle les regards, est répété habilement et avec moins de vivacité, à gauche, par les parties dépouillées d'un tronc d'arbre ; à droite, par deux vaches que leur gardien fait paître près d'une clôture. Ces points plus ou moins brillants, placés avec ménagement dans la composition, y répandent de la richesse, sans interrompre l'harmonie. La ligne presque droite qui termine l'horizon offre ces teintes un peu bleuâtres qu'on remarque assez souvent dans les plans éloignés des tableaux de Wynants. Les trois arbres groupés à droite sont souples et élégants ; peut-être celui qui s'élève du côté opposé forme-t-il, par ses branches tortueuses, un contraste trop brusque avec la simplicité des objets voisins ; mais l'artiste y a montré une main ferme et hardie : le feuiller est plein de vérité, et le mérite de l'exécution fait pardonner facilement un léger défaut de convenance.

Heureux les artistes qui s'appliquent, ainsi que Wynants, à représenter dans des peintures naïves les prés et les bergeries! Leur modèle s'offre partout à leurs yeux. Sans doute, ils ont besoin d'un goût exercé, pour choisir, entre des objets agréables, ceux dont l'aspect est le plus pittoresque, pour les assortir convenablement, et pour les faire valoir les uns par les autres; mais les règles qui doivent les guider dans ce choix sont à l'abri de toute erreur, de tous faux systèmes. S'ils les négligent, ils peuvent encore plaire sans leur secours. Le charme de l'imitation nous entraîne, et, pour peu qu'elle soit fidèle, notre imagination elle-même, prompte à nous séduire, embellit la peinture de tous les attraits de l'original. Mais cela même doit faire sentir au peintre de paysages combien il lui importe d'être vrai. Si, se confiant trop à sa mémoire, et négligeant d'attacher ses regards sur son modèle, il cesse de nous captiver par l'exactitude des formes, par la vivacité, l'harmonie et la transparence des tons, c'est-à-dire, par ce qui constitue la vérité du coloris, il ne lui reste rien pour se faire pardonner ses erreurs.

Tout le monde sait que Wynants compta, parmi ses élèves, Wouwermans et Adrien Vanden Velde. Son épouse lui disait souvent, en considérant les progrès de ce dernier : « Ce jeune « homme vous surpassera; vous ne voyez en lui qu'un écolier, « bientôt il sera votre maître. » Mais Wynants avait l'âme trop élevée pour être jaloux. Charmé des talents du jeune Vanden Velde, il l'avait de lui-même appelé dans son atelier, avec l'intention de former un grand maître, et il y réussit. Vanden Velde et Wouwermans, en le surpassant en effet, si toutefois on peut dire qu'ils lui soient supérieurs, lui procurèrent à leur tour de nouvelles jouissances. On retrouve dans leurs beaux ouvrages le produit de ses sages leçons; on y reconnaît même quelquefois les traces de son coloris, et la gloire de ces deux grands artistes fait aujourd'hui une partie de la sienne.

Ajoutons que les deux élèves, et Vanden Velde en particulier, n'oublièrent jamais les obligations qu'ils avaient à Wynants. Descamps, qui a suivi les traditions conservées par les écrivains hollandais, assure que Vanden Velde fut excité à dessiner des figures humaines, par le désir d'être utile à son maître. Wynants était obligé de recourir à des mains étrangères, pour peindre cet accessoire dans ses tableaux ; le jeune Vanden Velde entreprit de lui rendre ce service [1] ; la reconnaissance fut son guide, et elle l'inspira si bien, qu'il devint, en peu de temps, un des peintres de Hollande les plus habiles dans l'art de dessiner des figures, et d'en accorder les tons avec l'ensemble d'un paysage.

Le tableau dont nous parlons est peint sur bois. Il porte la signature de Wynants. Il appartenait autrefois à M. Boutin ; le gouvernement en a fait l'acquisition pour enrichir le Musée.

G. TERBURG. 1608-1681.

ÉCOLE HOLLANDAISE.

—

UN MILITAIRE, UNE JEUNE FEMME ET UN TROMPETTE [2].

(Ce tableau ne fait plus partie du Musée impérial du Louvre.)

Un jeune militaire, armé d'une cuirasse et richement vêtu, est assis dans une chambre mal meublée, que l'on peut croire une chambre d'auberge. Une femme, qu'il presse de sa main gauche, assise par terre, se penche vers lui, et pose ses deux bras sur sa cuisse. Il tient un papier, et regarde un trompette ou plutôt un page, âgé de quinze ou dix-huit ans, qui vient apparemment de le lui présenter. Que renferme cet écrit? Quel changement va-t-il apporter dans la position de ces deux personnages, qui paraissent si heureux l'un auprès de l'autre? Quel est enfin le sujet du tableau? Il est vraisemblable que ce jeune officier reçoit de son général l'ordre d'aller où la gloire appelle les braves ; il semble dire au page : « Oui, je vais partir ; mon amie m'est chère, sans doute, mais croyez-vous que je voulusse manquer à mon devoir? » Sa physionomie agréable est en même temps mâle et assurée,

---

[1] Descamps, *Vie des peintr. flam.*, t. III, p. 73.
[2] Haut. 2 p. 1 p.; 0m,676. Larg. 1 p. 10 p.; 0m,596.

comme sa contenance. La jeune femme regarde avec sollicitude l'écrit fatal. La tête du page est noble et intéressante; il tient ingénument ses deux mains cachées sous son chapeau; on croirait qu'il apporte à regret un ordre qui va faire verser des larmes, et que lui-même il gémit intérieurement, en se rappelant la tendre amie dont il vient de se séparer. L'expression de ces trois figures n'est pas vive, mais elle est juste. Le dessin est peu correct; les bras de la femme ne rappellent en rien la nature; les formes du page sont molles et rondes; mais le pinceau est fin, laborieux, recherché, comme dans tous les ouvrages de Terburg; les détails sont étudiés et moelleux; et, quoique l'ensemble manque de fermeté, on y remarque avec plaisir une harmonie douce et suave.

Terburg naquit en 1608, à Zwol, dans la province d'Over-Yssel, d'une famille ancienne et estimée, et mourut à Deventer en 1681. Il ne doit être considéré que comme un peintre de portraits; ses compositions inspirent ordinairement peu d'intérêt; cependant, il n'a pas toujours manqué d'expression.

ADR. VAN-OSTADE. 1610-1685.

ÉCOLE HOLLANDAISE.

LE CHANSONNIER [1].

(Ce tableau ne fait plus partie du Musée impérial du Louvre.)

Ce joli tableau présente une scène intéressante et gaie. On y voit un musicien ambulant qui joue du violon; un jeune garçon paraît chanter avec lui; ils amusent des paysans et des enfants, groupés autour de la porte d'un cabaret pour les entendre. L'habile peintre, en captivant le spectateur par la tournure naïve et grotesque de la plupart des figures, a su en même temps animer sa peinture par la diversité des sentiments exprimés sur le visage

---

[1] Haut. 1 p. 5 p.; 0^m,460. Larg. 1 p. 4 p.; 0^m,433.

de chaque personnage. Le chansonnier, qui est l'âme de la scène, n'a rien oublié pour se rendre comique : il s'est noblement décoré d'un pourpoint ; un manteau pend à son épaule ; sa coiffure est ornée de deux plumes de coq ; rien ne lui manque pour son rôle ; il est cagneux ; son nez en bec de corbin et sa narine gonflée disposent à la gaieté; à voir l'air de malice avec lequel il racle son violon, on le prendrait pour l'auteur de ses couplets. Le rire des paysans fait assez voir que l'adroit jongleur a chatouillé leurs sens par quelque mot gaillard. Cela même indique leurs différents caractères. Le premier des trois assis hors du cabaret, rit à gorge déployée; on voit que c'est un bon homme. Le second, qui tient sa pipe, ne rit qu'avec une sorte de dédain ; on le dirait goguenard et caustique. Le troisième, dans l'admiration, écoute et jouit comme un Gille. L'hôtesse, au milieu d'eux, appuyée sur sa porte, se fait remarquer par sa contenance modeste : elle sourit à peine. Les nombreux enfants, qui complètent la scène, en augmentent l'intérêt par leur ingénuité : l'un d'eux, les yeux fixés sur le petit chanteur, paraît envier son talent; un autre, assis par terre, joue avec son chien, et n'écoute nullement la chanson, à laquelle il ne saurait rien comprendre.

Adrien Van-Ostade, élève de François Hals, célèbre peintre de portraits, fit lui-même quelques beaux portraits dont il existe des gravures. Il avait eu d'abord le dessein de peindre dans la manière de Téniers; son ami Adrien Brauwer, élève comme lui de François Hals, lui fit reconnaître son véritable talent et adopter un genre où il s'est montré original. Il s'est principalement attaché à peindre des sujets d'un genre familier, des cabarets, des intérieurs de maisons. Son plus grand mérite consiste dans l'art du clair-obscur. Parmi les plus habiles coloristes flamands, il en est peu qui aient exprimé avec autant de vérité les effets de la lumière sur les surfaces plates et dans l'intérieur des appartements. Il embellit toutes ses compositions par une harmonie douce qui captive agréablement la vue. Lors même que ses figures agissent en plein air, il sait encore produire les effets les plus piquants. Le tableau du Chanteur en offre un exemple.

Ce tableau est composé avec beaucoup d'art. On y voit trois groupes bien disposés et présentant d'heureux contrastes. Le lieu de la scène est ombragé par un arbre et par des tiges touffues de houblon grimpant sur des perches. La lumière s'introduit au travers des branches, frappe vivement sur le mur au centre du tableau, et se répand de proche en proche avec une dégradation admirable. Le ton général est clair ; le feuillage transparent jette sur tous les objets un reflet verdâtre qui s'associe moelleusement à des couleurs vigoureuses. Cette teinte un peu verte, qui était familière à Van-Ostade, est devenue ici, comme dans la plupart de ses ouvrages, une grande beauté, à cause du feuillage qui la motive, et de la lumière ferme qui anime le tableau. Le mur, la porte, le terrain, offrent une couleur vraie, des tons vifs, des demi-teintes fines, des détails soignés ; on y voit, quant à ce genre de peinture, la perfection de l'art.

La figure du gros paysan nous semble éclairée trop également ; nous croyons y sentir un peu de mollesse ; mais ce léger défaut, s'il existe, ne nuit point à l'harmonie générale.

Ce tableau est peint sur bois. Il faisait autrefois partie de la collection du Stathouder. On voit, par la signature et par la date, qu'il a été exécuté en 1673. Van-Ostade, né à Lubech, en 1610, avait alors soixante-trois ans.

Il ne faut pas confondre ce maître avec Isaac Van-Ostade, son frère et son élève, qui ne l'a point égalé. Il a beaucoup dessiné. C. et J. Visscher, J. Suyderhoef, J. Louys, J. Gole, Beauvarlet et A.-J. Prenner ont gravé d'après lui. Il a gravé lui-même à l'eau-forte cinquante-deux pièces, où l'on voit, suivant les termes justement employés par Descamps, *l'esprit de ses dessins, et l'effet de ses tableaux*. Sorti très-jeune de sa patrie, il n'y rentra jamais, malgré son désir, et mourut à Amsterdam à l'âge de soixante-treize-ans.

UN FUMEUR.

(N° 574. Voy. le *Catalogue des Écoles allemande, flamande et hollandaise*, p. 196.

Ce tableau est particulièrement remarquable par un faire délicat et par un extrême fini. L'ensemble offre la teinte violette et verdâtre qui était familière à Van Ostade ; le coloris est un peu monotone, la touche manque de vigueur; mais l'effet de la lumière est ménagé avec une grande habileté, et la tête du personnage principal est un chef-d'œuvre pour la vivacité des tons et la finesse du pinceau.

Le caractère des figures nous engage à rappeler un fait dont nous avons parlé précédemment d'une manière très-succincte. Descamps raconte qu'Adrien Van Ostade parut un moment disposé à s'approprier la manière de Téniers, et qu'Adrien Brauwer, son compagnon d'études, élève comme lui de François Hals, le détourna de ce projet, en lui faisant sentir que s'il adoptait la manière d'un autre maître, il s'exposait à être comparé à son modèle avec désavantage; au lieu que, s'il se formait un caractère original, il acquerrait bien plus facilement de la réputation et de la fortune. Van-Ostade suivit le conseil de Brauwer, et jouit d'une célébrité méritée et d'une grande aisance [1].

Des traits caractéristiques, dont quelques-uns frappent au premier aspect, font, en effet, distinguer facilement Van-Ostade d'avec Téniers. S'agit-il de l'art de colorer, tout le monde sait que ces deux maîtres sont également recommandables par la transparence et l'harmonie de leurs ouvrages, mais que le coloris de Téniers est clair, gai, argentin et très-varié, et que celui d'Ostade est habituellement violet ou verdâtre; que la touche de Téniers est ferme, légère, hardie, et que le pinceau d'Ostade, quoique toujours nourri et moelleux, manque quelquefois de fermeté. Considère-t-on la composition et le dessin, Téniers, embrassant un vaste ensemble, forme et enchaîne avec habileté des groupes nombreux; savant et audacieux dans l'art de rendre les effets de la lumière, il développe de grandes scènes en plein air, et imite le jeu du clair-obscur, sans que les ombres soient jamais outrées, et sans laisser même apercevoir le secret de ses combinaisons, ses figures sont dessinées correctement; les attitudes en sont justes et naïves : Van-Ostade, au contraire, rassemble ses personnages dans des réduits faiblement éclairés, dans des bosquets touffus, dans des intérieurs de maisons où la lumière ne se glisse qu'à travers des feuillages dont la fenêtre est ombragée; il ne

---

[1] Descamps, *Vie des peintr. flam.*, t. II, p. 174.

rend pas toujours la perspective linéaire avec une justesse rigoureuse; quoique ses figures soient posées avec esprit, le dessin en est souvent incorrect; le charme de ses ouvrages réside principalement dans un faire suave, dans des effets de lumière mystérieux et piquants.

Une différence encore plus importante distingue ces deux maîtres. Téniers, en imitant la nature, lui conserve sa grâce; il la peint telle qu'elle est, aimable, vive, riante, et surtout admirable par sa variété; s'il représente des fêtes rustiques, on reconnaît, dans les jeux de ses paysans, dans leur joie, dans leur colère, dans leurs combats, la diversité de leurs caractères : chaque état, chaque âge a ses mœurs; auprès d'un être abruti qui a énervé ses forces ou aliéné sa raison, presque toujours on découvre des personnages d'un rang plus relevé, qui honorent et embellissent la fête par leur présence; l'artiste, déjà nous l'avons dit ailleurs, semble vouloir rappeler, par des traits fins et spirituels, combien il était supérieur à ses héros. Van-Ostade se borne à saisir, dans la physionomie et les actions des paysans, ce qu'ils offrent de plus ignoble et de plus grotesque; il varie les expressions, mais ne sort point du genre burlesque qu'il avait choisi. L'un, historien moral, décrit avec fidélité les mœurs des villageois; l'autre, poète satirique, les enlaidit pour les rendre plus ridicules. Tel fut sans doute l'effet du conseil de Brauwer; mais il importe de faire encore une remarque, c'est que Brauwer peignait au sein des cabarets les compagnons de ses orgies, et que Van-Ostade et Téniers se firent tous les deux estimer par la dignité de leurs habitudes et la pureté de leurs mœurs.

Il y a donc lieu de croire que le choix de ses sujets ne fut, pour Van-Ostade, qu'une affaire de calcul. L'histoire de l'art présente un grand nombre de faits de cette nature.

LES INCONVÉNIENTS DU JEU [1].

(Ce tableau ne fait plus partie du Musée impérial du Louvre.)

Il serait assez difficile de dire pourquoi l'on désigne ce tableau sous la dénomination que nous avons cru devoir conserver : *les inconvénients du jeu*. La scène ne présente que des images riantes. Deux personnages jouaient aux cartes sur le fond d'un tonneau. Il s'est élevé entre eux quelque difficulté. Celui qui s'enfonce dans son fauteuil paraît avoir jeté ses cartes par terre avec humeur. On peut croire que si la vieille femme placée auprès d'eux a saisi un pot d'une main et un verre de l'autre, c'est dans la crainte que ces objets précieux pour elle ne soient renversés. Mais il est facile de juger que le différend n'est pas très-sérieux. L'un des deux paysans veut-il bouder ; l'autre, sans quitter sa pipe, incliné vers le tonneau, lui explique le fait contesté. Le joueur de violon continue gaiement sa musique ; les jeunes gens, réunis vers la porte de la chaumière, ne cessent pas de rire et de boire. Un fumeur flegmatique, assis sur un panier, le bras gauche appuyé sur la cuisse, écoute le sujet du différend, sans y prendre aucune part. Nous voyons dans cette composition *une partie interrompue;* nous ne saurions y reconnaître *les inconvénients du jeu*.

Quoi qu'il en soit, la naïveté des attitudes, les effets du clair-obscur, la finesse et la transparence du coloris, offrent tout ce qu'on peut attendre de plus accompli du pinceau d'Adrien Van-Ostade. Des arbres, où sont suspendues des guirlandes de houblon, répandent sur le terrain, sur l'habitation, sur les personnages, la teinte verdâtre qui embellit ordinairement les ouvrages de cet habile peintre. Cette teinte générale est ménagée avec un art que l'on pourrait dire magique ; elle tempère, elle accorde entre eux les tons propres à chaque objet, sans les dénaturer : sous ce reflet mystérieux, tout est piquant, tout est vrai ; les parties les plus claires sont habilement adoucies pour contribuer à l'harmonie générale, et dans les masses d'ombres les plus fermes, on distingue encore les moindres détails.

[1] Haut. 1 p. 5 p.; 0^m,460. Larg. 1 p. 11 p.; 0^m,350.

Les figures sont groupées d'une manière si naturelle, qu'il semble d'abord que l'artiste n'ait eu d'autre mérite que celui d'imiter une scène dont il a été le témoin. Mais cette disposition convient trop bien au sujet, et elle est trop favorable aux effets de la lumière, pour que nous n'y reconnaissions pas le produit d'un calcul savant, d'une théorie profonde.

Dans l'intention de séparer les deux joueurs entre lesquels s'est élevée la querelle, l'artiste a éloigné les uns des autres, autant qu'il le pouvait, les cinq personnages qui composent le groupe principal, et, par la puissance du clair-obscur, il a su cependant n'en former qu'un tout. Nous pourrions dire (il nous le semble du moins) que la direction même et la combinaison des lignes contribuent à produire l'effet, qu'il s'est proposé, de n'inspirer, malgré la contestation des deux villageois, que des idées agréables. Si l'on considère le groupe de ces cinq personnages, on verra qu'il présente dans ses limites extérieures quatre angles marqués par les quatre figures d'hommes : si l'on regarde les objets qui l'environnent, les instruments champêtres placés à droite, la porte de la chaumière, les trois jeunes gens, les arbres et le banc renversé sur la gauche, on pourra remarquer que tous ces objets sont, au contraire, disposés sur une ligne courbe, rentrante, et presque demi-circulaire : ainsi, ce groupe où l'on voit les effets d'une querelle, prête à s'apaiser, se trouve entouré d'objets qui, par leur position régulière, offrent partout l'image du repos. De cette disposition, qui ne saurait être un effet du hasard, naissent, entre les lumières et les ombres, les contrastes les plus heureux. Chaque objet sert à faire avancer ou fuir les objets voisins. Vers le milieu du tableau, sur le point le plus avancé du groupe, la figure du paysan penché dans le fauteuil marque le centre de l'intérêt et celui de l'effet pittoresque. L'azur argenté de son pourpoint et les tons blanchâtres du reste de ses draperies, vivement éclairés, dominent sur l'ensemble harmonieux du coloris. Tout cède à ces tons éclatants. La figure du fumeur qui est assis, vêtu d'un haut-de-chausses gris et d'une veste roussâtre, se lie avec le groupe des trois jeunes gens placés vers l'entrée de la chaumière, et les ombres fermes de ce groupe l'amènent en avant ; celle du joueur appuyé sur le tonneau opposé aux tons fins et brillants du ciel les teintes vigoureuses d'un ample manteau vert et presque noir. La vérité du lointain forme une des beautés le plus remarquables de ce charmant tableau. Nous voyons ici, en même temps, un pinceau facile, une composition méthodique, où tout est mesuré, tout calculé. Quoiqu'il n'eût à représenter qu'une scène naïve et gaie, l'habile artiste n'a pas négligé les ressources les plus secrètes de la peinture; mais il a fait plus encore : il a eu l'art de cacher l'art.

DAVID TÉNIERS. 1610-1694.

ÉCOLE FLAMANDE.

LE RÉMOULEUR.

(N° 522. Voyez le *Catalogue des Ecoles allemande, flamande et hollandaise*, p. 278.)

Ce joli tableau se fait remarquer, comme tous les ouvrages de Téniers, par un coloris doux et harmonieux. Le ton général est légèrement doré ; le ciel, le terrain, les maisons, les deux figures de paysans placées sur le côté, les arbres mêmes participent plus ou moins à cette teinte. La figure principale, éclairée par une lumière tranquille, se détache sur un fond clair. Tous les accessoires sont disposés de manière à la faire briller. Les vêtements de ce rémouleur sont assez étoffés : une veste de drap, une grande culotte verdâtre, un tablier brun, une chemise très-propre, dont on aperçoit le collet ; un chapeau de feutre gris et vert, orné d'une plume blanche que soutient un ruban couleur d'or ; tel est son costume. Le visage est peint avec soin ; le regard a de la fermeté ; la bouche, que surmonte une moustache blonde et frisée, ne manque pas de finesse. Quelle fut l'intention de l'artiste en peignant cette figure, qui, avec une tournure lourde, laisse voir une physionomie prononcée et spirituelle ? Frappé par la contenance naïve et ferme, par les traits expressifs de quelque bon artisan, en a-t-il saisi la ressemblance, sans autre pensée que celle d'imiter un modèle original et pittoresque? A-t-il, comme on l'a présumé, tracé le portrait de quelque guerrier, qui, sous un adroit déguisement, ainsi que le fit depuis Catinat, pénètre dans le pays ennemi, et va préparer, par l'examen des lieux, le plan d'une attaque? Ces suppositions n'offrent rien d'impossible. Nous oserons cependant en présenter une nouvelle.

Attendre avec confiance son bien-être d'une conduite sage et d'un travail assidu; être heureux avec le nécessaire; y trouver encore du superflu pour contribuer au bonheur d'autrui; conserver dans un état obscur une juste estime de soi-même; porter dans les travaux les plus pénibles un esprit gai; maintenir au fond de son cœur, dans quelque position que l'on se trouve, cette paix délicieuse, qui est la récompense assurée de l'homme de bien: ne serait-ce pas de cette véritable philosophie, que le peintre aurait voulu nous donner un exemple dans la personne de cet homme laborieux, de ce rémouleur, qui conduit avec lui l'instrument de son travail, source inépuisable et suffisante de sa richesse? La propreté de ses vêtements annonce de l'aisance et de l'ordre; son visage serein décèle la paix intérieure dont il jouit; le sentiment de sa dignité est peint sur sa physionomie: il semble que ces particularités puissent autoriser notre conjecture.

Lors même que l'artiste n'aurait pas attaché cette moralité à son sujet, elle n'en serait pas moins une conséquence. Une galerie de tableaux est une image du monde. Les actions les plus magnanimes, les forfaits les plus atroces, toutes les vertus, toutes les passions, l'amour, la haine, l'ambition, la vengeance, le repentir, y sont représentés dans de vivantes images avec des traits énergiques et éloquents. Chaque sujet a sa moralité, chaque tableau son langage. Socrate et le Rémouleur peuvent l'un et l'autre nous rappeler d'utiles leçons.

UN CABARET PRÈS D'UNE RIVIÈRE.

(N° 516. Voy. le *Catalogue des Ecoles allemande, flamande et hollandaise*, p. 275.)

Ce ne sont pas des montagnes couvertes de verdure, de grandes touffes de bois, de frais et riants pâturages, que Téniers nous offre dans ce tableau. Le site est peu varié : une maison de paysans, ou plutôt un cabaret placé sur le premier plan, un coteau peu élevé, sur lequel on ne voit qu'une ferme et quelques arbres épars, voilà les masses principales. Les bords de la rivière qui coule au pied de la colline, à peine ombragés dans quelques endroits, dans d'autres sont arides et pierreux. Telle était quelquefois l'indifférence de Téniers sur le choix des objets dont il composait ses paysages. La plupart de ceux que nous devons à sa main féconde sont des portraits; nous y voyons l'image des campagnes qui environnaient le château dans lequel il avait fixé sa demeure. Ce grand maître, qui, en représentant des fêtes de village, des danses grotesques, et même des sujets historiques, a montré une imagination si vive, des idées si gaies, tant de diversité dans son style, tant d'esprit et de goût, croyait apparemment que, dans quelque simplicité, dans quelque dénûment que la nature se montre à nos yeux, l'aspect des champs ne peut jamais cesser de nous plaire. Mais s'il ne donnait pas assez d'attention au choix des sites, il excellait dans un art non moins difficile, celui d'animer ses paysages par des effets de clair-obscur singuliers et piquants. Son coloris n'offre pas les tons verts qui naissaient, pour ainsi dire, sous le pinceau du Guaspre, de Paul Bril, de Breughel, de Paul Potter : il est ordinairement un peu gris, mais toujours léger, toujours brillant, et parfaitement harmonieux.

Le tableau que nous décrivons ici semble représenter une belle journée d'automne. Le soleil, voilé par des nuages blanchâtres, verse, au travers de ces vapeurs, des gerbes éclatantes. Les rayons frappent sur un village qui se voit dans le fond du tableau, sur la ferme et sur les terrains où elle est élevée. Une lumière dorée embellit les campagnes et resplendit sur la rivière.

L'habitation qui se trouve sur le premier plan, éclairée à revers, présente, dans la partie exposée aux regards du spectateur, parmi des tons généralement bruns, des ombres variées, des demi-teintes transparentes, des détails exécutés avec le plus grand soin. Quelques paysans, auxquels l'artiste s'est plu à donner des physionomies grotesques, placés au dehors, autour d'une table, se disposent à faire un joyeux repas. Déjà une servante leur apporte un mets appétissant. L'hôte, vieillard robuste, dont les traits mâles et spirituels sont embellis par une barbe blanche, semble faire d'avance avec eux le compte de leur dépense. Celui de ces paysans que l'on voit par derrière est vêtu d'une étoffe bleue; les autres portent des vêtements roux ou jaunâtres. Ce groupe est colorié avec des tons si vrais, il a tant de relief, qu'il fait presque illusion : on croit voir, en effet, ces paysans à table; on croit, en quelque sorte, être avec eux. Peut-être les figures des pêcheurs qui retirent leurs filets de la rivière sont-elles trop petites, relativement à la place qu'elles occupent; mais nous nous garderons de reprocher cette erreur à Téniers, si toutefois c'en est une. Il est possible que la petitesse de ces figures, contribuant à faire paraître plus grandes celles qui sont placées auprès du cabaret, soit une des causes de l'illusion et du plaisir que ces dernières produisent : c'est ainsi que les tons clairs de la rivière rendent plus vives les ombres répandues autour de l'habitation, et font briller les couleurs savamment variées de l'habillement de ces mêmes paysans. Ne nous flattons point de pénétrer dans tous les secrets des grands maîtres : Téniers est un de ceux qui ont le mieux caché leur magie, et qu'on imitera toujours le plus difficilement. Ce tableau est un de ses plus beaux paysages, et un des plus grands qu'il ait composés.

DES JOUEURS DE CARTES [1].
(Ce tableau ne fait plus partie du Musée impérial du Louvre.)

Téniers a représenté dans ce tableau un sujet de la plus grande simplicité. Deux paysans jouent aux cartes; trois autres, placés

[1] Haut. 1 p. 6 p. 0 l.; 0^m,455. Larg. 1 p. 11 p. 9 l.; 0^m,640.

autour du meuble grossier qui leur sert de table, s'amusent à regarder leur jeu. Là se borne l'action principale. Mais l'artiste a su embellir l'ensemble, et même répandre dans la composition une sorte d'intérêt, par les heureux moyens qui lui étaient familiers. Les joueurs sont deux beaux vieillards, dont un principalement se fait remarquer par une physionomie spirituelle et vénérable : parmi les spectateurs, au contraire, celui qui tient un pot de bière et celui qui remplit sa pipe forment, avec ces deux personnages, un contraste comique, par la laideur et le caractère grotesque de leurs traits. Deux épisodes enrichissent le tableau. A droite, dans une partie reculée du cabaret, on aperçoit un valet qui semble prêt à sortir pour aller chercher ou pour remporter des mets ou de la bière. A gauche, le peintre présente une image toute différente. Après le repas et le jeu, arrive toujours, dans ces sortes de divertissements, l'instant fatal où il faut que chacun acquitte son écot. Derrière les joueurs, on voit l'hôte debout, tenant un vase d'une main, et de l'autre marquant sur une cloison de bois, avec de la craie, le nombre de pots de bière qu'il a déjà fournis.

Le coloris de ce joli tableau est argentin et vigoureux ; la touche est spirituelle, ferme, facile et moelleuse. Le groupe circulaire des joueurs, environné d'air, et frappé par une vive lumière dans toutes les parties principales, présente, suivant l'expression employée par Le Titien, la forme pittoresque *d'une grappe de raisin*. Le joueur placé du côté droit, et le plus en avant, est vêtu de gris ; celui qu'on voit à gauche porte des chausses grises et un habit bleuâtre ; les habillements des trois spectateurs sont plus ou moins bruns ; les regards sont appelés vers le centre du groupe par les teintes éclatantes et harmonieuses d'un bonnet blanc et d'un bonnet rouge, peints sur la tête du principal joueur et du personnage qui est assis à côté de lui. D'une part, la figure de l'hôte et la cloison qui ferme la scène ; de l'autre, la figure du valet et l'enfoncement du cellier forment de belles masses de demi-teintes, qui relèvent l'éclat du plan avancé, sur lequel le groupe se développe. Du côté de l'hôte, le chapeau gris d'un des joueurs suspendu à sa chaise, et un grand vase placé à terre ; du côté du valet, une table, un pot de fer bien poli, un chaudron qui a l'éclat du vermeil et d'autres ustensiles enrichissent l'ensemble de la composition, prolongent les lignes, étendent et lient la lumière, et contribuent à établir l'harmonie générale.

Ce tableau appartenait autrefois au roi de Sardaigne. Il est peint sur bois. On y voit, auprès des ustensiles placés à droite, le nom de l'auteur, et, sur un portrait qui paraît collé contre un des murs du cabaret, la date de **1650**.

DEUX FUMEURS [1].

(Ce tableau ne fait plus partie du Musée impérial du Louvre.)

Les sujets les plus simples, répétés mille fois, paraissent toujours nouveaux, et toujours plus piquants, dans les tableaux de l'inimitable Téniers. Tel est l'effet d'une imitation naïve et parlante, qui représente la nature telle qu'elle est, pleine de vie et de feu ; qui ne se borne point à des traits, à un coloris à peu près semblables à ceux de ses modèles ; qui, s'attachant au contraire à produire une agréable illusion, va jusqu'à persuader qu'on voit la nature elle-même.

Nous retrouvons, dans le tableau connu sous la dénomination de *Deux fumeurs*, ce que les compositions de Téniers nous ont offert si souvent, l'intérieur d'une tabagie rustique. Sur le premier plan, sont assis deux personnages, dont l'un, vêtu d'une ample redingote, et qui paraît être un voyageur, remplit sa pipe, tandis que l'autre, simple villageois, le regarde avec attention, en allumant la sienne. Dans le fond, auprès de la cheminée, fument et boivent trois paysans. L'hôte est debout à côté d'eux : le dos au feu, le bras gauche sur les reins, un pot dans la main droite, il semble attendre le moment de demander le montant des écots. L'ensemble, les détails, le coloris, la touche, tout est plein d'esprit et de vérité. Toutes les personnes qui ont eu l'occasion de considérer ce charmant tableau se rappelleront sans doute le naturel, les tons chauds et brillants, l'admirable effet pittoresque de la figure placée sur le devant, qui remplit sa pipe

[1] Haut 1 p. 6 p.; 0^m,487. Larg. 1 p. 8 p.; 0^m,541.

en tournant ses regards vers le spectateur; elles se rappelleront les traits énergiques de ce personnage principal, la lumière large qui frappe sur sa tête, sur sa redingote grise et jaunâtre, sur son bonnet bleu, sur ses chausses et son habit d'un gris foncé, et l'habileté avec laquelle l'artiste a su faire dominer cette figure, sans rien sacrifier de ce qui l'environne, dans un ensemble dont tous les tons sont clairs, dorés et argentins. On pourrait dire que ce personnage n'est pas peint : il semble avoir été placé vivant au milieu du tableau ; il rappelle ce mot ingénieux d'un ancien, au sujet d'un satyre qui dormait, modelé par Stratonicus : *Stratonicus n'a pas sculpté ce satyre, il l'a trouvé endormi, et il l'a posé sur ce vase*[1].

Le pinceau savant et facile de Téniers n'a rien oublié pour produire une harmonie parfaite. Sur le devant, frappe une vive lumière. A gauche, le fumeur qui allume sa pipe, subordonné à la figure principale, porte un vêtement gris bleuâtre, qu'égaye un bonnet rouge. A ses pieds, un pot de grès ; derrière lui, un grand mur et la voûte convexe d'un caveau, sur laquelle on a jeté, auprès d'un vieux panier, quelques poignées de paille, offrent des tons fins et dorés. A droite, une cloison de bois et des vases de faïence rougeâtre répètent ces mêmes tons, sans cependant trop captiver les regards qui se portent d'eux-mêmes vers le groupe des deux figures. Les teintes du second plan ont la même transparence, mais bien moins d'éclat. L'âtre est plein de fumée ; le feu ne brille qu'au pied de la table ; les vêtements des trois buveurs ne présentent, avec des tons variés, qu'un ensemble azuré, argentin et grisâtre. Qu'on nous permette encore quelques détails : comment reconnaître sans intérêt les moyens simples et ingénieux par lesquels un peintre tel que Téniers répand dans ses ouvrages cette apparence de vérité qui produit l'illusion ? D'un côté, vers le milieu de la profondeur du tableau, est un long balai, vivement éclairé, dont le manche repose contre la cloison ; au-dessus, se fait remarquer une serviette blanche ; du côté opposé, une fenêtre, qui ne se montre qu'à moitié, répand vers le groupe des buveurs un jour faible et mystérieux : la di-

---

[1] Plin., lib. XXXIII, cap. xii.

versité de ces effets de lumière contribue à séparer les deux plans, amène en avant le groupe principal, repousse vers le fond les figures secondaires, et établit un accord suave entre toutes les parties. C'est en liant à son sujet de nobles édifices, des pyramides, des colonnes, des armes, des autels, qu'un habile peintre d'histoire sait, par des masses heureuses de demi-teintes, faire distinguer les plans, donner de la profondeur à la scène, et enrichir les fonds de ses compositions. Téniers, qui prend pour modèles des intérieurs de chaumières et de tabagies de villageois, emploie les moyens que lui présentent les habitations de ses héros. Heureux qui peut associer comme lui à une grande intelligence l'habileté nécessaire pour l'exécution! Trop souvent, d'excellents dessinateurs, des maîtres pleins de génie, négligèrent l'art de plaire par cette vérité de la perspective aérienne, qui charme tous les esprits, et sans laquelle, à proprement parler, il n'est point de peinture.

Ce tableau est une des conquêtes de nos armées. Il est peint sur bois.

UN FUMEUR.

(N° 521. Voy. le *Catalogue des Écoles allemande, flamande et hollandaise*, p. 277.)

Dans un cabaret, un homme assis sur le bord d'un billot, appuyé du bras droit sur une table, la main gauche sur la cuisse, fumant sa pipe; trois buveurs, gens de bas étage, ayant pour siége des tonneaux coupés, le pot de bière à côté d'eux, jouant aux cartes, auprès du feu, sous le manteau d'une cheminée; une vieille servante, qui paraît sur le seuil d'une porte entre-bâillée pour regarder le fumeur; des pots juchés sur une planche; un papier mal taillé exposé à la fumée de l'âtre, où quelque habitué du cabaret semble avoir voulu dessiner le portrait de la servante : de tels objets réunis dans un tableau, quel que soit le talent du peintre, pourront-ils jamais former un ensemble agréable où l'on trouve de la décence et quelque noblesse? Oui, n'en doutons point, malgré les difficultés attachées à une semblable réunion, si c'est Téniers qui compose ce tableau; cet homme fumant dans un cabaret, ces buveurs, cette vieille servante, animés par l'esprit du peintre, formeront un ensemble riant, où l'on trouvera des idées ingénieuses et toute la noblesse dont un esprit élevé peut embellir un sujet de cette nature.

Regardons le tableau que Téniers nous présente. La figure du fumeur est dessinée correctement; les raccourcis sont rendus avec une parfaite justesse; la pose est naturelle est facile; mais l'artiste ne s'est pas borné à ce mérite indispensable : l'attitude ferme de ce personnage, l'inflexion du bras gauche, le mouvement souple du bras droit, la grâce de la main, font aisément juger que ce fumeur, en guêtres et en gros souliers, a des allures plus relevées que les oisifs du cabaret; sa chevelure, soigneusement partagée, flotte sur ses épaules; son air pensif, son visage mâle annonce un homme intelligent et réfléchi. Peut-être, ce personnage n'est-il qu'un fermier; mais on y voit, du moins, un de ceux qui se font distinguer par leurs richesses et par la droiture de leur jugement. Les trois joueurs sont relégués dans le fond du tableau : l'un d'eux, ayant placé le pot de bière à côté de lui, se repose des deux bras sur la table; l'autre, le chapeau décoré d'une plume d'oison, se tient debout et penché, avançant une figure triste et stupide; le troisième, plus rusé, retire ses cartes vers sa poitrine, en paraissant méditer son coup : purs accessoires, ces figures grotesques meublent la scène, et font valoir le personnage principal. Arrêtée sur le seuil d'une porte intérieure, la servante attache ses yeux sur le fumeur, qui est loin de s'occuper d'elle. On reconnaît, à la physionomie de cette femme, un être de la même classe que les joueurs placés dans le fond; on voit dans le fumeur, quelle que soit sa profession, un homme bien supérieur aux uns et aux autres.

Au mérite de la composition, Téniers a joint le charme de son coloris. Le ton général n'est pas aussi frais que celui de plusieurs de ses tableaux, que celui, par exemple, du *Repas somptueux de l'Enfant prodigue* : il fallait se conformer au sujet; mais, quoique moins gai, moins brillant, le ton ne cesse pas d'être doux, argentin, harmonieux. Les touches sont vives, fines, légères. Dans le coloris enfin, comme dans la composition, tout est subordonné au personnage du fumeur. La tête, plus que tout le reste, appelle l'attention ; elle fait reconnaître le caractère et l'esprit du peintre.

Telle était l'habileté de Téniers. Quelque sujet qu'il voulût traiter, il savait y manifester l'élévation de ses pensées. S'il peignait la joie tumultueuse, et même les excès bachiques d'une fête de villageois, il aimait à prouver par des traits ingénieux combien l'artiste était supérieur à ses héros. Il représentait les mœurs et les passions des paysans, et il avait lui-même les habitudes du grand monde. L'art de faire contraster dans une même composition, avec la gaîté la plus immodérée, des images de la politesse la plus exquise, n'est pas le mérite le moins remarquable de ses ouvrages. Il a donné, dans celui-ci, au personnage du fumeur, toute la gravité, toute la grâce, qui pouvaient convenir à un homme de la condition dans laquelle il l'a choisi.

FERDIN. BOL. 1610-1681.

ÉCOLE HOLLANDAISE.

UN GÉOMÈTRE.

(N° 41. Voy. le *Catalogue des Écoles allemande, flamande et hollandaise*, p. 23.)

Ferdinand Bol, élève de Rembrandt, naquit à Dordrecht, vers l'an 1610, et mourut en 1681. Cet artiste saisit si habilement la manière de son maître, qu'on a quelquefois confondu ses ouvrages avec ceux de ce peintre célèbre. Le portrait que nous examinons est un de ceux qui font le plus d'honneur à son talent naturel. Il y a imité Rembrandt avec une liberté qui prouve qu'il n'aurait tenu qu'à lui d'être toujours original. Le coloris est chaud et transparent. Les lumières sont larges ; les ombres n'ont rien d'outré. Les formes extérieures sont nettement accusées ; les chairs paraissent vivantes. Rembrandt est de tous les grands peintres celui qui a transmis le plus exclusivement sa manière à ses élèves : on aime à voir Liéven, Van-Uliet et quelques autres imiter ce maître avec esprit ; mais on se plaît encore davantage à les voir s'abandonner à leur propre génie, comme a fait ici Ferdinand Bol.

GÉRARD DOUW. 1613-1679.

ÉCOLE HOLLANDAISE.

L'ARRACHEUR DE DENTS.

(N° 128. Voy. le *Catalogue des Ecoles allemande, flamande et hollandaise*, p. 65.)

Le Musée Napoléon possède deux tableaux où Gérard Douw a représenté ce sujet. Ils se font également remarquer l'un et l'autre par la vérité de l'expression et par la délicatesse du pinceau. L'un des deux est une des conquêtes de 1806 et de 1807 ; il renferme trois figures : Gérard Douw a choisi le moment où le chirurgien examine les dents du paysan, pour reconnaître celle qui le fait souffrir ; une vieille femme, debout auprès de la fenêtre, regarde la scène avec un vif intérêt. L'autre tableau est celui que nous examinons. Il est dans le Musée depuis longtemps, et il avait orné auparavant plusieurs cabinets célèbres.

Le dentiste est seul dans son laboratoire avec le villageois, et lui arrache la dent malade. Il est debout ; le paysan est renversé dans un fauteuil. Le groupe est bien disposé. L'attitude de chaque figure est si naturelle, l'expression est si vive, qu'on croit être témoin de l'action. Le docteur, vieillard expérimenté, opère avec toute l'attention dont il est capable ; mais son visage dit assez que le succès ne l'inquiète point. Une jambe tendue, l'autre rapprochée du fauteuil, les yeux fermés, les deux poings en l'air, le patient fait les plus grands efforts pour demeurer immobile. Prise dans la pince, la dent va se détacher, non sans douleur. Il semble, à la grimace du paysan, qu'on soit sur le point de l'entendre crier.

La main gauche du dentiste offre de grands défauts dans le

dessin. La tête, qui n'a que neuf ou dix lignes de haut, est, au contraire, dessinée, ou plutôt modelée, avec une précision et une fermeté admirables. Soit que l'on considère la vérité de chaque trait, l'expression, la vivacité du coloris, ou la délicatesse de la touche, cette partie principale est une des miniatures les plus moelleuses et les plus achevées que l'on puisse voir.

Le costume du docteur est observé avec esprit. Ce personnage, qui cherche sans doute à donner par ses dehors une haute opinion de lui-même, est coiffé d'un bonnet de soie violet, et vêtu d'une simarre de soie à peu près de la même couleur, enrichie d'une fourrure brune. Un collier pend sur sa poitrine, et une perle à son oreille. Les instruments de ses diverses professions, étalés autour de lui, annoncent la multiplicité de ses talents. C'est un homme universel : il est barbier ; il est chimiste : un violon, posé auprès d'une tête de mort, atteste qu'il est expert dans la musique, ainsi que dans l'anatomie ; et si quelqu'un pouvait douter de sa science profonde, des in-folios debout l'un contre l'autre, au bas d'un vieux meuble, auraient bientôt confondu et ramené l'incrédule.

L'habillement du paysan est entièrement vert. Son pourpoint, orné de boutons d'un métal blanc, est rapiécé sur le côté et percé par le coude ; il apporte des denrées à la ville ; on voit dans son panier des œufs et des racines, recouverts en partie par un mouchoir de soie.

Une lumière tranquille et savamment ménagée éclaire la scène. Devant les tablettes où reposent les livres et les instruments de chimie, sont suspendus des rideaux bleuâtres. Le mouchoir, déployé dans le panier du paysan, est d'un bleu clair. Ces tons bleus, verts et violets, sont accordés entre eux avec tout l'art familier à Gérard Douw. La couleur brune du fauteuil, et la frange violette dont il est orné, rappellent les teintes des vêtements du docteur, et contribuent puissamment à l'harmonie de l'ensemble. Le groupe est environné de demi-teintes transparentes, que soutiennent les ombres d'un escalier peint dans le fond. Le ton général est mystérieux et suave. La tête du dentiste, objet des soins particuliers du peintre, brille comme un diamant, au milieu du tableau. Cet ouvrage est une des bonnes productions de Gérard Douw; la tête du dentiste doit être comptée parmi ses chefs-d'œuvre.

La peinture est sur bois.

LA FAMILLE DE GÉRARD DOUW.

(Ce tableau ne fait plus partie du Musée impérial du Louvre.)

Peu d'artistes ont joui, de leur vivant, d'une aussi grande réputation que Gérard Douw. Il eut la satisfaction de voir les directeurs de la compagnie des Indes de Hollande acheter un de ses tableaux 4,000 florins, pour en faire présent à Charles II, lorsque ce prince allait monter sur le trône d'Angleterre. Plusieurs de ses ouvrages se sont vendus, de nos jours, aux prix de 14,100 florins, de 30,000 et de 42,000 francs. Cette haute valeur commerciale, quoique arbitraire, est motivée par un genre de beauté vraiment admirable. Tout le monde sait que les tableaux de cet artiste, qui ne sont pas rares, et dont les plus grands n'ont guère que deux pieds et demi de haut, sur dix-huit ou vingt pouces de large, représentent des intérieurs d'appartements, des boutiques d'épiciers, des scènes bourgeoises plus ou moins intéressantes; mais l'art de l'imitation y est porté au degré de perfection le plus surprenant. Les objets que le pinceau délicat de Gérard Douw retrace, on croit les voir. Les couleurs locales sont vraies; les lumières, larges et bien distribuées; les touches, moelleuses; l'ensemble est brillant, harmonieux, suave; tout est fini avec un soin extrême, et la longueur du travail ne se laisse apercevoir nulle part. Gérard Douw a un mérite de plus que celui de la simple imitation : quel que soit le sujet de ses tableaux, les figures, loin de présenter rien d'ignoble, offrent, dans leurs traits et dans leurs mouvements, de l'esprit et de la grâce; les têtes sont agréables, quelquefois d'un caractère élevé, et, quand le sujet l'exige, on y admire même une assez vive expression. Chef-d'œuvre de patience, chacun de ses tableaux est encore un chef-d'œuvre de goût.

Cet artiste naquit à Leyden, en 1613. Son père, qui était vitrier, voulant favoriser son inclination pour la peinture, le plaça d'abord auprès d'un graveur, ensuite chez un peintre sur verre, et enfin dans l'école de Rembrandt. A l'âge de dix-huit ans, après avoir demeuré trois ans seulement auprès de ce peintre célèbre, le jeune artiste n'eut plus d'autre guide que la nature, et mit son application à la représenter avec toutes ses finesses. Son dessin est plus correct que celui de Rembrandt, et son coloris plus constamment vrai. Il revint quelquefois à la manière vigoureuse dont ce maître lui avait donné l'exemple; mais, dans ces occasions mêmes, lorsqu'il exprime avec le plus de vivacité les grands effets de la lumière et des ombres, son pinceau laborieux sait rendre encore, sans blesser l'unité ni l'harmonie, une foule de de détails, auxquels le fougueux Rembrandt n'attachait qu'une attention secondaire.

Le tableau représentant une *Femme qui lit la Bible, et un Vieillard qui l'écoute*, est un de ses plus beaux ouvrages, soit pour le dessin, soit pour l'expression, soit pour le clair-obscur, et un de ceux où il s'est le plus rapproché du caractère de Rembrandt. Suivant une tradition qu'il est bon de conserver, nous y voyons les portraits de son père et de sa mère, dans l'humble asile où les deux époux passèrent leurs jours. Au-dessus d'une bibliothèque, est placé un crucifix. Les divers ustensiles dont une femme laborieuse s'honore, meublent la scène. Le robuste vieillard, écoutant avec attention, se penche, appuyé d'une main sur le bras de son siége, et de l'autre sur son bâton, pour ne rien perdre des paroles de l'Ancien Testament ou de l'Evangile. Sa tête est noble et pleine d'âme; son mouvement, naturel et expressif. Le jeu de la lumière produit des effets piquants. L'habitation est éclairée par une seule fenêtre, auprès de laquelle le patriarche et son épouse sont assis. Des rayons directs frappent sur l'épaule de la mère et sur son livre, sur la tête et les mains du vieillard, sur une draperie blanche étalée auprès de lui. La plupart des autres objets sont éclairés par des reflets, vus dans la demi-teinte ou dans l'ombre, et tous cependant terminés avec le plus grand soin, tous à leur place, tous d'accord avec l'effet général. Le coloris est chaud et brillant; la touche, aussi précise et aussi nourrie que dans aucun autre ouvrage du même maître.

Plusieurs écrivains assurent que, lorsqu'il peignait des portraits, Gérard Douw épuisait la patience de ses modèles, et que, la longueur de son travail le fatiguant lui-même, il abandonna ce genre de peinture : il est à croire que, dans ce tableau, ni le peintre ni ses modèles ne se sont lassés; l'artiste, inspiré par l'amitié, a produit un ouvrage touchant et accompli.

G. METZU. 1615-1658.

ÉCOLE HOLLANDAISE.

UN MILITAIRE FAISANT SERVIR DES RAFRAICHISSEMENTS A UNE JEUNE DAME.

(N° 293. Voy. le *Catalogue des Ecoles allemande, flamande, et hollandaise*, p. 156.)

« Metzu, dit Descamps, fut sans contredit un des plus grands
« peintres de sa nation. C'est en dire beaucoup, ajoute cet écri-
« vain, mais ce n'est pas en trop dire [1]. » Cet artiste, dont le prénom était Gabriel, naquit à Leyde, en 1615. On ne sait qui fut son maître. Il a peint, comme Terburg et Gérard Douw, ses contemporains, des scènes de la vie privée, des retours de chasse, des marchés, des concerts, des portraits. Cette circonstance a fait croire que les ouvrages de ces deux artistes avaient été ses premiers modèles. Il est possible que les tableaux de Terburg et de Gérard Douw, quoique l'un ne fût né qu'en 1608, et l'autre en 1613, aient excité son émulation et développé son talent; mais la nature l'avait doué de toutes les qualités qui font les grands peintres; elle lui avait, du moins, accordé toutes celles qui pouvaient le placer au premier rang dans le genre agréable que le goût de son pays lui fit adopter. Ses charmantes peintures sont pleines d'esprit. Quelque sujet qu'il traite, il y répand de l'intérêt. Toutes ses figures ont des mouvements vrais, une expression

---

[1] Descamps, *Vie des peintr. flam.*, t. II, p. 239.

vive. Son coloris est brillant, animé; sa touche est facile, ferme et moelleuse. « Le travail, dit un habile connaisseur, ne se laisse « voir en rien dans ses ouvrages; le fini de l'exécution n'a point « nui à la grâce de ses compositions, ne l'a point jeté dans le « froid ou la gêne. Son dessin est de bon goût; ses physionomies « sont gracieuses et bien caractérisées. On ne saurait assez ad- « mirer l'étonnante harmonie de ses tableaux, l'intelligence des « effets, l'accord et la dégradation insensible des divers plans, « la vérité presque incroyable de ses étoffes. Metzu, dit encore « cet excellent juge, dessinait comme Van-Dyck, et coloriait avec « autant de sagesse que ce grand peintre [1]. » Ajoutons un mot à cet éloge : c'est principalement dans les têtes, que le talent de cet habile artiste se fait voir tout entier; on y trouve toujours, suivant le caractère du personnage, ou une gaieté spirituelle et naïve, ou du sentiment, de la grâce, et, autant que le sujet le permet, une sorte d'élévation. C'est là le mérite particulier qui distingue ce maître; c'est à ce trait heureux, qu'au premier aspect on peut ordinairement reconnaître ses ouvrages.

Metzu joignait aux plus rares talents toutes les qualités d'un homme aimable et poli. Des études continuelles altérèrent de bonne heure sa santé. Il fut attaqué de la maladie de la pierre, et subit à quarante-trois ans une opération douloureuse, à laquelle on croit qu'il ne survécut pas longtemps. Il mourut, par conséquent, vers l'an 1658 [2].

Le tableau que nous avons sous les yeux est un de ses plus beaux ouvrages. Il représente l'intérieur d'un appartement richement décoré. Un militaire, que l'élégance de son costume et plus encore la noblesse de son maintien font reconnaître pour un homme d'un rang distingué, reçoit la visite d'une jeune dame, et lui fait servir des rafraîchissements. Il est debout, tenant à la main son chapeau orné de plumes de diverses couleurs, auprès d'une table couverte d'un de ces beaux tapis de l'Orient, qui ont si souvent

---

[1] M. Le Brun, *Galerie des peint. flam*, t. II, p. 46. — Le jugement de M. Le Brun est conforme, en ceci, à celui de Descamps. « La couleur « de Metzu, dit ce dernier, approche de celle de Van-Dyck ; il dessi- « nait, comme lui, les mains et les têtes. » Desc. *ibid.*, p. 240.

[2] Descamps, *ibid.*

fait briller l'habileté des peintres flamands et hollandais. Un valet présente un citron sur une soucoupe. On peut supposer que cette jeune dame vient solliciter quelque grâce; la douleur la plus touchante, l'éloquence la plus persuasive animent sa physionomie; un sentiment respectueux et tendre se laisse voir sur celle du cavalier : l'âme de Metzu s'est peinte dans ces deux figures. Tous les détails sont rendus avec un art admirable : la cuirasse, l'or et les broderies des vêtements du militaire, le siège couvert de velours bleu sur lequel est posé un de ses gants, le tapis, le velours violet et le satin blanc, dont se compose l'habillement de la jeune femme, sont des chefs-d'œuvre pour la délicatesse de l'exécution, pour l'harmonie et pour la vivacité du coloris. Ce tableau présente peut-être parmi de grandes beautés quelques légers défauts; mais ils sont si peu importants que nous ne croyons pas devoir les relever. Metzu y a pleinement développé son beau talent. Il ornait autrefois la collection du Roi.

G. FLINCK. 1616-1660.

ÉCOLE HOLLANDAISE.

L'ANNONCE AUX BERGERS.

(N° 171. Voy. le *Catalogue des Ecoles allemande, flamande et hollandaise*, p. 89.)

Ce tableau a beaucoup de ressemblance avec les ouvrages de Rembrandt. Nous pouvons même faire remarquer que Rembrandt a traité le sujet de *l'Annonce aux bergers*, et que Flinck, formé dans son école, n'a pas craint de retracer quelques-unes de ses idées; mais, si l'on compare avec attention ces deux compositions, on y remarquera aussi de grandes différences, et en accordant la palme à l'inimitable Rembrandt, il faudra reconnaître dans l'ouvrage de l'élève diverses beautés que le maître n'avait point cherchées.

Au sein de la nuit, à l'instant où naissait Jésus, des bergers, qui gardaient leurs troupeaux aux environs de Bethléem, voient tout à coup le ciel s'entr'ouvrir au-dessus de leurs têtes : un torrent de lumière les inonde ; ils sont frappés de terreur, ainsi que les animaux qui reposaient auprès d'eux ; un ange, qu'environne un chœur céleste, leur apparaît, et fait entendre ces paroles : *Le Christ vient de naître dans la ville de David ; les nations seront dans la joie ; allez et adorez l'enfant qui est couché dans un crèche !* Il dit, et la milice céleste entonne un cantique à la louange du Seigneur [1].

Ce sujet, éminemment pittoresque, ne pouvait pas échapper au génie de Rembrandt. Qui ne connaît la mâle gravure qu'il a exécutée de sa main ? Une gerbe de feu descend, au travers des ténèbres, sur le groupe des bergers. L'ange est debout sur des nuages, vêtu d'une tunique et d'un manteau. Quelques séraphins se montrent dans le lointain. Un des bergers, qui s'est jeté à genoux, paraît écouter, en tremblant, le messager divin ; un autre s'est prosterné, la face contre terre ; un troisième prend la fuite épouvanté : les troupeaux, en bondissant, s'écartent de toutes parts du cercle où frappe la lumière. Déjà l'on peut reconnaître les points principaux où la composition de Flinck ressemble à celle de Rembrandt, et ceux où elle en diffère. La pose et les vêtements de l'ange, la disposition des nuages, le jet des rayons, l'élan de quelques animaux, sont imités de Rembrandt. Ce maître a supposé que les bergers et leurs bestiaux étaient resserrés les uns contre les autres, au moment où ils ont vu une clarté inattendue, et que la frayeur les a séparés. Flinck, en adoptant une pensée qui nous semble moins heureuse, a formé, au contraire, deux groupes, et dirigé la plus vive lumière sur le terrain qui est entre deux ; mais il a su, en même temps, multiplier les séraphins et varier avec esprit leurs attitudes ; il a peint aussi les bergers en plus grand nombre. La composition de Rembrandt offre plus de chaleur, celle de Flinck, plus de richesse ; l'un est plus expressif ; l'autre, plus gracieux. Le coloris du tableau de Flinck n'offre pas des oppositions aussi fermes que le fait, en général, le coloris

---

[1] *Evangel. secund. Luc.*, cap. II, vers. 8 et seq.

de Rembrandt; il est un peu jaunâtre; mais on y remarque, avec plaisir, de l'harmonie et de la finesse. Dans le groupe des animaux règne un tumulte qui rend bien l'effet de la peur; sur le visage de leur gardien, on distingue, avec l'expression de ses sentiments religieux, celle de l'étonnement et de la crainte; le groupe des bergers présente des idées ingénieuses; les poses de toutes les figures sont naïves et bien contrastées; leurs traits ont même une sorte de noblesse, à laquelle Rembrandt s'éleva, quand il le voulut, mais qu'il chercha rarement.

Quel maître dois-je imiter? demandait Lysippe à Eupompe. — La nature, lui répondit l'habile Sicyonien. Les peintres modernes ont trop souvent négligé cette leçon fondamentale de l'enseignement des Grecs. Léonard de Vinci, Michel-Ange, le Corrège, Piètre de Cortone, Joseph d'Arpin, le Caravage, Salvator Rosa, Rubens, Rembrandt, malgré l'intervalle immense qui les sépare, ont entraîné tour à tour une multitude d'artistes, souvent doués de grands talents, qui, s'ils eussent pris la nature elle-même pour guide, plutôt que d'adopter la manière d'un maître renommé, auraient acquis une gloire plus durable. Le sage imitateur est celui qui, fidèle au précepte d'Eupompe, en s'attachant à la nature, étudie les chefs-d'œuvre des grands peintres, pour apprendre à l'apprécier, et pour découvrir l'art d'en exprimer et d'en faire valoir les beautés variées. Il n'imite ni le Corrège, ni le Caravage, ni Rembrandt; il apprend d'eux à imiter le modèle sublime qu'ils ont imité.

Flinck fit une erreur, en se conformant trop scrupuleusement à la manière de son maître. On ne saurait le soupçonner d'avoir voulu, comme plusieurs autres artistes, donner un plus grand prix à ses ouvrages par cette sorte d'imitation. Il jouissait d'un riche patrimoine et possédait notamment, ainsi que Rubens, une maison magnifique, ornée d'une grande quantité de statues et de tableaux, où les hommes les plus illustres de son temps se faisaient un honneur de le visiter. Sa fidélité pour la manière de Rembrandt paraît avoir été l'effet d'un attachement religieux et filial. Il offre, au surplus, dans tous ses ouvrages, de l'esprit et du sentiment.

CORNILLE BÉGA. 1620-1664.

ÉCOLE HOLLANDAISE.

LE BON MÉNAGE.

(N° 13. Voy. le *Catalogue des Ecoles allemande, flamande et hollandaise*, p. 7.)

Cornille Begyn, connu sous le nom de Cornille Béga, naquit à Harlem, en 1620. Il eut pour maître Adrien Van-Ostade, dont on trouve quelquefois la manière dans ses ouvrages, mais qu'il n'imita nullement dans sa conduite morale. Chassé de la maison paternelle, à cause de son libertinage, il quitta le nom de Begyn, et se fit appeler *Béga*. Une de ses maîtresses étant attaquée de la peste, il eut la générosité de lui donner ses soins, malgré les avis des médecins et de ses parents, et il mourut de la même maladie, à Harlem, le 27 août 1664.

Cet artiste a peint des assemblées de paysans, des sujets grotesques. Il dessine bien ; ses figures ont de l'expression ; son coloris ne manque pas de vigueur. Ses meilleurs ouvrages sont ceux où l'on reconnaît les teintes verdâtres de Van-Ostade ; son coloris est plus souvent vineux et cuivré ; ses peintures n'offrent pas les beaux effets de clair-obscur, que l'on admire dans les tableaux de son maître.

Un paysan et une jeune femme sont seuls dans une habitation fort mal meublée ; ils sont assis, l'un en face de l'autre : l'homme paraît éprouver un mouvement très-vif de tendresse, ou plutôt de gaieté ; son visage pétille d'ardeur ; de la main gauche, il a saisi une épaule à moitié nue ; sa main droite est cependant encore dans sa veste : la jeune femme se défend mollement ; elle détourne la tête et resserre ses pieds vers un des côtés de son siège : tel est le sujet représenté dans le tableau que nous considérons. On croit que Béga a voulu peindre un bon ménage, ou les innocentes caresses de deux époux. Nous pourrions lui supposer des idées moins chastes. L'expression est vive; les têtes sont animées; les détails sont assez bien peints; le fond a de la transparence; l'ensemble du coloris offre des teintes vertes un peu bronzées.

H. SWANEVELT. 1620-1690.

ÉCOLE HOLLANDAISE.

LE SOLEIL COUCHANT.

(N° 506. Voy. le *Catalogue des Ecoles allemande, flamande et hollandaise*, p. 268.)

Quoique Herman Swanevelt fût né en Hollande, ses tableaux, très-recherchés par les amateurs, ne sont pas fort communs en deçà des Alpes. Cet artiste, qu'un long séjour à Rome fit appeler *Herman d'Italie*, est plus généralement connu en France, et même en Hollande, par les estampes qu'il a gravées d'après ses propres dessins, que par ses peintures, conservées presque toutes, jusqu'à présent, dans les galeries des princes italiens. On sait qu'il étudia auprès de Claude Lorrain, dont il admirait les ouvrages avec enthousiasme, et il est regardé comme un des élèves les plus habiles et un des plus savants imitateurs de ce grand peintre. En considérant cependant avec quelque attention, soit ses gravures, soit ses tableaux, il est facile de reconnaître qu'il s'attacha bien plus encore à étudier la nature, qu'à imiter Claude Lorrain. Ses sites, généralement grandioses, ne présentent pas toujours la vaste étendue, l'aménité, l'aspect riant de ceux que préférait son maître; on y trouve des beautés d'un genre différent; souvent ils sont âpres et sauvages : l'artiste y a retracé les lieux qu'il se plaisait à fréquenter; ils rappellent les habitudes et les goûts d'Herman, surnommé l'*Ermite*. Il semble même que l'étude des ouvrages du Guaspre ne lui ait pas été étrangère; il aime, comme ce grand maître, les montagnes chargées d'un bois épais, les vallées profondes et solitaires, les torrents qui bondissent et se précipitent parmi des rochers.

Si l'on veut juger cet artiste, en ce qui appartient au coloris, on le trouve fort inégal, et souvent très-différent de lui-même. Dans ses beaux ouvrages, il approche de Claude Lorrain ; il ne l'égale point ; il ne ménage pas aussi habilement la lumière ; il ne répand pas comme lui, sur le feuiller des arbres, dans les ciels, dans les lointains, cette vapeur légère, dont l'inimitable Claude Lorrain a seul connu le secret ; il n'en a pas l'harmonie suave et enchanteresse. Un habile connaisseur lui reproche de ne pas mettre toujours assez de finesse et de transparence, dans le passage d'une teinte à l'autre [1] ; quelquefois aussi, lorsqu'il se néglige, il n'a plus l'énergie qu'on attendait justement de lui ; son coloris n'est plus aussi chaud ; sa touche s'amollit ; en évitant la dureté, il manque de vigueur.

Le petit tableau où nous voyons, à la clarté du soleil couchant, un berger et ses brebis, deux femmes chargées de paniers, et un paysan qui chasse devant lui sa monture, n'est pas exempt de ce dernier défaut. Le site est gai, assez riche et bien varié ; le grand arbre placé sur le premier plan, et auprès duquel sont groupées les figures, offre des formes pittoresques et agréables ; la lumière est habilement distribuée ; les figures sont dessinées et peintes avec esprit : Swanevelt était supérieur à son maître, en cette partie de son art ; mais le coloris a peu de chaleur, et la touche manque de fermeté. Ce tableau est au nombre de ceux qui ne perdent rien sous la main du graveur. L'estampe rappelle l'imitateur de Claude Lorrain, mieux que ne fait le tableau lui-même.

Dans ce que nous disons de Swanevelt, nous n'avons pas, au surplus, l'intention de rabaisser cet habile artiste. Si nous le jugeons avec une extrême sévérité, c'est par l'unique raison qu'on l'a mis souvent en parallèle avec Claude Lorrain. Le comparer à ce grand peintre, c'est déjà faire de lui un bel éloge. En marquant l'intervalle qui sépare l'élève d'avec son maître, nous aurons seulement rappelé que le maître n'a point d'égal.

---

[1] M. Le Brun, *Gal. des peint. flam.*, t. II, p. 59.

B. BRÉEMBERG. 1620-1663.

ÉCOLE HOLLANDAISE.

RUINES DU CAMPO VACCINO.

(N° 52. Voy. le *Catalogue des Ecoles allemande, flamande et hollandaise*, p. 29.)

Parmi les artistes qui ont peint les ruines de Rome avec le plus d'habileté, on distingue avantageusement Bartholomé Bréemberg. Ce peintre naquit à Utrecht, vers l'an 1620. Il alla en Italie de bonne heure, et forma son goût en étudiant, non-seulement les ouvrages des plus habiles paysagistes, mais encore ceux des grands peintres d'histoire, et en prenant pour modèles ces ruines et ces belles campagnes des environs de Rome, que l'artiste, que l'antiquaire, ne se lassent pas d'admirer, et dont la vue a inspiré aux peintres de toutes les nations tant de chefs-d'œuvre. Il jouit, de son vivant, d'une grande réputation. On assure qu'il mourut en 1660, mais on n'indique point le lieu de sa mort [1].

Descamps a jugé son talent en peu de mots, dans un passage qui, pour sa précision, mérite d'être cité. « Cet artiste, dit-il, est
« précieux dans ses petits ouvrages; il n'a conservé, de son pays,
« que la finesse de la touche; ses sujets et ses figures sont no-
« bles; son paysage est traité, comme ses figures, avec beaucoup
« d'art et de vérité. Les paysages qu'il a peints sont presque tou-
« jours embellis de débris d'architecture. Ses figures représentent
« assez souvent des sujets d'histoire; on en voit, dans ce genre,
« qui sont composés comme ceux des plus grands maîtres. Il
« était cependant borné aux petits tableaux; quand il voulait
« peindre en grand, il était moins correct; sa touche n'était ni
« aussi précieuse, ni aussi spirituelle. »

Bréemberg se fit successivement deux manières différentes. On

---

[1] Son portrait peint par lui-même, en 1646, a été gravé par Huquier.

rapporte qu'en adoptant la première, il voulut imiter Pierre de Laar; mais il outra les tons fermes qui distinguent ce maître et tomba dans le noir. Bientôt il se corrigea de ce défaut; sa seconde manière est claire, riante et vigoureuse. Nous devons cependant ajouter que, même dans ses plus beaux ouvrages, son coloris est souvent factice; ses tons sont transparents et harmonieux, mais l'ensemble, quelquefois rougeâtre, quelquefois un peu vert, n'imite pas toujours les couleurs franches et vives de la nature.

Le tableau représentant des *Ruines du Campo Vaccino*, offre ce dernier caractère; la teinte générale est un peu verte; mais, si on le regarde attentivement, on oublie bientôt cette légère imperfection, pour ne s'occuper que du mérite réel, qui charme de plus en plus. La composition est grande; la perspective est saisie avec une vérité qui fait illusion; l'effet de la lumière est large et piquant; la touche est moelleuse; les figures, l'architecture, les animaux sont peints avec la même perfection; chaque détail est rendu avec un esprit et une finesse très-remarquables.

La dénomination de ce tableau ne doit point induire en erreur. Le peintre ne s'est pas astreint à représenter fidèlement le *Campo Vaccino*. Cette place vénérable de l'ancienne Rome, ce *forum*, où le sénat et les empereurs avaient successivement élevé tant de majestueux monuments, réuni aujourd'hui à la *Voie Sacrée*, est redevenu, comme au temps de Romulus, le marché où se trafiquent les bestiaux; on l'appelle *le Champ des vaches*. Cependant de nobles et imposantes ruines environnent encore sa vaste enceinte. Au nord, s'élève le Capitole, au pied duquel on admire toujours l'arc de Septime-Sévère, les ruines du temple de la Concorde et celles du temple de Jupiter *Tonnant*; au midi, sont l'arc de Titus et le temple du Soleil et de la Lune; à l'orient, le temple de Faustine et les ruines du temple de la Paix; au couchant, les immenses débris du palais des Césars et les trois belles colonnes du temple de Jupiter *Stator*. A peine un ou deux de ces objets ont été conservés dans le tableau de Bréemberg. L'artiste a pris son point de vue, de l'arc de Titus. Il a adossé à cet arc une fontaine; sur le plan du mur latéral, il a placé et réuni en un seul deux bas-reliefs, dédiés autrefois à Marc-Aurèle, et déposés aujourd'hui dans le palais des Conservateurs [1]. Dans le fond du tableau, il a substitué au Capitole une *villa*, entourée d'un bois de pins. Sur le côté gauche, il a représenté seulement une partie des ruines du palais des empereurs. La porte élégante qui enrichit le mur oriental est un ouvrage de Vignole, un des artistes modernes dont, en effet, les monuments méritent le mieux d'être associés à ceux de la savante antiquité. Ce tableau de Bréemberg n'est donc nullement un portrait du *Campo Vaccino*. Cette place antique lui en a seulement inspiré la composition, et il a rappelé, par les figures de bergers et par les animaux qu'il y a peints, l'usage auquel les Romains modernes l'ont destinée [2].

PHILIPPE WOUWERMANS. 1620-1668.

ÉCOLE HOLLANDAISE.

UN MANÉGE [3].

(Ce tableau ne fait plus partie du Musée impérial du Louvre.)

Ce tableau est un des ouvrages les plus précieux d'un artiste qui n'a produit que des chefs-d'œuvre. Il plaît, il charme, au premier aspect, et, plus on le considère, plus on admire l'habileté du peintre. Un petit nombre de figures meublent et animent un grand terrain; toutes sont placées avec esprit : l'ensemble pré-

---

[1] Pietro Santi Bartoli, *Admir. Rom.*, fig. 6 et 7.
[2] Ce tableau est peint sur cuivre. Il a été gravé par J. Guyot (in-8°, petit form., en trav.), ainsi que son pendant, peint par le même artiste, où l'on voit la fontaine du *Campo Vaccino*, et dont la gravure se trouve dans le tome second du *Musée français*. Il a été gravé aussi par J. Morin (in-fol. en trav.), et faussement attribué par ce graveur à Corneille Poelembourg.
[3] Haut. 2 p.; 0m,649. Larg. 2 p. 4 p.; 0m,757.
Je désigne ce tableau par la dénomination sous laquelle il était connu, lorsque Descamps en a parlé (*Vie des peintres*, t. II, p. 294). Il appartenait alors à M. Van Slingelandt, receveur général de la Hollande; il a ensuite fait partie de la collection du Stathouder.

sente des contrastes de tous les genres; un léger brouillard couvre les parties éloignées, et se fait apercevoir dès les seconds plans; les devants du tableau sont éclairés, au contraire, par une lumière douce et bien ménagée; le ton général est argentin, fin, brillant, plein de chaleur et d'une transparence admirable.

Un écuyer exerce un cheval dans un manége établi en plein air. A gauche, est un seigneur, debout devant son cheval qu'un page tient par la bride; plus loin, se voit un cavalier, qui paraît venir d'un château, dont on aperçoit les terrasses et l'antique chapelle; à droite, au devant d'un bois, une dame a fait arrêter sa voiture attelée de six beaux chevaux; ces spectateurs, dont le rang se fait reconnaître à la magnificence de leurs équipages, ornent la scène; les six chevaux semblent s'arrêter à regret: ils agitent avec impatience leurs têtes animées et leurs longues crinières.

Le génie et le goût doivent sans doute guider les grands maîtres dans la disposition générale comme dans l'exécution de leurs ouvrages; le plan d'un beau tableau n'est pas tracé avec le compas; mais, si les règles et les calculs ne peuvent jamais remplacer le talent naturel, ils l'éclairent et le dirigent; l'artiste qui connaît le mieux la théorie de son art, est en même temps celui qui peut, avec le moins de risque, donner un libre essor à son génie. Entre les différentes manières de disposer les figures et les groupes que les peintres ont adoptées en divers temps, pour varier les accidents des ombres et de la lumière, il en est deux principales qui produisent ordinairement un heureux effet. L'une consiste à placer les figures sur un plan demi-circulaire, dont la partie la plus saillante se trouve sur le devant du tableau: cette disposition peut être appelée *l'ordre convexe*; elle a été souvent employée par le Titien, par Rubens et par d'autres grands coloristes. L'autre, mise plus anciennement en pratique, consiste à placer les figures sur une ligne rentrante, dont les extrémités sont dirigées vers le spectateur; elle peut être appelée *l'ordre concave*[1]. On en voit de beaux exemples dans plusieurs ouvrages de Raphaël[2].

---

[1] Ces dénominations ont été adoptées par de Piles, *Convers. sur la peint.*, p. 104 et suiv. (éd. 1755).

[2] La *Sainte Cécile* de Raphaël, le *Saint Jérôme* du Corrège, la *Messe*

Ces deux méthodes se trouvent dans le tableau de Wouwermans. L'écuyer, le seigneur, le cheval que tient le page, et le cavalier qui vient du château, sont disposés sur une ligne convexe, de telle manière que les parties de chaque figure, vues dans l'ombre ou dans la demi-teinte, sont opposées aux parties claires de la figure voisine. Le chien, le tronc d'arbre couché par terre, et la touffe de grandes herbes qu'on voit sur le devant, du même côté du tableau, forment une seconde ligne demi-circulaire, qui embrasse la première, et qui est enrichie par des effets de lumière différents. La voiture, les six chevaux et le chemin, décrivent, du côté opposé, une ligne concave, qui enveloppe les deux autres. C'est cette belle disposition qui met tout à la fois, dans l'ensemble, de la grandeur et du mouvement.

Pour exprimer harmonieusement les effets de la vapeur répandue dans le fond du paysage, l'artiste a multiplié les teintes grises. Les chevaux de la voiture sont gris, leur crinière est blanche et dorée ; le cavalier que l'on voit à gauche, l'écuyer et le seigneur placés dans le milieu, sont vêtus de gris ; par une piquante opposition, le cheval de l'écuyer est isabelle, celui du seigneur est bai-brun : il porte une selle de velours vert ; les *bas à botter* du seigneur sont rouges ; les tons brillants répandus sur ces deux personnages, sur le cheval qui galope et sur le chien qui est roux et blanc, attirent les regards vers le centre du tableau. Jamais le pinceau de Wouwermans ne fut plus frais, plus riche, plus moelleux et plus délicat.

LES FOINS [1].

(Ce tableau ne fait plus partie du Musée impérial du Louvre.)

La première récolte des foins est de tous les travaux champêtres celui qui inspire le plus de gaieté. Elle se fait dans le mo-

de *saint Martin*, par le Sueur, offrent des exemples de cette disposition *concave*; le *Saint Roch intercédant pour les pestiférés*, de Rubens, est composé de deux groupes formant une pyramide, et disposés tous les deux dans l'ordre *convexe*.

[1] Haut. 1 p. 2 p. 9 l.; 0^m,399. Larg. 1 p. 5 p. 9 l.; 0^m,480.

ment où la nature est parée de tous ses charmes. Pour la première fois depuis la renaissance de l'année, les campagnes récompensent leurs habitants des fatigues de l'hiver. La vigueur des plantes qui s'élèvent et fleurissent de toutes parts, l'odeur balsamique dont les airs sont parfumés, l'espoir des moissons abondantes que promet cette riche végétation, font naître la joie dans le cœur du fermier, et redoublent dans toute sa famille l'ardeur du travail. Ausitôt que les faucheurs, sillonnant de leurs pieds humides la surface du pré, ont abattu une herbe épaisse et odorante, le maître, les valets, les femmes, les enfants, les vieillards, armés de longs râteaux, se répandent parmi les tas ondoyants du fourrage, que le soleil pénètre ; toutes les voitures sont attelées, tous les chevaux marchent avec leurs conducteurs ; tandis qu'une verdure vive reparaît, sous les plantes à demi séchées que retournent les faneuses, plus loin, le foin déjà durci et bruyant roule devant les fourches diligentes ; des meules s'élèvent ; des charrettes, agrandies par des claies, reçoivent une charge immense. L'heure du repos est-elle arrivée ? La marche de la colonie, qui revient vers la ferme, est une nouvelle occasion de plaisir. De naïves chansons, de joyeux propos animent encore la scène ; la gaieté, qui avait embelli le travail, se prolonge pendant le retour : elle abrége la route.

C'est ce dernier moment d'une agréable journée, c'est ce voyage des ouvriers, des femmes, des enfants, des voitures, que Wouwermans a pris pour sujet. Il a placé les acteurs aux bords d'un lac. Le groupe principal cache la prairie. A gauche, on voit des travailleurs qui se hâtent d'amonceler des foins dans un bateau, avant que le soleil termine sa carrière : à droite, marchent deux charrettes, dont une est pesamment chargée ; un paysan à cheval, qui conduit une femme en croupe ; une autre femme, qui soulève un enfant pour le placer à côté de lui, plusieurs valets et divers personnages qu'on n'aperçoit point, mais que l'artiste a su faire deviner par les mouvements et le sourire de ceux qui leur parlent. Cette troupe s'apprête à traverser le lac, et paraît retourner vers son habitation. La gaieté est peinte sur tous les visages.

Malgré la variété que présente le site, nous pourrions nous

étonner que Wouwermans n'ait pas placé sous nos yeux, ou la prairie, ou, du moins, des bouquets d'arbres, des touffes de verdure, qui en indiquent le voisinage ; mais nous n'oublierons point que ce grand maître, quelque habile qu'il soit dans l'art de peindre le paysage, s'est souvent borné à le traiter comme un accessoire. C'est l'action, c'est l'âme des figures, ce sont les belles formes et le feu des chevaux, qu'il aime à représenter : tels sont les objets qu'il a voulu exprimer dans cette occasion. Le paysage est cependant très-remarquable ; la campagne est vaste ; les lointains sont bien sentis : mais les yeux reviennent involontairement vers le groupe des femmes et des voituriers ; on ne se lasse point de considérer l'air de satisfaction répandu sur chaque figure. Agréable spectacle! le peintre ingénieux nous offre ici l'image de l'innocente joie qui accompagne et suit le travail !

La composition de ce tableau présentait une grande difficulté : il s'agissait de grouper, de lier avec l'ensemble cette haute charrette chargée de foin, montagne ambulante, qui, sans l'habileté de l'artiste, aurait produit un très-mauvais effet dans un paysage entièrement découvert. Le pinceau de Wouwermans a triomphé de cet obstacle : la montagne a disparu en grande partie, derrière les chevaux, le conducteur et le cavalier qui la précèdent ; elle s'est en quelque sorte animée par la présence d'un jeune paysan couché sur le faîte et des instruments rustiques dont il est environné. Une lumière brillante et ferme, lancée par le soleil couchant, le ton brun du cheval le plus avancé, les teintes blanches et pourprées du second, les couleurs verdâtres des costumes, échauffent le groupe en variant les effets. La composition décrit deux lignes pyramidales, dont l'une, commençant à la pointe du bateau, s'élève au-dessus des meules, au-dessus du cavalier, et arrive au sommet de la voiture, tandis que l'autre descend du côté opposé : ces deux lignes embrassent tous les objets principaux. Un coloris harmonieux unit toutes les parties. C'est ainsi que l'étude et le talent embellissent les sujets qui semblent les plus ingrats. Wouwermans a composé des tableaux plus riches, il n'a mis, dans aucun, une expression plus douce et plus franche.

Ce tableau est peint sur bois. Il vient de la collection du Stathouder.

UNE HALTE DE CHASSEURS [1].

(Ce tableau ne fait plus partie du Musée impérial du Louvre.)

Quoique toutes les parties de ce petit tableau ne soient pas exécutées avec le même soin, il mérite d'être compté parmi les ouvrages les plus agréables de Wouwermans. L'artiste, principalement occupé de l'ensemble, en terminant avec délicatesse les figures, les chevaux et quelques détails des premiers plans, n'a donné que des touches légères, hardies et vives, dans le reste de l'ouvrage ; mais l'effet général est si piquant, que l'on se demande, en examinant le tableau, si cette différence de l'exécution ne serait pas plutôt un produit de l'art que l'effet d'une négligence.

La composition est riche et très-variée. L'œil parcourt une vaste campagne, coupée par différents coteaux. Les plans sont bien sentis. A droite, un château s'élève entre des touffes d'arbres ; il est précédé d'une avenue, que décorent des statues posées sur des piédestaux ; au centre, se voit un village, auprès duquel se prolonge un sentier tortueux ; à gauche, le soleil, caché par des nuages, jette des teintes rougeâtres sur une masse d'arbres qui lui est opposée : un étang, un torrent et un pont qui le traverse, embellissent les devants du tableau ; enfin, des chevaux, des chasseurs et d'autres personnages qui se reposent au bord des eaux, appellent l'attention principale. Les fonds sont bleuâtres, à peine indiqués : on dirait que l'artiste, les considérant comme un accessoire, s'est contenté de les rendre légers et vaporeux, pour faire ressortir les figures placées sur les premiers plans. Peut-être pourrait-on faire la même remarque sur divers tableaux de cet habile peintre. Regarderons-nous toujours, ou comme une erreur involontaire, ou comme le produit d'un travail précipité, les tons bleus dont on lui a fait un reproche ? N'aurait-il pas quelquefois répandu ces teintes bleuâtres sur le paysage pour donner aux figures plus d'énergie et de relief ? Quoi qu'il en soit, il a peint les devants de ce tableau avec tout le feu qui le caractérisait : les figures sont posées avec esprit, les chevaux

[1] Haut. 1 p. 1 p. 01.; 0ᵐ,552. Larg. 1 p. 2 p. 9 l.; 0ᵐ,599.

bien dessinés ; la couleur est vraie ; les tons sont vifs : le cheval bai, que l'on voit par la croupe, est chargé d'un manteau rouge ; la vivacité de ces deux couleurs semble animer l'ensemble de l'ouvrage.

Wouwermans aime à représenter des personnes distinguées ; il donne à ses figures des attitudes décentes ; elles ont de la grâce et de la noblesse : on reconnaît dans cet artiste un esprit fin, des idées élevées. Ses tableaux n'offrent pas la gaieté rustique et naïve qui plaît dans d'autres peintres flamands ; son caractère était grave : sa vie fut traversée par l'infortune ; peu connu, mal payé [1], forcé de travailler sans relâche, il existait péniblement. Dans un moment d'hilarité, il a cependant égayé cette composition ; on y voit un groupe de deux personnages vivement occupés l'un de l'autre. Mais le caractère de l'artiste ne s'est point démenti ; l'homme ne paraît être qu'un valet : quel que soit d'ailleurs, son empressement, la beauté qu'il courtise a de la réserve, et il est difficile de reconnaître si l'action du chasseur va jusqu'à la licence, ou si elle n'exprime que de la galanterie.

Ce tableau est peint sur bois.

UNE HALTE DE CAVALIERS [2].

(Ce tableau ne fait plus partie du Musée impérial du Louvre.)

L'esprit de Wouwermans, l'élévation et la finesse de ses pensées, la délicatesse de son goût, se manifestent dans ses moindres tableaux ; il n'en est aucun où l'on ne trouve des idées nobles et gracieuses, aucun où d'agréables images ne soient embellies par un coloris frais, doux, brillant et harmonieux.

Deux cavaliers ont rencontré des piqueurs gardant des chiens de chasse à l'extrémité d'un bois ; ils se sont arrêtés soit pour demander leur route, ou pour savoir de quel côté se trouvent les chasseurs, que l'on peut croire dans le voisinage, et qu'on n'aperçoit point. L'un des deux est demeuré sur son cheval, et

[1] Descamps, *Vie des peint. flam.*, t. II, p. 288.
[2] Haut. 0 p. 11 p. 6 l.; 0^m,512. Larg. 1 p. 2 p. 6 l.; 0^m,762.

semble indiquer à son compagnon le lieu vers lequel ils doivent se diriger ; l'autre, qui était descendu, posant la main gauche sur le garrot de sa monture, la main droite à l'arçon, paraît se disposer, en écoutant son camarade, à remonter sur la selle. Un des piqueurs est vu par le dos : son visage se montre de profil ; le second est un nègre : il est agenouillé auprès d'un basset ou d'un braque, auquel il rattache un collier. On voit du gibier devant les pieds des chevaux ; deux chiens viennent se désaltérer dans une mare ; un troisième est couché ; deux autres sont debout, le nez au vent, mais en repos. Cette composition présente sans doute un bien faible intérêt : quel est donc le charme qui peut nous captiver, lorsque nous y attachons nos regards? C'est celui que ce peintre ingénieux et aimable répandait dans tous ses ouvrages : nous y voyons avec plaisir un sujet simple, enrichi sans affectation par une imagination riante, animé par un pinceau correct, délicat et moelleux.

Avec quelle habileté les objets principaux, que nous considérons en ce moment, sont réunis en un seul groupe! Quel accord dans l'ensemble ! Que d'esprit dans chaque figure considérée en particulier ! L'attitude des deux cavaliers, celle de leurs chevaux, celle des piqueurs, la pose même des lévriers distribués sur divers points du groupe, forment les contrastes les plus naturels et les plus heureux. Le cavalier qui est debout sur le devant, personnage principal, se fait remarquer par une physionomie grave, par une contenance ferme qui annonce un homme éduqué ; le piqueur que l'on voit sur la droite offre, au contraire, dans son allure, dans la richesse de son accoutrement, quelque chose de comique, de grotesque ; le nègre placé plus loin, et le chien qu'il tient embrassé, se ressemblent parfaitement : on les croirait de la même famille. Le coloris présente la même variété : à gauche, un cheval blanc, embelli par des crins noirs, dont la croupe est vivement éclairée, tandis que les épaules, la tête et le cou sont dans la demi-teinte ; une selle de velours cramoisi, des plumes rouges placées sur la tête du cavalier, et agitées par un vent léger, sont en opposition avec la verdure du bois, avec les teintes roussâtres de la montagne ; dans le milieu, un cheval bai, portant une crinière dorée ; les vêtements du piqueur, bariolés de bleu et de jaune, sa plume bleue, la tête du nègre et ses habillements bruns, se détachent sur un ciel très-clair. La lumière vive répandue dans le fond du tableau, les tons variés du groupe, la richesse de la verdure, l'ombre ferme, placée à gauche sur le premier plan, forment un ensemble tout à la fois brillant et mystérieux. La dégradation de la lumière était une des parties de l'art que Wouwermans connaissait le mieux... Je me trompe : quelque partie de l'art que l'on considère, dans les genres auxquels il s'était appliqué, ce grand maître y excellait également ; il les possédait toutes dans un degré éminent et bien rare : c'est cette réunion qui le rend inimitable.

BERCHEM. 1624-1683.

ÉCOLE HOLLANDAISE.

UN RICHE PAYSAGE [1].

(N° 18. Voy. le *Catalogue des Ecoles allemande, flamande et hollandaise*, p. 12.)

« Berchem, dit Hagédorn, est le Théocrite des artistes des Pays-
« Bas ; il inspire à ses spectateurs la gaieté avec laquelle il pei-
« gnait [2]. »

Le gracieux Berchem s'est livré, dans ses nombreux ouvrages, à des genres différents ; il a composé des allégories ; il a fait des tableaux d'histoire ; il a peint les *Amours de Jupiter et de Calisto*, la *Mort de Didon*, et d'autres sujets tragiques. L'étude de l'histoire lui fut utile sans doute pour la perfection du genre auquel la nature l'avait destiné ; mais ses tableaux d'histoire n'offrent que des études. Berchem était né pour peindre les pastorales ; le pinceau du Poussin et des Carrache n'était pas fait pour ses mains

---
[1] Ce tableau est désigné, sous cette dénomination, dans l'ancien Catalogue du Musée, n° 180.
[2] Hagédorn, *Réflex. sur la peint.*, liv. II, sect. III. chap. XXVIII.

naïves. Heureusement, son caractère doux et tendre, son humeur gaie, et la tournure d'esprit qui lui fit passer une partie de sa vie au milieu des troupeaux et des bergers, le ramenaient constamment, malgré ses écarts, vers ce genre où il excelle, et dans lequel aucun maître ne l'a surpassé. Il a gravé, de sa main, environ cinquante de ses compositions ; cette suite précieuse, œuvre de son choix, n'offre que des sujets de ce genre agréable, des troupeaux, des laitières, des vaches traversant un torrent, des chèvres qui s'attaquent avec pétulance, des pasteurs jouant du flageolet. Ces images champêtres, qu'il présente dans cette œuvre sous des aspects toujours différents, y sont toujours vraies et intéressantes.

« Heureux dans le choix de ses sujets, dit un habile connais-
« seur, il a su les varier à l'infini... Ses figures et ses animaux
« sont d'un dessin correct, coloriés et touchés avec une grande
« finesse. Il ne négligeait rien ; un caillou était fini, comme les
« objets les plus intéressants... On ne peut aller plus loin, quant
« à la couleur, la touche et l'intelligence de la lumière et des
« ombres [1]. » — « Les animaux créés par son pinceau, dit un écri-
« vain distingué, vivent sur la toile, comme ils vivaient dans la
« campagne voisine de Benthem [2]... Chez lui tout est spirituel,
« tout est chaud, tout vit, tout respire [3]. »

Tous les genres de beautés répandus dans les divers ouvrages de Berchem se trouvent réunis dans le tableau qui nous occupe. Ce tableau est, sans contredit, un des plus accomplis qu'il ait produits, et le plus beau de ce maître que possède le Musée. Il représente une vaste campagne, tout à la fois agreste et riante, traversée par un chemin, fermée, sur la gauche et dans le fond, par de hautes montagnes. Vers le centre, se voit la maison d'un cultivateur, à moitié couverte de chaume, entourée de bestiaux et de paysans. Un large ruisseau dont les eaux écumeuses en tombant de la montagne deviennent tranquilles et limpides dans le reste de leur cours, des touffes d'arbrisseaux et de broussailles,

---

[1] M. Le Brun, *Gal. des peintres flam.*, etc., t. I, p. 47.
[2] Château qu'il habita longtemps.
[3] M. Lévesque, *Dict. des arts, de peinture*, etc., art. NIC. BERCHEM

des bouquets d'arbres qui s'élèvent entre des quartiers de roches brisées, enrichissent les premiers plans. Des vaches, des brebis, un berger, des muletiers, une fermière montée sur un fort cheval, se rencontrent, en passant à gué la petite rivière. Ce beau tableau, où l'artiste semble n'avoir cherché d'autre mérite que celui de copier la nature, est composé avec une grande habileté. Les ombres fermes et transparentes, jetées dans les arbres et sur les eaux, à la droite et à la gauche des figures, appellent les regards vers le groupe principal, qui se trouve sur le premier plan. L'œil, suivant une bande lumineuse, se porte vers la maison, sur le montagne : il en embrasse la croupe, et parcourt agréablement dans le lointain un champ vaste, des collines azurées et vaporeuses, un ciel léger et brillant. Les masses sont fermes ; les devants sont d'une grande richesse ; la verdure est vive, fraîche ; elle respire le printemps. Les tons roussâtres des rochers qui bordent la rivière, de la chaumière et des bestiaux, forment, avec les tons verts reflétés dans les eaux, l'ensemble le plus harmonieux et le plus agréable. Quelle naïveté dans le mouvement de cette femme à cheval, qui, avant de passer la rivière, veut tenir son enfant entre ses bras ! Combien la figure, qui se voit isolée, remettant sa chaussure, contribue à faire sentir la tranquillité dont jouissent les habitants de ce séjour champêtre !

On dirait que Berchem composait ses tableaux pour faire aimer la vie des campagnes. Heureux, en effet, qui passerait ses jours dans un asile semblable à celui dont il nous offre ici l'image !

Ce tableau a successivement appartenu à M. de la Live de Jully, à M. Randon de Boisset, à M. Lebœuf. Il fut vendu, après la mort de ce dernier, 18,000 liv. Le roi l'acheta de M. Le Brun, en 1782, au prix de 24,000 liv.

VUE DES COTES DE NICE.
(N° 17. Voy. le *Catalogue des Ecoles allemande, flamande et hollandaise*, p. 12.)

Ce tableau, fait sans doute d'après nature, présente, dans un ensemble très-riche et très-varié, une vue de la ville de Nice, et, en même temps, des montagnes et des côtes dont cette ville est environnée. Le peintre dut, pour le dessiner, se placer auprès du chemin qui conduit d'Antibes aux bords du Var. Ce chemin se voit à droite, sur le devant du tableau. Le Var est à gauche; il baigne les murs du village de Saint-Laurent et le pied des collines auxquelles ce village est adossé. Nice est plus loin, au bord de la mer, au devant d'une montagne qui se lie avec les Alpes. Sur des rochers, près de la ville, est assis le fort Montalban. La mer se déploie au delà, sur une ligne demi-circulaire. On aperçoit dans le lointain une tour et quelques édifices, auprès desquels, suivant une ancienne tradition, saint Auspice fut égorgé par les Maures, dans le neuvième siècle.

Le portrait est assez fidèle dans la disposition générale; il ne l'est pas également dans toutes les parties du tableau. Les eaux du Var paraissent tranquilles, limpides; jamais le pinceau délicat de Berchem ne donna aux ondes plus de légèreté, plus de transparence. Mais l'imagination ou l'habitude ont induit ici le peintre en erreur. Le Var est un torrent très-rapide; on ne traverse pas sans danger ses flots toujours bouillonnants et tumultueux. Jamais bateau n'osa s'exposer à sa furie; la mémoire de Berchem l'a trompé, lorsqu'il a peint une barque étalant au milieu des eaux sa voile paisible. Il en est de même des moulins tournant sur des pivots: les vents impétueux qui ravagent les contrées où Nice est située ne permettent pas d'y élever de si frêles édifices. C'est un défaut plus grave, que d'avoir, sans motif, rabaissé le front des collines au pied desquelles est bâti le village de Saint-Laurent: cette partie du tableau, où la nature offrait à l'artiste un noble modèle, ne présente que des détails minutieux, et nuit, dès le premier aspect, à l'effet que devrait produire une composition, d'ailleurs, agréable, grande et imposante. Des images plus fidèles et des beautés dignes de Berchem placent ce tableau parmi les beaux ouvrages de ce grand artiste. On remarque avec plaisir, sur les premières collines, des oliviers, des orangers, des lauriers, arbres toujours verts, accordés comme un dédommagement à une terre presque partout brûlante et stérile. Le fort Montalban se fait aisément reconnaître. C'est là, en effet, cette forteresse qui passait pour imprenable, qui résista, en 1543, aux efforts réunis des Français et des Turcs, et que les Français ont ensuite prise trois fois dans moins d'un siècle. Le ciel, dans les parties où les nuages le laissent à découvert, offre l'azur piquant dont il se colore dans nos provinces méridionales. Les grandes montagnes sont embellies par les teintes bleuâtres et pourprées que le soleil prodigue dans les climats du Midi. La mer est peinte avec une légèreté admirable. Le bouquet de bois et le chemin placés à droite charment les regards par des tons gais, fins, transparents, et par une vérité parfaite : cette belle masse, où se font distinguer des ombres fermes et de riches détails, forme une opposition vive et vraiment poétique avec la vapeur du fond, avec les tons brillants de la mer, avec les teintes verdâtres de la rivière. Quelques feuilles, rougies et dorées, mêlées à la verdure des arbres, font reconnaître que le peintre a voulu représenter une journée d'automne. Les figures sont un des objets qui décèlent la main de Berchem. On a quelquefois demandé si ce grand maître avait vu l'Italie : ce tableau doit servir à prouver qu'il visita, en effet, cette patrie des arts, et que, dans cet utile voyage, il saisissait à chaque pas des sujets d'étude.

LES RUINES DU COLISÉE [1].

(Ce tableau ne fait plus partie du Musée impérial du Louvre.)

L'ingénieux Berchem nous offre dans ce tableau, comme dans tous ses ouvrages, des images agréables et riantes ; mais n'aurait-il pas voulu tout à la fois faire naître dans notre esprit quelque pensée morale ? Cet homme sage, doux et modeste, qui vécut longtemps au milieu des laboureurs, dans une retraite profonde, et que sa philosophie rendit heureux au sein des contrariétés dont sa vie fut semée, n'aurait-il pas voulu nous rappeler les bouleversements qui changent la face du monde et nous peindre le calme habituel, l'heureuse incurie, qui, malgré les ravages du temps, malgré les désordres politiques, font ordinairement le bonheur du villageois sans ambition ?

Un vaste monument d'architecture, semblable par sa forme

[1] Haut. 1 p. 11 p. 6 l.; 0m,657. Larg. 2 p. 3 p.; 0m,730.

circulaire, par le style sévère de ses masses et par son immensité au Colisée de Rome, tombe en ruines. Des touffes d'arbustes, des vignes sauvages, de jeunes ormeaux, enracinés au-dessus des voûtes, ornent de pampres et de rameaux verts les murs décharnés, dont ils accélèrent la destruction. Un lac, des plantes aquatiques, ont envahi l'enceinte du monument et le minent dans sa base. Un chemin tortueux s'est formé dans les décombres. Des muletiers, des bergers, conduisant leurs bestiaux et marchant à la file, passent avec indifférence au milieu de ces voûtes majestueuses, qui, autrefois, revêtues de marbre, retentissaient des applaudissements d'un peuple innombrable. Cette bonne fermière, que Berchem a si souvent représentée dans ses tableaux, donne paisiblement des ordres à son valet. Un bûcheron, qui chemine auprès d'elle, étranger aux grands objets qui l'environnent, s'égaye en agaçant son chien. Des bœufs, qu'on aperçoit dans le fond, montent et vont paître sur des débris amoncelés. Un voyageur, assis au milieu des ruines, est le seul personnage qu'on puisse croire occupé du spectacle qui s'offre à ses regards; peut-être même le voit-il avec autant d'indifférence que tous les autres.

Tous les contrastes que lui présentait son sujet, l'artiste a su les faire valoir. Le costume des bergers, leurs mouvements naïfs, forment une opposition naturelle avec les masses immobiles et grandioses de l'architecture. Si l'on considère l'action des animaux, leur vivacité, leur pétulance, l'opposition paraît encore plus piquante. Des agneaux, portés dans des paniers, faibles créatures, semblent, par leurs bêlements, faire résonner les murs de l'antique édifice. D'une part, se montrent les efforts de l'art, dont le chef-d'œuvre le plus imposant tombe sous le poids des siècles; de l'autre, se voient la simplicité de la nature et l'ordre constant de ses régénérations.

Ce tableau est savamment composé; les figures et les animaux sont peints avec toute la chaleur qui caractérise Berchem. Que de vérité, que d'esprit dans tous les groupes! Chaque figure a de la gaieté. Un des traits originaux de ce peintre aimable, c'est que tous ses tableaux offrent l'image du bonheur: celui-ci, par une singularité remarquable, nous présente des êtres, peu favorisés de la fortune, paraissant jouir d'une paix inaltérable, à côté d'un monument orgueilleux qui se dissout. Un critique sévère pourrait remarquer que les ombres jetées sur le monument sont trop uniformes ; mais les jours sont ménagés de manière qu'ils portent principalement sur les figures. Si nous avons pénétré la pensée de l'artiste, c'est, en effet, sur les figures qu'il devait appeler notre attention ; c'est le calme dont ces pasteurs jouissent, qu'il a voulu nous faire apprécier. Berchem semble nous dire : que les édifices les plus vastes s'écroulent, que les révolutions et le temps mettent, en quelque sorte, le monde en ruines, mais que le bonheur n'abandonne jamais entièrement l'homme laborieux, fidèle à ses devoirs, soumis à sa destinée, qui se montre digne d'en jouir.

Rappelons un mot familier à cet habile artiste ; il nous fera connaître son caractère et nous indiquera peut-être l'esprit de cette belle composition : *Les richesses*, disait souvent Berchem, *sont inutiles à qui sait s'occuper.*

PAUL POTTER. 1625-1654.

ÉCOLE HOLLANDAISE.

DES BŒUFS PRÈS D'UNE CHAUMIÈRE [1].

(Ce tableau ne fait plus partie du Musée impérial du Louvre.)

Myron le statuaire avait fait une vache d'airain. Ce monument célèbre de l'art des anciens imitait si bien la nature, que, suivant les expressions des poëtes, les troupeaux et les hommes même s'y trompaient. Qui ne connaît ces vers charmants ? « Berger, mène « paître tes vaches plus loin, de crainte que tu n'emmènes avec « elles celle de Myron. — Non, Myron ne l'a pas moulée ; le « temps l'avait changée en métal, et il a fait croire que c'était « son ouvrage. » Une foule de poëtes honorèrent à l'envi l'artiste et le monument qui prouvait son habileté. « Cruel Myron, disait

[1] Haut. 1 p. 1 p. 6 l.; 0^m,366. Larg. 1 p. 5 p. 6 l.; 0^m,474.

« la figure, à qui l'on prêtait le don de parler, daigne donc enfin
« me reconduire à mon étable ! — Passant, si tu vois mon berger,
« dis-lui que le statuaire Myron m'a liée à cette colonne ! — Jeune
« veau, cesse de mugir, le statuaire n'a pas mis de lait dans mes
« mamelles [1]. » Plus de trente épigrammes grecques, faites sur
ce même sujet, et que le temps a respectées, ne renferment toutes
que cette idée : *L'airain est vivant.*

Ne pourrions-nous pas appliquer aux peintures naïves de Paul
Potter ces éloges que les anciens accordèrent pendant dix siècles
à la vache de Myron ? Les bœufs qu'il nous montre dans ses tableaux n'ont-ils pas la vie en effet ? Ne croit-on pas les voir tantôt errant pesamment entre les barrières qui les environnent,
tantôt obéissant au pâtre, plein lui-même de vie, qui est accouru
pour les guider ? Non, les hyperboles des poëtes grecs n'ont rien
qui doive nous étonner, quand nous voyons ces peintures vraiment
animées.

Paul Potter expose en ce moment à nos regards quatre bœufs
en liberté, auprès d'une chaumière. L'un rumine, couché sur le
gazon qui lui a donné sa pâture ; un second s'éloigne à pas lents
et broute encore une herbe tendre ; les deux autres semblent
s'approcher d'un lac bordé de roseaux, qui leur offre son onde.
Tous nous font sentir le calme du lieu fertile et frais où ils sont
réunis. Aucun guide ne se montre qui puisse troubler leur repos ;
ils sont les rois du pâturage. Tandis qu'un air épais environne
les arbres et la chaumière, et dérobe le ciel dans le lointain, la
lumière, qui frappe sur la prairie et sur les bœufs avancés vers le
lac, appelle vers cette partie du tableau l'attention principale. Des
reflets bien ménagés embellissent le coloris de ces animaux robustes : l'un fait admirer sa peau blanche qu'animent des teintes dorées ; l'autre oppose à la verdure du feuillage un brun violâtre,
jaspé de noir. Etendue au pied d'un vieux saule, une truie, que
pressent ses nourrissons, rend encore les bœufs plus grands et plus
beaux par l'aspect de ses lourdes formes. Cet ouvrage est un de
ceux où Paul Potter a le mieux prouvé qu'il était familier avec les
effets du clair-obscur ; mais c'est toujours ici, comme dans tous

---

[1] *Anthol.*, lib. IV, cap. VII.

ses tableaux, par la fidélité du dessin, par la vérité, par la chaleur du ton local, par l'action vive des animaux dont il présente les images, qu'il mérite, à plus juste titre, d'exciter notre admiration. La vie se manifeste dans les têtes, dans le regard ; on la sent encore dans les ondulations et dans les détails de la peau. Les anciens auraient dit : *Ce n'est point une imitation, c'est la nature : ne voyez-vous pas ces animaux se mouvoir*[1] ? Tel est, en effet, l'éloge que, devant les tableaux de Paul Potter, les connaisseurs les plus délicats, et les hommes que le sentiment seul inspire, ne cessent également de répéter. Quant à moi, j'écrirai au-dessous de ce tableau, j'écrirai au-dessous de tous les tableaux de cet artiste : *Berger, mène paître tes vaches plus loin, de crainte que tu n'emmènes avec elles celles de Paul Potter*[2].

BAKHUIZEN. 1631-1709.

ÉCOLE HOLLANDAISE.

LE COUP DE VENT.

(N° 7. Voy. le *Catalogue des Ecoles allemande, flamande et hollandaise*, p. 4.)

Ce n'est pas une tempête que Bakhuizen[3] nous représente dans ce tableau. Nous n'y voyons point, comme dans d'autres peintures du même artiste, les vagues suspendues au-dessus des plus grands navires, prêtes à les submerger ou à les précipiter contre des écueils. Rien de sinistre ne frappe nos regards. Le peintre a voulu seulement imiter les effets d'un *grain*, c'est-à-dire d'un de ces coups de vent subits qui précèdent quelquefois l'orage, mais

---

[1] Theocrit., *Idyl.*, XV, vers, 80 et seq.
[2] Ce tableau est peint sur bois ; il porte la signature de Paul Potter et la date de 1652. Paul Potter l'a peint à l'âge de vingt-sept ans ; c'est, par conséquent, un de ses derniers ouvrages.
[3] Le nom de Bakhuizen se trouve écrit de différentes manières, dans les Catalogues et dans les Vies des peintres. J'ai suivi l'orthographe donnée par Houbraken et par Van Gool.

n'en offrent pas tous les dangers. Le site développe à nos regards une rade très-étendue, entourée de campagnes et d'habitations. Suivant la manière habituelle de Bakhuizen, ni le fond, ni les côtés ne sont bornés par la plus petite montagne ; l'horizon est ouvert presque entièrement ; on distingue à peine dans le lointain les tours d'une ville, qui paraît s'élever au milieu des eaux. Cependant l'ensemble est riche ; le jeu du clair-obscur supplée à ce qui pourrait manquer de variété dans la direction des lignes principales ; et la composition semble s'agrandir de toute l'étendue des mers, que l'imagination se retrace dans un fond sans bornes, peint avec une extrême habileté.

La lumière et les ombres partagent en longues bandes la surface des eaux et celle des terrains. Dans la terrasse du premier plan, les ombres dominent ; à droite et à gauche, le soleil frappe sur les ondes écumeuses. Ce contraste, qui échauffe les masses, fait valoir aussi tous les détails. Quelques bateaux de pêcheurs, seules voiles qui se montrent sur la rade, sont poussés par le tourbillon vers des routes opposées : sous la lumière la plus vive, les plus voisins du spectateur meublent et animent les deux côtés du tableau ; ceux qu'on aperçoit au loin, dans la demi-teinte ou dans le clair, produisent, par la diversité des tons, les effets les plus pittoresques. Un arbre, qui s'élève sur le tertre du premier plan, et trois figures groupées dans l'ombre, font illusion par leur saillie. Les reflets des nuages amoncelés ont dû répandre, sur divers points du tableau, des teintes un peu grisâtres ; mais ces teintes mêmes relèvent les tons dorés des parties éclairées par des rayons directs. L'ensemble est un chef-d'œuvre de vérité et d'harmonie ; l'œil satisfait retrouve partout la touche délicate et vive qui caractérise l'auteur.

Deux artistes célèbres, Bakhuizen et Vernet, ont surpassé tous leurs concurrents dans l'art de peindre des marines. L'un imite naïvement les plages un peu monotones, auprès desquelles fut placé son berceau ; simple dans ses compositions, trop souvent semblable à lui-même, il fait oublier, par la vivacité de son coloris et par la magie de son clair-obscur, ce que la nature pouvait lui avoir refusé d'imagination : l'autre, plein de génie et de feu, peint à grands traits, sous des aspects toujours nouveaux, les roches jaspées de pourpre et d'azur où se brisent nos mers méridionales ; guidé par une inspiration particulière, il se plaît à imiter le soulèvement des vagues dans leur plus grande furie ; jamais il ne manifeste mieux son beau talent que dans les sinistres images des tempêtes; tous ses ouvrages portent à la fois l'empreinte et de son savoir et de son enthousiasme : le premier, patient et soigneux, est constamment admirable par la finesse et le moelleux des détails ; le second, heurté, spirituel, néglige quelquefois les détails, et toujours il se montre mâle et grandiose dans l'ensemble. Vernet, se plaçant ordinairement sur le rivage, saisit de là les effets pittoresques des mers ; Bakhuizen semble, au contraire, s'être le plus souvent transporté sur les mers, pour peindre, du sein de sa chaloupe, la vue des ondes, des escadres qui s'y déploient, et des terrains éloignés. Nous voudrions étendre davantage ce parallèle, mais le cadre où nous sommes resserré nous arrête.

Bakhuizen naquit à Embden, en 1631. Il était fils d'un secrétaire des Etats de la province de West-Frise. A dix-huit ans, sa belle écriture le fit employer dans un comptoir d'Amsterdam. A dix-neuf, il n'avait pas encore touché le pinceau. Ce fut à cet âge seulement, qu'il eut la pensée de dessiner des vaisseaux à la plume, et que, des succès inattendus ayant dévoilé ses dispositions naturelles, il entra dans l'atelier du célèbre paysagiste Aldert Everdingen. Sa fortune s'accrut rapidement avec sa réputation. Une circonstance très-remarquable de sa vie, c'est que tandis qu'il exécutait des tableaux pour tous les princes de l'Europe, soit qu'il n'osât se refuser aux instances des jeunes étudiants, soit par un attachement vertueux pour ses premières habitudes, il ne cessa jamais de donner des leçons d'écriture[1]. Ce peintre illustre et modeste mourut au mois de décembre de l'année 1709. L'avoir placé sur la même ligne que Vernet, ajouter que quelques amateurs le préfèrent même à ce grand maître, ce sera certainement avoir fait de lui un bel éloge.

[1] Une de ses *exemples* gravées, que l'on conserve dans notre Cabinet impérial, prouve quelle était son habileté dans cet art. On assure qu'il existe encore en Hollande un grand nombre d'*exemples* de sa main, et qu'elles sont très-recherchées. Bakhuizen est, à cet égard, chez les Hollandais, ce que Rossignol est parmi nous.

MOUCHERON. 1633-1686.

ÉCOLE HOLLANDAISE.

UNE BELLE SOIRÉE [1].

(Ce tableau ne fait plus partie du Musée impérial du Louvre.)

Frédéric Moucheron, issu vraisemblablement d'une famille française, naquit à Embden, en 1633. On remarque dans ses ouvrages des sites étendus, une belle entente de la lumière, un coloris clair, souvent plein de chaleur, une touche facile et moelleuse. Asselyn, son maître, qui demeura longtemps attaché à la manière riche et brillante de Claude Lorrain, lui en inspira le goût. En lui enseignant la pratique de son art, il lui en dévoila aussi la théorie. Mais il exerça plus d'influence encore sur sa destinée, en lui faisant partager son amour pour la France, où il avait habité pendant une grande partie de sa vie. Asselyn dépeignait souvent, et avec tant d'éloquence, devant son élève, les charmes de ce beau pays, que celui-ci, dès qu'il fut en état de conduire le pinceau, se hâta de venir y terminer ses études, et y faire apprécier ses talents. L'année où il y arriva marque parmi nous une des époques les plus glorieuses des arts. Ce dut être vers l'an 1653, au moment où Anne d'Autriche et Mazarin, qui revenait triomphant dans Paris, s'attachèrent, avec encore plus de soin qu'auparavant, à environner le trône d'une magnificence imposante. Tandis que le luxe, excité par la cour, faisait des progrès rapides, le sentiment du beau se développait de plus en plus chez les grands. Les cabinets commençaient à s'enrichir de tableaux de tous les genres ; les plafonds se couvraient de vastes peintures ; les chefs-d'œuvre de l'hôtel Lambert venaient d'être terminés ; Lahire, Pierre Patel, Bréemberg, Pynacker, Herman, Swanewelt, ornaient les maisons royales et celles des princes de leurs beaux paysages. L'élève d'Asselyn trouva à Paris tout ce que son maître lui avait

[1] Haut. 1 p. 5 p.; 0^m,460. Larg. 1 p. 11 p.; 0^m,350.

annoncé, des artistes capables de le perfectionner dans son art et des protecteurs utiles à sa fortune. Il y fut également honoré et chéri de plusieurs amateurs illustres. L'amour de son pays l'emporta cependant sur les attraits de notre capitale. On ne dit point en quel temps il quitta Paris; on sait seulement qu'après un assez long séjour, il alla demeurer à Amsterdam, qu'il exerça son art dans cette ville pendant plusieurs années, et qu'il y mourut en 1686 [1].

Il n'y a pas lieu de présumer que le tableau dont nous allons parler ait été exécuté en France. Ce tableau est une des conquêtes faites en Allemagne par nos armées, dans la glorieuse campagne de 1806 et 1807, après la victoire d'Iéna. Il justifie pleinement la réputation de son auteur et doit être considéré comme un de ses chefs-d'œuvre. La composition offre une grande richesse; le coloris est chaud et vaporeux; le faire, moelleux et énergique. Le soleil, déjà près de l'horizon, verse des torrents de feu. Des arbres, groupés à gauche, sur les devants du tableau, cachent son disque : les rayons frappent avec vivacité sur un chemin qui serpente, dans le premier plan, sur toutes les parties élevées ou découvertes d'un vaste terrain, et, dans le fond, contre des montagnes escarpées qui ferment la scène. Aux tons dorés dont ils embellissent la campagne, s'opposent les ombres fermes, les demi-teintes transparentes d'une verdure touffue. L'air paraît embrasé; les bois et les eaux charment, au contraire, les regards par leur fraîcheur. Les contrastes sont d'autant plus piquants que le paysage présente, dans toute son étendue, de grandes lignes, des masses bien indiquées, des plans nombreux. L'aiguille de rochers couverts d'arbustes, qui est placée à droite, le lac, les arbres, les crêtes et les excavations des montagnes, renferment une foule de détails, tous agréables. Le feuiller est touché avec esprit. Une multitude d'objets se font remarquer par l'éclat de leurs tons particuliers; et tout concourt cependant à l'harmonie de l'effet général.

On croit les figures de la main d'Abraham Begyn. Le groupe principal est placé avec goût, partie dans l'ombre, partie sous la plus vive lumière. Peut-être la figure du second plan est-elle

---

[1] Descamps, *Vie des peint. flamands et hollandais*, t. II, p. 479.

trop petite, relativement à celles du premier ; mais ce défaut est peu sensible.

Moucheron semble quelquefois avoir négligé de terminer ses ouvrages ; il manque alors de fermeté : quelquefois aussi, pour accélérer son travail, il s'est permis de peindre sur des impressions rouges, et ce procédé, par l'effet du temps, a donné à son coloris une teinte monotone un peu pourprée. Nous ne trouvons ici rien de semblable. Ce tableau et son pendant, qui représente une *Belle matinée*, et dans lequel les figures sont de la main d'Adrien Van den Velde, assurent à cet habile peintre une place très-honorable parmi les grands paysagistes.

KAREL DU JARDIN. 1635-1678.

ÉCOLE HOLLANDAISE.

LA FILEUSE.

(N° 247. Voy. le *Catalogue des Ecoles allemande, flamande et hollandaise*, p. 128.)

Que d'esprit, que de vigueur, que de feu, dans chaque tableau de Carle du Jardin ! Combien d'heureuses combinaisons jusque dans ses compositions les plus simples ! Quelle vérité, quelle vie dans les figures d'animaux, dont il les enrichit ! On assure que ce maître, livré imprudemment à tous les plaisirs de la société, pressé par les besoins que renouvelaient sans cesse des dépenses excessives, n'aimait pas à entreprendre des ouvrages de longue haleine. On dit que, pour donner plus de temps à ses plaisirs, il voulait que ses travaux lui en dérobassent peu [1]. Loin d'avoir nui à ses progrès, ce fait, dont la réalité paraît suffisamment attestée, doit accroître notre admiration pour ses talents. Aucun de ses ouvrages n'annonce de la précipitation. Telle était la sévérité de son goût, tel était le fruit de ses bonnes études, que rien de

Descamps. *Vie des peint. flam.*, t. III, p. 114.

négligé, rien de médiocre ne sortait de ses heureuses mains. L'amour du beau le captivait apparemment malgré lui. Ses moindres tableaux sont autant de chefs-d'œuvre. Ses compositions sont toujours ingénieuses et bien disposées ; ses masses sont toujours grandes ; son dessin est toujours vrai, sa touche toujours ferme et facile, son coloris toujours vigoureux, plein de chaleur et d'harmonie.

Tous ces divers genres de mérite se trouvent réunis dans le tableau de *la Fileuse*. Le sujet est simple, mais traité avec beaucoup d'art. Dans un site très-agreste, borné d'un côté par une montagne, de l'autre par deux arbres qu'unit une palissade, une jeune fille garde son troupeau. Un taureau, dont la peau blanche est animée par des teintes roussâtres, un ânon, un chien et deux brebis, voilà tous les animaux confiés à ses soins. Les brebis reposent sur le gazon ; l'ânon, couché, joue avec le chien, qui l'agace ; le taureau, en s'inclinant, frotte sa tête pesante contre le tronc raboteux d'un arbre. La jeune fille est debout, le bras droit appuyé contre la croupe du taureau. On croit voir qu'elle voulait filer ; sa quenouille est placée sur sa hanche gauche ; de la main droite, elle tient le fuseau : cependant elle ne file point ; sa main, qui demeure immobile, sa tête inclinée, son air pensif, semblent annoncer qu'elle rêve à un objet plus cher que son troupeau et son chien. La tranquillité des brebis, l'impatience du taureau, l'enjouement des deux animaux qui s'égayent auprès d'elle, forment, avec l'attitude mélancolique de cette jeune fille, un contraste heureux et intéressant.

Le lieu de la scène est peu étendu ; mais, au delà des arbres et de la palissade, la vivacité de la lumière et la prolongation des collines annoncent le voisinage d'un grand terrain, que l'imagination se représente et qu'elle réunit à l'espace qu'embrassent les regards. Le taureau, la bergère, l'ânon et le chien, forment un groupe bien composé. Les deux brebis placées à gauche, le groupe qui est dans le milieu, et le tronc d'arbre couché à droite, décrivent ensemble une ligne demi-circulaire, opposée à la direction de la palissade et à celle des montagnes. Cette disposition a tout à la fois le mérite de l'ordre, celui de la variété et celui de la simplicité.

Les rayons d'un beau soleil couchant dorent les arbres et le ciel; l'air paraît embrasé. Une lumière vive frappe sur le dos du taureau; la tête, la croupe et les jambes, auxquelles la haie dérobe, au contraire, les feux du soleil, offrent des ombres légères et transparentes qui produisent l'effet le plus piquant. La montagne est bleuâtre et vaporeuse. Le ton général rend avec vérité les teintes rougeâtres de la fin d'un jour brûlant.

Carle, ou Karel du Jardin, naquit à Amsterdam vers l'an 1635 [1]. Il fut élève de Nicolas Berchem. C'est à Rome qu'il acquit la manière énergique et spirituelle qui le caractérise. Il nous a laissé quelques tableaux d'histoire, où les figures sont grandes comme nature. Ses véritables dispositions le portèrent à peindre plus souvent, dans de petits tableaux, des paysages, des animaux et des sujets familiers. Amsterdam, Lyon et Venise, le possédèrent et l'honorèrent successivement. La dissipation dans laquelle il vivait est cause qu'il n'a pas laissé un très-grand nombre d'ouvrages. Heureusement pour lui, il vendait ses tableaux à des prix très-élevés. Il mourut à Venise, à l'âge de quarante-trois ans, des suites de son intempérance. Cinquante-deux estampes, gravées à l'eau-forte, de sa main et d'après ses dessins, représentant des bergers et des animaux, ont contribué à prouver l'étendue et l'originalité de son talent.

PORTRAIT D'HOMME.

(N° 250. Voy. le *Catalogue des Ecoles allemande, flamande et hollandaise*, p. 129.)

L'ingénieux Karel du Jardin, dont le pinceau a rendu avec tant d'esprit et de vigueur l'histoire, le paysage, les animaux et les scènes familières, s'est encore illustré par des portraits. Il en a peint de grands où l'on trouve dans les formes un relief, dans la

---

[1] Suivant Descamps, cet artiste naquit en 1640. Je me conforme à l'opinion de M. Bartsch, qui a dû prendre des renseignements exacts (*Le Peintre graveur*, t. I, p. 161). Les premières gravures de Karel du Jardin portent la date de 1652. S'il fût né en 1640, il n'aurait eu alors que douze ans.

touche une fermeté admirables, et de petits qui offrent en tout la même vérité et la même perfection [1]. Celui-ci où il s'est représenté lui-même, est dans cette dernière classe. La tête n'a que trois pouces de hauteur environ. Ce petit tableau est exécuté avec tout le feu qui distinguait l'auteur. On y voit, sans étonnement, que Karel du Jardin était doué d'une figure vive et mâle. Les traits bien prononcés annoncent un homme robuste. Les yeux sont bleus et très-ouverts ; les cheveux touffus tombent en boucles d'or sur les épaules. L'âme de cet artiste, qui consuma une si grande partie de sa vie turbulente dans les festins et les plaisirs, se montre sur son visage. Le regard est d'un observateur habitué à méditer ; mais l'ensemble de la physionomie semble déceler plus de génie que de bonté naturelle, plus de force dans le caractère que de douceur : tel fut, en effet, le caractère de Karel du Jardin, que ses camarades de débauche surnommèrent *Barbe de bouc*.

La touche est tout à la fois hardie, large et moelleuse. Un ample manteau de soie noire relève les tons dorés des chairs et de la chevelure. La teinte vermeille du ciel et les reflets roussâtres, ménagés sur les draperies blanches, se lient harmonieusement avec le coloris de la tête, et contribuent à la faire briller.

Ce tableau est signé *K. du Jardin*, 1657. L'auteur, né, comme nous l'avons dit précédemment, en 1635 [2], n'avait, par conséquent, que vingt-deux ans, quand il l'exécuta ; mais on sait combien son talent fut précoce. Plusieurs de ses gravures, faites d'après ses propres dessins, portent la date de 1652. Son fameux tableau représentant *des Charlatans* fut peint, comme son portrait, en 1657. La nature avait été envers lui si libérale, et il avait si bien profité des leçons de Berchem, que ses plus anciens ouvrages sont aussi beaux que les derniers.

[1] Il a gravé lui-même à l'eau-forte celui de Vos, poëte hollandais.
[2] Notice sur *la Fileuse*. Nous avons cité M. Bartsch ; nous pouvons joindre à cette autorité celle de Fuesli, qui dit que du Jardin mourut en 1678, à l'âge de quarante-trois ans (*Dictionnaire des artistes*, p. 331).

VAN HAGEN. 1635-1650.

ÉCOLE HOLLANDAISE.

VUE D'UN VILLAGE [1].

(Ce tableau ne fait plus partie du Musée impérial du Louvre.)

Jean Van Hagen naquit à La Haye vers l'an 1635. Le nom de son maître, l'année et le lieu de sa mort, sont inconnus. On sait seulement qu'un grand nombre de ses tableaux et de ses dessins représentent des campagnes situées entre Clèves et Nimègue, ce qui peut faire croire qu'il habita longtemps dans l'une ou l'autre de ces deux villes. Cet artiste était plus jeune que Paul Potter de dix ans seulement, et contemporain de Jean-Henri Roos, de Moucheron, de Jacques Ruysdael, d'Adrien Van den Velde, de Karel du Jardin, qui naquirent à très-peu d'intervalle les uns des autres, et qui portèrent dans le même temps l'art de peindre le paysage et les animaux, à un si haut degré de perfection. Il y a lieu de croire qu'il chercha d'abord à imiter Paul Potter. Avant qu'il fût aussi bien connu en France qu'il l'est aujourd'hui, on attribuait quelquefois ses ouvrages à ce grand maître. Il s'attacha dans la suite à représenter fidèlement des paysages étendus, vus d'un lieu élevé, et, par conséquent, un peu à vol d'oiseau. On lui reproche d'avoir souvent employé les couleurs les moins chères, et notamment de la cendre bleue au lieu d'outremer : cette économie mal entendue est cause que le coloris de la plupart de ses tableaux a totalement perdu sa fraîcheur. Ses dessins lavés en plusieurs couleurs n'ont pas cessé d'être très-recherchés.

Le tableau dont nous nous occupons paraît avoir été peint entièrement d'après nature : l'aspect du village, les sinuosités des terrains, et la multiplicité des petits objets que l'artiste a rendus avec soin, semblent annoncer qu'il a eu l'intention de faire un portrait. Le site ne présente pas des masses heureuses;

---

[1] Haut. 2 p. 2 p.; 0^m,703. Larg. 3 p. 2 p.; 1^m,028.

le ton est pâle et jaunâtre; la touche a généralement peu de vigueur; mais la perspective est juste, et tous les détails sont agréables. On remarque, entre autres, avec plaisir, sur les devants et des deux côtés du tableau, des bouquets d'arbres, dessinés avec esprit, qui offrent des teintes légères, transparentes et harmonieuses. Ce tableau est un de ceux de Van Hagen, dont le coloris s'est le mieux conservé.

RUYSDAEL. 1635-1681.

ÉCOLE HOLLANDAISE.

LES ENVIRONS D'UN VILLAGE [1].

(Ce tableau ne fait plus partie du Musée impérial du Louvre.)

Ce tableau nous offre, ainsi que la plupart des ouvrages de Jacques Ruysdael, une simplicité savante dans la composition, une grande vigueur dans le coloris. Le site, peu étendu, est d'un caractère mâle et riant tout à la fois. Un vieux chêne, qui s'élève sur le premier plan, paraît avoir attiré particulièrement l'attention du peintre : on pourrait dire que cet arbre antique, dont les branches montent jusqu'aux cieux, est ici le personnage principal; ceux qui l'environnent ne sont que des accessoires qui, en enrichissant le paysage, composent en quelque sorte la cour de ce robuste enfant de la terre. Tout lui est subordonné. Un peuplier blanc, qui végète à ses côtés, et de jeunes arbres qu'on voit sur une colline auprès d'une ferme, étendent le groupe dont il est le centre, et opposent leurs rameaux souples et légers à son bois tortueux, à ses racines décharnées. Des arbustes, serrés contre ses pieds, dans les excavations du terrain, donnent à sa base une étendue qui répond à celle du faîte. La petitesse des figures peintes dans son voisinage en fait remarquer toute la hau-

---

[1] Haut. 3 p. 3 p.; 1^m,055. Larg. 4 p. 2 p.; 1^m,353.

teur. L'inclinaison du plateau, où l'on découvre à droite l'extrémité d'un village, contribue encore à faire paraître cet arbre plus grand. La forêt qui descend vers l'horizon forme un rideau de verdure, au devant duquel ressortent, avec plus d'énergie, les tons chauds et variés de son écorce et de son feuillage.

La lumière, habilement distribuée, fait valoir la beauté du site. Le ciel, qu'on dirait gros d'un orage, présente sur les devants des nuées obscures; le fond, au contraire, est vaporeux et vermeil. Les nuages jettent sur la campagne de larges demi-teintes, qui contrastent avec des bandes vivement éclairées. Les tertres du premier plan, le village, et une partie du bois, sont dans l'ombre; le plateau qui s'étend à droite et à gauche, le haut du chemin de la ferme, et l'extrémité la plus reculée de la forêt, sont dans le clair. Le grand arbre participe à ces deux effets: il est dans l'ombre, d'un côté; de l'autre, il est frappé par les rayons inclinés du soleil.

La vérité des tons verts qu'offrent partout les arbres, les arbustes et les terrains, répand dans ce tableau un charme inexprimable. Le ton général est vigoureux et brillant, la touche délicate et vive; le feuiller, peint avec esprit, fait reconnaître la nature de chaque arbre. Les détails sont exécutés avec la plus grande recherche, et cependant les masses n'ont rien perdu de leur fermeté.

Tel était le beau talent de Jacques Ruysdael. Ses compositions offrent toujours une sorte de grandeur, quoique le site soit souvent assez resserré. Ce peintre possède au plus haut degré l'art d'accorder entre elles les diverses parties d'un tout, et de les subordonner à un objet principal. Il aime les lieux montueux, sauvages. Il se plaît à dessiner de grands arbres, vénérables par leur antiquité. Son pinceau réunit à une extrême finesse la plus rare énergie. Son coloris est celui de la nature. Ce digne élève de Berchem est devenu l'émule de son maître, sans lui ressembler. Dans le tableau que nous examinons, les figures sont, dit-on, de sa main. Cette particularité présente un nouveau motif d'intérêt, car on sait que ce peintre s'est rarement exercé à ce genre de travail. Wouvermans et Adrien Van den Velde peignaient ordinairement les figures de ses tableaux. C'étaient les bois, les cascades, les rochers, les terrains incultes, quelquefois la mer et ses bords, qui étaient l'objet de ses études assidues. Quand on considère ses paysages, on croit voir réellement la campagne : l'illusion est complète ; on est trompé tout à la fois par la dégradation des plans, par la vivacité des couleurs locales, et par les beaux effets du clair-obscur. Souvent imité, Ruysdael est au nombre des grands maîtres qui, dans le genre qu'ils avaient adopté, n'ont point d'égaux.

Ce tableau était une des conquêtes faites par nos armées, dans la campagne de 1806 et de 1807.

JEAN STÉEN. 1636-1689.

ÉCOLE HOLLANDAISE.

UNE JEUNE FEMME MALADE [1].

(Ce tableau ne fait plus partie du Musée impérial du Louvre.)

Jean Stéen naquit à Leyde, en 1636. Il reçut des leçons successivement de Knuffer, d'Adrien Brauwer, de Jean Van Goyen, et sut habilement s'approprier les talents et le goût de chacun de ces artistes, qui peignaient dans des genres très-différents. Il apprit de Knuffer à traiter des sujets historiques, et, ce qui est assez remarquable, devenu le rival de son maître, il ne manqua, dans les sujets de cette nature, ni de noblesse ni de sentiment. Van Goyen le forma dans l'art de peindre le paysage. Brauwer, celui des trois avec lequel il avait le plus de rapport par ses inclinations naturelles, lui apprit à représenter les lieux qu'il fréquentait lui-même : des tavernes, des tabagies ; à peindre les héros dont il faisait les compagnons habituels de ses plaisirs : des joueurs, des hommes ivres, des paysans se livrant à tous les excès de la table et de la joie. En s'adonnant au genre de peinture dans lequel

---

[1] Haut. 1 p. 8 p. 4 l.; 0m,550. Larg. 1 p. 5 p. 0 l.; 0m,460.

son maître excellait, Jean Stéen sembla prendre aussi Brauwer pour modèle de sa conduite, et ce modèle était fort mal choisi. Fainéant, dissipateur, on pourrait dire crapuleux comme Brauwer, il ne travaillait, comme lui, que lorsque le besoin lui en imposait la loi. Son père lui ayant donné une brasserie de bière à faire valoir, il fut bientôt ruiné. Devenu marchand de vin, il était le plus fort consommateur de sa propre denrée. Quand sa cave et son coffre étaient vides, il ôtait l'enseigne de son cabaret, se renfermait chez lui, et faisait quelques tableaux, qu'il vendait très-bien. Aussitôt qu'il en avait touché le prix, il achetait du vin, remettait l'enseigne à sa porte, et se livrait de nouveau, sans s'occuper de l'avenir, au plaisir de boire et de ne rien faire.

Cet artiste n'offre pas dans ses compositions toute la vivacité, tout le feu, tout le comique de Brauwer il n'a pas donné à son coloris autant d'éclat que cet habile maître; mais il abonde en idées spirituelles, gaies, fines, originales, auxquelles on ne manque jamais de le reconnaître. Son pinceau n'est pas très-brillant, mais il est vrai. Ce peintre est fort inégal : quelquefois il néglige entièrement de certaines parties; quelquefois il rend les détails les plus minutieux avec une délicatesse qui aurait droit d'étonner, si l'on ne connaissait les ouvrages, admirables dans ce genre, de Terburg, de Metzu, de Miéris, de Gérard Douw.

Le tableau que nous examinons nous donne une preuve de son talent et semble, en même temps, nous offrir une image de son caractère et de ses habitudes. Le sérieux et le plaisant s'y trouvent associés d'une manière très-ingénieuse.

Une jeune femme malade reçoit la visite de son médecin. Assis auprès d'elle, enveloppé dans un grand manteau noir, les jambes croisées, tenant ses gants de la main gauche, une bague au pouce de la main droite, le docteur paraît ne pas s'occuper du sujet pour lequel il est venu. Connaissant apparemment ses goûts, la mère de la malade, noblement vêtue, femme jeune encore et d'une belle figure, lui présente un verre de vin. Cette boisson attrayante réveille en lui un sentiment de volupté. Ses yeux pétillants, sa bouche de satyre, son sourire lubrique, décèlent tout le plaisir qu'il éprouve à recevoir ce verre, présenté par une main gracieuse. La tête de ce personnage est un chef-d'œuvre d'expression.

La physionomie de la mère est décente et noble, on croit y voir quelques signes d'une légère inquiétude. La pose de la jeune malade est naturelle et facile. Divers accessoires, tels que les vêtements de la mère, le vase qu'elle tient dans sa main gauche et le tapis posé sur la table voisine, sont peints avec beaucoup d'art. Peut-être les masses de lumières n'offrent-elles pas assez de variété; les ombres principales manquent de vigueur. Le dessin et le coloris de la malade, entièrement négligés par le peintre, ne méritent pas même qu'on les critique. Le tableau que l'on voit attaché sur le mur, dans le fond de l'appartement, représentant le combat des Centaures et des Lapithes, est mal composé; mais les figures ne sont dépourvues ni de mouvement ni de grâce.

Le négligent Stéen s'est montré, dans cet ouvrage, avec tout son mérite et tous ses défauts. Comment, plongé dans une ivresse habituelle, cet artiste a-t-il fait tant de charmants tableaux? Ou plutôt, comment un homme, né pour cultiver avec tant de distinction un art qui élève les idées et qui doit épurer le goût, n'abjura-t-il pas des vices honteux, qui dégradaient son caractère et qui mettaient obstacle à la perfection de ses ouvrages?

LES PLAISIRS DE FAMILLE [1].

(Ce tableau ne fait plus partie du Musée impérial du Louvre.)

Jean Stéen a donné dans ce tableau de nouvelles preuves de sa gaieté naturelle et de la tournure originale de son esprit. Il y a représenté une famille aisée d'artisans ou de cultivateurs, rassemblée autour d'une table, où l'on peut croire qu'elle vient de prendre un joyeux repas. La scène est tout à la fois intéressante et comique. Chaque membre de la famille goûte des plaisirs conformes à son âge. Assis entre deux jolies femmes, le maître du logis fume sa pipe, tandis qu'une de ses voisines lui en prépare une seconde. Un jeune garçon, debout à côté de la table, à la droite du tableau, joue du flageolet; un autre fait résonner une corne-

---

[1] Haut. 2 p. 7 p.; 0^m,858. Larg. 2 p. 10 p.; 0^m,920.

muse. Les femmes et le fumeur écoutent avec plaisir ce concert rustique, qui forme l'action principale. Le joueur de flageolet attire particulièrement leur attention ; on voit qu'il s'attache à prouver son habileté, et la satisfaction qui se peint sur toutes les figures le paye de ses efforts. A gauche, un petit enfant, en agitant un hochet, fait aussi sa musique ; la bonne grand'mère le tient élevé sur ses genoux, et l'aïeul, cantonné auprès de la cheminée, semble vouloir lui apprendre une chanson. A côté du flûteur, est assis par terre un autre enfant, qui s'amuse à agacer un chat. Dans une scène de ce genre, l'amour ne pouvait pas être oublié. Une fille et un jeune homme se sont rencontrés devant une fenêtre, au fond de la salle ; ce n'est pas le concert qui les occupe : la jeune fille, qui allait porter un verre à ses lèvres, s'arrête pour regarder son ami ; une douce conversation paraît les rendre étrangers l'un et l'autre à tout ce qui les environne. Cet épisode est d'autant plus agréable que le peintre a mis dans l'attitude des deux personnages beaucoup de grâce et de naïveté[1].

L'exécution de ce tableau relève le mérite de la composition. Jean Stéen, homme de plaisir, paresseux, débauché, quoiqu'il fût doué des plus grands talents, et né pour son art, ne travaillait, comme on le sait, que lorsqu'il y était contraint par la nécessité. La plupart de ses ouvrages portent l'empreinte de ses habitudes morales : il en est peu où, parmi de rares beautés, on ne découvre à regret quelques négligences. Il fait valoir des images riantes par un dessin toujours correct ; l'expression de ses figures est vive et spirituelle, mais son faire est inégal : son coloris, qui offre généralement une vérité, une finesse et une transparence très-remarquables, devient quelquefois noir ; et son pinceau, presque partout moelleux et délicat, décèle, en de certains endroits, par un peu de sécheresse, l'impatience du maître, pressé de retourner à ses divertissements ordinaires. A peine trouve-t-on ici de légères traces de ses défauts. Deux lumières différentes éclairent la scène. Le jour principal tombe en face sur les personnages placés dans les premiers plans. La lumière secondaire, qui s'in-

---

[1] L'inscription hollandaise qu'on voit à côté de la cheminée signifie : *Les vieux chantent encore, les jeunes jouent du flageolet.*

troduit par la fenêtre ouverte à gauche, derrière les convives, colore les détails distribués dans le fond du tableau. Peut-être l'artiste n'a-t-il pas produit, par le moyen de ce jour oblique, toutes les beautés qui semblaient s'offrir à lui; on désirerait que la salle parût avoir plus de profondeur : les vêtements de la jeune fille qui est debout vers la fenêtre ne se séparent pas assez d'avec la coiffure de la femme assise auprès d'elle ; mais tous les objets peints autour de la table et sur les devants annoncent la main d'un grand maître. Les têtes sont pleines de vérité et réjouissent par l'image d'une gaieté franche. Le coloris est vigoureux et brillant. La figure du jeune garçon qui joue du flageolet, et qui est entièrement vêtu de gris, peut rivaliser avec les plus beaux ouvrages de Téniers. Les satins et les fourrures des jeunes femmes, les draperies rouges de la grand'mère, le gros de Tours jaune du petit enfant, la nappe, la table, les fruits, le chien, sont peints avec beaucoup de délicatesse. L'œil remarque des parties très-claires et des ombres très-fortes, et les contrastes sont ménagés avec tant d'art, que tout est bien à sa place, et que l'ensemble présente une harmonie parfaite.

Jean Stéen dut beaucoup plus à ses heureuses dispositions qu'à l'étude, plus à sa verve qu'à son application ; il lui aurait été facile de se placer dans un rang bien supérieur à celui qu'il occupe; mais il doit être compté parmi les peintres qui ont un caractère vraiment original [1].

Le tableau dont nous parlons vient de la collection du Stathouder.

---

[1] Raynolds a fait le plus bel éloge de cet artiste. « Parmi les peintres
« hollandais, dit-il, qui ont exprimé avec le plus de vivacité les passions
« des gens du peuple, Jean Stéen paraît avoir été un des meilleurs ob-
« servateurs de ce qui se passait dans les lieux qui lui servaient d'aca-
« démie. Je suis persuadé que si cet homme extraordinaire fût né en
« Italie ; si, au lieu d'habiter Leyde, il eût vécu à Rome ; s'il eût eu
« pour maîtres Michel-Ange ou Raphaël, au lieu de Brauwer et de Van
« Goyen, le sentiment avec lequel il a rendu des figures de gens du
« commun l'aurait conduit, moyennant le choix et l'étude de ce que la
« nature offre de plus grand et de plus beau, à la perfection de l'art,
« et qu'il en serait devenu un des principaux et des plus dignes
« soutiens. »(Raynolds, *Disc. prononcés à l'Acad. de Londres*, disc. VI.)

VAN DER HEYDEN. 1637-1712.

ÉCOLE HOLLANDAISE.

—

VUE D'UNE PETITE VILLE DE HOLLANDE.

(N° 203. Voy. le *Catalogue des Ecoles allemande, flamande et hollandaise*, p. 107.)

Jean Van der Heyden naquit à Gorcum, ville de Hollande, en 1637. Le talent et la célébrité de Gérard Douw, qui eut une grande influence sur les peintres hollandais, ses contemporains, paraissent avoir excité son émulation et dirigé son goût. Il s'attacha, comme cet habile maître, à peindre de petits tableaux, et montra dans son faire la même exactitude, le même fini, la même délicatesse : l'objet de son imitation seulement fut différent; Gérard Douw peignait des portraits et des scènes domestiques, Van der Heyden représenta des paysages ornés d'architecture. Comme Gérard Douw, il eut pour maître un peintre sur verre; comme lui, il surpassa bientôt son maître, l'abandonna, et prit la nature seule pour guide [1]. On reconnaît, en considérant ses ouvrages, que lorsqu'il les exécutait, il ne cessait jamais d'avoir ses modèles sous les yeux. S'il représente un édifice, la perspective linéaire et la perspective aérienne y sont rendues avec une égale perfection; on pourrait compter les briques, les pierres, et saisir jusqu'aux moindres détails; s'il peint un paysage, quelque petits que soient les arbres, on en distingue tous les rameaux, et, pour ainsi dire, toutes les feuilles. Ce qui est encore plus digne d'éloges dans ce genre de travail, c'est que la vérité de chaque objet particulier ne nuit point à l'accord de l'ensemble; la touche est précise et cependant moelleuse; les effets du clair-obscur sont exprimés avec un art magique; des tons argentins et dorés, associés les uns aux autres, produisent un coloris vaporeux, riant, et des masses pleines de vigueur. Le pinceau, en-

---

[1] Descamps, *Vie des peintr. flam.*, t. III, p. 48 et suiv.

fin, de Gérard Douw, n'est pas plus vrai, plus recherché, plus harmonieux, lorsque cet inimitable artiste peint l'intérieur d'un appartement, des personnages placés sous la lumière vive qui s'introduit par une fenêtre gothique, un tapis de Turquie dont les rayons du soleil font éclater les riches couleurs, que celui de Van der Heyden, lorsqu'il représente l'entrée d'un village, les dehors magnifiques d'un château, les créneaux d'une vieille tour, ou la façade d'une église antique.

Ce tableau, où nous voyons une place d'une petite ville de Hollande, ne le cède en rien aux autres beaux ouvrages de ce maître que possède notre Musée. La composition se fait remarquer par une extrême simplicité; le site est peu étendu ; point de montagnes, point de rivière, point de grandes masses d'arbres qui puissent produire de fortes oppositions : le terrain est uni ; le tableau ne nous offre que la façade d'une église, celle d'une hôtellerie, quelques guinguettes, quelques petits bouquets de bois, et la place, aux extrémités de laquelle sont situés ces bâtiments. C'est par la disposition de ces divers objets, et par les effets de la lumière, que l'artiste a su former un ensemble riche et pittoresque. A gauche, sur le devant, s'élève l'hôtellerie, composée de trois corps de logis, que le soleil frappe par derrière. L'ombre de cet édifice, en tombant sur ce terrain dans toute la largeur du tableau, y fait distinguer un premier plan, et, par l'opposition des tons, rejette en arrière les arbres et la façade de l'église, groupés dans le fond, et éclairés par un jour vif et gai. Les briques du premier édifice forment le contraste le plus agréable avec les teintes blondes, argentines et verdâtres des tours allongées de l'église et des bâtiments qui l'environnent. Le coloris des objets peints dans le premier plan est transparent et ferme ; celui des corps éloignés est fin, vaporeux et brillant. Tous les détails sont imités avec une précision qui semble parvenue au dernier terme où l'art puisse atteindre. On croit que les figures sont d'Adrien Van den Velde : les mouvements en sont naïfs et spirituels; elles sont, en outre, placées si heureusement, et éclairées avec tant d'habileté, qu'elles paraissent de la même main que le reste du tableau. Cet accord des figures avec le paysage est assez rare, lorsque ces deux parties d'un même tout ne sont pas exécutées par le même artiste ; mais il ne laisse jamais rien à désirer, quand les figures sont peintes par Adrien Van den Velde.

A. VAN DEN VELDE. 1639-1672.

ÉCOLE HOLLANDAISE.

LE SOLEIL LEVANT.

(N° 539. Voy. le *Catalogue des Ecoles allemande, flamande et hollandaise*, p. 289.)

Combien de peintres célèbres sont morts dans la force de l'âge, ou même à l'entrée de leur carrière ! Peut-on se rappeler, sans regrets, que le Masaccio, André del Sarto, Van-Dyck, descendirent dans la tombe à quarante-deux ans ; le Corrége et le Caravage, à quarante ; Raphaël et le Parmesan, à trente-sept ; Le Sueur, à trente-huit ; le Giorgion, à trente-quatre ; Paul Potter, à vingt-huit[1] ! Que de chefs-d'œuvre auraient produits ces habiles maîtres, s'ils eussent vécu plus longtemps, puisque jeunes encore ils en avaient déjà enfanté un si grand nombre ! Comment marquer le terme où serait parvenu Raphaël, qui mourut en composant son chef-d'œuvre et celui de la peinture ! Quelques années ajoutées à la vie d'un seul homme auraient reculé pour nous les bornes de l'art.

Adrien Van den Velde, comme les grands maîtres que nous venons de nommer, fut arrêté dans ses travaux par une mort prématurée. Il naquit à Harlem, en 1639, et mourut en 1672, âgé seulement de trente-trois ans. Que de beaux ouvrages il nous a laissés ! « Quand on considère, dit un savant connaisseur, « les admirables tableaux dont il a enrichi les plus belles col-« lections, on est saisi d'étonnement, on a peine à concevoir « comment, en un si petit nombre d'années, il a pu faire tant et « de si admirables choses[2]. » Savant paysagiste, peintre naïf des

---

[1] Karel Dujardin mourut à trente-huit ans ; Valentin, à trente-deux.
[2] M. Le Brun, *Gal. des peintres flam*, t. I, p. 55.

bergeries, également habile à dessiner des figures d'animaux et des figures humaines, supérieur à Wynants, son maître, vrai comme Paul Potter, spirituel comme Karel Dujardin, il a composé ses tableaux, il les a exécutés, avec autant d'art que de sentiment, avec autant de goût que de savoir. Son coloris est chaud et vrai ; sa touche, vive et délicate ; une harmonie suave embellit toutes ses productions ; peu d'artistes l'ont égalé dans ce genre de mérite, et aucun ne l'a surpassé ; les animaux qu'il se plaît à représenter sont pleins de vie ; ses scènes sont gaies, animées et réjouissantes.

Tracer un riche paysage où des bœufs, des chevaux, des chèvres, des brebis, soient l'objet principal ; où quelques arbres peu élevés, quelques figures humaines peu apparentes, ne forment qu'un accessoire, et répandre, dans cette composition, de l'intérêt et même de la poésie ; telle est la gloire que cet artiste ingénieux semble avoir cherchée dans le tableau que nous examinons.

Pour atteindre ce but, il a représenté le moment où le soleil, à peine au-dessus de l'horizon, dore le ciel de ses premiers feux. Aux tons pourprés et vermeils qui éclatent entre quelques nuages, sont opposées les teintes verdâtres d'un très-grand étang. Un terrain qui s'élève sur la droite, et un vieux tronc d'arbre, placé sur le faîte, dérobent l'astre du jour, et jettent vers l'étang de larges masses de demi-teintes ; les rayons ne frappent que sur quelques objets élevés et sur les bords lointains. Le ton général imite la fraîcheur et l'éclat modéré d'une belle matinée. Les premiers plans sont tapissés de verdure, mais dégarnis de bois, si ce n'est sur une partie de la colline ; la campagne qu'on aperçoit au loin ne présente qu'une ligne fuyante et peu variée ; l'horizon est tellement rabaissé, que le ciel forme presque partout le fond de la scène : cette disposition fait paraître les animaux plus grands ; ils dominent sur le pâturage, et, loin de tout gardien, ils paraissent jouir d'une paix profonde. Vers le milieu du tableau, une brebis et un bœuf, qui se désaltèrent dans les eaux de l'étang, appellent les regards, l'une, par sa toison argentée, où se peignent des reflets verdâtres ; l'autre, par les tons éclatants de sa peau blanche, parsemée d'or. Une chèvre, des brebis, un taureau, et de jeunes chevaux, demeurés au-dessus de la colline, reçoivent l'ombre d'une chaumière, et sont opposés à la vive clarté de l'orient : on croirait, à leurs mouvements, que ces animaux éprouvent la joie que le lever du soleil inspire à toute la nature. Il est presque inutile de dire que les reflets sont habilement ménagés, que les tons sont fins et transparents, que la touche est spirituelle et moelleuse, que les plantes, peintes avec délicatesse, semblent encore humides de rosée : toutes les beautés qui appartiennent au mécanisme de l'art étaient familières à Adrien Van den Velde ; on les retrouve dans chacun de ses tableaux. Ajoutons seulement que celui-ci est un de ses ouvrages les plus accomplis, nous en aurons fait un assez bel éloge [1].

A. DE VOIS. 1641-....

ÉCOLE HOLLANDAISE.

UN NÉGOCIANT DANS SON CABINET [2].

(Ce tableau ne fait plus partie du Musée impérial du Louvre.)

Si un artiste voulait peindre un commerçant, ce serait une assez belle pensée que de le représenter dans un riche comptoir, environné des registres de sa correspondance, ayant auprès de lui des cartes de géographie, des objets d'art, une sphère terrestre, et paraissant donner des ordres par écrit à ses nombreux agents, pour faire prospérer en même temps ses spéculations dans les quatre parties du monde. Cette manière de le peindre, en rappelant son opulence, pourrait attester encore et ses lumières et même sa probité, car un commerçant ne saurait obtenir la confiance universelle, et jouir longtemps d'un grand crédit, si l'opinion publique ne reconnaissait en lui de l'habileté, de la loyauté,

---

[1] Il est peint sur bois. Il fut vendu, en 1777, dans le Cabinet de M. Randon de Boisset, vingt mille livres, et passa quelque temps après dans le Cabinet du roi.
[2] Haut. 1 p. 3 p.; 0^m,406. Larg. 1 p. 0 p.; 0^{m}325.

de la droiture. On a pensé, sans doute d'après ces considérations, que le tableau d'Adrien de Vois, représentant un homme assis devant un bureau sur lequel on voit des livres, une écritoire, une lettre prête à être cachetée, une sphère et une carte de géographie, offrait le portrait d'*un Négociant dans son cabinet*[1]. Si nous considérons cependant ce tableau avec une nouvelle attention, il nous sera facile de remarquer que les livres placés sur le bureau ne sont point des registres, et qu'une lettre unique n'annonce point une correspondance étendue. La sphère terrestre est l'attribut d'un voyageur plutôt encore que celui d'un commerçant; auprès de la carte géographique est une boussole; le tableau suspendu au fond du cabinet donne une vue de la mer; tout semble annoncer, par conséquent, que le portrait peint ici par Adrien de Vois est celui d'un marin.

Quoi qu'il en soit, l'exécution est digne, en tout, de cet habile maître, que les connaisseurs placent sur la même ligne que les Netscher et les Miéris[2]. La tête est peinte avec une extrême délicatesse; elle est vivante; les tons en sont brillants et transparents. Le modèle présentait au talent de l'artiste une physionomie expressive et intéressante : un visage arrondi, des contours fins et presque réguliers, une bouche spirituelle, des yeux doux et pleins de feu, une moustache blonde, une chevelure dont les anneaux d'or descendent jusque sur les épaules; tels étaient les traits qu'a imités un pinceau fidèle. Le coloris des accessoires est habilement combiné pour faire briller le portrait. Une toque et un pourpoint de velours noir, un haut-de-chausse et des bas gris, échauffent, par des teintes brunes, les tons dorés du visage. Les rideaux suspendus au-dessus de la figure opposent, au coloris des parties avancées, un vert très-foncé; le mur du fond est revêtu d'un marbre grisâtre; le pilastre est d'un marbre sanguin, dont les tons correspondent, quoiqu'ils soient moins éclatants, avec ceux du riche tapis de Turquie qui orne le bureau; auprès de la carte de géographie se trouve le pupitre, orné d'un tapis vert; entre le globe et la figure, à laquelle tout est sacrifié, sont les

---

[1] Nous avons conservé cette dénomination, pour nous conformer au Catalogue du Musée, n° 613.
[2] Le Brun, *Galerie des peint. flam.*, t. II, p. 29.

livres dont la couverture de vélin présente des teintes douces un peu jaunâtres. Il est bien étonnant qu'en apportant autant de soins à l'harmonie de l'ensemble et à l'exécution de tous les détails, l'artiste ait négligé de faire voir le siége sur lequel la figure paraît être assise. Ce défaut produit une invraisemblance choquante. L'imagination, au surplus, peut y suppléer, en supposant que le tabouret est masqué par le tapis et par une des jambes du personnage.

Oserons-nous manifester une réflexion qui nous occupe quelquefois, lorsque nous considérons plusieurs de ces beaux portraits qui ont mérité d'être placés, dans les Musées les plus magnifiques, avec les chefs-d'œuvre des peintres d'histoire? Nous regrettons que les peintres modernes de portraits n'aient pas adopté l'usage, pratiqué si souvent par les artistes anciens, d'écrire le nom du personnage qu'ils ont voulu représenter, au-dessous ou à côté de la figure. Combien de portraits, peints par Van-Dyck, par Champagne et par d'autres grands maîtres, acquerraient, par cette simple indication, une nouvelle vie! Si Adrien de Vois nous eût transmis le nom de l'homme dont nous voyons ici l'image, peut-être y retrouverions-nous un de ces habiles et intrépides marins qui combattaient pour la défense de leur patrie, sous le commandement de Corneille Tromp et de Ruyter [1].

P. VAN DER LÉEUW. 1645-....

ÉCOLE HOLLANDAISE.

LA LAITIÈRE [2].

(Ce tableau ne fait plus partie du Musée impérial du Louvre.)

Lorsqu'en peignant un paysage, un habile artiste veut attirer notre attention principale sur un groupe de bergers, sur des

[1] Ce tableau est peint sur bois. — Adrien ou Ari de Vois naquit à Leyde, en 1641. Nous donnerons, dans une autre occasion, une note historique sur sa vie.
[2] Haut. 0 p. 11 p.; 0^m,298. Larg. 1 p. 2 p. 5 l.; 0^m,586.

moutons, sur des bœufs qui paissent ou ruminent dans une prairie, il évite soigneusement de laisser errer la vue dans un lointain trop étendu et trop varié. Il s'attache, au contraire, à resserrer le lieu de la scène pastorale. Son tableau est composé d'un petit nombre de parties. Des montagnes, des touffes d'arbres, une bergerie, une fontaine rustique, des claies à demi renversées, forment une enceinte autour des acteurs ; de même que, dans un tableau d'histoire, de riches édifices, des colonnes, des tentures de pourpre ou d'azur, dessinent, encadrent, pour ainsi dire, le théâtre où doivent se fixer nos regards. Cet art de clore le lieu de l'action, et, suivant le terme employé quelquefois, de *boucher le paysage*, produit plusieurs bons effets : en maintenant l'unité, il empêche que l'intérêt ne se partage ; il donne au peintre le moyen d'opposer au groupe principal, sur lequel peut frapper une vive lumière, des masses fermes d'ombres et de demi-teintes qui le soutiennent et le font valoir ; renfermés dans un espace étroit, le pâtre et ses bœufs paraissent plus grands ; dispersés dans une vaste campagne, ils n'en formeraient, au contraire, qu'un accessoire.

Les plus grands peintres d'animaux, l'ingénieux Berchem, Paul Potter, Karel du Jardin, Jean Both, Adrien Van den Velde, et tous les autres qu'on me dispensera de nommer, ont confirmé cette règle par leur exemple. Paul Potter place quelquefois des troupeaux sur des plans élevés ; il se plaît à mettre en opposition la tête noire ou roussâtre d'un taureau avec les tons gris d'un nuage, ou avec l'azur éclatant des cieux ; mais, alors même, il ne cesse point de se montrer fidèle à ce sage principe : la bande de terrain sur laquelle les animaux reposent est étroite et peu variée ; le ciel, devenu en quelque sorte la barrière qui les renferme, le ciel, qui forme le fond du tableau, présente des teintes uniformes, et ne détourne pas l'attention qu'un coloris plus riche et plus vigoureux appelle sur les figures. Adrien Van den Velde aime à jeter, dans un bois épais, dans un paysage peu étendu et *fermé*, un demi-jour piquant, que soutiennent de larges demi-teintes ; il place souvent le pâtre et ses bestiaux sous un rayon qui tombe au travers des branches touffues et mouvantes d'une sombre forêt. Tel est le caractère de Pierre Van der

Léeuw, son imitateur, et que l'on dit avoir été son élève [1].

Le tableau riant, que nous allons décrire ici, offre un témoignage remarquable et du talent de ce peintre, et de son attachement pour la règle dont nous parlons. Sur un plateau limité, dans tout son contour, par un arbre, par un lac, par une roche escarpée et des touffes élégantes d'arbustes, sont placés une laitière, deux vaches, un chien et deux brebis. Au delà de cette enceinte, on n'aperçoit, à droite, que le double sommet d'une montagne et un nuage blanchâtre; à gauche et dans le milieu, le ciel est clair et vaporeux. Une lumière ferme colore le groupe; tous les objets qui l'environnent, le lac, les rochers, les arbres, les broussailles, l'échauffent et l'animent, en opposant, aux tons brillants que l'artiste sut y répandre, des ombres larges et variées: telle une belle femme relève la blancheur de son cou d'albâtre, en l'ornant d'un collier d'améthystes ou de corail. La scène est intéressante et gaie. La laitière, qui vient de traire une de ses vaches, a été renversée dans un combat qui s'est établi entre la vache et le chien. Couchée sur le dos, dans sa colère, elle menace la vache et du poing et du pied. Tout est en mouvement: des flots de lait jaillissent du seau que le chien fait rouler par terre; la seconde vache mugit; une brebis, qui reposait sur le gazon, se relève, effrayée, en raidissant sa queue. L'air, au contraire, est dans un calme profond: l'agitation des figures forme le contraste le plus heureux avec le silence d'un réduit frais et solitaire. Les arbres sont dessinés avec esprit; la touche est moelleuse: j'aurai suffisamment fait l'éloge du coloris, si je dis que ce tableau pourrait être pris pour un des bons ouvrages de Van den Velde.

Je n'entends point soutenir que, pour attirer l'attention sur un groupe d'animaux, l'artiste doive toujours fermer le paysage de la même manière que le fait ici Van der Léeuw, ou faire détacher les figures sur le ciel comme Paul Potter; je me borne à rappeler un principe général [2]. Un homme de génie se soumet aux

---

[1] Pierre Van der Léeuw est peu connu, et mérite de l'être davantage. Il était fils de Sébastien et frère de Gabriel, peintres l'un et l'autre. Houbraken croit qu'il naquit en 1650 (*Le grand Théâtre des peintres des Pays-Bas*, t. III, p. 310). Descamps le fait naître à Dort, en 1645 (*Vie des peint. flam.*, t. III, p. 145 et 168.

[2] Si la composition doit présenter plusieurs grands objets mis en op-

lois de son art, sans laisser voir la moindre contrainte ; il trouve, dans l'obligation de vaincre les plus grandes difficultés, des sources de beautés toujours nouvelles.

VAN BLOEMEN. 1656-1748.

ÉCOLE FLAMANDE.

UN PAYSAGE.

(N° 34. Voy. le *Catalogue des Ecoles allemande, flamande et hollandaise*, p. 20.)

Van Bloem ou Bloemen (Jean-François), surnommé *Orizzonte*, naquit à Anvers, l'an 1656. Il était frère de Pierre Van Bloemen, surnommé *Stendardo* (l'étendard), qui obtint de la célébrité en peignant des batailles, des animaux, et principalement des chevaux. C'est à Rome que ces deux frères formèrent leur goût. A peine Jean-François eut-il admiré les dehors pittoresques de cette ville, dont aucune autre ne peut donner une idée, qu'il se promit d'y demeurer toute sa vie ; en effet, il y vécut jusqu'à l'âge de quatre-vingt-quatre ans.

A l'époque où il arriva, trois artistes, doués d'un rare génie, supérieurs, dans l'art du paysage, à tous ceux qui les avaient précédés, régnaient sur l'opinion, et semblaient laisser peu de place à de nouveaux concurrents ; c'étaient Salvator Rosa, Gaspard Dughet, dit *Guaspre Poussin*, et Claude Gelée, surnommé *le Lorrain*. Ces maîtres habiles, qui semblaient former une nouvelle espèce de triumvirat, avaient, en quelque sorte, fait entre eux le partage des campagnes. Salvator Rosa s'était emparé des sites les plus sauvages : l'aspect des roches brisées et amoncelées, celui des temples antiques tombés en ruine, celui des vieux arbres démembrés par le temps, ou fracassés par la foudre, échauf-

position les uns avec les autres, si un groupe circulaire que le soleil frappe dans le centre renferme des ombres vigoureuses dans ses parties latérales, il pourra convenir que le fond du tableau soit *ouvert*. C'est ce que nous avons fait remarquer en parlant de l'arc-en-ciel de Rubens.

faient son génie mâle et original. Le Guaspre avait choisi les campagnes les plus riantes et les plus fertiles : il représentait des fabriques d'un style simple et majestueux, des eaux paisibles et limpides, des forêts dont les masses variées, dont les cimes ondoyantes, admirables par la dégradation des tons, se déployaient quelquefois jusque dans les fonds de ses tableaux, comme les vagues d'une mer sans bornes. Claude Lorrain, sans autre maître que la nature, et jusqu'aujourd'hui sans égal, donnait aux sites une profondeur, une immensité encore plus étonnantes ; il peignait les eaux réfléchissant des gerbes de lumières, les nuages traversés par les rayons du soleil, et les feux éclatants de cet astre, comme aucun artiste n'a su les peindre : on pourrait dire qu'il partageait avec ses rivaux le domaine des campagnes, et qu'il avait à lui seul l'empire du ciel.

On vit arriver, dans ces circonstances, ce que l'on a vu fréquemment dans les arts comme dans les lettres, lorsque des hommes de génie ont captivé l'opinion publique : les artistes, quoique doués du plus grand talent, se firent une gloire de marcher sur les traces de Salvator Rosa, du Gaspre ou de Claude Lorrain.

Jean-François Bloemen, bien qu'on puisse le classer parmi les imitateurs les plus fidèles de la nature, s'attacha d'une manière particulière à s'approprier le style du Guaspre, et le fit avec le plus grand succès. Le tableau que nous décrivons en est une preuve. L'ensemble de la composition et les grandes formes des arbres, la richesse des masses qui meublent les deux côtés du tableau, rappellent l'art et le sentiment du grand maître que Bloemen avait pris pour guide. On peut remarquer aussi dans ce tableau l'heureuse opposition que le peintre a su établir entre la lumière qui vient du côté gauche et un vent léger qui souffle du côté droit. Le fond qui se découvre à gauche, au-dessus des fabriques, est d'une finesse de ton admirable ; l'ensemble est d'une harmonie parfaite ; les figures sont placées judicieusement et bien dessinées.

Ce tableau, d'une autre part, offre quelques défauts. Les devants sont un peu noirs ; peut-être aussi les nuages sont-ils, en quelques endroits, lourds et grisâtres.

Mais ces défauts ne doivent pas nous empêcher de rendre à Bloemen l'hommage qui lui est dû. Il ne se borna point à imiter la manière d'un autre artiste : il sut se faire remarquer par un caractère qui lui était propre. Ce caractère particulier consistait dans l'art avec lequel il représentait quelques accidents, tels que la pluie, les brouillards, l'arc-en-ciel, et les rayons du soleil décomposés par les prismes d'une cascade. Il dégradait habilement les plans de ses tableaux, et faisait sentir avec chaleur dans les fonds les riches effets des vapeurs et de la lumière. C'est à cause de ce mérite qu'il fut nommé *Orizzonte*, l'Horizon.

On voit à Rome de beaux tableaux de ce maître dans le palais de Montecavallo. Il a peint à l'huile et à fresque.

Un mot enfin de Léon Pascali peut nous faire connaître quelle était l'opinion des contemporains de l'*Orizzonte*, sur son mérite. Cet historien écrivait en 1732 : « L'art de Gaspard Dughet ne « sera pas perdu, tant que nous posséderons Orizzonte [1]. »

VAN DER WERFF. 1659-1722.

ÉCOLE HOLLANDAISE.

DEUX NYMPHES DANSANT.

(N° 563. Voy. le *Catalogue des Écoles allemande, flamande et hollandaise*, p. 303.)

Nous voyons dans ce tableau deux femmes nues, dansant devant deux jeunes filles, qui sont vêtues, et devant deux jeunes hommes, dont un, qui joue de la flûte et qui a une gourde à ses pieds, est pareillement nu. Celui qui est assis, sur le second plan, porte une couronne de lierre, et tient en main un *tympanum* ou tambour de basque. Les deux femmes qui dansent ne sont distinguées par aucun attribut caractéristique. Que sont ces divers personnages? Quel est le motif de leur réunion? Nous pouvons rapporter sur ce point trois opinions différentes.

[1] *Vit. di Gasp. Dug.* nelle *Vit. de' pitt.*, t. 1, p. 62.

Suivant une tradition, à laquelle Descamps paraît s'être conformé, les danseuses que l'artiste a représentées nues, sont de simples bergères. Des écrivains plus modernes, et qui ont mieux apprécié les convenances morales, nous disent que ce sont deux divinités des bois, deux nymphes, qui veulent, par des danses gracieuses, faire admirer à des mortelles et à des bergers l'élégance de leurs formes et la légèreté de leurs mouvements [1]. Un savant enfin [2], pour qui l'antiquité semble n'avoir point de voile, et qui a bien voulu examiner ce tableau avec nous, pense que l'artiste, remontant aux temps héroïques, a représenté une de ces bacchanales qu'on trouve souvent sur les pierres gravées antiques, et plus souvent encore sur celles qui ont été gravées en Italie dans les temps modernes.

La première de ces opinions paraît avoir été justement abandonnée. La seconde présente des idées riantes et poétiques. On pourrait supposer que deux bergers et deux jeunes filles étaient venus dans un asile champêtre déposer des offrandes et former des danses devant un hermès consacré au dieu Pan ; que deux nymphes ayant apparu, tous les regards se sont attachés sur elles ; que les bergères étonnées ont cessé leurs danses ; qu'un des pasteurs a laissé retomber son tambour de basque pour les contempler ; que l'autre, au contraire, a continué, pour animer leurs jeux, les accents mélodieux et réjouissants de sa flûte. En croyant voir deux divinités, on ne trouverait plus, dans la composition rien qui blessât la décence. On pourrait croire que les nymphes, qui dansent en se tenant par la main, défient les bergères plutôt qu'elles ne cherchent à captiver le cœur des pasteurs ; on se persuaderait qu'elles veulent étonner ces jeunes filles par leurs danses divines, et qu'elles les invitent à une lutte dans laquelle elles sont assurées de triompher. Mais il aurait fallu, dans cette supposition, donner aux nymphes un caractère, des attributs ou des compagnons qui les fissent reconnaître avec certitude ; il aurait fallu, du moins, pour caractériser des êtres de deux natures différentes, que le berger qui joue de la flûte fût vêtu, et que les nymphes seules fussent nues.

[1] Notice des tableaux du Musée Napoléon.
[2] L'illustre Visconti.

L'idée d'une bacchanale est plus simple et présente plus d'apparence de vérité. C'est auprès d'un hermès de Pan, ou plutôt devant une image du dieu des jardins, que se célèbre la fête bachique. L'attribut de Priape a été voilé au moyen d'une branche d'arbre; mais ce soin même de l'artiste annonce l'intention de faire reconnaître le dieu. Si deux des bacchantes sont nues, si un des bergers est nu, on peut dire que cette circonstance appartient au sujet. La couronne de lierre et le bruyant *tympanum* sont des attributs des bacchantes, en général, ainsi que des faunes et des bergers qu'elles traînent à leur suite. On voit souvent, sur les monuments antiques, les compagnes de Bacchus se livrer à des mouvements pétulants et immodérés, qui sont un effet de l'ivresse; on les voit aussi quelquefois, comme dans cette composition, exprimer leur joie par des danses paisibles et voluptueuses. Cette explication enfin est celle qui laisse le moins à désirer. Nous remarquerons seulement que si l'artiste, au lieu de former deux groupes, l'un de danseuses et l'autre de spectateurs, eût fait participer tous les personnages à une même action, il aurait mis dans l'ensemble plus de chaleur et plus d'unité, et aurait mieux exprimé le caractère propre aux bacchantes.

Quant à l'exécution, nous voyons à regret, dans les attitudes des danseuses, un peu de recherche et de manière. Le coloris est harmonieux, mais froid, et, malgré la verdure du feuillage qui orne la scène, les teintes mêmes du corps des deux femmes nues sont ternes et grisâtres.

Les compositions de Van der Werff inspirent quelquefois beaucoup d'intérêt; mais si ses ouvrages se soutiennent encore à des prix très-élevés, il le doit principalement à l'extrême délicatesse de son *faire* [1].

---

[1] Ce tableau dut être peint vers l'an 1720. Il est sur bois. Il fut acheté, peu de temps avant la mort de Werff, par Grégoire Page, gentilhomme anglais, avec neuf autres tableaux du même auteur, pour le prix de 30,000 florins de Hollande. C'est sous le règne de Louis XVI qu'il passa dans le Cabinet du roi, avec la plupart des tableaux du même artiste qu'avait possédés Grégoire Page.

VAN HUYSUM. 1682-1749.

ÉCOLE HOLLANDAISE.

UNE RIVIÈRE ET DES RUINES.

(N° 232. Voyez le *Catalogue des Écoles allemande, flamande et hollandaise*, p. 121.)

Parmi les divers moyens que les artistes mettent en œuvre pour répandre de l'intérêt dans des tableaux de paysage, il n'en est aucun dont l'effet soit plus assuré que d'y placer, au milieu des productions de la nature champêtre, aux bords d'un lac, au voisinage d'une riche habitation moderne, d'antiques monuments ébranlés par la main du temps, et dont les débris gisent épars sur l'herbe. Le contraste qui s'établit, pour ainsi dire, de lui-même, dans les tableaux de ce genre, entre les lignes droites des édifices et la molle courbure des arbres, des plantes et des rivages; entre les teintes grises ou jaunâtres des marbres et de la brique, et les tons verts du feuillage et des eaux qui les environnent; entre l'aspect mélancolique de ces tours, de ces tombeaux en ruines, auxquels les plus grands efforts de l'art n'ont donné qu'une existence éphémère, et la riche végétation des bois touffus qui les couvrent de leur ombre, et la fraîcheur des mousses, des herbes, des vignes sauvages qui grimpent jusqu'au sommet de ces vieux murs où elles ont établi leur domaine, et semblent y célébrer les bienfaits du ciel et des saisons qui protégent tour à tour leurs générations nouvelles; ces oppositions, d'où naissent à la fois des idées tristes, des idées riantes, parlent au cœur, en captivant les yeux, et préparent par là le succès de l'ouvrage.

Il est à craindre que l'artiste n'abuse de cette sorte d'embellissement. S'il se garantit d'une pareille erreur; si, en prodiguant une brillante verdure, sa main prudente sait se contenter d'opposer quelques monuments solitaires à de riches bouquets de bois; si l'ensemble de la composition présente plutôt l'irrégularité et le désordre poétique de la nature, que les travaux et la symétrie de l'art; c'est alors que les contrastes se font sentir le plus vivement; alors, l'antique chef-d'œuvre de l'architecture peut produire une impression d'autant plus profonde, que le spectateur est déjà frappé agréablement, déjà ému par le magnifique spectacle des campagnes.

Ce genre de paysage tient le milieu entre les tableaux de ruines proprement dits, où les prairies et les bois ne sont qu'un accessoire, et le paysage pastoral. Peut-être, ne peut-il pas être rangé entièrement dans la classe des paysages héroïques; mais il en approche. Il peut réunir, à des moyens d'intéresser, qui lui sont particuliers, la noblesse et la simplicité de ces genres différents.

Tel est le charmant tableau placé sous nos yeux. Une rivière qui serpente partage inégalement un vaste terrain. Vers le fond, un château placé auprès de la rivière, une montagne dont les flancs sont couverts de bois, et qui oppose à l'azur des cieux sa cime dépouillée et pyramidale; sur le devant, la rivière qui s'élargit, un pont dont la partie supérieure présente une ligne droite, et que deux villageois traversent nonchalamment en conduisant un mulet: ces objets, animés par une douce lumière, enrichissent le côté gauche. Dans le milieu, une chaussée, dont les murs tombent de toutes parts, termine le premier plan. A droite, on voit, à l'extrémité de la chaussée, des groupes d'arbres qui forment une masse agréable et imposante: c'est là, sur le devant du tableau, et au bord du chemin, que s'élève un vieux monument, qui paraît être un tombeau. La lumière frappe sur la face antérieure; de grandes ombres règnent tout autour. Au delà du chemin, au travers de l'épaisse forêt, on aperçoit la clarté du ciel; le contraste que produit parmi les arbres ce point lumineux, augmente la transparence et la vigueur des ombres. Des plantes agrestes entourent et couvrent en partie le monument; les eaux limpides de la rivière en rafraîchissent la base. Une femme, tenant son enfant, se repose à côté des ruines. Une femme tranquillement assise, un enfant qui se joue auprès d'un tombeau presque détruit! Si l'artiste, ainsi que nous pouvons le croire, a vu dans ce rapprochement une allégorie, elle est ingénieuse, et s'explique d'elle-même. C'est ainsi que ce tableau nous offre l'heureuse association dont nous venons de parler, du caractère héroïque et du genre pastoral. Rappelons qu'il est de la main de Van Huysum ; ce sera dire assez qu'il réunit, à l'intérêt du sujet et à la richesse de la composition, le mérite d'un coloris frais et brillant.

DES FEMMES AU BAIN.

(N° 233. Voy. le *Catalogue des Ecoles allemande, flamande et hollandaise*, p. 122.)

Jean Van Huysum, ce peintre délicat, qui, en imitant les fleurs, a transporté dans ses tableaux toute la fraîcheur et tout l'éclat du coloris de la nature, est sorti quelquefois de ce genre, où jusqu'à présent il paraît inimitable, pour peindre des paysages. Toujours riche dans ses compositions, toujours admirable dans l'accord de ses teintes, toujours précieux dans son faire, quelques modèles qu'il ait imités, il n'a produit que des chefs-d'œuvre. Dans ses paysages, à la vérité, il n'a pas, comme dans ses tableaux de fleurs, surpassé tous ses émules ; mais il s'est placé au rang des plus grands maîtres. Il aime à représenter des sites étendus ; il y place avec goût de beaux édifices, ou des ruines d'architecture ; l'ensemble en est bien disposé. Quoiqu'il n'ait jamais vu l'Italie, le ton général de ses tableaux, et particulièrement celui des ciels et des montagnes dont il enrichit ses lointains, ont la chaleur et la vivacité qui caractérisent ce beau climat. Habile à exprimer les nuances et le caractère particulier des fleurs, il donne, avec le même esprit, à chaque arbre les traits qui doivent le distinguer : il dessine assez bien les figures ; mais ce qui le distingue éminemment, c'est la finesse, la fraîcheur et la transparence de son coloris. Ses paysages sont très-rares, et cette circonstance, jointe à leur mérite réel, les fait vendre constamment à des prix fort élevés.

Peut-être, dans celui où nous voyons des femmes au bain, cet habile peintre n'a-t-il pas assez scrupuleusement observé toutes les convenances morales. Il n'est pas vraisemblable que des femmes et des hommes se rassemblent, pour se baigner, dans un lieu vaste et entièrement découvert, où se rencontrent, en même temps, des pêcheurs et des bergers. L'art doit s'interdire, sinon tout ce que réprouvent des mœurs très-sévères, du moins tout ce qui est contraire à la vraisemblance. Mais ce joli tableau présente, d'ailleurs, le charme le plus séduisant. Le site est riant et varié. Les ruines d'architecture, le château, la montagne, les arbres, les terrains placés à gauche au bord de la rivière, produisent, par de grandes masses de demi-teintes, un effet mystérieux et très-pittoresque ; le fond est gai, riche et brillant ; les eaux sont limpides. Dans toutes les parties de cet ouvrage précieux, Van Huysum a déployé le talent, vraiment magique, dont la nature l'avait doué : le pinceau de cet aimable artiste y est aussi frais et aussi suave que dans ses plus beaux tableaux de fleurs.

B. DOUVEN. 1688-....

ÉCOLE HOLLANDAISE.

LA VIERGE AUX CERISES [1].

(Ce tableau ne fait plus partie du Musée impérial du Louvre.)

Il est quelques tableaux, connus depuis longtemps sous une dénomination qui leur est devenue propre. Nous nommons un des chefs-d'œuvre de Raphaël, *la Madonna della Sedia*; un des tableaux du Titien, *la belle Nappe*; un des beaux ouvrages du Dominiquin, *la Vierge à la Coquille*; un joli tableau de Raphaël, où la Vierge est représentée soulevant un linge qui couvrait l'enfant Jésus endormi, *la Vierge au Linge*. Souvent ces dénominations se rapportent à des particularités remarquables de la composition ; quelquefois aussi, elles rappellent la ville ou le prince à qui les tableaux ont appartenu, le musée qu'ils ont décoré :

---

[1] Haut. 1 p. 2 p.; 0^m,379. Larg. 1 p. 5 p. 6 l.; 0^m,474.

nous disons, *le Claude d'Altiéri*[1], *le Raphaël d'Altoviti*[2], *le Raphaël de Borghèse*[3]. Mais quelle que soit l'origine des désignations de ce genre, on doit les considérer comme des témoignages de l'approbation du public, et dès lors on ne saurait décrire les ouvrages qui ont obtenu une faveur aussi marquée, sans rappeler ces honorables dénominations, car le silence serait une injustice faite aux auteurs.

Le tableau de Douven, soumis au jugement de nos lecteurs, ne peut être comparé ni aux chefs-d'œuvre du Titien, ni à ceux de Raphaël. Il a cependant obtenu une dénomination particulière : on l'appelle *la Vierge aux Cerises*. La pensée agréable de peindre saint Joseph, présentant un bouquet de cerises à l'enfant Jésus, lui a fait donner ce nom. Cette pensée en elle-même n'était pas neuve. Annibal Carrache l'avait rendue longtemps auparavant avec toute la noblesse qui le caractérise. Cet habile dessinateur, dans l'intention de déployer la grandeur de son style, avait peint Jésus debout sur les genoux de sa mère, saisissant lui-même, avec une grâce divine, les fruits placés sur la main de saint Joseph[4]. Le peintre flamand, qui a cherché principalement à faire briller son coloris, a choisi une action plus vive, plus enfantine, et jeté plus de richesses dans sa composition. C'est saint Joseph qui tient suspendue à sa main la branche où sont attachées les cerises, et qui, en se jouant, les offre au fils de Marie. L'enfant, couché auprès de la Vierge, s'efforce de saisir le rameau attrayant. Semblables à des boules de corail, déjà quelques-uns de ces fruits brillent dans ses mains blanches et potelées. Son corps entièrement nu, le sein de Marie éclatant de blancheur, le voile blanc rayé d'azur qui ne le couvre qu'à moitié, les tons pourprés des cerises, la vaste draperie bleue sur la-

---

[1] Beau tableau de Claude Lorrain.
[2] Portrait de Raphaël.
[3] Ce tableau, un des chefs-d'œuvres de Raphaël, représente le Christ porté au tombeau. Il appartient au prince Borghèse. Il est en ce moment (1812) à Paris, dans la riche galerie de S. A. I. madame la princesse Pauline.
[4] Ce tableau d'Annibal Carrache appartient au prince Giustiniani. On le voit à Paris, dans le Cabinet de ce prince. Il est classé dans le Catalogue imprimé, sous le n° 81.

quelle l'enfant est posé, les teintes brunes et roussâtres des vêtements du patriarche, forment un ensemble harmonieux et gai. Les masses sont bien disposées; le coloris est aussi doux à la vue, aussi suave, que la composition est agréable et intéressante. La figure de la Vierge n'est pas tout à fait assez jeune; mais il y a lieu de croire que la tête est un portrait. Le paysage et les accessoires sont peints avec autant de délicatesse et de vérité, que les parties nues. Nous ne relèverons point quelques incorrections du dessin. Le ton général n'a pas la même vigueur que celui des beaux ouvrages d'Adrien Van der Werff; le faire moelleux rappelle cependant cet habile maître.

Bartholomé Douven naquit à Dusseldorf, en 1688. Jean-François Douven, son père, célèbre peintre de portraits, était alors attaché à l'électeur palatin Jean-Guillaume, en qualité de peintre du cabinet. Van der Werff, qui vivait à la même cour, quoiqu'il n'aimât point à former des élèves, se chargea de l'instruction du jeune Bartholomé, sur les instances de l'électeur. Bartholomé fut dans la suite nommé peintre du cabinet de l'électeur de Cologne. L'époque de sa mort est inconnue[1]. Les ouvrages de ce peintre, que possède le Musée Napoléon, sont un des fruits de la victoire d'Iéna[2].

---

[1] Il ne faut pas confondre Bartholomé Douven avec Jean-François, son père. Jean-François naquit à Ruremonde, en 1656, et fut élève de Gabriel Lambertin. Il peignait le portrait en grand. On remarque qu'il avait peint trois empereurs, trois impératrices, cinq rois et sept reines. C'est Bartholomé, fils de Jean-François et de Marie-Jeanne Daniels, qui fut élève de Van der Werff, et qui peignit dans la manière de ce peintre. Les deux ouvrages de Bartholomé, conservés dans le Musée Napoléon ont été classés par inadvertance sous le nom de Jean-François (n°s 228 et 229 du Catalogue imprimé en 1810). Houbraken et Weyerman, qui ont publié leurs ouvrages, l'un en 1721, l'autre en 1729, n'ont pas parlé de Bartholomé. Descamps, qui les prend pour guides, n'en a, par conséquent, rien dit. M. Le Brun n'a pas oublié ce peintre (*Galerie des peintres flam.*, t. II, à la table, p. 27). Il l'appelle François-Barthélemi. On peut voir sa vie dans Van Gool, *Nouveau Théâtre des peintres hollandais*; La Haye, 1751, t. II, p. 136 et 137.

[2] Le duc de Choiseul possédait un tableau parfaitement semblable à celui-ci, et seulement un peu plus petit en hauteur (10 pouces de large, 13 de haut). On l'attribuait à Van der Werff. Il fut vendu, dans son Cabinet, sous le n° 82, au prix de 5,700 liv. Il est gravé dans sa collection, par J.-F. Rousseau, sous le n° 89. Ce tableau était vraisemblablement une répétition de celui du Musée. Celui-ci est peint sur bois.

ÉCOLE FRANÇAISE [1].

SIMON VOUET. 1590-1649.

LA SAINTE FAMILLE.

Simon Vouet, né à Paris le 8 janvier 1590, fils d'un peintre médiocre, annonça, dès son enfance, de grands talents pour la peinture. A quatorze ou quinze ans, il fut conduit en Angleterre, pour y faire un portrait. Quelques années après, il alla à Constantinople, avec l'ambassadeur de France, pour peindre le Grand-Seigneur. En 1612, il se rendit de Constantinople à Venise, où il s'appliqua particulièrement à étudier les ouvrages de Paul Véronèse [2]. Il arriva à Rome à la fin de l'année 1613, et il y demeura pendant treize ans.

La plupart des peintres de cette capitale, devenue depuis longtemps l'école de l'Europe, se trouvaient alors divisés, ainsi que nous l'avons fait remarquer ailleurs, en deux partis, celui du Caravage et celui de Joseph d'Arpin. Les uns, placés, comme leur maître, sur la bonne route, et semblant dédaigner de faire de nouveaux progrès, imitaient, avec une vérité frappante, les formes de leurs modèles vivants, mais ne s'appliquaient point à les choisir; ils resserraient les lumières, obscurcissaient les ombres,

---

[1] Tous les tableaux de cette École, décrits par Emeric David, font encore partie de la collection du Musée impérial du Louvre. Le nouveau Catalogue, que le savant conservateur des peintures achève en ce moment, indiquera les numéros du nouveau classement de ces tableaux. (*Note de l'éditeur.*)

[2] Amidei, *Ritratti di alc. pitt.*, p. 55.

et ne craignaient pas d'outrer les dispositions du clair-obscur, pourvu qu'ils montrassent de l'énergie. Les autres, se livrant, au contraire, à la fougue de leur imagination, auraient cru ternir leur gloire, s'ils eussent consulté la nature; inventer avec facilité, peindre avec prestesse, c'était en cela qu'ils faisaient consister leur plus grand mérite; par une suite de cette erreur, l'action des figures, le jet des draperies, les effets de la lumière durent être également dénués de vérité : leur coloris était aussi faux que leur dessin était incorrect. Victime de son attachement à de sages principes, Annibal Carrache était mort de chagrin. Le Guide, qui, à cette époque, ne pouvait pas encore se résoudre à travailler avec autant de précipitation que ses concurrents, venait d'abandonner sans retour une ville où il n'éprouvait que des dégoûts[1]. Le Dominiquin était méconnu, persécuté, calomnié, abreuvé d'amertume.

Cet état de Rome présentait de grands dangers aux jeunes peintres français qui abordèrent, à peu près vers ce même temps, en Italie, pour y chercher de l'instruction. Vouet, qui devint le fondateur de la nouvelle école française, était doué d'une imagination vive et féconde; on peut dire même qu'il était né coloriste. Le sentiment de préférence qu'il avait d'abord éprouvé pour les ouvrages de Paul Véronèse paraît avoir été l'effet de ses dispositions naturelles; il est vraisemblable que, dans l'école de ce maître, Vouet aurait marché avec honneur sur ses traces. Il s'attacha, pendant son séjour à Rome, à imiter le Caravage. Les beaux ouvrages du Guide eurent aussi de l'influence sur son esprit. Il tenta, comme cet habile peintre, d'embellir le vigoureux mais sombre Amérighi, par des formes plus nobles et par un coloris plus clair. Son faire mérita d'être comparé à celui du Guide lui-même. Il jouit d'une brillante réputation. Le temple du Vatican et d'autres églises de Rome s'honorèrent de posséder des tableaux de sa main. L'Académie des peintres romains le choisit, en 1624, pour son prince.

Appelé auprès de Louis XIII, à la fin de l'année 1627; nommé peintre ordinaire du roi, surchargé de travaux, Vouet négligea

---

[1] Malvasia, *Fels. pitt.*, t. II. p. 21, 26.

d'étudier la nature, et, dès lors, il devint un homme différent. Il se livra imprudemment à la manière expéditive dont il avait reçu à Rome le fatal exemple. Ses premières pensées ne furent plus soumises à aucun examen. Son coloris s'affaiblit. Il négligea le clair-obscur. Habile dans l'art des reflets, il en abusa. Des compositions théâtrales et froides, des attitudes maniérées, un dessin souvent incorrect, des draperies généralement lourdes ; de grandes masses de lumières et d'ombres, distribuées habilement, mais peu liées entre elles ; un beau pinceau, qui tombait dans de fréquentes négligences ; tels furent les principaux caractères qu'offrit dans ses ouvrages exécutés en France cet artiste dégénéré.

Le tableau où nous voyons la Sainte Famille se reposant au pied d'un arbre, nous présente à la fois ses deux manières. Quelques parties sont bien dessinées ; d'autres manquent de correction ; les deux enfants ont de la grâce ; la tête de la Vierge, sa coiffure, l'arbre contre lequel elle est appuyée, le paysage qui enrichit la composition, se font remarquer par la finesse et la transparence des teintes ; on sent, au contraire, à regret, dans le coloris de la tunique et du manteau, de la sécheresse et de la crudité.

Vouet est un des artistes dont l'exemple prouve le mieux à combien de dangers s'expose un habile maître, aussitôt qu'il se livre à la routine. Mais il faut lui tenir compte des difficultés que lui opposèrent les leçons des peintres de Rome. L'influence des Écoles d'Italie n'a point été assez remarquée, lorsqu'on a tant reproché leurs erreurs à beaucoup de grands maîtres français.

POUSSIN. 1594-1665.

LE DÉLUGE UNIVERSEL.

Parmi les chefs-d'œuvre les plus célèbres de la peinture, il en est peu qui produisent une impression aussi profonde et aussi durable que le tableau où le Poussin a représenté le déluge universel. Tout est mâle, expressif, pathétique, dans ce bel ouvrage ;

le génie du poëte s'y montre à un degré d'élévation aussi immense que le talent du peintre.

Le Titien, Raphaël, Jean-Baptiste Franco, Antoine Carrache, Alexandre Véronèse, La Fage, Luycken, et tous les autres grands maîtres qui ont peint le déluge universel, ont habilement exprimé la terreur et le désespoir des familles et même des peuplades chassées de leurs habitations par le gonflement des eaux; ils ont multiplié les victimes, varié l'action et les attitudes des malheureux qui, sur le point de périr, s'efforcent de sauver leurs proches. On admire, dans leurs compositions, des idées ingénieuses, des contrastes heureux, souvent un beau dessin, des détails riches, des épisodes intéressants. Mais, quelque beaux que soient leurs ouvrages, le Poussin les a tous surpassés. Seul, il a conçu la pensée de représenter, non le commencement ni l'époque moyenne, mais la fin de cette horrible catastrophe: seul, il a rendu sensible cette grande image des livres saints: *Toute chair fut consumée; tous les hommes moururent; tous les oiseaux, tous les animaux, tout ce qui rampe sur la terre, tout périt.*

L'air est surchargé de nuages; la pluie tombe par torrents; le soleil voilé ne laisse entrevoir qu'une lumière expirante. Les eaux sont depuis longtemps débordées, les habitations englouties; de vastes mers, confondant les plaines et les montagnes, montent déjà vers le sommet des rochers les plus élevés. Quelques arbres, qui languissaient sur ces rochers arides, ont été dépouillés et fracassés par la tempête. Le tableau, composé avec une extrême simplicité, ne présente que deux grandes parties. Les eaux remplissent toute l'étendue du second plan et paraissent dominer également dans le lointain; nul être vivant ne se montre plus à leur surface; une forteresse existait encore, la foudre vient de la frapper. Le petit nombre de malheureux, qui survit un instant à la destruction universelle, s'est réfugié parmi les rochers qui entourent le plan le plus voisin du spectateur. Au centre du tableau, des eaux écumeuses, tombant en cascade, lancent une barque contre des écueils, et l'un des deux infortunés qui croyaient y trouver un refuge lève vainement les mains vers le ciel, qui l'a proscrit: belle image, tout à la fois poétique et pittoresque, par laquelle l'artiste, en fermant son premier plan, a fait habilement contraster la solitude qui règne sur les mers éloignées, avec l'agitation et les douleurs des restes du genre humain, rassemblés dans la première enceinte ! A droite, *un père et une mère, près de périr, ne s'occupent que du salut de leur enfant*[1]. La mère, debout sur un bateau, le soulève; le père, qui a grimpé sur un rocher, s'incline pour le saisir; les eaux vont entraîner le bateau, et cependant la main paternelle n'atteint point encore cet objet chéri. A gauche, grimpe un serpent, dernier vivant de tous les reptiles, chassé de ses dernières retraites. L'espèce humaine, entièrement submergée, est ainsi réduite à une seule famille, à un enfant, que les flots vont engloutir: quelques moments encore, *et tout aura péri*. L'arche sainte vogue seule paisiblement dans le lointain, et l'artiste l'a placée du même côté que le soleil, qui l'éclaire et qui semble la protéger.

Jamais le coloris d'aucun tableau ne convint mieux au sujet qu'il devait animer. Les ondes bourbeuses réfléchissent les tons lugubres du ciel; la pluie et les nuages, amoncelés dans le fond du tableau, laissent découvrir, parmi des teintes sombres, une profondeur immense; *les herbes et les arbres sont trempés d'eau*[2]; partout le coloris présente des images sinistres, une vérité effrayante, et partout, malgré les difficultés qu'il fallait vaincre dans une semblable entreprise, il est cependant léger et transparent.

Le croira-t-on ? Ce chef-d'œuvre, un des plus beaux tableaux, *le plus beau* même[3], a-t-on dit avec enthousiasme, que l'art ait produit, fut le dernier ouvrage de la main mourante et toujours sublime du Poussin[4]. Ce grand homme le peignit à soixante-dix

---

[1] Il n'est personne qui ne connaisse les deux belles pages que M. Bernardin de Saint-Pierre a écrites sur ce tableau. C'est de lui que nous empruntons ce passage (*Etud. de la Nat.*, t. III, p. 65; édit. de 1792).

[2] *Ibid.*, t. III, p. 66. — Voyez un fragment d'un poëme inédit sur la Peinture, par M. Parseval-Grandmaison, dans les *Quatre saisons du Parnasse, Printemps*, 1807, p. 41 et suivantes.

[3] M. F.-E.-T., *Manuel du Musée*; Poussin, n° 19.

[4] Ce tableau fut fait pour le duc de Richelieu, et terminé en 1664. Il faisait partie d'une collection où le Poussin avait peint les quatre Saisons dans quatre sujets historiques; il devait représenter l'Hiver. Ces quatre tableaux sont réunis dans le Musée Napoléon.— Le Poussin fit plusieurs esquisses qui offrent des variétés remarquables. S. A. E. monseigneur le cardinal Fesch, dont la collection renferme tant de chefs-d'œuvre, en

ans; il traîna ensuite une vie languissante, et mourut le 19 novembre 1665, à soixante-onze ans et quatre mois.

L'ADORATION DES MAGES [1].

Le Poussin a peint ce tableau sur une toile imprimée en rouge. Cette pratique funeste, rejetée par Rubens, par le Titien, par le Corrége, qui peignaient ordinairement sur des fonds blancs, mise en vogue par le Tintoret, fut trop facilement adoptée parmi les artistes du dix-septième siècle, et contribue à la dégradation d'un grand nombre de tableaux.

Celui-ci fut fait à Rome, en 1653, pour M. de Mauroy. Après la mort de cet amateur, il passa dans le cabinet de M. de Bois-Franc, et appartint ensuite à la maison des Chartreux de Paris, qui le placèrent dans la salle du chapitre. Il paraît avoir été lavé plusieurs fois. Soit par la fatigue de ces lavages, soit par l'effet inévitable que produisent les impressions rouges, les ombres ont totalement disparu, une partie des clairs a été emportée; les figures, rougies, se perdent dans le fond; on peut voir même, dans la gravure faite par le chevalier Avite, vers l'an 1657, des détails et des ornements qui ne se trouvent plus aujourd'hui dans le tableau. Mais, quand on a considéré quelques instants ce bel ouvrage, on est tellement frappé des beautés de la composition, que l'on a bientôt oublié les défauts du coloris.

Traiter un sujet que le génie des artistes a représenté mille fois, et le traiter d'une manière heureuse et nouvelle; négliger

---

possède trois, différentes entre elles, et qui toutes trois diffèrent d'avec le tableau. Une de ces esquisses est peinte sur une ardoise; elle offre une première pensée pleine d'énergie et de chaleur. — Félibien croyait apercevoir dans ce tableau la *faiblesse de la main* du Poussin (t. IV, p. 67). M. Guibal dit qu'il est exécuté *d'une main tremblante* (*Eloge du Poussin*, p. 46 et not. 24). Nous ne saurions admettre ces reproches. La touche est ferme et aussi moelleuse que la nature des objets pouvait l'exiger. M. Peyron, qui a si bien étudié le Poussin, et qui en a si bien saisi le caractère, en a fait une belle copie pour M. d'Angevillers. Ce tableau a été gravé par J. Audran et par M. P. Laurent.

[1] Ce tableau a été placé récemment dans la galerie du Sénat.

tout ce qu'un tel sujet peut avoir de pompeux et de magnifique, pour s'attacher uniquement à ce qu'il présente de moral, de religieux et de touchant ; allier, en exprimant des passions douces et modérées, la chaleur et la vérité ; donner à chaque personnage l'action qui convenait le mieux à sa situation et à son caractère, et faire tout à la fois régner dans le tableau, non-seulement sous le rapport des lignes et des angles, mais en ce qui concerne l'expression, une harmonie parfaite ; c'est une sorte de mérite dans lequel aucun peintre n'a surpassé le sage Poussin, et ce mérite est porté au plus haut degré dans le tableau de l'*Adoration des mages*.

Ce sujet offrait un contraste piquant. Quoi de plus naturel, en représentant trois rois, dans une étable, aux pieds de Jésus, que de mettre en opposition les superbes vêtements, la suite pompeuse de ces grands personnages, avec la pauvreté rustique de la crèche où repose l'Enfant ? Poussin n'a cherché rien de pareil : *Heureux celui qui adore en esprit et en vérité !* voilà la pensée qu'il a voulu faire naître. Mais, s'il a banni de sa composition la magnificence qu'il lui était permis d'y répandre, il en a écarté les objets qui n'étaient plus nécessaires pour le contraste. Il a supposé l'étable formée parmi les ruines d'un antique édifice. La Vierge et saint Joseph en sont sortis. La Vierge est assise, tenant l'enfant sur ses genoux, auprès d'une pierre carrée qu'on pourrait supposer avoir servi d'autel. Trois groupes composent ce tableau : à gauche, sont placés la Vierge, le Christ et saint Joseph ; au milieu, les rois et leur suite ; dans le fond, les valets, les chameaux, les chevaux, cortége fastueux que, par respect, les mages ont laissé à l'écart. Deux des rois sont prosternés aux pieds du Christ ; le troisième, sans perdre de vue l'objet de son adoration, cherche avec empressement l'endroit où se placeront ses genoux. Tous les personnages de leur suite expriment le même sentiment de respect. L'un d'eux, prosterné comme ses maîtres, regarde avidement l'Enfant mystérieux ; un autre, debout, faisant le signe du silence, paraît vouloir recueillir les paroles qui se diront dans cette scène mémorable. Deux pâtres se sont joints à la suite des rois ; l'un ne montre que de l'étonnement ; l'autre, portant la main vers sa poitrine, décèle, par ce geste naïf la lumière qui l'éclaire. Les mouvements de tous les personnages sont aussi expressifs que les traits de leurs visages; chaque figure est aussi belle par la naïveté de la pose que par la chaleur de l'expression.

Un critique sévère pourrait désirer que le groupe de la Vierge ne fût pas à l'extrémité du tableau, et qu'une partie des draperies ne fût pas dérobée par la bordure; mais nous devons dire que ce défaut ne se trouve point dans la gravure faite par Avite; il est, par conséquent, vraisemblable que la toile a été mutilée.

Ce tableau, à cause de la dégradation qu'il a déjà soufferte, est un de ceux dont il était le plus important de transmettre une gravure aux admirateurs futurs du Poussin.

L'ASSOMPTION DE LA VIERGE.

Une composition simple et poétique, où l'on reconnaît l'élan d'un génie sublime, et l'influence non moins heureuse du goût le plus délicat; des mouvements faciles, nobles et pleins de grâce; une vérité qui ne laisse rien à désirer, une naïveté charmante dans une action qui en elle-même est extraordinaire et surnaturelle; des figures d'anges, vraiment divines, où l'on admire des traits mâles et doux, où l'on voit peints le respect, l'admiration, l'amour, que ces ministres de l'Etre suprême paraissent éprouver pour la Mère du Sauveur, en l'élevant vers le ciel; des lumières habilement distribuées, un coloris harmonieux, des touches délicates, un fini précieux dans les moindres détails; toutes ces beautés réunies, qui charment au premier regard, qui plaisent de plus en plus, si l'on considère avec attention les diverses parties de l'ouvrage, toutes ces beautés de premier ordre placent cet excellent tableau parmi les meilleures productions du Poussin, et, par conséquent, parmi les chefs-d'œuvre de la peinture.

La plupart des écrivains ecclésiastiques semblent avoir été persuadés que la Vierge mourut à Éphèse, où elle avait passé sa vieillesse auprès du disciple bien-aimé[1]. Cependant, suivant une tradition que l'Eglise n'a pas rejetée, elle mourut à Jérusalem. Les apôtres, qui, à la voix du Ciel, étaient venus dans cette ville pour assister à ses derniers moments, confièrent ses reliques à un sépulcre, placé, dit-on, dans le jardin de Gethsémani. Un chœur d'anges fit entendre, pendant les obsèques, une musique céleste. Quelques jours s'étant écoulés, les apôtres, pour satisfaire les pieux désirs de Thomas, qui n'avait point été présent à cet acte religieux, ouvrirent le tombeau : le corps de Marie avait disparu ; les anges l'avaient transporté dans le ciel ; il ne restait à la place où les disciples l'avaient déposé, que quelques linges qui exhalaient une odeur suave ; d'autres disent que le tombeau se trouva rempli de jeunes plantes et de fleurs, emblème de la pureté de la Vierge, et de l'éclat dont elle commençait à jouir[2].

Cette tradition a donné le sujet d'un grand nombre de beaux tableaux très-différents les uns des autres dans la composition. Raphaël, Annibal et Augustin Carrache, les Zuchari, réunissant deux actions, ont représenté les apôtres environnant le tombeau qu'ils viennent d'ouvrir, tandis que la Vierge s'élève dans les airs, portée sur les ailes des anges. D'autres, tels que Rubens, se plaisant davantage dans la pompe et la magnificence d'une vaste machine, ont peint la Vierge, déjà dans le palais céleste, recevant des mains du Sauveur une brillante couronne, environnée de saints et d'une foule d'anges qui tiennent en main des instruments de toute espèce, et forment un religieux concert. Le Poussin a considéré ce sujet dans sa plus grande simplicité ; mais il a mis dans sa composition toute la noblesse, tout le feu, qu'on était en droit d'attendre de son génie. Il nous montre la Vierge au sein des airs, au milieu des anges qui, en l'adorant, la transportent comme un léger fardeau. Les apôtres, le tombeau qui aurait rappelé sa nature mortelle, ont disparu. Le groupe est déjà loin de la terre, qu'on aperçoit à

---

[1] Tillemont, *Mém. pour servir à l'hist. eccl.*, t. I, p. 69. — Baillet, *Vie des Saints*, t. V, p. 8 ; édit. in-4º.
[2] Niceph. Callist., *Hist. eccl.*, lib. II, cap. xxi, xxii, xxiii. — Petr. Halloix, *Vit. Dion. Areopag.*, cap. vi, *in Op. ejusd.*, t. II, p. 286 et seq.

peine, et encore loin des cieux, dont on ne fait qu'entrevoir la divine clarté. Ce moment réunit tout l'intérêt que peuvent inspirer le souvenir du monde que la Vierge a abandonné, et l'idée des cieux où elle est sur le point d'atteindre. D'autres peintres ont représenté la Vierge assise sur des nuages que les anges environnent. Combien le Poussin fut mieux inspiré, lorsqu'il la plaça debout, levant vers le ciel ses mains et ses regards, paraissant s'élancer vers son éternelle demeure! Autant la pensée de ce tableau est heureuse, autant l'exécution est savante. Quelle vérité dans l'action de toutes les figures, dans l'ascension du groupe, dans les effets du vent qui semble le soulever! Quelle sérénité sur le visage de la Vierge! Comme les têtes des anges sont belles! quels nobles contours, quelle grandeur, quelle fierté, quelle finesse dans leurs traits augustes! quelle chaleur dans l'expression de l'amour et de la crainte religieuse dont ils paraissent pénétrés [1]! Le coloris, il est vrai, n'offre pas les teintes éclatantes qu'un goût difficile à satisfaire pourrait exiger en un pareil sujet; mais il présente des couleurs douces, riches, variées, qui ne manquent point de vivacité, et qui sont entre elles dans un parfait accord. Ce tableau est un de ceux que le Poussin a terminés avec le plus de soin. Nous pouvons y admirer également et le peintre et le poëte [2].

J. STELLA. 1596-1657.

CLÉLIE ET SES COMPAGNES.

Porsenna, frappé du dévouement d'Horatius Coclés et de la fermeté héroïque de Mutius Scævola, avait conclu la paix avec les

---

[1] On remarquera que le Poussin a peint ici les anges sans ailes. Cela vient sans doute de ce qu'il a voulu, par décence, les représenter vêtus; rien n'échappait à ce génie profond.
[2] Ce tableau faisait autrefois partie de la collection du Roi. Il avait appartenu auparavant à M. de Mauroy: c'est ce qu'on voit au bas d'une gravure que J. Pesne en a faite.

Romains, et s'était fait donner en otage dix jeunes filles des maisons les plus distinguées de Rome, parmi lesquelles étaient Clélie, et Valérie, fille de l'un des consuls. Arrivées à l'armée de Porsenna, qui campait encore près du Tibre, ces jeunes Romaines forment le hardi projet de s'enfuir et de retourner à Rome. Clélie à leur tête, montée, suivant une ancienne tradition, sur un cheval dont elle s'était saisie [1], les guide et les encourage. Elles s'élancent dans le fleuve, le traversent à la nage au milieu des traits qu'on lance sur elles de toutes parts, et parviennent à Rome, saines et sauves. Le prince, dans un mouvement de colère, fait redemander Clélie aux Romains; il offre d'abandonner les autres otages. Les Pères conscrits les renvoient tous au camp. La colère de Porsenna se change alors en admiration : il ratifie la paix, il comble l'héroïne d'éloges, il la renvoie libre, et l'autorise à emmener avec elle la moitié de ses compagnes. Les Romains, dit Tite-Live, de qui nous empruntons ce récit, *voulant honorer d'une manière nouvelle un héroïsme aussi nouveau dans une jeune fille*, lui élevèrent une statue équestre au haut de la voie Sacrée [2]. Pline donne lieu de croire qu'elle y était représentée vêtue de la toge [3]. Denys d'Halicarnasse et Plutarque rapportent une circonstance particulière : c'est que ces jeunes filles avaient feint d'aller se baigner ; ils ajoutent que Porsenna renvoya tous les otages, et qu'il fit présent à Clélie, comme à un homme de guerre, d'un cheval richement enharnaché [4].

Le tableau où Stella a traité ce sujet est agréable et séduisant, mais il ne supporterait pas une critique sévère.

Jacques Stella naquit à Lyon l'an 1596. Son père, nommé François, et son aïeul, nommé Jean, peintres l'un et l'autre, étaient originaires de Malines. Il partit à vingt ans pour l'Italie, et demeura douze ans à Rome, où il se lia d'amitié avec le Poussin, qu'il a cherché quelquefois à imiter. Appelé, à son retour, par le roi d'Espagne, il fut retenu à Paris par le cardinal

---

[1] Plutarc., *De virt. mulier.*
[2] Tit. Liv., lib. II, cap. xiii.—Senec., *De consolat. ad Marc.*, c. xvi.
[3] Plin., *Hist. nat.*, lib. XXXIV, cap. vi.
[4] Dion. Halic., *Antiq. Rom.*, lib. V, cap. xxxiv.— Plutarc., loc. cit.

de Richelieu, et mourut en 1657, décoré du cordon de Saint-Michel [1].

Ce peintre a composé des sujets de différents caractères ; mais il a principalement excellé dans le genre agréable ; c'est dans ses Saintes Familles et ses Jeux d'enfants, qu'il a montré le plus d'esprit et de goût. Il peignait avec habileté sur des marbres et des agates. Son coloris est doux et assez harmonieux, mais blanchâtre et quelquefois un peu fade. Il avait une grande facilité, dont il abusait. Son dessin est souvent incorrect. Il est facile de reconnaître qu'il dessinait de pratique, et que rarement il consultait la nature.

Le tableau que nous examinons est mal composé, quant au choix et à l'expression de l'action. Ces jeunes Romaines s'enfuient-elles du camp de Porsenna, ou bien vont-elles libres à Rome ? On ne saurait le reconnaître. Si elles fuient, où est la précipitation qui devrait caractériser leur fuite ? Si elles s'en retournent en liberté, pourquoi vont-elles traverser la rivière à la nage ? Feindraient-elles encore de vouloir se baigner ? Cet incident n'était pas ce qu'il fallait peindre. La figure de Clélie, celle de sa compagne qui monte à cheval à côté d'elle, le cheval lui-même, et la jeune fille qui le tient par la bride, paraissent imités de Jules Romain, qui a composé le même sujet. Nous pourrions faire remarquer de nombreuses incorrections dans le dessin ; nous pourrions critiquer aussi l'égalité des lumières et le défaut des masses ; mais fermons les yeux sur les défauts. Comment ne pas admirer les poses naïves, on pourrait dire virginales, de ces huit jeunes filles ? Quelle élégance dans les coiffures et dans les draperies ! La figure de Clélie et celle qui conduit le cheval, ne sont-elles pas des modèles de grâce ?

Il y a lieu de croire que le célèbre roman de *Clélie* de Mlle de Scudéry, dont le premier volume parut en 1654, a donné lieu à la composition de ce tableau. Il était placé à Saint-Cloud, avant la Révolution ; il vient de la maison d'Orléans ; il peut avoir été fait pour Mlle de Longueville, depuis duchesse de Nemours, à qui

---

[1] Quelques écrivains placent sa mort à l'année 1647. C'est une erreur. On voit au bas de son portrait, gravé par Claudine Stella, sa nièce, cette inscription : *Vixit annis LXIJ, obiit anno* 1657.

le roman est dédié. Dans ce cas, le genre galant de la composition devient encore plus excusable, et ce joli tableau rappelle à la fois un ouvrage dont l'auteur fut regardé comme une des muses de son siècle, et une autre femme recommandable par son esprit et par sa naissance, dont les Mémoires historiques sont écrits avec autant de simplicité que de goût.

CLAUDE LORRAIN. 1600-1682.

UN PAYSAGE.

Claude Gelée, connu sous le nom de Claude Lorrain, naquit en 1600, au château de Chamagne, dans le diocèse de Toul. On le regarda, dans son enfance, comme un être fort borné. Il apprit à peine, dans les écoles, à lire et à écrire son nom. Ses parents, qui étaient très-pauvres, le mirent en apprentissage chez un pâtissier. Orphelin à douze ou quinze ans, il alla à Fribourg, auprès d'un de ses frères, qui était graveur en bois, et qui lui donna quelques éléments de dessin. Un oncle, marchand de dentelles, le conduisit à Rome ; il se fit domestique. Heureusement il entra au service d'Augustin Tassi [1], peintre de marine et d'architecture, élève de Paul Bril. Ce peintre l'employa à faire la cuisine, à panser un cheval, et, en même temps, à broyer ses couleurs. Les rares dispositions que Gelée avait reçues de la nature ne tardèrent pas à se manifester. Tassi voulut lui enseigner à dessiner des grotesques [2] ; mais ce n'était pas à ce genre de peinture que l'appelait son génie. On raconte qu'ayant eu occasion de voir des paysages peints par Geoffroid Waals, qui avait été élève de Tassi, le plaisir vif que ces tableaux lui causèrent lui fit connaître sa

---

[1] Sandrat, *Acad. art. pict.*, lib. III, cap. xxiii, p. 328. — Baldinucci et Léon Pascoli ne parlent ni de ce fait, ni de l'apprentissage qui l'avait précédé. Le témoignage de Sandrat doit faire autorité, attendu que cet écrivain était non-seulement contemporain de Claude Lorrain, mais lié d'amitié avec lui.

[2] D'Argenville, t. IV, pag. 15.

véritable vocation, et détermina son choix. Il partit aussitôt pour Naples, entra dans l'école de ce peintre, et étudia auprès de lui pendant deux ans. Revenu à Rome, il reçut, pendant plusieurs années, des leçons de son premier maître, et devint son ami. A vingt-cinq ans, commençant à retirer quelque produit de ses ouvrages, il voyagea dans la Lombardie, dans la Romagne et dans les Etats de Venise. Son affection pour ses parents le ramena dans la Lorraine; il fut employé, à Nancy, à peindre des décorations d'architecture, et se dégoûta promptement de ce travail. Des maladies graves, des accidents malheureux le mirent plus d'une fois, durant ce voyage, en danger de perdre la vie. Enfin, à l'âge de trente ans, il arriva à Rome, où il se fixa pour toujours [1], et où il jouit bientôt de la réputation qui était due à son mérite extraordinaire. Cet infortuné jeune homme, que l'on avait cru presque stupide, appliqué à l'étude pour laquelle il était né, instruit, encouragé dans la capitale du monde, devint le plus célèbre, le plus grand des peintres de paysages.

Ses ouvrages sont également admirables pour la richesse de la composition, pour la chaleur, l'harmonie et la vérité du coloris. Aucun paysagiste n'a senti, n'a exprimé, comme lui, la dégradation des lointains et les effets de la lumière. « Les tableaux de ce « grand maître, dit l'abbé Lanzi, embrassent des campagnes im-« menses, peuplées de mille objets différents. Le spectateur se « lasse, pour ainsi dire, dans l'étude des collines, des bois, des « étangs qu'il lui fait parcourir. L'éclat du soleil resplendissant « dans le ciel ou sur les eaux; les vapeurs ardentes et dorées dont « est chargé l'horizon au coucher de cet astre; le demi-jour et « la fraîcheur du matin; les tons roussâtres dont brille, vers le « fond d'un paysage, un temple circulaire, frappé par des rayons « inclinés; la transparence d'un lac; la forme et le coloris parti-« culier du feuillage de chaque espèce d'arbres et de chaque plante, « quel artiste imita tous ces objets avec autant d'habileté [2]? » — « Sous son pinceau, dit Sandrat, les couleurs semblent devenir

---
[1] Baldinucci. *Not. de' proff.*, ed. Mannii, t. XVII, pag. 3 et seg. — Léon Pascoli, *Vit. di pitt.*, t. I, p. 20 et seg.
[2] Lanzi, *Stor. pitt.*, t. I, p. 514, 515.

« la chose même[1]. ». La plupart des écrivains qui ont parlé de
« lui se sont exprimés avec le même enthousiasme.

Claude Lorrain mourut à quatre-vingt-deux ans. Sa vie fut riche de bonnes actions et pleine de gloire. Célibataire, laborieux, économe, vendant ses ouvrages à des prix très-considérables, à peine il laissa un héritage de dix mille écus, parce qu'il avait constamment employé sa fortune à faire le bonheur de ses nombreux parents[2].

En rendant hommage au mérite de ce grand maître, j'aurai fait indirectement l'éloge du tableau dont je devais parler. Il représente une vaste et belle campagne, chargée d'arbres et éclairée par le soleil levant. Une bergère, placée sur le premier plan, conduit des chèvres et des vaches dans un bois, dans une clairière, qu'entourent de grandes ombres. Une lumière douce est répandue dans le lointain. Le lecteur se représentera facilement l'effet mystérieux et la fraîcheur du coloris. Ce tableau appartenait autrefois au roi.

CAMPO VACCINO.

Nous avons fait remarquer, en parlant des ruines du *Campo Vaccino*, peintes par Bréemberg, que ce peintre ne s'est point astreint à les retracer fidèlement. Voici maintenant une représentation exacte de ce *Forum* célèbre, peint tant de fois, et toujours plus grand, plus imposant, de quelque côté qu'on veuille le considérer.

Supposons-nous descendant du Capitole, et marchant du nord au midi[1], nous embrasserons d'un seul regard cette place immense, et tous les monuments, imités par le pinceau de Claude Lorrain. A notre droite, tout près de nous, sont les ruines d'un temple qu'on croit être celui de la Concorde. Camille le fonda, après avoir apaisé les troubles entre les plébéiens et les patriciens; l'impératrice Livie le rebâtit avec magnificence; le Sénat le fit ensuite restaurer. C'est là que Cicéron démasquait les complices de Catilina; c'est là que fut condamné Séjan[3]. Plus loin, du même

---

[1] Saudrat., *Acad. art. pict.*, lib. III, cap. xxiii, pag. 328.
[2] Baldinucci, *Not. de' prof.*, t. XVII, p. 27. — L. Pascoli, *ibid.*, p. 29.
[3] Plut., *in Camill.*, p. 151. — *Id.*, *in Cicer.*, p. 869. — Cicer., *Philip. II*, cap. viii. — Dion, lib. LVIII, cap. ii.

côté, nous voyons trois colonnes de Jupiter Stator, du temple fondé par Romulus, consumé dans l'incendie qui ravagea Rome sous Néron, et relevé sous le règne de ce prince. Tant qu'elles subsisteront, chefs-d'œuvre de noblesse et d'élégance, ces trois colonnes seront un sujet d'étude pour les architectes capables d'apprécier la pureté de l'antique. A notre gauche, est l'Arc de Septime-Sévère, à moitié enseveli sous les terrains écroulés du Capitole. Le vaste péristyle dont nous découvrons dix colonnes, et la voûte colossale, qui semble en couronner le faîte, appartiennent à deux monuments différents. Le péristyle est celui du temple que Marc-Aurèle et le Sénat consacrèrent à Antonin et à Faustine. L'intérieur de ce temple forme aujourd'hui l'église de Saint-Laurent, surnommée *in Miranda*, c'est-à-dire *in rovina miranda* (*dans l'admirable ruine*). La voûte est un des restes du temple de la Paix. Cet édifice était regardé par les anciens comme une des merveilles de Rome. Vespasien l'avait fait élever. Ses successeurs y avaient placé le dépôt du trésor impérial; on y trouvait une nombreuse bibliothèque publique; on y voyait aussi un Musée, où, suivant l'expression de Pline, étaient rassemblés les chefs-d'œuvre que les amis des arts cherchaient auparavant dans tout l'univers. Là, était une statue du Nil en basalte; là, était le tableau de Protogènes, représentant Jalysus. Un incendie ravagea cet édifice sous le règne de Commode : livres, tableaux, statues, tout fut consumé[1]. Au-dessous du temple de Faustine est celui de Rémus, ou, suivant une autre opinion, de Romulus et de Rémus. La façade nous représente deux colonnes de porphyre et une porte antique de bronze. Ce temple fut consacré par Félix IV, dans le sixième siècle, à saint Côme et à saint Damien, et, vers cette époque, orné de mosaïques qui subsistent encore[2]. Les deux colonnes qu'on découvre près de cet édifice pouvaient appartenir au temple de Vénus Génitrix, au palais des Vestales, ou à quelque autre des monuments de Jules-César. Plus loin est l'église de *Sainte-Françoise, Romaine*.

---

[1] Herodian., lib. I, cap. XXII. — Dion, lib. LXXII, cap. XXIV.
[2] On peut voir mon *Discours sur la Peinture moderne*. — Ce discours est intitulé *Histoire de la Peinture au moyen âge*, dans notre édition. (*N. de l'édit.*)

Dans le fond, sur la gauche, au delà de tous les autres édifices, le Colisée s'élève, semblable à une montagne ; et, vers la droite, l'Arc de Titus ferme l'enceinte du *Forum*. De ce monument, érigé après la prise de Jérusalem, jusqu'aux environs des colonnes de Jupiter Stator, nous voyons se prolonger les murs des jardins Farnèse, établis sur le mont Palatin, parmi les ruines du palais des Césars. La porte de ces jardins, et le pavillon, entouré de colonnes, qui domine sur l'angle le plus avancé, ont été bâtis par Vignole. L'eau de la fontaine, où s'abreuvent les bestiaux, coule dans une vaste cuve de granit oriental, d'un seul bloc, dont la circonférence est de cent onze palmes romains, c'est-à-dire d'environ quatre-vingts de nos pieds. Le temple de Faustine et celui de Rémus bordaient autrefois la voie Sacrée : la destruction des édifices intermédiaires a joint cette voie au grand *Forum*, appelé par excellence *le Forum romain*, celui où se réunissaient les assemblées du peuple, et a formé, de ces terrains, la place la plus étendue peut-être, et sans doute la plus majestueuse de toutes les villes du monde [1].

Que dirons-nous du mérite de la peinture ? Ferons-nous admirer les beaux effets du soleil couchant, les tons vermeils et pourprés que ses rayons jettent sur les édifices ? Assez souvent, nous aurons l'occasion de louer le pinceau de l'inimitable Claude Lorrain. Que nos hommages s'adressent, en ce moment, à l'antique Rome ! Elle se présente à nos yeux ruinée, désolée ; mais elle déploie encore une majesté sans égale [2].

UNE DANSE AU SOLEIL COUCHANT.

Deux traits caractéristiques distinguent éminemment les ouvrages de Claude Lorrain : l'un consiste dans l'heureux choix des sites que cet habile maître représente ; l'autre, dans les effets

---

[1] C'est pour l'harmonie du tableau, que l'artiste nous montre le sommet de la *Tour des milices*, au-dessus de l'Arc de Septime-Sévère. Cette tour, que l'on croit élevée par Trajan, est voisine de la Colonne consacrée à ce prince, de l'est au nord du Capitole, et nous ne saurions l'apercevoir en regardant vers le midi.

[2] Ce tableau a successivement appartenu à M. Blondel de Gagny et à M. Poullain. R. Earlom l'a gravé, d'après un dessin de Claude Lorrain.

de lumière dont il les embellit. Un goût exquis le portait à embrasser, dans ses imitations, des campagnes étendues et variées ; jusque dans ses plus petits tableaux, l'œil distingue de grandes lignes, des plans larges, des masses imposantes, des contrastes savants et agréables, où l'art paraît étranger ; on y retrouve partout l'immense richesse de la nature et sa noble simplicité. Cet artiste n'est pas moins admirable, ou plutôt il l'est encore davantage, si l'on considère l'habileté avec laquelle, en répandant la lumière au milieu de ces vastes campagnes, il en peint les torrents, il en exprime le jeu, le charme magique. L'azur, l'or et la pourpre des cieux, le cristal resplendissant des eaux, la transparence de l'air, les tons verdoyants et argentins des vagues que semblent former, en se balançant, les cimes touffues des arbres ; sous son pinceau fécond, tous ces objets renaissent aussi brillants et aussi harmonieux que dans son sublime modèle. Le sentiment dont il était doué pour cette partie de l'art n'appartint jamais, au même degré, qu'à lui seul. C'est particulièrement dans ce genre de mérite qu'il a été jusqu'à présent inimitable.

Il existe cependant aujourd'hui, entre ses divers ouvrages, une différence malheureusement trop frappante. Tous n'ont pas conservé les tons vifs qu'ils eurent en sortant de ses mains. Dans quelques-uns de ses paysages ou de ses ciels, on croit voir éclater encore les feux du soleil ; dans d'autres, les couleurs se sont ternies ; on pourrait dire que les rayons de l'astre du jour se sont amortis ; chaque objet a souffert, et, ce qui est pis, dans la dégradation inégale des teintes, l'harmonie s'est nécessairement altérée. Telle est, il faut le reconnaître, quoiqu'à regret, la destinée à peu près générale qui attend tôt ou tard les tableaux peints à l'huile. Les procédés des anciens étaient sans doute bien inférieurs sur divers points à cette manière de peindre ; mais ils donnaient au coloris une fraîcheur que plusieurs siècles ne pouvaient détruire, et ils offraient, en cela, le grand avantage d'assurer aux chefs-d'œuvre de la peinture une durée, en quelque sorte, immortelle.

Le tableau où nous voyons deux bergères et un pasteur, qui, au son d'une musette, dansent dans une campagne éclairée par le soleil couchant, est au nombre de ceux qui ont ressenti les atteintes du temps, et que la gravure devait se hâter de faire revivre. L'artiste a voulu représenter la fin d'une belle journée, le moment où le soleil lance sur la terre des rayons presque parallèles à l'horizon, et dore les cieux d'une lumière prête à s'éteindre. Ce sujet intéressant exigeait tout ce que les couleurs de Claude Lorrain pouvaient lui offrir de plus tendre et de plus suave, et, sans doute, l'habile maître ne négligea rien pour donner au coloris la finesse, l'éclat et surtout les demi-teintes mystérieuses, dont il disposait à son gré; mais nous n'en pouvons juger aujourd'hui que d'une manière imparfaite.

Des beautés que le temps ne pouvaient détruire, ce sont celles que nous présente la composition. Quelle majesté dans l'ensemble! Comme les lignes sont grandes, simples et bien contrastées! Quel beau mouvement, quelle richesse dans la disposition des bouquets de bois, éclairés à revers, qui, du faîte de la colline placée dans le milieu, descendent vers la rivière, et se prolongent dans la vallée qu'on voit au fond du tableau! Quelles belles masses forment les grands arbres, groupés sur le devant, auprès desquels dansent les bergères! Quelle tranquillité dans le noble asile où ces jeunes filles goûtent un innocent plaisir! Les effets même de la lumière ne sont pas tellement affaiblis qu'on n'en jouisse encore. On remarque avec plaisir le jet des rayons inclinés, qui, glissant au pied de la colline, frappent sur le troupeau de chèvres, et semblent expirer sur le terrain où s'est établie la danse. La pourpre et le vermeil qui naissaient sous le pinceau de Claude Lorrain, n'ont pas cessé de colorer le ciel. L'attitude des figures est spirituelle et vraie. Ce tableau, dans l'état où nous le voyons, pourrait être comparé à une de ces belles femmes, de qui l'âge a fané le teint, sans avoir altéré ni la noblesse de leurs traits, ni l'esprit et la douceur de leurs regards. Voilà quel est l'avantage d'une savante composition : ce mérite ne s'anéantit jamais. Tel maître, s'il perdait ses couleurs brillantes, verrait disparaître avec elles presque toute sa gloire; Claude Lorrain, privé de son coloris, sera encore dans tous les temps un des peintres de paysages les plus admirables.

VALENTIN. 1600-1632.

LE JUGEMENT DE SALOMON.

Moïse Valentin naquit à Coulommiers, petite ville de la Brie, en l'an 1600. Conduit à Rome, au sortir de l'enfance, par le génie qui lui commandait d'être peintre, il trouva les artistes romains divisés en deux sectes principales. Les uns, admirateurs de Joseph Cesari d'Arpin, prétendaient surpasser la nature, et ne savaient pas l'imiter : ils formaient la secte des *idéalistes*; les autres étaient les *naturalistes* : partisans du Caravage, ils copiaient leurs modèles vivants, avec une chaleur qui tenait du prodige, et négligeaient trop souvent de les choisir. Dominé par un caractère bouillant, capable d'exprimer les affections de l'âme les plus fortes, éminemment doué du sentiment de la couleur, le Valentin s'attacha aux principes du Caravage, et tomba même dans quelques-unes des erreurs de ce grand peintre; mais il avait trop d'énergie pour suivre froidement les traces d'un autre maître : en imitant, il fut original. Les écrivains italiens le regardent comme le plus habile et le plus sage des sectateurs du Caravage dans l'art de la composition [1]. Sa manière de peindre, savante et prononcée; le rapprochement de ses touches, le ton vrai qu'il sait donner aux chairs, lui assignent un rang distingué parmi les plus grands coloristes. Il peut, à cet égard, être mis en parallèle avec le Caravage. Si ce dernier l'emporte sur lui dans la distribution des lumières et dans l'effet général de ses tableaux, le Valentin est supérieur dans ce qu'on appelle la couleur locale, et particulièrement dans les tons propres aux corps vivants. Il est vigoureux dans l'expression, sans outrer l'action des muscles; il a de la finesse et de la fermeté; quoiqu'il manque généralement de noblesse, si nous ne craignions d'avancer une opinion contraire à celle de plusieurs écrivains, nous dirions même que, soit par un

---

[1] Bellori, *Vit. de' pitt.*, p. 216. — Lanzi, *Stor. pitt.*, t. I, p. 417.

effet de son goût naturel ou de la beauté de ses modèles, il dessine souvent certaines parties avec une élégance qui laisse bien peu de chose à désirer.

Le tableau représentant le *Jugement de Salomon* n'appelle pas le spectateur : le fond est noir ; l'air ne circule pas entre les figures ; la lumière qui frappe sur le corps de Salomon porte, mal à propos, sur le bras gauche plutôt que sur la tête et sur la poitrine ; quelques parties sont mal dessinées. Mais combien de beautés emportent la balance !

Chaque artiste montre, dans sa manière d'envisager les sujets, le caractère de son génie. Quand le Poussin a peint le *Jugement de Salomon*, il a principalement considéré la profonde sagesse du roi ; c'est là ce qu'il a voulu représenter : aucun peintre n'a composé comme lui la figure de Salomon. Le Valentin est ému par des idées différentes ; il voit une mère, une mère à qui l'on a ravi son fils : l'enfant va être égorgé, coupé en deux parts ; on va livrer à la mère la moitié du corps sanglant : voilà, pour lui, le sujet. Le Poussin, d'accord avec lui-même, appelle les regards sur la tête du roi ; il laisse celle de la véritable mère dans la demi-teinte. Le Valentin voit, avant tout, l'enfant et la mère ; il ose peindre les transports de l'amour maternel, et il réussit. Sur le visage de cette femme, sont exprimés l'amour, la terreur et surtout l'innocence. Elle montre son sein découvert ; elle ne regarde pas le roi, mais son enfant, qu'elle demande ; tous ces mouvements décèlent un caractère doux, une âme incapable de mensonge. La fausse mère est vue, au contraire, par le dos : idée ingénieuse ; elle a de l'audace, de la force ; on sent dans la partie découverte de son visage une dureté qui tient à son naturel. Le corps de l'enfant mort, placé sur les marches du trône, offre dans ce tableau un mérite rare, quant au dessin. Les tons des chairs sont différents dans toutes les figures. Le sein, le cou, les épaules des deux femmes, ont une vie, une chaleur, auxquelles l'art du coloris atteignit rarement. La tête de la bonne mère est un chef-d'œuvre pour la couleur comme pour l'expression. Ces deux personnages sortent de la toile, malgré la lourdeur et l'uniformité du fond. Les têtes des deux vieillards, placées dans la demi-teinte, ont de l'énergie et une transparence admirables. Telle était l'habileté de Valentin dans l'art d'employer les couleurs, que les chairs ont conservé toute leur fraîcheur, et les draperies principales, tout leur effet sur un fond brun, noirci par le temps qui a dévoré dans les lointains la plus grande partie des demi-teintes.

Cet artiste mourut à trente-un ans. Baglioni a écrit sa vie [1]; les Romains le classent parmi les peintres de leur École.

LA CHASTE SUZANNE.

Le jeune Daniel, inspiré par le Seigneur, a mis au grand jour l'innocence de Suzanne. Interrogeant séparément ses deux accusateurs, il a demandé au premier : « Auprès de quel arbre était la fille d'Helcias, lorsqu'elle s'est livrée à son amant? » Celui-ci a répondu : « Elle était au pied d'un lentisque. » Il a demandé au second : « Auprès de quel arbre a été commis l'adultère? » Le second a répondu : « Au pied d'un yeuse. » Le prophète les a fait ensuite comparaître ensemble : « Indignes enfants de Juda, leur a-t-il dit, vous avez menti devant Dieu; le glaive de l'Ange vengeur va tomber sur vos têtes! » Alors, tout le peuple, se soulevant contre les deux vieillards, s'est écrié : « Gloire au Tout-Puissant! Il sauve les justes qui espèrent en lui [2]! »

C'est ce dernier moment qu'a rendu Valentin dans son tableau de la *Chaste Suzanne* c'était celui qui convenait le mieux à son génie bouillant, à son pinceau énergique. Il aurait peut-être échoué, s'il eût voulu, comme Annibal Carrache, comme le Guide et d'autres artistes, représenter les bosquets riants et mystérieux d'un riche jardin, la belle Suzanne à demi plongée dans une onde transparente, deux vieillards impudiques se montrant au travers du feuillage et dévorant des yeux la proie qu'ils comptent posséder tour à tour : il était, au contraire, assuré d'intéresser, d'émouvoir, en exprimant ce que ce même sujet pouvait offrir de tragique : un juge élevé sur son tribunal, l'innocence triomphant,

---

[1] Baglioni, *Vit. de' pitt.*, p. 225.
[2] Daniel, c. XIII, v. 54 et seq.

à l'instant où elle avait perdu toute espérance ; deux calomniateurs confondus, entendant leur arrêt de mort ; des soldats, des armes, des enfants formant par leur naïveté une opposition vive avec l'acharnement et l'atroce lubricité des deux vieillards. Tout ce que Valentin pouvait mettre de chaleur dans la composition, de vérité dans l'action de chaque figure, de vigueur et de feu dans le coloris, se retrouve dans son tableau. Nous disions en dernier lieu, en parlant de ce maître : « Sa manière de peindre, sa-
« vante et prononcée, le rapprochement moelleux de ses tou-
« ches, le ton vrai qu'il sait donner aux chairs, lui assignent un
« rang distingué parmi les plus grands coloristes[1]. » Il nous paraît ici justifier pleinement tous nos éloges. L'action est animée et forte. Le vieillard audacieux qui est le plus près de Daniel semble, en entendant sa condamnation, réitérer ses calomnies. La passion brutale qui l'anima se lit encore sur le visage et dans le maintien de celui qui, déjà sous la main des soldats, se tient toujours à côté de Suzanne. La chaste fille d'Helcias n'offre point à notre admiration une beauté parfaite, mais elle nous présente l'image la plus expressive de la candeur, de l'innocence. Ses deux enfants, placés auprès d'elle, semblent être les témoins de sa vertu[2]. Le plus jeune ne connaît pas le danger que vient de courir sa mère ; le plus âgé, dont on voit l'inquiétude, ne se dessaisit point de la robe de Suzanne, à laquelle il s'est attaché. Ces deux enfants honoreraient le pinceau du Dominiquin.

Les marches du tribunal n'ont pas une forme élégante ; le bras droit de Daniel est lourd et semble dessiné avec négligence ; mais chaque tête est pleine d'âme et d'énergie ; les mains, qui se présentent presque toutes en raccourci, sont des chefs-d'œuvre de vérité ; le ton général est ferme, chaud, vif et habilement varié ; on voit, dans les chairs, l'expression de la vie.

Hagédorn a prouvé qu'il ne connaissait nullement Valentin, lorsqu'il a dit : « Ce n'est pas tant le choix des sujets, que la fai-
« blesse, qu'il faut reprendre dans ce peintre ; on aurait plus
« d'indulgence pour lui, s'il avait pu atteindre à la vigueur de la

---

[1] Voyez plus haut la notice sur le *Jugement de Salomon*.
[2] « Et venit cum parentibus, et filiis, et universis cognatis suis. » Dan., c. XIII, v. 30.

« touche, et exprimer la rondeur des formes de son modèle[1]. »
M. Lévesque a dit, au contraire : « Le Valentin savait passer
« artistement, par des teintes légères et transparentes, de la
« lumière la plus vive aux ombres les plus fortes[2]. » Cochin disait aussi : « Vous aimerez dans cet artiste un coloris vigoureux,
« une saillie ferme, causée par des demi-teintes très-colorées[3]. »
Les écrivains italiens ont confirmé ces derniers jugements. Non-
seulement ils placent Valentin au-dessus de tous les sectateurs
du Caravage pour l'art de la composition ; mais ils le comptent,
quoique Français, parmi les élèves de l'École romaine, et le regardent comme un des plus grands coloristes que cette École ait
produits[4].

L. DE LA HIRE. 1606-1656.

LES BAIGNEUSES.

Les ouvrages de Laurent de La Hire ont été jugés par la plupart de nos écrivains avec une extrême sévérité. Sans nous dissimuler les erreurs de ce maître, faisons en sorte d'être plus
juste. Qui n'a présents à l'esprit plusieurs de ses tableaux, où les
défauts sont en bien petit nombre, où les beautés sont bien remarquables ?

Laurent de La Hire, né à Paris l'an 1606, ne vit jamais l'Italie ; il demeura dans sa patrie jusqu'à sa mort, et n'eut d'autre
maître qu'Etienne de La Hire, son père[5], peintre médiocre, qui
avait travaillé pendant quelque temps en Pologne. A l'époque où
Le Vouet exerçait sur les arts une sorte de despotisme, tandis
que les élèves de ce premier peintre du roi demeuraient encore

---

[1] *Réflex. sur la peint.*, t. 1, p. 589.
[2] M. Lévesque, *Dict. des arts*, t. IV, p. 586.
[3] Cochin, cité par M. Lévesque, *ibid.*, et *Voyage d'Italie*, t. I, p. 154.
[4] Bellori, *Vit. de' pitt.*, p. 216. — Baglioni, *Vit. de' pitt.*, p. 224. — Lanzi, *Stor. pitt.*, t. 1, p. 487.
[5] *Mém. de Phil. de La Hire*, fils de Laurent, dans de Piles, *Vies des peintr.*, édit. de 1715, p. 480.

attachés à la manière, on pourrait dire à la pratique, à laquelle il les avait habitués, La Hire osa se tracer une route différente. On assure que cette hardiesse heureuse contribua beaucoup à sa réputation; peut-être, en multipliant ses partisans, rendit-elle aussi plus mordantes les critiques de ses rivaux. Cet artiste était doué d'une imagination féconde et riante; ses productions abondent en idées neuves, ingénieuses, agréables; il avait de l'esprit et du goût; il composait sagement et avec une belle méthode. Dans la distribution des masses d'ombres et des masses de lumières, il n'a pas, comme Le Vouet, une marche systématique, une routine; il est plus vrai, plus harmonieux; son coloris argentin est aussi plus près de la nature; ses demi-teintes sont plus fines; son pinceau est moelleux, recherché, délicat; ses draperies offrent quelquefois une belle simplicité. Habile dans plusieurs genres, il enrichit avec un goût exquis ses compositions historiques, en plaçant dans ses tableaux de paysages, des monuments et des ruines. Il excelle dans la perspective aérienne, et peint les animaux avec une touche vraie, libre et piquante. Nous pourrions faire en peu de mots son éloge, en rappelant que plusieurs de ses ouvrages ont été longtemps attribués à Le Sueur [1].

La Hire paraît avoir eu le tort de négliger la nature vivante, et de dessiner fréquemment de pratique : de là vient que ses figures sont souvent incorrectes, molles et maniérées. Il travailla, dans ses derniers temps, avec trop de prestesse, et il est quelquefois bien inférieur à lui-même. Mais, quels que puissent être ses défauts, nous ne dirons pas comme de Piles, qu'il est *toujours insipide*. Un peintre peut-il donc être insipide, lorsqu'il joint, à un coloris frais et harmonieux, de l'imagination, du sentiment et du goût?

Le tableau dont nous nous occupons ici suffirait pour assurer à cet artiste un rang distingué parmi les peintres de paysages. La composition est riche et agréable; le site riant et mystérieux; la verdure a de la vérité; le coloris est frais et suave. Les

---

[1] Nous parlerons de ce fait, avec plus de détail, dans une autre occasion.

nombreuses figures de femmes, dont les unes demi-nues s'apprêtent à se baigner, tandis que les autres se jouent dans les eaux de l'étang, ou forment des danses sur ses bords, toutes ces figures sont posées avec esprit; les groupes sont habilement variés, ils sont placés heureusement, et en opposition avec de belles masses de demi-teintes qui les font valoir. On pourrait remarquer que le costume de ces femmes, purement idéal, offre un mélange de vêtements antiques et de parties modernes ; mais cette légère invraisemblance ne saurait diminuer le plaisir que cause l'ensemble du tableau. Les lumières sont bien ménagées ; les devants sont clairs ; les grands arbres qui remplissent la gauche n'offrent pas de très-belles formes, mais la masse en est ferme et savamment opposée aux inflexions élégantes, aux tons légers et fins du bouquet de bois qui orne la droite sur un plan plus éloigné. L'extrémité lointaine de l'étang, les montagnes, le ciel qu'on aperçoit dans le fond, sont riches de coloris ; les teintes en sont brillantes, et se lient parfaitement avec l'harmonie générale. On a quelquefois reproché à La Hire de couvrir de brouillards les fonds de ses tableaux, pour donner plus de valeur aux premiers plans : il est loin de mériter ici ce reproche ; tout est soigné, tout est fini, et tout est d'accord.

Ce tableau se voyait autrefois dans la collection du prince de Conti. Il fut payé 3,400 livres par M. Tolozan, à la vente du cabinet de ce prince, en 1777. Il a été acheté, pour le gouvernement, à la vente de M. Tolozan, en 1801, trois mille cent trois francs.

UN PAYSAGE AU SOLEIL COUCHANT.

Dans une belle soirée d'automne, le soleil, arrivant au terme de sa course, jette ses rayons inclinés au travers d'une épaisse forêt. Une lumière éclatante inonde les montagnes lointaines qui verront les dernières l'astre prêt à s'éclipser. Les cimes des arbres éloignés, que cette lumière colore, offrent des tons blanchâtres qui se distinguent à peine d'avec celui des vapeurs dont le ciel est couvert. Affaiblis en se prolongeant dans les détours du bois, les rayons répandent sur la verdure une lumière décroissante, qui, par l'effet des massifs qu'elle rencontre, ou se montre plus vive, ou devient plus douce et plus mystérieuse. Dans les lieux enfin les plus voisins du spectateur, d'une part, une ombre ferme, produite par le revers d'un tertre chargé de grands arbres, forme avec la clarté du fond une opposition vigoureuse; de l'autre, un terrain inégal, des arbres fracturés et couverts de mousse qu'éclairent des rayons lancés directement le long de la vallée, offrent des tons variés, dorés, éclatants, qui augmentent la richesse de l'ensemble, et qui soutiennent l'harmonie, en correspondant avec le foyer de lumière placé à l'extrémité de l'horizon. Au milieu de cette scène champêtre, deux voyageurs, qu'on aperçoit au loin dans la forêt, pressent leurs coursiers au galop, pour parvenir à leur gîte avant la nuit; un pasteur et sa compagne traversent un pont, en reconduisant leur troupeau vers la bergerie; des lavandières semblent se hâter de terminer leur travail et de préparer leurs fardeaux; sur le devant, une femme, élégamment vêtue, rappelle un de ses fils et en porte un second entre ses bras; une autre allaite le sien, tandis que trois jeunes hommes se reposent et jouent ensemble à ses côtés. Tel est l'agréable sujet que La Hire nous présente dans un tableau composé habilement, et peint avec beaucoup d'art et de délicatesse.

Ce tableau ne nous offre ni les gerbes de feu qui jaillissent du pinceau de Claude Lorrain; ni la lumière éclatante qui embellit les compositions de Jean Both, d'Herman d'Italie, et de quelques autres peintres; ni la verdure vive, mâle, et les masses grandioses du Guaspre; mais le site est riche et bien choisi; les masses variées des arbres et la dégradation de la lumière font également distinguer les plans nombreux qui l'enrichissent; chaque partie du paysage présente des accidents heureux; le fond est léger et brillant; la rivière, le pont et la touffe d'arbres que l'on voit au second plan, forment une retraite ombragée, fraîche, riante; la verdure est douce et animée; les demi-teintes sont fines et transparentes, ce qui est un des traits particuliers qui caractérisent La Hire; les feuilles du grand arbre placé dans le premier plan, et de quelques-uns de ceux qu'on aperçoit dans le fond, annoncent, par leur couleur, la fin prochaine des beaux jours; les figures enfin sont dessinées avec esprit et placées avec goût.

La Hire possédait pleinement le talent assez rare d'accorder les figures avec l'ensemble de la composition, de telle manière qu'elles animent le paysage, et qu'elles soient en même temps intéressantes par elles-mêmes. Cet art, que Le Bourdon, et surtout Le Poussin, ont porté à un degré si éminent, et qui répand tant de charmes dans leurs tableaux, semble propre aux peintres de paysage, qui ont été en même temps d'habiles peintres d'histoire. Il serait facile d'étendre cette observation à d'autres genres de peinture; mais elle doit prouver, du moins, que la plupart des études nécessaires au peintre d'histoire sont également indispensables pour celui qui veut inspirer un vif intérêt en traçant l'image des campagnes.

Ce tableau vient de la collection du Roi.

SEB. BOURDON. 1616-1671.

LA SAINTE FAMILLE.

Le Bourdon a peint plus de soixante fois la *Sainte Famille*. Toutes les compositions qu'il a faites de ce sujet agréable sont pleines d'esprit et de goût. On y voit des pensées neuves, riantes, ingénieuses; on y remarque aussi quelquefois des idées employées par d'autres artistes. Il serait difficile, en effet, de ne se rencontrer jamais avec aucun maître, dans un sujet traité si souvent, et qu'avant Le Bourdon, on aurait déjà pu croire épuisé; mais lorsqu'il lui arrive d'employer quelque épisode inventé par d'autres peintres, il le lie si bien avec ses autres pensées, il met dans l'expression tant de chaleur et tant de grâce, que ces idées qu'il peut avoir empruntées ont tout le charme de la nouveauté. Tantôt, des anges de différents âges se prosternent devant l'Enfant divin, baisent avec ardeur ses mains et ses pieds, cueillent pour lui des fleurs et des fruits. Tantôt, Jésus tresse une couronne de violettes, ou la pose en souriant sur la tête de sa mère. Tantôt, le jeune saint Jean-Baptiste lui présente un agneau qu'il caresse, ou une croix, ou l'un et l'autre ensemble, et Jésus s'avance avec une joie naïve pour saisir ces deux emblèmes, dont l'un représente l'innocence de sa vie, l'autre son dévouement et sa mort. Tantôt, on retrouve, dans les compositions de cet artiste, cette belle image présentée par Jules Romain, par Le Poussin [1], par d'autres peintres, mais que personne n'a rendue avec plus d'énergie que Le Bourdon ; je veux dire les idoles, les temples abattus, et le christianisme s'élevant sur les ruines du paganisme. On voit, dans un de ses tableaux, une statue d'Apollon, semblable à celle du Belvédère, qui tombe et se brise aux pieds de Jésus enfant, aux pieds du Sauveur, aux pieds du Christ. Des anges regardent avec admiration ce prodige. Idée sublime, en effet, et que les artistes ne pouvaient pas négliger ! A peine Jésus est-il venu au monde, le monde va changer de face : les autels tombent dans la poussière ; les temples se renversent, comme si la foudre les eût frappés ; les oracles confondus deviennent muets ; c'est l'apparition d'un enfant qui opère ces miracles ; mais cet enfant est le *Verbe fait chair*, cet enfant est le fils du Très-Haut, cet enfant est le *Christ* [2].

Cette pensée, si bien exprimée par Le Bourdon dans une de ses *Saintes Familles* que l'on voit au Musée [3], est indiquée légèrement, dans le tableau que nous examinons, par une colonne brisée, auprès de laquelle s'appuie la Vierge. L'artiste n'y a porté, dans cette occasion, qu'une attention secondaire. Il nous paraît avoir voulu exprimer deux idées, l'une riante et agréable, l'autre profonde, religieuse et mélancolique. Le petit saint Jean-Baptiste, serrant dans ses bras une colombe, pose un genou en terre, et va l'offrir à Jésus ; l'Enfant mystérieux, assis sur les

---

[1] On peut voir, à ce sujet, la notice que j'ai donnée sur le tableau du Poussin, représentant l'*Adoration des mages*.

[2] « Beata Virgo cujus viscera meruerunt portare Christum Dominum. « — Beata ubera quæ lactaverunt Christum Dominum.— Christus natus « est nobis : venite, adoremus. » *R. off. Nat.* —« Natus est vobis hodie « Salvator, qui est Christus Dominus. » *Evang. S. Luc.*, c. II, v. 11.— « Ubi est ille qui natus est rex Judæorum ? — Percontatus est ubi « Christus nasceretur. » *Evang. S. Matth.*, c. II, v. 2 et 4, etc., etc.

[3] *Catal. du Musée*, n⁰ 4.

genoux de sa mère, se penche avec empressement, et avance sa main pour la saisir. Une colombe, deux enfants qui la caressent, et dont l'un repose auprès du sein qui le nourrit, ces douces images rappellent ces paroles de l'Evangile : *Soyez simples comme des colombes.* La Vierge, en considérant le jeu des deux enfants, sourit avec peine ; la tête appuyée sur une de ses mains, elle paraît se livrer à de tristes réflexions. » Tendres enfants, semble-t-elle dire, heureux aujourd'hui, quel sera votre sort dans l'avenir ? Ah ! jouissez d'un bonheur trop peu durable. *Soyez simples comme des colombes ; mais soyez prudents comme des serpents. Méfiez-vous des fureurs des hommes. Ils vous traîneront dans leurs synagogues, ils vous flagelleront comme des criminels*[1].» Il semble même que les temps futurs se dévoilent à ses yeux. Un ange que l'on voit dans les nuages, l'air triste, les yeux tournés vers le Ciel auquel il paraît obéir, apporte une couronne qui doit être la récompense des longues douleurs de la mère et de celles de son fils.

Ce tableau a plus de mérite sous le rapport des pensées que dans l'exécution. L'action de Jésus est vive et naïve ; celle de saint Jean-Baptiste est spirituelle et gracieuse ; les formes des enfants sont nobles, délicates ; la pose de la Vierge exprime bien la méditation ; mais le coloris est peu soigné. Cet ouvrage paraît être un de ceux que l'impatient Bourdon se plaisait à faire en un ou deux jours. Trop souvent, en étudiant les ouvrages de ce grand maître, on est forcé d'admirer ses rares talents, plutôt que le fruit de ses efforts. Combien d'artistes, par l'insuffisance de leurs études, ou par des pratiques vicieuses, sont demeurés loin de la perfection à laquelle il leur était permis d'atteindre !

[1] *Evang. S. Matth.*, c. x, v. 16 et 17.

LE SUEUR. 1617-1655.

LES NEUF MUSES.

Commençons par célébrer les Muses [1].

« Filles du grand Jupiter et de Mnémosyne, divinité puissante
« qui dissipe les plus cruelles inquiétudes, elles habitent la haute
« montagne d'Hélicon ; c'est là que leurs pieds délicats s'agitent
« en cadence auprès des sources profondes de l'Hippocrène ou de
« l'Olmius. Les Grâces et l'Amour s'asseyent à leurs joyeux ban-
« quets. Quand la nuit couvre la terre de ses ombres, elles mon-
« tent au sommet de la montagne sainte ; leurs voix mélodieuses
« retentissent au loin ; elles chantent le Dieu qui lance le ton-
« nerre, la vénérable Junon, Diane tenant en main des flèches
« meurtrières, Hébé dont le front est ceint d'une couronne d'or,
« l'Aurore, les feux du soleil, la lumière argentine de la lune [2]. »
C'est en ces termes que le génie d'Hésiode traçait à celui de Le
Sueur le sujet de ses tableaux les plus riants.

A l'exemple du berger d'Ascra, l'artiste a représenté les filles
de Jupiter assises au sommet du mont sacré, auprès des eaux de
l'Hippocrène, et chantant ensemble les louanges des dieux.

Les tableaux où il les a réunies ne frappent point, au premier
aspect, par un coloris éclatant. Le ton est doux, transparent, argentin ; mais, captivé par l'accord de ces teintes suaves, le spectateur ne tarde pas à sentir combien elles convenaient au sujet.
Une lumière tranquille, répandue avec ménagement, rappelle
l'air frais et pur que respirent les Piérides. La naïveté des poses,
l'élégance des costumes, la finesse de l'expression, la grâce, la
candeur, la noblesse, imprimées sur les traits de ces vierges
divines, excitent une égale admiration. Chaque regard découvre
des beautés nouvelles.

Les anciens ne distinguèrent jamais d'une manière positive le
domaine particulier de chacune des Muses. Quand il veut peindre

---

[1] Hesiod., *Theog.*, v. 1.
[2] *Idem, ibid.*, v. 2 et seq.

l'Ausonie et l'Etrurie embrasées des feux de la guerre, Virgile invoque Erato [1]. Le galant Ovide lui demande, au contraire, le don de plaire à sa maîtresse ; *car ton nom*, lui dit-il, *est le nom de l'Amour* [2]. Les peintures des Muses, découvertes à Herculanum, qui semblent avoir fixé sur ce point les idées des savants, ne sauraient même prouver qu'il ait existé chez les anciens une opinion constante et générale, puisque, dans des temps postérieurs à ces monuments, nous voyons que plusieurs écrivains ont encore attribué à ces divinités des fonctions différentes [3].

Dans cet état d'incertitude, Le Sueur, se livrant à son imagination, s'est permis de donner à quelques-unes d'entre elles les symboles qui s'accordaient le mieux, suivant les usages de son temps, avec l'idée de les représenter formant un concert. Il semble avoir eu pour objet de peindre l'union qui règne entre les doctes sœurs, et le bonheur dont on peut jouir dans les retraites du Parnasse, plutôt que de caractériser chacune de ces divinités par des signes non équivoques.

Cinq tableaux nous présentent les neuf Muses. Trois d'entre elles sont isolées dans des cadres différents ; les six autres sont groupées dans deux tableaux. La disposition des lieux dont ces peintures devaient faire l'ornement rendait cette distribution nécessaire [4].

La première, qu'on voit seule et jouant de la harpe, est Terpsichore. Ses attributs, si l'on excepte la forme de l'instrument, sont les mêmes que ceux de la peinture d'Herculanum [5]. C'est bien ici *la gracieuse Terpsichore* [6], dirigeant par les sons de sa lyre les mouvements des danses sacrées, ou s'unissant par ses

---

[1] Virgil., *Æneid.*, lib. VII, v. 37 et seq.
[2] Ovid., *De arte amandi*, lib. II, v. 15 et 16.
[3] Schol., *ad Argon.* Apoll. Rhod., lib. III, v. 1. — *Analecta vet. poet. græc.*, ed. Brunck, t. II. p. 513. — Plutarch., *Symp.*, lib. IX, c. xiv. — Pl. Fulg., *Mythol.*, lib. I, c. xiv. etc.
[4] Bernard Picart, dans ses gravures faites d'après les *peintures de l'hôtel Lambert*, a placé les noms des Muses au bas de chaque estampe. D'Argenville a adopté les mêmes dénominations, dans son *Voyage pittoresque de Paris*, p. 190. Je me conforme au texte de ces deux auteurs, qui ont dû connaître par tradition la pensée de Le Sueur.
[5] *Le Pitt. ant. d'Ercol.*, ΤΕΡΨΙΧΟΡΗ ΛΥΡΑΝ, t. II, tav. 5.
[6] *Analecta vet. poet. græc.*, ed. Brunck, t. II, p. 413.

accords aux hymnes chantés en l'honneur des dieux. Quelle âme dans cette charmante figure! Comme le sentiment de la mesure et de l'harmonie se peint dans son attitude! Quelle ingénuité, quel air d'innocence! Que d'esprit dans sa physionomie! Que de grâces et de délicatesse dans ses mains! Les formes sont nobles et sveltes; la coiffure est élégante et d'un bon style; la draperie rouge jetée sur les genoux, et qui dérobe adroitement la partie inférieure de la harpe, anime par la chaleur du ton l'ensemble de la composition. Le coloris de ce tableau est plus vif que celui de tous les autres, et n'est pas moins harmonieux.

La seconde est Uranie : couronnée d'étoiles, appuyée sur un globe céleste, de la main gauche elle tient un compas; de l'autre, elle montre le ciel.

La troisième est Calliope. Nous ne voyons point dans cette divinité la plus éminente des Muses [1], celle qui inspire les poëtes épiques, celle qui protége les rois [2]. Animée par le sentiment de la musique, elle unit au concert les sons d'un triangle qu'elle frappe avec une baguette d'airain.

Le quatrième tableau représente Melpomène, Erato et Polymnie. Melpomène, Muse douée d'une *voix mélodieuse*, ne nous offre pour symbole ni le masque qu'on retrouve sur divers monuments, ni la massue d'Hercule, ni la dépouille du lion de Némée [3]. L'idée d'une scène tragique ne s'alliait point avec le sujet agréable que l'artiste s'était proposé : il a fait de cette Muse, à l'exemple de plusieurs poëtes anciens, la Muse *chantante*, la Muse de l'ode [4]. Tenant en main le livre des poésies sacrées, elle entonne l'hymne auquel ses sœurs répondent par différents accords. Erato l'accompagne avec un instrument que nous pouvons assimiler à la lyre à neuf cordes. C'est avec cette lyre qu'elle est représentée dans les peintures d'Herculanum [5]. Erato, suivant les poëtes, sait à la fois chanter et exécuter des danses expressives, en faisant résonner sa lyre [6]; mais une de ses attri-

[1] Hesiod., *Theog.*, v. 79. — Ovid., *Fast.*, lib. V, v. 80.
[2] Hesiod., *Theog.*, v. 80.
[3] *Le pitt. ant. d'Ercol.*, t. II, tav. 4.
[4] M. Visconti, *Mus. Pio-Clem.*, t. I, tav. 20.
[5] *Le pitt. ant. d'Ercol.*, t. II, tav. 6.
[6] *Plectra gerens Erato saltat pede, carmine, vultu.* Auson., *Idyl.* 20.

butions est d'accompagner la voix des chanteurs [1]. Le Sueur nous la représente levant les yeux vers le ciel : ce mouvement nous dit assez quel est le sujet des vers que chante Melpomène. Polymnie, ou plutôt Polyhymnie (car une inscription, conservée par Bernard Picart, doit nous faire croire que Le Sueur avait adopté cette dernière dénomination), Polyhymnie, attentive, s'appuie sur un grand livre; elle écoute ses sœurs, et semble attendre le moment de chanter à son tour [2]. Le paysage est d'un beau style ; il est riche, frais, riant ; les tons en sont fins et légers ; l'expression de la figure de Melpomène est vraiment céleste. Le Sueur nous prouve ici, mieux peut-être que dans aucun autre de ses ouvrages, combien ses pensées étaient nobles, élevées ; combien son goût était pur et délicat.

Dans le cinquième tableau, nous voyons Clio, Euterpe et Thalie. Clio tient une trompette ; Thalie, un masque ; Euterpe, conformément à l'opinion la plus générale parmi les anciens [3], joue de la flûte. Peut-être l'artiste a-t-il voulu exprimer par là quels sont les charmes des sciences et ceux de la conversation des savants [4] ; peut-être a-t-il voulu seulement unir cette Muse au concert que forment ses sœurs.

Pour connaître pleinement et pour apprécier avec justesse la pensée de Le Sueur dans la composition de ces tableaux, il faut se représenter les lieux qu'ils contribuèrent longtemps à décorer.

Les peintures de Le Brun et celles de Le Sueur assurent à l'hôtel Lambert une éternelle renommée. Ces deux rivaux ornèrent, avec une glorieuse émulation, le premier, la galerie, où il représenta les Travaux d'Hercule ; le second, deux appartements renfermant le *cabinet de l'Amour* et celui *des Muses*, et une *salle*

---

[1] *Le pitt. ant. d'Ercol.*, ΕΡΑΤΩ ΨΑΛΤΡΙΑΝ, t. II, tav. 6, p. 34 et seq.
[2] Ovide représente les Muses chantant alternativement :

    Finierat voces Polyhymnia ; dicta probarunt
      Clioque, et curvæ scita Thaleja lyræ.
    Excipit Uranie, fecere silentia cunctæ.
              Fast., lib. V, v. 53 et seq.

[3] M. Visconti, *Mus. Pio-Clem.*, t. I, tav. 18.
[4] Diod. Sicul., lib. IV, c. iv. — *Le Pitt. ant. d'Ercol.*, t. II, tav. 5, p. 15.

de bains, où il peignit la nymphe Calisto, Diane et Actéon, le *Triomphe d'Amphitrite* et celui de Neptune. Ce cabinet des Muses n'avait que vingt pieds de large sur une égale profondeur. Il était sans doute destiné à des lectures et à des concerts. Au milieu du plafond, Le Sueur peignit Phaéton demandant au Soleil de lui confier la conduite de son char. Il plaça dans les voussures quatre tableaux, exécutés par Perrier, représentant *Apollon et les Muses sur le Parnasse, Apollon et Daphné, la Chute de Phaéton* et *le Jugement de Midas*. A côté de ces tableaux, et dans les angles, il peignit des Génies et des Renommées, caressant des Pégases. Ces belles figures sont des chefs-d'œuvre de dessin et de goût, et ne manquent point de vigueur dans le coloris [1]. Les cinq tableaux des Muses embellissaient le pourtour de ce charmant réduit. Ils étaient séparés par des ornements d'un genre simple, et par trente panneaux environ, où Le Sueur plaça, sur des fonds d'or, des figures d'un ton ferme, représentant des Bergers, des Fleuves et des Génies. Ces panneaux étaient distribués jusque sur les portes et dans les soubassements. Il est facile de juger combien le coloris harmonieux et fin des tableaux des Muses devait paraître doux, poétique, voluptueux, au milieu de tant de richesses distribuées sagement et de manière à le faire valoir. L'ensemble était d'autant plus noble, il produisait d'autan plus d'effet, que l'architecte, observant soigneusement une des premières lois de son art, et cédant, en quelque sorte, la place aux divinités dont il élevait le temple, avait eu le bon esprit de regarder la peinture comme l'objet principal, et n'avait cherché d'autre mérite dans le choix des accessoires que celui de faire ressortir la beauté des tableaux.

Ce cabinet subsiste encore, ainsi que la galerie, la salle ou le cabinet des bains, et toutes les peintures de Le Sueur et de Le Brun dont nous venons de parler. Grâce au bon goût des propriétaires, rien n'a été détruit, ni même endommagé [2].

[1] Elles sont peintes sur le mur, ainsi que les tableaux de Perrier.
[2] Quelques-uns seulement des panneaux du *Cabinet des Muses* paraissent avoir été repeints. On voit encore, dans le salon qui précède ce cabinet, un plafond de Le Sueur, représentant *Zéphire et Chloris*. Les tableaux des *Muses*, celui de *Phaéton*, et ceux où est représentée l'*Histoire de l'Amour*, furent achetés par M. d'Angevilliers, pour le roi, en

Nous n'oublierons point, en décrivant ce beau monument, de rendre hommage à l'illustre amateur qui l'éleva. Nicolas Lambert, surnommé *de Vermont*, et ensuite *de Torigny*, président de la seconde Chambre des requêtes du Parlement de Paris, faisait le plus noble emploi d'une grande fortune ; il jouissait des chefs-d'œuvre des arts, environné des hommes célèbres de son siècle, et répandait, en secret, de nombreux et sages bienfaits. C'est à lui que, dans son poëme sur l'Amitié, l'abbé de Villers, après avoir tracé les qualités du véritable ami, adresse des vers, à la vérité faibles de style, mais intéressants à cause des idées qu'ils rappellent, et du personnage dont ils nous peignent la délicate générosité [1].

Après la mort du président Lambert, sa maison appartint à M. du Pin, fermier général, connu par son goût pour les arts et les sciences, ami de Rameau et de Jean-Jacques. La célèbre marquise du Châtelet en fit l'acquisition, en 1739 ; elle ne pouvait, disait-elle, résister au désir extrême de l'acheter pour jouir des beaux ouvrages qu'elle renfermait, et pour loger Voltaire auprès d'elle, au milieu de ces chefs-d'œuvre. « Je veux, écrivait-elle à M. d'Argental, le 2 avril de cette même année, je veux que votre ami et moi nous puissions vivre quelque jour avec vous au palais Lambert, qui est à présent l'hôtel du Châtelet [2]. » Voltaire y fit, en effet, un séjour de plusieurs années, depuis l'an 1743 jusqu'en 1749. Il habitait la chambre *des bains*. Plusieurs fois, dans sa correspondance, il fait men-

---

1777. Ils sont tous sur bois, excepté celui de *Phaéton*, qui était peint sur le mur, et qui a été mis sur toile.

[1]
Jeune et sage Vermont, c'est là ton caractère :
C'est ainsi (car enfin je ne puis plus le taire),
Que, depuis ton enfance ayant daigné m'aimer
Tes soins à tes bienfaits ont su m'accoutumer.
O vous qui, comme lui, voulez vous rendre aimables,
Honorez toujours ceux qui vous sont redevables ;
Que jamais dans votre air on ne découvre rien
Qui fasse deviner qu'ils vous doivent leur bien ;
Que votre accueil ouvert, votre bouche discrète,
Soulage en eux le poids d'une éternelle dette ;
Qu'ils puissent, sans chagrin, sans honte, vous devoir,
Et qu'après vos bienfaits, ils aiment à vous voir.
Poésies de l'abbé de V***, éd. de 1728, p. 182.

[2] *Lettres de la marquise du Châtelet à M. d'Argental*, let. XLIII, p. 197.

tion de cette *retraite délicieuse*. Il écrivait à M. de Mairan, le 1er avril 1741 : « Je me flatte bien que nous dînerons ensemble, « un jour, dans cette belle maison consacrée aux arts, peinte « par Le Sueur et par Le Brun, et digne de recevoir M. de Mai- « ran [1]. »

Enfin, par la plus noble destinée, les *Muses* de Le Sueur, après avoir inspiré Voltaire, après avoir, en quelque sorte, présidé aux assemblées des plus grands hommes du siècle de Louis XIV et du siècle de Louis XV, ont aujourd'hui établi leur demeure dans le palais de Saint-Cloud, dans ce palais qui est devenu le centre du monde. Ecoutons encore Hésiode : « Abandonnant le « mont Piérie qui les vit naître, les Muses montent, en chantant, « au sommet de l'Olympe : la terre retentit sous leurs pas ca- « dencés ; elles arrivent auprès de leur père. Une lumière écla- « tante l'environne ; la foudre est dans ses mains ; il distribue « à son gré les honneurs et les trônes. Leurs chœurs infatiga- « bles célèbrent devant lui ce qui est, ce qui fut, ce qui sera. « Par lui commencent, par lui finissent leurs cantiques. Elles « chantent les lois des nations, les mœurs non moins puissantes « que les lois, d'où dépend le bonheur des hommes, les majes- « tueuses assemblées et la sagesse des immortels. Tel est le « sujet éternel des chants mélodieux des neuf Muses, filles de « Jupiter, Clio, Euterpe, Thalie, Melpomène, Terpsichore, Erato, « Polymnie, Uranie et Calliope. Leurs hymnes répandent la joie « dans le vaste palais du dieu qui régit l'univers [2]. »

LE CHRIST A LA COLONNE.

Quand on se représente les nombreuses difficultés que put surmonter Le Sueur pour s'élever au rang distingué qu'il occupe parmi les peintres les plus célèbres ; quand on se rappelle qu'il se forma dans une école où l'exemple séduisant du maître n'était

---

[1] *Recueil des lettres de Voltaire*, t. LIII de ses œuvres, let. CLXV. On peut voir aussi une lettre adressée à Lefranc de Pompignan, le 14 avril 1739, *ibid.*, let. XCIX.
[2] Hésiod., *Theog.*, vers. 36 ad 79.

propre qu'à l'égarer, qu'il ne vit jamais l'Italie, qu'il mourut à trente-huit ans; et quand, d'une autre part, on se retrace tant de beaux ouvrages, où il s'est montré l'émule du Poussin, l'émule de Raphaël lui-même, peut-on trop applaudir à ses efforts et à son génie? Ce grand peintre nous offre, dans la suite intéressante de ses travaux, deux différentes manières. Eminemment doué des qualités les plus indispensables dans les arts, je veux dire de ce sentiment vif, de ce coup d'œil juste, qui ne manquent jamais de se développer dès les premières études, et qui disposent l'élève, encore docile, à rendre avec fidélité, soit les formes, soit le coloris de ses modèles, quels qu'ils puissent être ; il saisit d'abord la manière de Vouet, de même que Raphaël s'était approprié celle du Pérugin. Mais il fut, en cela, bien moins heureux que Raphaël. Le Pérugin, en communiquant à son élève son style simple et vrai, en l'habituant à copier religieusement les traits, tantôt d'un dessin ou d'un tableau, tantôt de la nature vivante, enseignait, à l'enfant ingénieux dont il dirigeait les travaux, l'art d'observer, l'art de composer, l'art de choisir; car ces trois opérations sont, pour tout esprit juste et réfléchi, une suite nécessaire l'une de l'autre. En exerçant son crayon, il formait son goût; il le préparait à imiter, à égaler les chefs-d'œuvre des Grecs, aussitôt qu'avec des yeux exercés et une main sûre il pourrait tenter sans danger d'en transporter dans ses ouvrages les beautés sublimes. Déjà, dans des traits fidèles, naïfs et expressifs, on pouvait prévoir la grandeur future du prince de l'Ecole romaine. Vouet, au contraire, bien qu'il ne fût pas dépourvu de tout mérite, peintre négligent et maniéré, ne donnant au jeune Le Sueur que le fatal exemple d'un faire expéditif, d'un coloris systématique, d'un dessin dénué tout à la fois de vérité, de nerf et de grandeur, habituait son élève à une routine qui semblait l'éloigner pour jamais de la nature, et, par conséquent, de l'antique. Les premiers ouvrages du peintre français offrirent souvent cette expression douce et vive, qui est un des traits les plus remarquables de son caractère ; mais on y reconnaît en même temps le dessin, le coloris et quelquefois le système de composition de Vouet. Ce ne fut que par des études pénibles et de constants efforts, que ce grand maître, destiné à offrir encore une fois parmi les modernes tout ce qu'une sensibilité profonde, des pensées nobles, des grâces naturelles et un goût exquis peuvent produire de plus accompli dans la peinture, se délivrant des entraves que l'éducation lui avait imposées, s'élança dans la route qui seule conduit à la perfection; et la mort l'atteignit, au moment où la France allait avoir son Raphaël.

Le tableau représentant la Flagellation, ou *le Christ à la colonne*, ouvrage de sa jeunesse, ressemble si bien aux productions de Vouet, que si la tradition qui l'attribue à Le Sueur était moins constante, on pourrait le croire de la main de son maître. Les formes du Christ, que l'on retrouve dans plusieurs ouvrages de Vouet, la pose de cette figure, la tête penchée qui se montre de profil, les attitudes peu naturelles des bourreaux, les contours outrés et incorrects de leurs muscles, un coloris faux, blafard dans la figure du Christ, rouge et jaunâtre dans les trois autres; tous ces différents traits semblent annoncer la main de ce peintre célèbre, à qui la France a eu sans doute des obligations, mais qui fut plus utile à ses élèves par l'émulation qu'il sut leur inspirer, que par ses leçons et par ses exemples. La tête du Christ offre cependant de l'intérêt. C'est dans ses rapports avec l'histoire de l'art, que cet ouvrage mérite une attention particulière. Il nous prouve combien les élèves les plus illustres de Vouet, Le Sueur, Le Brun, La Hire, sont dignes d'éloges, pour avoir acquis, en recevant les mêmes leçons, le caractère original, ferme, noble, gracieux, qui les distingue les uns des autres, et qui les fait tous distinguer d'avec leur maître. Il marque, en même temps, l'intervalle immense qui sépare les ouvrages de Le Sueur, faits sous la direction ou l'influence de Vouet, d'avec les chefs-d'œuvre produits par son propre génie, tels que les tableaux représentant *les Muses*, l'Histoire naïve et sublime de saint Bruno, le *Martyre de saint Gervais et de saint Protais*, celui de saint Laurent, la *Messe de saint Martin, la Prédication de saint Paul à Éphèse*, peintures admirables, pleines de sentiment, de science et de goût, sujet d'un juste orgueil pour l'Ecole française.

SAINT PAUL PRÊCHANT A ÉPHÈSE.

L'imitateur, l'émule de Raphaël, le naïf et sublime Le Sueur nous fait reconnaître, dans ce beau tableau, toute la profondeur de son savoir, toute la délicatesse de son goût, toute l'élévation de son génie. Est-ce Le Sueur, en effet, est-ce Raphaël lui-même, qui a tracé cette noble composition? Que de richesse, de mouvement, de chaleur, et tout à la fois quel accord, quelle unité, quelle majesté dans l'ensemble! Comme la disposition de chaque groupe est heureuse! Comme les plans sont variés, et toutes les parties habilement enchaînées l'une à l'autre! L'esprit est frappé, au premier aspect, par l'action de chaque figure, par le beau caractère des têtes, par le large développement des draperies; il ne l'est pas moins par l'éclat et la transparence du coloris, et par cette harmonie douce, qu'on admire dans tous les ouvrages de Le Sueur, et qui est un des traits caractéristiques de cet aimable et savant artiste.

Le temple de Diane, *de la grande Diane des Ephésiens* [1], reconnaissable à une statue qu'on voit dans le *pronaos* et à la teinte verte des colonnes, et placé à droite dans le fond du tableau, indique la ville où se passe la scène. A gauche, est un de ces portiques où les philosophes grecs avaient coutume de se réunir et de disputer entre eux sur leur doctrine. C'est sur les marches de ce portique, que saint Paul, environné d'une partie du peuple d'Ephèse, parle au nom du Dieu qui l'inspire. L'étonnement, l'attendrissement que produisent ses paroles, se manifestent sur le visage et dans le geste de tous les spectateurs; l'enthousiasme est général. L'un écrit avec avidité les paroles de l'apôtre; l'autre, en attachant ses regards sur lui, met en pièces le livre dont il reconnaît désormais les erreurs; un troisième, chargé de manuscrits, et fléchissant sous le poids, va les précipiter, auprès d'un esclave qui, à genoux et soufflant sur la flamme naissante, embrase déjà ceux dont il est environné. Tous les personnages

---

[1] *Act. apost.*, c. xix, v. 19 et 28.

charment les regards par la grâce et la naïveté de leurs mouvements, autant qu'ils intéressent par l'émotion dont on les voit pénétrés.

La figure de saint Paul, celle de l'esclave, et les autres figures principales, élevées sur des plans différents, sont en même temps distribuées sur le contour d'une ligne elliptique : cette savante disposition met dans l'ensemble une grandeur et une simplicité imposantes.

Le lieu de la scène est vivement éclairé dans le fond. Le temple de Diane présente des tons argentins et transparents; le portique, placé dans la partie opposée, une grande masse d'ombres. La lumière qui frappe sur le devant du tableau produit, parmi les ombres du portique, des reflets piquants. La figure de saint Paul est debout, vers le centre de la composition, devant une colonne qui la fait paraître plus lumineuse. La tête s'élève jusqu'à la partie brillante du ciel qu'on découvre entre les deux édifices. Suivant l'usage établi par les anciens peintres, le saint apôtre est vêtu d'une tunique verte et d'un manteau rouge. Les deux figures placées vers son bras droit portent des vêtements jaunes et oranges; celle qui descend, à sa gauche, les marches du portique, a un manteau rouge et violâtre, et une tunique d'un vert clair : ces tons différents s'accordent avec ceux de la figure principale et en relèvent l'éclat. Le vieillard chargé de manuscrits, et le philosophe qui déchire son livre, placés aux deux extrémités du grand diamètre de l'ellipse, se font remarquer tous les deux par des manteaux bleus brodés en or; le premier, particulièrement, par une tunique d'un jaune pâle; le second, par une tunique orange, qui porte sur l'azur du manteau des reflets violets. La figure inclinée devant saint Paul, et destinée à lier les teintes et les lumières du premier plan avec les teintes du second, a un manteau blanc et une tunique mélangée de jaune et de bleu foncé. Sur l'épaule et le bras, où éclate une large lumière, le jaune domine. Cette association de deux couleurs sur la même draperie, qu'on pourrait regarder ailleurs comme un abus, sert ici à compléter l'harmonie générale : le ton doré que l'artiste a jeté sur des teintes azurées, vues presque entièrement dans l'ombre, soutient la lumière, met de l'accord entre les couleurs environnantes, et relève la figure de saint Paul, en laissant briller celles des deux philosophes [1].

Peut-être les mains et les pieds de quelques figures ne sont-ils pas terminés avec assez de soin ; mais comment s'arrêter à ce défaut, quand on admire tant de beautés, et dans les têtes, et dans les draperies, et dans la composition, et dans l'expression ? Quel que puisse être le mérite de notre remarque, ce tableau n'est pas moins un des plus beaux ouvrages de l'Ecole française, et un des chefs-d'œuvre de la peinture [2].

LE BRUN. 1619-1690.

LE SILENCE.

Peu d'artistes ont joui, auprès des souverains dont ils ont illustré le règne, d'un crédit aussi soutenu, d'une existence aussi brillante, que Charles Le Brun à la cour de Louis XIV. Les bienfaits dont le prince combla ce grand artiste, la bonté constante avec laquelle il daigna l'accueillir, offrent un rare exemple de l'estime que les monarques éclairés accordent aux beaux-arts, de la noble égalité qui peut s'établir entre l'héroïsme et le génie, entre un roi qu'immortalisent les grandes actions et un sujet respectueux, capable de les célébrer.

Charles Le Brun naquit à Paris, le 22 mars 1619. Son père était sculpteur. Son bisaïeul avait été attaché à Marie Stuart d'Ecosse, en qualité de gentilhomme. Des talents précoces assurèrent de bonne heure sa fortune. A l'âge de dix ans, instruit par son

---

[1] Le choix des couleurs qu'il fallait donner aux draperies de cette figure présentait quelques difficultés. Le Sueur les a-t-il vaincues, en faisant la tunique bleue ? C'est ce que nous n'examinerons point ; mais l'idée de jeter du jaune sur le bleu est certainement heureuse. Au surplus, l'emploi des étoffes mélangées n'est pas nouveau dans la peinture, Raphaël en a donné l'exemple.

[2] Il était placé autrefois dans l'église de Notre-Dame. Il porte le nom de Le Sueur, et la date de 1649.

père, il exécuta, en bois, une figure de Bacchus, qu'on jugea digne d'être moulée. Le chancelier Séguier, l'ayant vu dessiner, lui accorda une pension, et le plaça dans l'atelier de Vouet. A peine dans cette école, le jeune Le Brun composa un dessin où il représenta Louis XIII à la tête de son armée. Le chancelier, charmé des talents qu'il manifestait dans cet ouvrage, le logea dans son hôtel, et, dès ce moment, il ne cessa de le traiter comme son fils. A quinze ans, Le Brun excita l'étonnement des artistes, par les portraits de son père et de son aïeul. A seize ou dix-sept, il fit un tableau de plusieurs figures grandes comme nature, qui représentait Hercule assommant les chevaux de Diomède, roi de Thrace[1] : ce tableau parut mériter d'être placé à côté des ouvrages des plus grands maîtres. A la fin de l'année 1642, le chancelier l'envoya continuer ses études à Rome, et lui rendit encore un service plus grand, en le recommandant au Poussin, qui venait de s'exiler de la France. Eloigné de sa patrie pour toujours, Le Poussin eut la satisfaction de lui être encore utile, en formant un élève dont il avait déjà apprécié les talents, et prédit la gloire : il ne lui cacha, suivant les termes de Lépicié, aucun des secrets de son art[2].

Le Brun revint en 1646. Il fut accueilli de nouveau par son bienfaiteur, avec une affection qui ne se démentit jamais, et qui fut très-utile à son crédit[3]. Bientôt les peintures de l'hôtel des premiers présidents, celles des hôtels de Jars, d'Aumont, de Bouillon, de Lambert et du séminaire de Saint-Sulpice, lui donnèrent l'occasion de développer ses rares talents pour les grandes compositions historiques et pour l'allégorie. Sa gloire s'accrut avec rapidité. Fouquet voulut se l'attacher ; il lui donna une pension de 12,000 livres, outre le payement de tous ses ou-

---

[1] Lépicié, *Vie des prem. peintres du roi*, t. I, p. 6, 7 et 8. — Le tableau représentant *Diomède* faisait partie de l'ancienne galerie du Palais-Royal.

[2] Lépicié, *ibid.*, p. 10. — Le Brun, dans Félib., *Entret.*, sixième conférence, t. V, p. 401.

[3] Un jour qu'on félicitait le chancelier Séguier sur le succès de l'éducation qu'il avait donnée à Le Brun, il répondit modestement : « Je n'ai « d'autre mérite en tout cela, que d'avoir ôté de dessus cette belle plante « une pierre qui aurait pu l'empêcher de croître. » Flor. Lecomte, *Cab. d'archit.*, t. III, p. 157.

vrages. L'élévation du génie de ce grand peintre, l'abondance de ses idées, la noblesse de son style, ne pouvaient manquer de plaire à Louis XIV, appréciateur délicat de tout ce qui réunissait la grandeur et la grâce. Ce prince lui demanda un tableau, et lui laissa le choix du sujet. Le Brun exécuta la belle composition que l'on appelle *la Tente de Darius*. Cet ouvrage excita l'admiration du monarque. Dès ce moment, fut acquise à Lebrun la haute faveur dont l'honora Louis XIV, et que la jalousie et l'intrigue ne purent, en aucun temps, lui faire perdre. Tout le monde connaît les beaux ouvrages qu'il composa pour la gloire de son roi. A ses rares talents pour la peinture, cet habile artiste joignait des connaissances littéraires très-variées, une conversation spirituelle, des manières nobles : ces qualités contribuèrent à son élévation. Comblé de biens et d'honneurs, il fut, en même temps, premier peintre du roi, garde des tableaux et des dessins du Cabinet, intendant des manufactures des Gobelins et de la Savonnerie, chargé de diriger tous les ouvrages de peinture et de sculpture faits pour l'embellissement des maisons royales, et, ce qui ne dut pas moins le flatter, admis journellement dans la société intime du prince. L'empire que lui donnaient tant d'emplois différents eut, il est vrai, de graves inconvénients pour les progrès des arts ; mais les écrivains contemporains s'accordent à dire qu'il n'en abusa jamais pour humilier ses confrères. Il faut croire aussi que ces inconvénients ne furent aperçus ni de Louis XIV ni de lui. Cet homme célèbre mourut à soixante-onze ans, dans toute sa gloire.

Le tableau appelé *le Silence*, représentant le sommeil de l'Enfant Jésus, est composé d'un seul groupe, dont la forme triangulaire n'est pas heureuse. Les têtes ont un beau caractère ; le faire est moelleux. Ce tableau appartenait autrefois au roi.

LE BÉNÉDICITÉ.

Suivant un usage consacré par les institutions de Moïse, les Juifs anciens, comme ceux d'aujourd'hui, lorsqu'ils commençaient ou qu'ils finissaient leur repas, remerciaient Dieu *de ce qu'il les nourrissait de ses biens*[1]. C'était le père de famille, ou le personnage le plus qualifié, qui prononçait l'invocation, à laquelle tous les assistants devaient répondre. Dans les deux occasions où Jésus-Christ multiplia les pains et les poissons, dont il nourrit le peuple qui l'avait suivi dans le désert, les évangélistes le représentent, constant observateur de la loi, *levant les yeux au ciel*, et bénissant les mets sur lesquels s'opéra le miracle de cette multiplication[2]. Cet usage des Juifs, confirmé par l'exemple du Sauveur, a offert à Le Brun le sujet d'une de ses compositions les plus ingénieuses ; mais une pensée neuve, agréable, et dont nous devons lui savoir gré, c'est d'avoir transporté à Jésus enfant cette action de bénir la table, que l'Evangile lui attribue dans un âge plus avancé, et d'avoir ainsi rappelé, dans une image riante, l'origine du *Bénédicité* des chrétiens.

Noble, grand, fécond en idées poétiques, lorsqu'il embrasse les sujets les plus vastes ; plein de jugement et d'énergie, quand il exprime les actions les plus vives et les passions les plus véhémentes, Le Brun a prouvé, dans un grand nombre de ses ouvrages, et plus particulièrement encore dans celui-ci, qu'il était capable de traiter avec le même succès des sujets simples et en apparence stériles ; qu'il savait rendre ses personnages intéressants, en ne leur attribuant que des sentiments religieux et affectueux ; il a prouvé qu'il réunissait, à des pensées élevées et quelquefois sublimes, ce tact fin, ce goût délicat, qui saisit toutes les nuances des affections les plus douces ; qui, dans chaque situation, apprécie toutes les convenances, et qui est lui-même un don du cœur autant qu'une faculté de l'esprit.

Ce grand maître a supposé que Jésus commençait un de ces repas de l'enfance, où les parents assistent souvent, mais sans y prendre part. Cette idée lui a donné le moyen de distinguer les rangs qui appartenaient à chaque membre de la Sainte Famille. L'Enfant Jésus seul est à table ; il est élevé sur un lit, ce qui donne à son attitude de la noblesse et de la grâce ; une lumière éclatante colore son visage, son manteau blanc et la table

---

[1] *Deuter.*, c. viii, v. 10. Dom Calmet, *Comment.*, *ibid.*
[2] *Evang. S. Matth.*, c. xiv, v. 19, etc.

frugale sur laquelle il appelle la bénédiction du Ciel. La Vierge est assise auprès de lui, mais placée dans la demi-teinte et sur un plan un peu reculé. Saint Joseph, uni à Jésus par des nœuds moins étroits, est représenté debout, à une plus grande distance, et appuyé sur un meuble grossier. L'habile artiste a donné à chaque personnage une expression vive et intéressante. La tête du Sauveur n'offre pas le grand caractère que Raphaël y aurait imprimé; elle se fait admirer par un air de candeur, par une finesse et un esprit, qui ont aussi quelque chose de divin; on voit dans les regards de cet enfant mystérieux le transport religieux qu'il éprouve; il a rapproché ses mains l'une de l'autre en commençant sa prière, mais, entraîné vers son père céleste, il ne les joint pas entièrement; l'idée du Dieu qu'il invoque absorbe toutes les puissances de son âme. La Vierge regarde son fils avec un sentiment mêlé d'admiration, d'amour et de respect; elle semble prête à l'adorer. A l'étonnement de saint Joseph se mêle l'expression d'une amitié tendre. La scène est calme, et cependant pleine de chaleur.

La draperie de saint Joseph est noblement développée; la tête est peinte avec esprit. Malgré le mérite de cette figure, l'ensemble du coloris a peu de vigueur; on dirait presque que l'artiste n'y a pas mis la dernière main. Il faut pardonner à Le Brun, dans cette occasion, ainsi que dans beaucoup d'autres, une négligence, que la précipitation avec laquelle il était forcé d'exécuter ses ouvrages dut souvent occasionner. Beaucoup de tableaux sont peints avec plus d'art que celui-ci; mais il doit jouir d'un rang distingué, si l'on considère le sentiment et le goût qui caractérisent la composition[1].

[1] Ce tableau était placé autrefois à Paris, dans l'église de Saint-Paul. Le Brun le peignit dans les quinze premières années qui suivirent son retour d'Italie, c'est-à-dire entre l'année 1646 et l'année 1661, qui est celle où il commença ses grands travaux pour le roi. Gérard Edelinck l'a gravé (gr. in-f°) en 1704. On lit sur l'estampe cette inscription : « Le « tableau original, peint par M. Le Brun et gravé par le chevalier Ede- « linck, appartient à MM. les compagnons charpentiers de la Con- « frérie de Saint-Joseph, érigée en l'église de Saint-Paul, à Paris. » Il est possible que de fréquents lavages aient altéré le coloris.

PIERRE PATEL. 1620-.....

UN PAYSAGE AU SOLEIL COUCHANT.

La renommée, ainsi que la fortune, paraît souvent aveugle et capricieuse. De même qu'il est dans les arts des réputations usurpées, il est des maîtres qui n'obtiennent jamais de leur vivant toute la gloire qui leur est due ; il en est aussi que la postérité semble oublier après leur mort, et dont à peine nous prononçons les noms, même en admirant leurs ouvrages ; parce que, malgré leur mérite, ils n'ont point trouvé de panégyristes qui les aient dignement célébrés. Pierre Patel, un de nos plus habiles peintres de paysages, est de ce nombre. La plupart des biographes qui ont écrit la vie des artistes français, Florent Le Comte, de Piles, Dandré-Bardon, Moréry, d'Argenville, n'en ont pas fait mention. Les auteurs du nouveau *Dictionnaire historique* n'ont parlé de lui, que pour dire qu'ils ignorent le temps où il a vécu. Félibien lui-même n'en a dit qu'un seul mot, et ce mot renferme une critique excessivement sévère et peu méritée : Patel, dit-il, *a fait des paysages très-agréables ; sa manière était finie et un peu sèche*[1].

Cet artiste dut naître vers l'an 1620 [2] ; il fut contemporain de Le Brun, de Le Sueur et de La Hire, et paraît avoir été leur ami. Il y a lieu de croire qu'il fut comme eux élève de Vouet. Le coloris de ses tableaux ressemble beaucoup à celui de Le Sueur et de La Hire, qui rappellent eux-mêmes le faire de leur maître. Il fut employé, avec Romanelli, à la décoration de l'appartement d'Anne d'Autriche, dans les salles du Louvre qui forment au-

---

[1] Félibien, *Entretiens*, t. IV (in-12), p. 426.
[2] On a quelquefois confondu Pierre Patel, que nous appellerons Patel *le vieux*, avec Bernard Patel, son fils, surnommé *le tué*, parce qu'il fut tué, ou se tua lui-même, à ce que l'on dit, en 1703. Le faire de ces deux maîtres est différent. Bernard est inférieur à son père ; il compose bien ; mais sa touche manque de moelleux, et son coloris est quelquefois noir.

jourd'hui le Musée des antiques. Le président Lambert le choisit pour orner de peintures, conjointement avec Le Brun, Le Sueur, Perrier, Romanelli et Hermann Swanevelt, la belle maison ou plutôt le temple qu'il éleva à la gloire des arts dans l'île Saint-Louis. Patel peignit, dans cet hôtel, sur des panneaux de bois, une partie des paysages qui ornaient la pièce appelée le *cabinet de l'Amour*, et que l'on conserve aujourd'hui dans le Musée Napoléon. Un connaisseur, de qui les jugements méritent la plus grande confiance, pense que les paysages des tableaux des *Muses* sont de sa main [1]. Si ce fait est vrai, il doit suffire à l'éloge du maître que Le Sueur s'était associé. Les paysages qui forment le fond de ces charmants tableaux sont dignes, en tout, du rare mérite des figures.

Pierre Patel doit être considéré comme un des plus habiles imitateurs de Claude Lorrain. Ses compositions sont riches, étendues et bien contrastées. Il les embellit par des monuments d'architecture d'un beau style, peints avec un art infini. Son coloris est brillant, harmonieux et suave; son pinceau, souple et moelleux [2]. Quelquefois il jette dans ses tableaux un peu trop de détails; c'est par là seulement qu'il a pu mériter, à quelques égards, le reproche exagéré que lui a adressé Félibien [3].

Le tableau que nous examinons est bien composé; l'ordonnance en est grande; le site est riant. Le monument qui s'élève sur le côté gauche est un modèle de noblesse et de goût. Les teintes grises et verdâtres du marbre, échauffées par les rayons du soleil couchant, offrent des reflets piquants; on y admire la finesse et la transparence qui n'appartiennent qu'aux plus grands coloristes; la touche est légère et délicate. Jamais on ne dessina mieux et on ne peignit mieux l'architecture. Les branches d'arbres qui paraissent au-dessus du monument forment, avec les ruines anti-

[1] Cette opinion est de M. Le Brun. — D'Argenville dit, en général, en parlant de Le Sueur, que *Patel faisait le paysage de ses tableaux. Abrégé de la vie des plus fameux peintres*, t. IV, p. 111.
[2] Plusieurs de ses tableaux, transportés en Angleterre, y ont été habilement gravés par Vivarès, et méritent d'être joints à la belle collection des gravures que ce maître a exécutées d'après Claude Lorrain. — Le Charpentier a aussi gravé d'après lui.
[3] Ses teintes sont quelquefois bleuâtres. Ce défaut est un effet du temps et de la force de l'outremer, qui survit, comme on le sait, aux autres couleurs.

ques, un heureux contraste. Le fond est clair et vaporeux ; le ton général, argentin et doré, imite bien le coloris dont se peint la nature dans une belle soirée. Peut-être y a-t-il trop de détails dans les plantes et dans les terrains ; peut-être les deux arbres placés sur le devant, à droite et à gauche, sont-ils d'une teinte un peu trop brune ; mais l'ensemble n'est pas moins harmonieux.

Quelques personnes croient reconnaître dans les figures le pinceau de La Hire. Elles représentent Jochabed exposant le jeune Moïse sur les bords du Nil.

Rendons une pleine justice à Pierre Patel, et invitons nos historiens à lui accorder une place distinguée parmi les peintres de paysages qui ont le plus honoré l'École française.

UN PAYSAGE AU SOLEIL LEVANT.

Le compagnon de travaux de Le Sueur, Pierre Patel, à qui nous avons déjà rendu hommage, nous offre dans ce tableau la vue d'un riche paysage, frappé par les rayons du soleil levant. A gauche, sur le premier plan, s'élève un groupe d'arbres, dont les rameaux sont souples et légers, et dont les pieds paraissent enfermés dans les pans d'un vieux mur. A droite, se font admirer les ruines d'un temple. Un lac sépare ces deux parties principales, et oppose la fraîcheur de son onde aux tons roussâtres des marbres qui gisent sur ses bords. La campagne, qu'on voit dans le fond, est étendue et variée ; des touffes de bois, des habitations, une colline peu éloignée, des montagnes dans le lointain, y présentent des lignes heureuses et un beau mouvement. Sur le devant, deux personnages, l'un jeune, l'autre d'un âge avancé, vraisemblablement Tobie et son fils, s'occupent d'inhumer un homme mort.

Ce tableau est remarquable, comme la plupart des ouvrages de Pierre Patel, par la noblesse et l'élégance répandues dans la composition. L'ensemble appartient au genre héroïque ; toutes les parties inspirent de l'intérêt. Souvent employé par les grands, Patel semble avoir adopté l'idée générale de leur retracer des objets conformes à leurs goûts, en recherchant cependant de beaux effets pittoresques. Il aime à peindre des lieux embellis autrefois par tous les efforts de l'art, de riches édifices déjà frappés par la main du temps ; des jardins bouleversés, mais dont on peut reconnaître encore la magnificence et l'étendue. Tel est le caractère que nous retrouvons dans cet ouvrage. Le monument d'architecture, orné de marbres et de bas-reliefs, forme une masse majestueuse. On sent la direction des larges terrasses que les eaux ont envahies. Tous les détails du monument sont de bon goût. Une lumière abondante et gaie anime le paysage, se joue dans les contours des colonnes, dans les bouquets verdoyants qui en surmontent le faîte, sur la surface du lac, dans les arbres dont les branches se peignent au milieu des eaux. Les tons doux et suaves des bois se lient harmonieusement avec les teintes dorées de l'architecture ; les tons de l'architecture, avec l'azur et le vermeil du ciel. Le coloris a le même degré de mérite que celui du tableau représentant un soleil couchant, dont nous avons parlé en dernier lieu ; on y voit ce que la nature dut présenter au peintre dans l'instant où il la considérait, moins d'éclat, plus de fraîcheur ; les devants offrent une égale fermeté ; les lointains, une légèreté également remarquable.

Ces deux tableaux, destinés à servir de pendant l'un à l'autre, furent peints pour Anne d'Autriche, et placés dans l'appartement de cette princesse, qui fait aujourd'hui partie du Musée des antiques. Les figures présentent des sujets religieux. Nous avons vu, dans le précédent, Moïse exposé sur les bords du Nil : ce fut une idée encore plus heureuse de peindre, auprès d'un monument tombant en ruines, Tobie et son fils qui rendent les derniers devoirs à un mort. C'est ainsi qu'un homme de talent sait accroître l'effet de ses compositions par le choix des accessoires, et offrir à l'esprit des sujets de méditations, tandis qu'il charme les regards par de vives images des beautés les plus nobles et les plus riantes des campagnes[1].

Heureux imitateur de Claude Lorrain, Pierre Patel se montre,

---

[1] Quelques personnes, ainsi que nous l'avons dit en parlant du tableau précédent, croient les figures de la main de La Hire ; d'autres les don-

dans ce tableau comme dans tous ses ouvrages, un des paysagistes les plus distingués entre tous ceux qui ont marché sur les traces de ce grand maître.

JOSEPH VERNET. 1714-1789.

LA TEMPÊTE.

On raconte que Vernet, en allant à Rome, dans sa jeunesse, éprouva, sur la Méditerranée, une violente tempête. Son navire, battu par les vents, fut sur le point d'être englouti. Le spectacle des mers courroucées, l'agitation, la frayeur des matelots, l'aspect sinistre du ciel, agitèrent puissamment le génie du jeune artiste : rempli d'admiration, il se fit attacher à un mât, et, se livrant au plaisir de contempler le tableau sublime qui frappait ses regards, il en imprima toutes les beautés dans sa mémoire avec des traits ineffaçables. Ce moment décela ses dispositions naturelles. Il s'était appliqué jusqu'alors à peindre l'histoire; il allait à Rome pour continuer ses études dans ce genre sévère dont la grandeur l'avait d'abord charmé; un sentiment plus vif lui inspira une résolution nouvelle : l'image des flots irrités, sans cesse présente à son esprit, devint le sujet favori de ses compositions. Le jeune Vernet fut bientôt un des plus habiles peintres de marines, dont l'Europe moderne puisse se glorifier.

Les belles campagnes de Rome l'invitèrent à étudier l'art du paysage. Il peignit avec succès les vues majestueuses du Tibre, les fraîches cascades de Tivoli. Sa main féconde sut représenter de riantes matinées, de beaux soleils couchants, des brouillards épais, des vallées resserrées, de vastes terrains. On voit en lui tour à tour l'émule du Guaspre, de Claude Lorrain et surtout de Salvator Rosa, pour lequel il eut toujours une prédilection très-

---

nent à Patel lui-même, qui en a peint souvent où l'on trouve beaucoup de mérite. Cette dernière opinion nous paraît la plus vraisemblable. Au surplus, l'exécution pourrait être de La Hire, et la pensée de Patel.

marquée. Mais la nature l'avait destiné à être le peintre des mers. Quelle variété, quelle chaleur, quelle magnificence dans la composition de ses belles marines! Que d'esprit, que de feu dans les nombreuses figures dont il les enrichit! Il a su, dans ce genre de peinture, où souvent il fut obligé de représenter les objets avec une fidélité scrupuleuse, il a su réunir, à la vérité du portrait, à l'énergie des effets pittoresques, l'intérêt qu'on cherche principalement dans les tableaux d'histoire; il a créé, en quelque sorte, un genre nouveau. Il n'est point d'accident produit par les tempêtes, qu'il n'ait imité avec une vérité effrayante. C'est lorsqu'il peint le soulèvement, le bouillonnement des eaux noircies par l'ombre des nuées; les vents, la pluie, la foudre conjurés pour désoler l'empire de Neptune; des nuages obscurs, déchirés par l'ouragan, laissant échapper de leurs flancs entr'ouverts des gerbes éclatantes de lumière; un vaste incendie éclairant la surface des mers, au milieu d'une nuit profonde; des vaisseaux qui se brisent contre des écueils, des hommes suspendus à des cordages, pressés dans des esquifs, luttant avec courage contre la furie des éléments; c'est alors que son talent se manifeste avec le plus d'énergie. S'il peint un riche paysage, un ciel chaud et pourpré, une mer tranquille, ses tableaux ne cessent point d'être admirables, mais on ne peut s'empêcher de se rappeler quelques grands maîtres qui, jusqu'à présent, paraissent inimitables; s'il représente, au contraire, les mers telles qu'il les avait admirées, attaché au mât de son navire presque submergé, s'il les peint dans ce désordre poétique, nous pouvons le dire, il n'a point d'égal.

A la beauté de la composition, dont nous ne saurions parler avec trop d'éloges, le tableau dont nous parlons ici, joint le mérite d'un coloris piquant, riche et harmonieux. Jamais Vernet lui-même ne peignit le tumulte des mers, d'une manière plus savante et plus vraie. Pour apprécier justement ce beau tableau, il faut se rappeler les tons gris et noirs des nuées qui dérobent le ciel, et l'éclat du rayon qui les traverse; les teintes jaunes et rougeâtres du rocher, contre lequel on voit bondir une vague écumeuse; l'ombre qui tombe sur la grande montagne, les tons dorés de celle qu'on aperçoit dans le lointain; il faut se représenter principalement les teintes sombres et vertes des flots, diversement éclairés, qui se culbutent sur le devant du tableau, l'écume qui les blanchit, les effets de la vase qu'ils soulèvent, et l'opposition que forment, avec ces tons verdâtres, les chairs nues, les vêtements rouges, bruns, azurés, de ces mariniers qui s'efforcent de tirer leur bateau vers la terre, malgré la résistance du vent et des flots, et de qui l'action est si vive, de qui les poses sont si naturelles. Quatre roches, couchées parallèlement sur le rivage, présentent peut-être un léger défaut : les beautés sont innombrables.

Ce tableau vient de la collection du Stathouder. Le coloris doit faire croire que Vernet le peignit dans son meilleur temps.

UNE MARINE AU SOLEIL COUCHANT.

Nous comparions, dans une notice précédente, Bakhuizen à Vernet : Bakhuizen, disions-nous, semble ordinairement avoir choisi ses sites, du milieu même des mers; les rivages sont dans le lointain ; Vernet, au contraire, se plaît à saisir du rivage les contours des côtes voisines, et les effets pittoresques des eaux qui se déploient au loin dans le golfe ouvert devant lui. Le tableau soumis aujourd'hui à notre examen nous offre un nouvel exemple de ce genre de composition, familier à Vernet. L'artiste paraît l'avoir dessiné, sur la nature, dans une soirée d'automne. On dirait que l'orage a grondé récemment ; le ciel est encore chargé de vapeurs ; le soleil, à la fin de sa course, cache une partie de son disque blanchi, derrière des nuages amoncelés vers l'horizon. Un large bassin, qui semble devoir appartenir à la Méditerranée, remplit le milieu du tableau. A gauche, dans le premier plan, sous une roche ornée de verdure, est une grotte où l'on aperçoit le bateau d'un pêcheur; au delà, s'élèvent des fortifications, et plus loin, derrière une jetée, une forêt de mâts qui annoncent un port considérable. A droite, on voit la poupe d'un petit bâtiment dont la vergue monte jusqu'aux cieux, et des collines presque voilées par les brouillards. Sur les devants, de nombreux matelots sont partout en mouvement. Un navire, peu éloigné du rivage, et quelques chaloupes flottent sur les eaux tranquilles. La scène est fermée par la barrière que les nuages opposent aux rayons inclinés de l'astre du jour.

L'ordonnance est simple et grande. L'œil se porte d'abord sur le disque du soleil et sur les ondes où il est réfléchi. Les terrains, les fortifications et le navire placé à droite, se rangent, autour de ce dernier plan lumineux, sur une ligne à peu près elliptique : de là, dans l'ensemble, une unité parfaite ; de là, une tranquillité qui correspond à l'état de calme où l'artiste a voulu représenter le ciel et les mers. Tous les détails sont conçus avec esprit, disposés avec goût. Ce n'est pas sans intention, par exemple, que le peintre a rapproché l'un de l'autre les quatre matelots qui, dans une même attitude et avec efforts, remettent à flot leur barque engravée ; l'ombre ferme qu'ils présentent, ainsi réunis, ajoute à l'éclat des eaux, et fait briller encore les lumières qui se dégradent à des distances différentes ; il en est de même des pêcheurs qui reploient leurs filets, et de chaque objet comparé à ce qui l'avoisine. Le ciel n'est pas peint avec moins d'habileté que les terrains ; les masses nébuleuses des devants éclaircissent et repoussent les vapeurs lointaines ; les nuages élevés forment une voûte immense et majestueuse au-dessus du trône du soleil.

Tel était le génie de Vernet : jamais il ne se montrait plus mâle que lorsqu'il embrassait un plus vaste ensemble ; il paraissait s'agrandir avec ses sujets. Les compositions de cet habile maître sont toujours riches, originales, imposantes. Sous quelque aspect, dans quelque état qu'il considère la nature, il saisit ce qu'elle offre de plus prononcé. Peint-il des tempêtes, nous osons le répéter, il n'a point d'égal ; de riantes campagnes, des jours sereins, il se place souvent à côté de Claude Lorrain lui-même. Quel peintre versa dans les ciels, et principalement dans les ciels orageux, plus de chaleur et de magnificence ? Qui donna aux rochers des formes plus vraies, des teintes plus piquantes ? Qui, mieux que lui, sut faire concourir les figures à l'effet général ? Qui les dessina dans des attitudes plus franches, plus vives ? Qui répandit dans les groupes plus d'intérêt ? Bakhuizen est un grand peintre de marines ; Vernet est un grand peintre de marines, un grand peintre de paysages, et il a créé, dans ses Ports de France, une sorte de marine historique qui n'appartient qu'à lui. Bakhuizen peint les agrès d'un vaisseau avec une délicatesse que ni Van der Heyden ni Gérard Douw, dans des genres différents, n'ont surpassée. Sous le pinceau poétique de Vernet, les vaisseaux, les rochers, les figures mêmes n'appellent qu'une attention secondaire ; c'est la chaleur de l'ensemble, qui frappe, qui émeut, qui parle à l'imagination et à l'âme.

LE COUP DE TONNERRE.

Parmi les belles compositions de Vernet, celle-ci est une des plus poétiques et des plus imposantes. Ce grand maître semble avoir voulu y rassembler tous les contrastes que peut présenter un ouragan dans un golfe hérissé de rochers. Une obscurité soudaine vient de se mêler à l'éclat d'un beau jour. D'un côté du tableau, des nuées rougeâtres versent des torrents de pluie, que traversent les feux du ciel, et de l'autre, le soleil, en son midi, blanchit des nuages flottants dans un champ d'azur. Dans les premiers plans, règne une agitation sinistre : tandis que, poussés contre la terre, des bateaux paraissent près de s'y briser, et que, sur des roches couvertes d'écume, des matelots, déjà naufragés, disputent à l'onde furieuse les débris de leurs cargaisons, la foudre frappe un navire qui touchait au port. Plus loin, au contraire, sous un ciel tranquille, des habitations placées aux bords des eaux, paraissent jouir d'une paix profonde ; l'orage forme pour elles un spectacle, sans leur offrir aucun danger. Dans toutes les parties du tableau, l'artiste a savamment rapproché des objets d'un caractère différent. A droite, une roche très-élevée oppose aux feux qui brillent dans la nue ses tons verts et roussâtres ; à gauche, une ruine antique est assise sur un coteau verdoyant, et des arbres, groupés avec les vieux murs, balancent leur cime légère devant des nuages argentés. Les corps à moitié nus des matelots, et les tons vifs de leurs draperies, opposés à la blancheur de l'écume et aux teintes brunes des terrains, enrichissent et échauffent les plans les plus voisins de l'œil. Le soulèvement des vagues, rendu plus vrai par l'opposition de la lumière et des ombres, produit une illusion effrayante. L'expression de la plupart des figures accroît l'intérêt.

Vernet a souvent représenté des tempêtes ; souvent il a réuni dans ses tableaux, comme dans celui-ci, des nuages vomissant des torrents de pluie, des barques submergées, des vaisseaux embrasés par la foudre, à côté d'un ciel serein ; mais chaque fois qu'il peint les eaux dans cet état d'agitation, il semble supérieur à lui-même ; son imagination est inépuisable. C'est à ce genre de peinture, que l'appelaient le plus puissamment ses dispositions naturelles, et on peut dire hardiment qu'il y a surpassé tous les autres peintres de marine. Cet artiste-poëte était né pour représenter le ciel et les mers en fureur, comme Claude Lorrain pour les peindre dans le calme.

Il y a lieu de croire que ce tableau est de son meilleur temps ; on y reconnaît le beau coloris que lui imposa le climat de l'Italie.

LE NAUFRAGE.

Ce tableau fut composé en 1753 ; Vernet était revenu de Rome l'année précédente. L'esprit encore frappé des beautés qu'il avait longtemps imitées dans les campagnes poétiques de l'Italie ; admirateur de Salvator Rosa, dont il avait cherché, non sans succès, à s'approprier le style ; appelé par ses dispositions naturelles à peindre la limpidité, le mouvement, le tumulte des eaux, à retracer le spectacle que représentent les mers bouleversées par les tempêtes ; il mit, dans cette belle composition, toute la chaleur dont l'avait doué la nature, toute l'énergie qu'il avait acquise en étudiant Salvator Rosa, toute la richesse que, durant son séjour à Rome, il avait répandue dans le coloris de ses tableaux les plus estimés.

Un vent impétueux soulève les ondes. Tandis que, d'une part, la pluie tombe par torrents, de l'autre, les rayons du soleil, qui jaillissent du sein de la mer entr'ouverte, répandent sur des montagnes lointaines le plus vif éclat. Précipité contre une roche isolée, un navire se brise; des matelots se sauvent, en gravissant au haut du rocher; pressés dans un esquif, quelques-uns des navigateurs font de vains efforts pour atteindre la terre; des hommes, rassemblés sur le rivage, leur jettent des cordes; mais le flot, en reculant, trompe l'espérance des uns et des autres, et la vague soulevée qui tombe sur la poupe du bateau, est sur le point de l'engloutir. Sous la voûte que forme la montagne, on voit une femme éplorée levant les yeux vers le ciel : une jeune fille embrasse ses genoux : elles paraissent gémir sur la perte des objets les plus chers. A droite, la mer agitée se découvre jusqu'à l'extrémité de l'horizon. Peut-être cette partie du tableau est-elle plus belle encore que celle où s'élèvent les montagnes; le ton est plus ferme, plus soutenu, plus harmonieux : l'illusion est complète.

Le roulement des ondes est exprimé dans ce tableau avec une vérité admirable; les eaux présentent cette couleur brune, noirâtre, ces ombres sinistres, qui accompagnent les tempêtes. Toutes les figures inspirent de l'intérêt; elles se lient toutes à l'action générale; leur attitude, leurs mouvements pénibles font sentir la violence du vent. La touche est vive, piquante; on reconnaît cette main assurée, ce pinceau plein de feu, qui, pendant de nombreuses années, produisirent tant de chefs-d'œuvre.

Ce tableau, après avoir orné le cabinet de M. Tellusson, fut vendu, en 1786, dans la collection de M. Bergeret, receveur général des finances, et membre honoraire de l'Académie de peinture, avec un second, moins beau, de la même grandeur et du même artiste, représentant des pêcheurs, au prix de 9,400 fr. Il a successivement appartenu à M. Joubert, trésorier des Etats du Languedoc, et à M. Gamble. Il a été acheté pour le Musée, en 1798.

FIN.

TABLE DES MATIÈRES.

ÉCOLES D'ITALIE.

	Pages.
1452-1519. — Léonard de Vinci (*Ecole florentine*). Sainte Anne, la Vierge et l'Enfant Jésus.	1
1469-1517. — Fra Bartolommeo (*Ecole florentine*). Le Sauveur du monde.	4
1477-1576. — Titien (*Ecole vénitienne*). Le Martyre de saint Pierre Dominicain.	6
Le Couronnement d'épines.	9
Portrait de François Ier.	11
1477-1511. — Giorgion (*Ecole vénitienne*). Un Concert.	12
1483-1520. — Raphael Sanzio (*Ecole romaine*). La Vision d'Ezéchiel.	14
Sainte Cécile.	16
L'Enfant Jésus caressant saint Jean.	22
Saint Michel qui terrasse Satan.	24
Portrait d'un jeune homme.	29

	Pages.
INTRODUCTION AUX CINQ NOTICES SUIVANTES.	31
La Visitation	34
La Sainte Famille	37
Le Portement de Croix	40
La Vierge et Tobie	44
Sainte Famille dite la Perle	48

1494-1534. — Le Corrège (*Ecole lombarde*). Jupiter et Antiope. 52

1499-1546. — Jules Romain (*Ecole romaine*). Vénus et Vulcain. 54

1512-1526. — Sacchi (*Ecole lombarde*). Saint Romual et ses disciples. 57

1548-1626. — Procaccini (*Ecole lombarde*). La Sainte Famille. 59

1560-1609. — Annibal Carrache (*Ecole bolonaise*). Le Christ mort sur les genoux de la Vierge. 62
    Un Ermite. 64

1569-1609. — Le Caravage (*Ecole lombarde*). Le Christ porté au tombeau. 66

1575-1642. — Le Guide (*Ecole bolonaise*) David tenant la tête de Goliath. 68
    Le Massacre des innocents. 71
    Le Dessin et la Couleur. 73

1576-1622. — Spada (*Ecole bolonaise*). L'Enfant prodigue. 76

1578-1660. — L'Albane (*Ecole bolonaise*). La Naissance de la Vierge. 78
    Les quatre Eléments. 80

1580-1615. — Schedone (*Ecole lombarde*). Le Christ au tombeau. 86

1581-1641. — Le Dominiquin (*Ecole bolonaise*). Sainte Cécile. 89
    Enée sauvant son père. 91

1582-1648. — Alexandre Véronèse (*Ecole vénitienne*). Le Déluge universel. 94

1589-1624. — D. Feti (*Ecole romaine*). La Vie champêtre. 96

1606-1680. — Le Bolognèse (*Ecole bolonaise*). Des Femmes sortant du bain. 99

	Pages.
Retour d'une promenade sur l'eau.	101
1612-1668.— MOLA (*Ecole bolonaise*). Agar dans le désert	102
1613-1675.— LE GUASPRE (*Ecole romaine*). Un Paysage.	105
Des Bergers dans une vallée	107
1617-1662.— ROMANELLI (*Ecole romaine*). Vénus et Adonis.	110
1628-1718.— C. CIGNANI (*Ecole bolonaise*). Adam et Ève.	112
1668-1747.— CRESPI (*Ecole bolonaise*). La Maîtresse d'école.	115
1695-1768.— PANNINI (*Ecole romaine*). Le Temple de Vesta et l'Arc de Janus.	117
Le Panthéon de Rome.	120

ÉCOLE ESPAGNOLE.

1588-1656.— RIBERA. L'Adoration des bergers.	123
1618-1682.— MURILLO. Un jeune Mendiant.	126

ÉCOLES ALLEMANDE, FLAMANDE ET HOLLANDAISE.

1556-1626.— PAUL BRIL (*Ecole flamande*). Pan et Syrinx.	129
Un Paysage et des Pêcheurs.	131
1570-1651.— PETERS NEEFS (*Ecole flamande*). Vue intérieure d'une église.	133
1574-1620.— AD. ELZHEIMER (*Ecole allemande*). La Fuite en Egypte.	135
1577-1640.— RUBENS (*Ecole flamande*). La Descente de croix.	138
Le Christ au sépulcre.	140
L'Incrédulité de saint Thomas.	142
L'Arc-en-Ciel.	144

		Pages.
1582-1669. —	C. Crayer (*Ecole flamande*). Hercule entre la Volupté et la Vertu.	147
1589-1642. —	Stéenwick le fils (*Ecole hollandaise*). Jésus-Christ chez Marthe et Marie.	149
1593-1678. —	Jordaens (*Ecole flamande*). Le Roi boit.	152
1599-1641. —	Ant. Van-Dyck (*Ecole flamande*). Un Portrait.	154
	Un Portrait.	155
	Portrait de J. Richardot.	156
1599-1664. —	J. Miel (*Ecole flamande*). La Dînée des Voyageurs.	158
1602-1674. —	Phil. de Champagne (*Ecole flamande*). La Cène.	160
1605-1672. —	A. Kuyp (*Ecole hollandaise*). Un Cavalier partant pour la promenade.	162
	Un Cavalier revenant de la promenade.	164
1606-1669. —	Rembrandt (*Ecole hollandaise*). L'ange Raphaël quittant Tobie et sa famille.	166
	Le bon Samaritain.	168
	Un Portrait.	170
1606-1677. —	J. Wynants (*Ecole hollandaise*). Départ pour la Chasse au vol.	171
1608-1681. —	G. Terburg (*Ecole hollandaise*). Un Militaire, une jeune Femme et un Trompette.	173
1610-1685. —	Adr. Van-Ostade (*Ecole hollandaise.*) Le Chansonnier.	174
	Un Fumeur.	176
	Les Inconvénients du jeu.	179
1610-1694. —	David Téniers (*Ecole flamande*). Le Rémouleur.	181
	Un Cabaret près d'une rivière.	183
	Des Joueurs de cartes.	184
	Deux Fumeurs.	186
	Un Fumeur.	188
1610-1681. —	Ferdin. Bol (*Ecole hollandaise*). Un Géomètre.	190
1613-1679. —	Gérard Douw (*Ecole hollandaise*). L'Arracheur de dents.	191

TABLE DES MATIÈRES.

	Pages.
La Famille de Gérard Douw.	195
1615-1658. — G. Metzu (*Ecole hollandaise*). Un Militaire faisant servir des rafraîchissements à une jeune dame.	195
1616-1660. — G. Flinck (*Ecole hollandaise*). L'Annonce aux bergers.	197
1620-1664. — Cornille Béga (*Ecole hollandaise*). Le Bon ménage.	200
1620-1690. — H. Swanevelt (*Ecole hollandaise*). Le Soleil couchant.	201
1620-1663. — B. Bréemberg (*Ecole hollandaise*). Ruines du Campo Vaccino.	203
1620-1668. — Philippe Wouwermans (*Ecole hollandaise*). Un Manége.	205
Les Foins.	207
Une Halte de chasseurs	210
Une Halte de cavaliers.	211
1624-1683. — Berchem (*Ecole hollandaise*). Un riche Paysage.	213
Vue des côtes de Nice.	215
Ruines du Colisée.	217
1625-1654. — Paul Potter (*Ecole hollandaise*). Des Bœufs près d'une chaumière.	219
1631-1709. — Bakhuizen (*Ecole hollandaise*). Le Coup de vent.	221
1633-1686. — Moucheron (*Ecole hollandaise*). Une belle Soirée.	224
1635-1678. — Karel du Jardin (*Ecole hollandaise*). La Fileuse.	226
Portrait d'homme.	228
1635-..... — Van Hagen (*Ecole hollandaise*). Vue d'un village.	230
1635-1680. — Ruysdael (*Ecole hollandaise*). Les Environs d'un village.	231
1636-1689. — Jean Stéen (*Ecole hollandaise*). Une jeune Femme malade.	233
Les Plaisirs de famille.	235
1637-1712. — Van Der Heyden (*Ecole hollandaise*). Vue d'une petite ville de Hollande.	238

                                                                    Pages.
1639-1672. — A. Van Den Velde (*Ecole hollandaise*). Le Soleil
            levant. 240
1641-..... — A. De Vois (*Ecole hollandaise*). Un Négociant dans
            son cabinet. 242
1645-..... — P. Van Der Leeuw (*Ecole hollandaise*). La Laitière. 244
1656-1748. — Van Bloemen (*Ecole flamande*). Un Paysage. . . . 247
1659-1722. — Van Der Werff (*Ecole hollandaise*). Deux Nymphes
            dansant. 249
1682-1749. — Van Huysum (*Ecole hollandaise*). Une rivière et des
            ruines. 252
            Des Femmes au bain. 254
1688-..... — B. Douven (*Ecole hollandaise*). La Vierge aux cerises. 255

ÉCOLE FRANÇAISE.

1590-1649. — Simon Vouet. La Sainte Famille. 259
1594-1665. — Poussin. Le Déluge universel. 261
            L'Adoration des Mages 264
            L'Assomption de la Vierge. 266
1596-1657. — J. Stella. Clélie et ses compagnes. 268
1600-1682. — Claude Lorrain. Un Paysage. 271
            Campo Vaccino. 273
            Une Danse au soleil couchant. 275
1600-1632. — Valentin. Le Jugement de Salomon. 278
            La chaste Suzanne. 280
1606-1656. — L. De La Hire. Les Baigneuses. 282
            Un Paysage au soleil couchant. 284
1616-1671. — Séb. Bourdon. La Sainte Famille. 286
1617-1655. — Le Sueur. Les neuf Muses. 289
            Le Christ à la colonne. 295

TABLE DES MATIÈRES. 323

	Pages.
Saint Paul prêchant à Éphèse.	298
1619-1690.—LE BRUN. Le Silence.	300
Le Bénédicité.	302
1620-..... — PIERRE PATEL. Un Paysage au soleil couchant	305
Un Paysage au soleil levant.	307
1714-1789 — JOSEPH VERNET. La Tempête.	309
Une Marine au soleil couchant.	311
Le Coup de tonnerre.	313
Le Naufrage.	314

FIN DE LA TABLE.

TYPOGRAPHIE HENNUYER, RUE DU BOULEVARD, 7, BATIGNOLLES.
Boulevard extérieur de Paris.

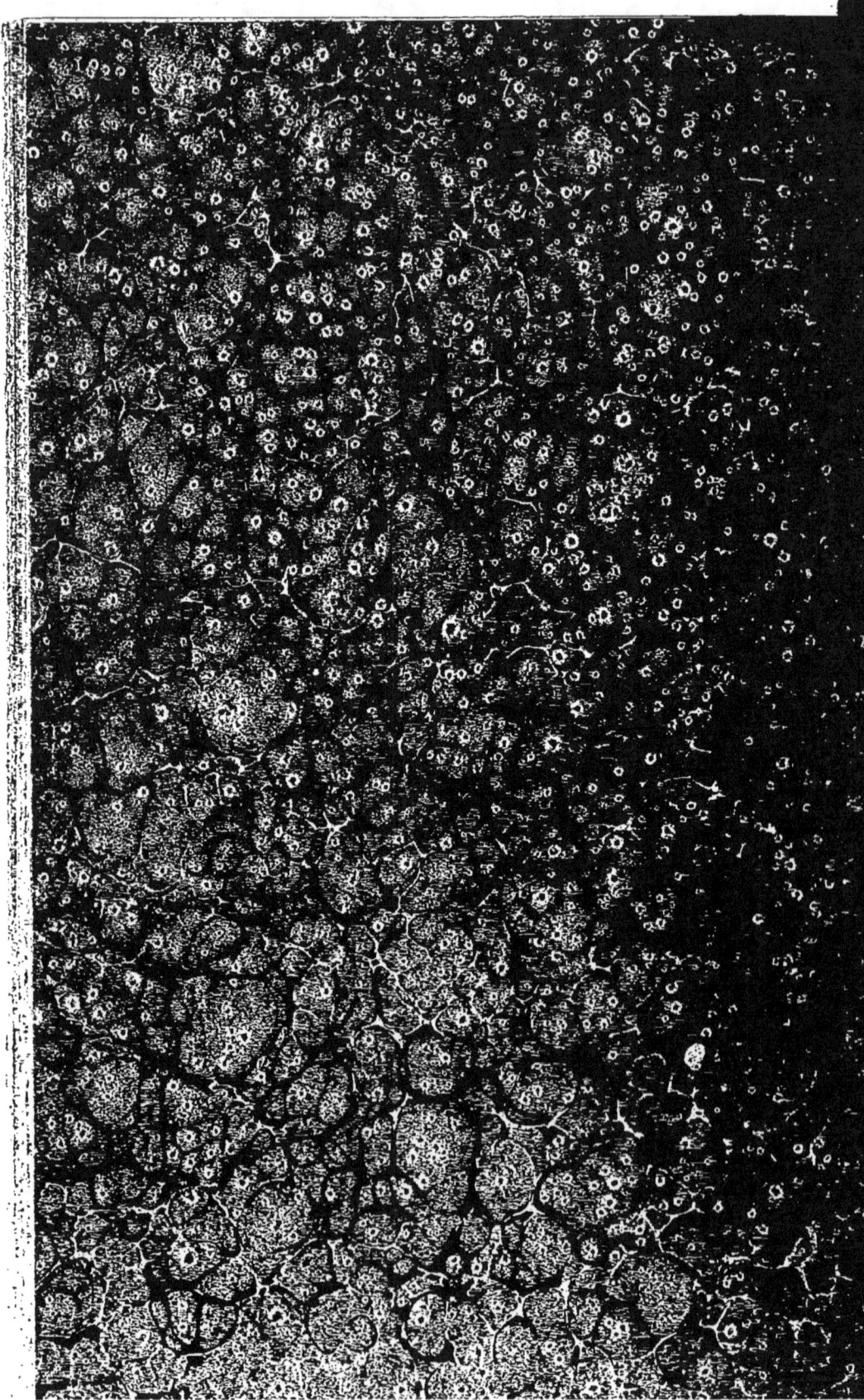

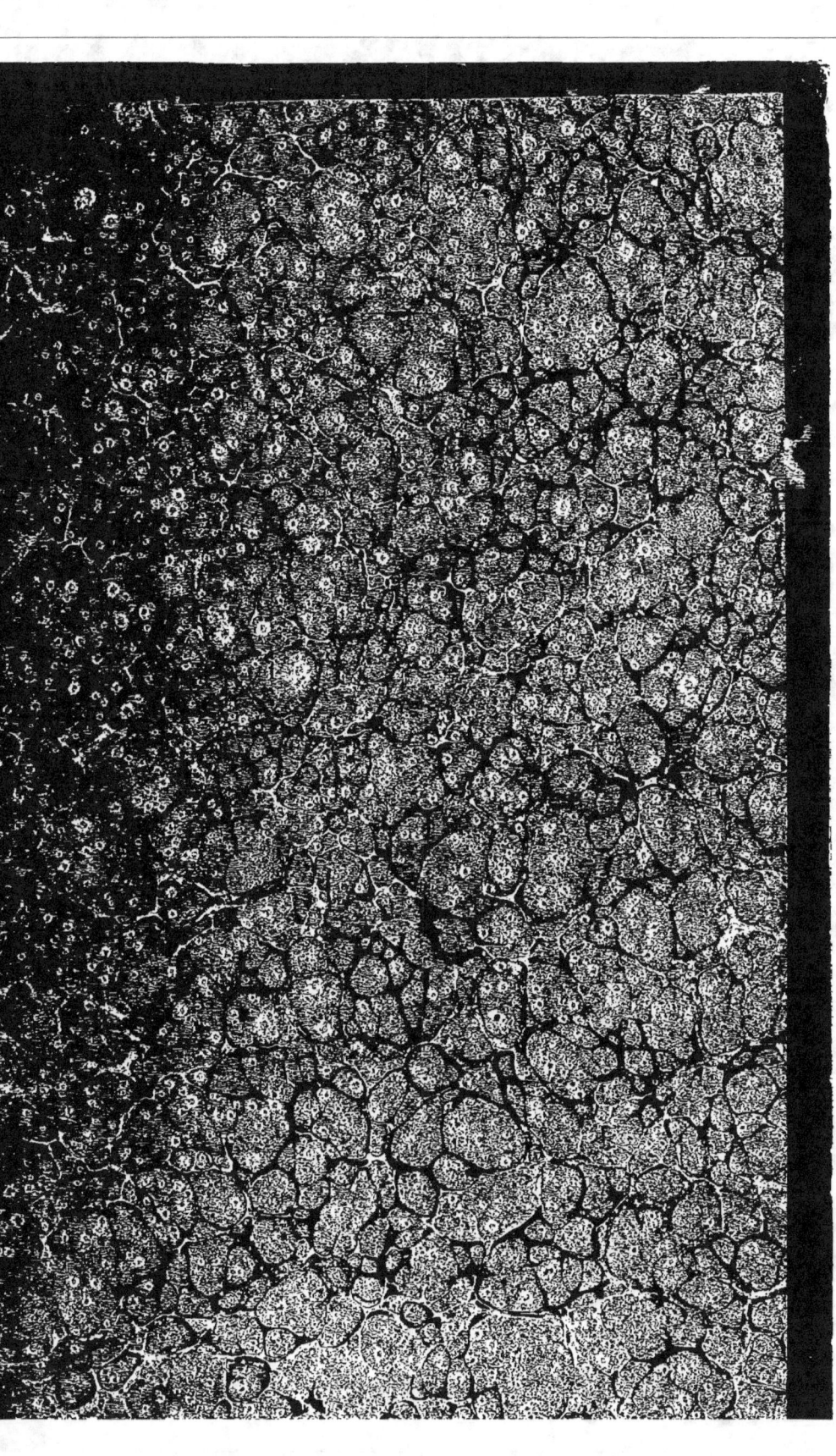